SODIKART
WORLD LEADER IN THE KARTING INDUSTRY
SODi
GOKART
TIMING BARRIER
ゴーカート施設専用のマルチソフト
apex TIMING
ゴーカート施設専用の衝撃吸収バリア
xtremebarriers
MYLAPS 計測器は MYLAPS
をはじめ多数のシステムに対応
SWS レースと連動も可能
SWS
SAFETY
STRENGHT
INNOVATION
お気軽にお問い合わせください。株式会社ハーバースタイル
Harbor Style
〒261-0024　千葉県千葉市美浜区豊砂 1-7 イオンモール幕張新都心アクティブモール隣接
www.harbor-style.co.jp　info@harbor-style.co.jp　043-441-3245

RACINGKART百科
まるごとわかるカートガイド2025

CONTENTS

PROJECT
シングカートって?

モータースポーツは観戦するスポーツだから
自分で始めるなんてハードル高すぎ。
そんなイメージを持っているかもしれないが、それは違う。
老若男女、誰もが楽しめるカテゴリーがあるのだ。
それが、本誌で紹介するレーシングカート。
世界で活躍するプロドライバーも
始まりは皆、レーシングカートからだった。
最も手軽なモータスポーツを今日から始めよう!

形は小さいけれども秘めたる力はF1級!

カートの特徴といえばまず第一に挙げられのがシンプルな構造だろう。簡単に説明すれば鉄パイプを組み合わせることで構成したフレームを土台とし、そこにエンジンやタイヤ、シートといった走るために必要最低限の装備を搭載したレイアウトとなる。

もちろん、ドライバーをサポートするパワーアシスト系の類は一切持たず、走行中のステアリングは非常に重くなり、アクセルやブレーキ等のペダルも繊細なタッチが要求される。また、そのむきだしの乗車スタイルは、四輪でありながらも、むしろオートバイに近いといえるだろう。

極限まで無駄を排除したシンプルな作りから繰り出される走りは強烈だ。エンジンが生み出す動力は余計な回り道をせずにダイレクトにタイヤまで伝達され、加速にしても減速にしてもペダルを軽く操作すればタイムラグなく、即座に反応。そのドライビングフィールは身体の一部と同化したような一体感を醸し出すだろう。

また、車高の低さに至っても他に類をみない。まるで地面に直接座るといっても過言ではなく、その目線から広がる風景は斬新だ。この低重心で得る体感スピードは

KART

レ

3倍にも倍増し、例えば全開走行での体感スピードともなれば300km/h以上になる。これはF1の世界と同等なのだ。

そして最も驚かされるのは異次元のコーナリングスピード。まるで路面とタイヤが接着剤で貼り付いたような驚異的なグリップで実現するコーナリングは、どんな高性能スポーツカーもかなわないだろう。その強烈な遠心力からくる横Gは、ドライバーをシートの縁へと強く押しつけ、上級カテゴリーのカートでは肋骨まわりを保護するリブプロテクターが不可欠といわれる。実際、無装備で乗っていたドライバーが肋骨を痛めたり骨折したり……なんてことも珍しくない世界なのだ。

まさにカートはチート級の車両運動性能を持つ乗り物。それでいて初心者お断りのような無理ゲーでもない。他のスポーツ同様、上達するためのセオリーが確立され、ひとつずつ課題をクリアしながら反復練習を繰り返していくことで、まったくの初心者から始めても、やがてはレースで非日常の走りを楽しむレベルにまで確実に達することだろう。

乗り込むほどに新たな発見や楽しさが湧き出すモータースポーツ、それがカートだ。ぜひ、あなたもチャレンジしてほしい！

■スプリントカート

レーシングカートの代表的なモデルがスプリントカート。必要最低限の装備しか持たないシンプルな構造で、そのサイズは全長180cm、全幅140cm、全高80cmほど。重量は軽量タイプだと60kg程度しかない。エンジンはシンプルかつパワフルな空冷2サイクルエンジンや、ハイパワー水冷単気筒2サイクルエンジンが主流だ

カートの種類について

■エンジンは空冷と水冷の2タイプ

安定した性能を発揮する水冷エンジンも人気（写真は排気量125ccのROTAX MAX EVO）

カートは空冷2サイクルエンジンが現役（写真は排気量100ccのKT100SEC）

カートにも様々な種類がある

一見すると皆、同じように見えるかもしれないが、カートも用途にあわせた機種が様々に用意されている。経験の無い人でもすぐに楽しめるレンタルカートから、極めればプロドライバーへの道だって開かれるスプリントカートまで色々だ。

そのなかでも一般的に〝カート〟と呼ばれるマシンとなるのがスプリントカート。このマシンはカートの代名詞的な存在で、ユーザー数も一番多い。ちなみにスプリントという単語は短距離レースを意味しており、文字通りスプリントカートは比較的短い距離(周回数)のレースに特化したカートといえるだろう。

その成熟した小さなボディにはモータースポーツの基礎が全て詰め込まれているといっても過言ではない。なぜならF1ドライバーを始めとする、プロとして活躍するほとんどのドライバーたちは、若き日にスプリントカートを使ってレースのいろはを学んでいき、レーシングドライバーとしての素地、そして最も重要なドライビングテクニックを切磋琢磨してきたのだから。

さて、カートの心臓部となるエンジンだが、長年にわたり排気量

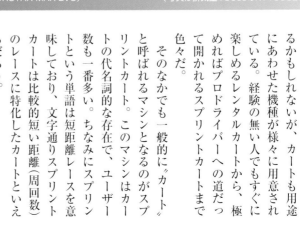

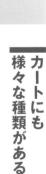

カートは生粋のレーシングマシンなのでレースでこそ本領を発揮する。
多くのライバルと戦った末に得た勝利は最高の気分にさせてくれる

カートのエンジンはとてもコンパクトでシンプル。それだけに
ほとんどのメンテナンスはオーナー自身が行えるのだ

100ccの空冷2サイクルエンジンが主流だった。すでに一般市場では絶滅したタイプだが、カート界では未だ現役なのが面白いところ。近年はよりパワフルで排熱にも長けた排気量125cc水冷エンジンを好むユーザーが増加しており、この2つのエンジンがスプリントカートにおける現在の二大トレンドとなっている。

共通するのは複雑な機構を持たないエンジンなので、基本的なメンテナンスはオーナー自身で行えること。中には特殊工具が必要な部分もあるが、そこはカートショップにお任せし、普段のメンテ、そしてパーツの取り付け位置や交換などを駆使してタイムアップを目指すセッティングだって、ドライバーのルーチン作業になっている。これこそがカートのもうひとつの魅力、イジる楽しみだ。

走る楽しさ、イジる楽しさ、さらに言えば競う楽しさ、がある。これこそが最もスプリントカートが輝く瞬間であるし、その本質ともなっているのだ。そもそもカートは競争するために生まれたレーシングマシン。だからこそ、カートを手にしたならばレースに参加しなければ宝の持ち腐れとなってしまうぞ。レースは各地のコースで週末ごとに開催されており、初心者から上級者まで、幅広い層が楽しめるクラスが揃っている。

子供用カートから レンタルカートまで

様々な種類があるカート。まず子供用カートとなるのがジュニアカートだ。大人用スプリントカートと姿形は変わらないが、対象となるのが小・中学生となるため、全体的な大きさは一回りコンパクトサイズとなる。さらに下の年齢層（幼稚園児）を対象としたキッズカートもあり、こちらは草刈り機等で使う排気量30cc程度の小型汎用エンジンを搭載するほか、各種安全装備も充実している。

その他、大型カウルやバックミラー等の特別装備を持った四輪サーキット走行に特化したスーパーカートや、先述した手ぶらで好きなタイミング、時間に乗れるレンタルカート、さらにはレンタルカートにレーシングカートのシャシーを流用し、運動性能を高めたスポーツカートがある。

■ レンタルカート

レンタルカートは手ぶらで安全に楽しめるレンタル専用マシン。周回数、もしくは時間で料金が設定されており自分の好きなタイミングで乗車可能だ。基本的にはタイムアタックがメインとなるが、レースも盛んに開催されるし年末には全国大会等のイベントも行われている。

■ スーパーカート

スーパーGTやスーパーフォーミュラなどの四輪レースを開催するサーキットでレースを行うハイパフォーマンスカート。最高速度は200㎞/hオーバーでトップクラスのエンジンはオートバイ用ロードレーサーをベースに特別チューンを施し、さらには6速シーケンシャルシフトも備えている。

■ スポーツカート

軽量なレーシングカートのシャシーに大型の汎用エンジンを組み合わることでレンタルカートよりも高いパフォーマンスを発揮するのがスポーツカートだ。1台を皆でシェアする楽しみ方が主流なので、耐久レースのようなチームを組んで長時間を走るレースで使われることが多い。

■ キッズカート

4歳前後の子供を対象としたカート。大型リアバンパーや小排気量の汎用エンジンなど、子供たち専用の安全仕様が施されている。キッズカートの上には6歳以上の子供を対象としたコマー、さらに上は小学生以上を対象としたジュニアやカデットと呼ばれるカートがある。

カート
スターティングガイド

カートを楽しむ前に知っておきたい必要最低限の情報を、ここに集約。
ここを抑えておけばカートライフは万全!

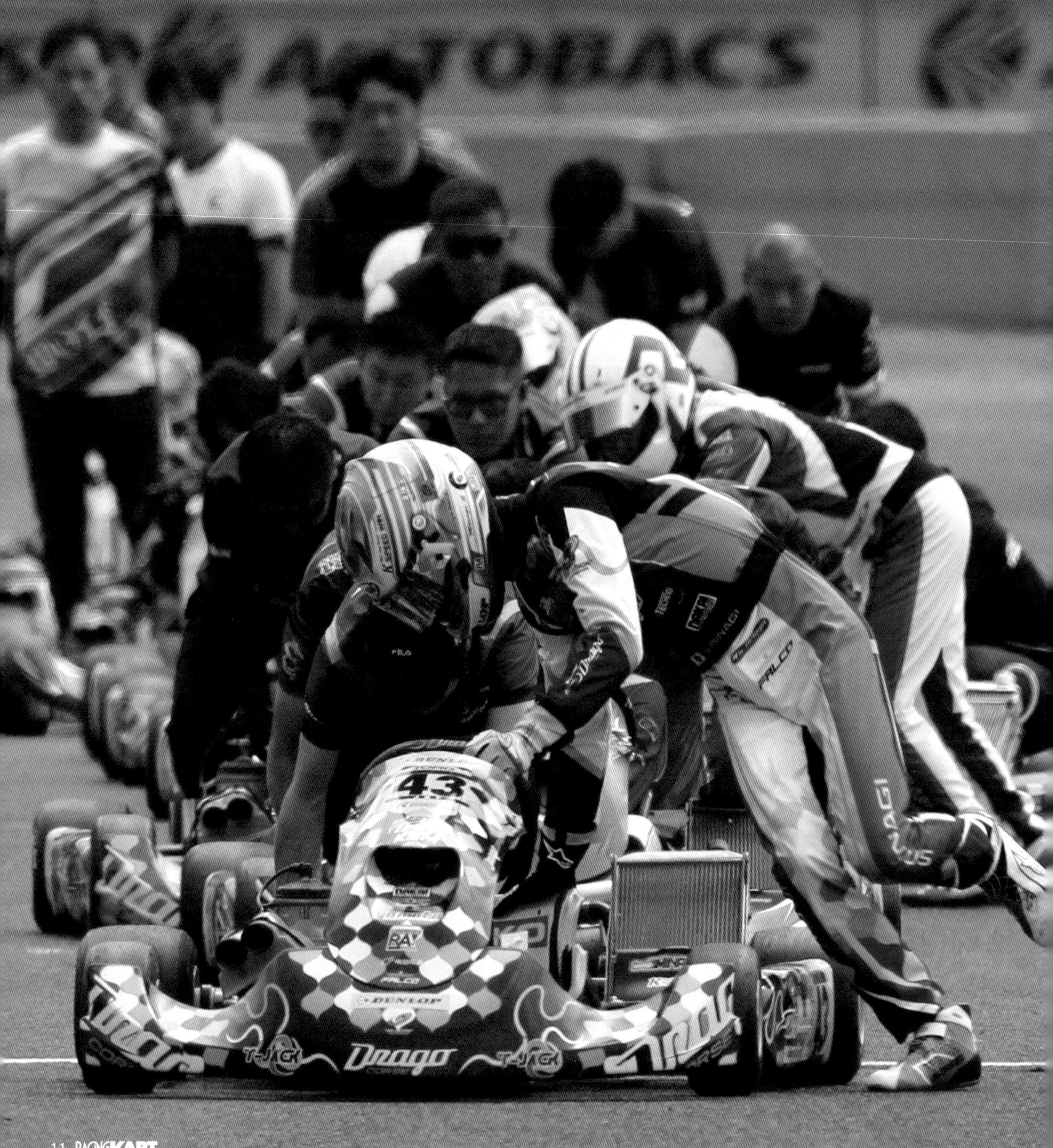

カートショップは
カート界のファイナンシャルプランナー

**物品の販売から各種メンテナンスやサーキットサービス、
そしてレース参戦に至るまで、キミのカートライフを完璧サポート!!
カートショップはキミのカートライフを快適に過ごす良きパートナーになってくれる!!**

カートのプロフェッショナル カートショップにGO!!

本書を手にした多くの方は、本格的にカートを始めたいと思い立ったのがキッカケだろう。ココではそんな人たちに役立つような基本的な部分を解説したい。

ところで近年、カートの楽しみ方、そしてその選択肢も様々になった。ひと昔前はレーシングカート一択だったが、レンタルカートに代表されるように、自分でカートを所有せずとも本格的なレースまで楽しめるようになったのだ。モータースポーツも多様性の時代に突入したのだろう。

そんななか、ここで扱うテーマはやはりレーシングカートだ。その手軽さはレンタルカートにゆずるが、レーシングマシンを所有する喜び、セッティングを施しながらオンリーワンのマシンに仕上げていく楽しさは、レーシングカートならではの特別な部分。

そんなカートを始めるためにまず行うことはカートコース、そしてカートショップを探すことだろう。どちらを優先するかは鶏が先か卵が先かの話というか、自宅近くの環境も大きく関係してくるので、ケースバイケースとなる。

何はともあれ、カートを手に入れることが先決なので、ここではまずカートショップについて見ていこう。

カートショップは一般的な四輪や二輪を取り扱うディーラーと同様、カートメーカーがリリースした車種を取り扱っているカートの専門店。ただ、一般的なディーラーと異なるのは、カートがモータースポーツという特別なジャンルに属することだ。そのため、ショップが手がけるサービスも多岐にわたって様々となる。

メイン業務はもちろん新車や中古車、各種パーツの販売からメンテナンス全般だ。そのほか、カートは専用のカートコース以外は走ることが許されないので（公道はもちろん、駐車場のような閉鎖空間でも一般的には不可）、走行支援も大事な役割のひとつとなる。

具体的にはカートをコースまで運ぶトランスポートサービスや、コースに着いてからは走行手続きに始まって、走行前整備、他にも初走行時はドライバーの体型に合わせた各パーツの位置調整、ナラシ運転の指南まで行うサーキットサービスもある。

ドライバーの技術が向上していけば、より高みを目指すための自己ベストタイムの更新や、レースでライバルに勝つことを目的とした、各パーツの取り付け位置を微調整するセッティング作業も行う。これは深い知識や経験が不可欠となり、各ショップの腕の見せ

カートショップの専用メンテナンスルーム。カートの修理から各パーツのオーバーホール、そしてセッティング調整まで、専門工具を使用した高度なメンテナンスに対応する

カート本体の販売はもちろん、走行に欠かせないオイルやメンテナンスに不可欠なケミカル剤、そしてスペアパーツに至るまでカートに関する用品を幅広くストック、販売している

自宅保管できない場合は貸しガレージを利用しよう。また最近はレンタル専用のレーシングカートを用意し、レンタルカートの手軽さのままレーシングカートが楽しめるサービスを行うショップもある

所にもなっている。

こうした多くのサービスを用意することで、カートに不慣れな初心者でも、最初から安心してコースを走ることができるようになるわけだ。

そしてもう一つ、カートショップの担う大きな役割がレーシングチームの運営だ。カートはレースでこそ真価を発揮する乗り物。ライバルたちとのバトルこそが、非日常の世界を堪能できる素晴らしい時間なのだ。カートショップでは、そんなレースを不安なく楽しめるように、レーシングチームを通じて様々サービスを提供する。何よりチームに所属すると、同じ趣味を持つ仲間ができることが最大のメリットだろう。仲間がいればより一層、カートが楽しくなることは間違いない。ぜひ、カートを始めたならば、チームに所属して仲間たちと一緒にその素晴らしい時間を共有してほしい。

さあ、カートを始めよう。必要なアイテムを揃えよう!!

カートを始めるためには最低限、必要となるアイテムがある。
カート本体はもちろんのこと、ヘルメット等の装備品やメンテナンスに必要なケミカル品。
ここでは最初に揃えておくと便利なアイテムを紹介していこう。

何はともあれ、マイカート！

カートを始めるにあたって当然、最初に必要となるのがカート本体。これがなければ始まらない。カートはエンジンやシャシー等、パーツ単体で個別に揃えていく方法もあるし、市販車のようにすべてが揃ったモデルも用意されている。この全てが揃った状態のカートはコンプリートカートと呼ばれるもので、最初はこのカートを選べば間違いはないだろう。走るための装備がすべて揃った状態でなおかつ、初心者から中級者までを対象としたセッティングが施されているので扱いやすいからだ。各メーカーからは様々にこのコンプリートカートがラインナップされているので、ショップスタッフと相談しながら自分に合ったモデルを選んでいきたい。

ただ、昨今の世界的なインフレによってカート本体も以前と比較するとかなり価格が上がっている。そのため、コストを抑えたい人には中古カートを視野に入れてもいいだろう。中古ならモデルにもよるが新車の半値ほどを期待できるケースもあるぞ。ただ、レーシングマシンという特性上、多少のダメージがある、ということは想定しておきたい。また、購入するにしても信頼できるカートショップを利用することが大前提。とくにネットのフリマサイトやオークションサイトに代表される個人売買は避けよう。いくら魅力的な価格が提示されていても、初心者には、どの程度の品質が保たれ、そしてどこに不具合が生じているのか、そういったデメリットの判別がつかないからだ。安物買いの銭失いにならないよう注意したい。

なお、いずれはレースに参戦したいと考える人ならば、そこもチェックしておきたいポイントとなる。レースはマシンに関する規則が細かく設定されるので、カートであればどんなレースも参加できるとは限らないからだ。そのあたりもスタッフと相談しつつファーストカートを見つけたい。

カート以外にも必要な色々アイテム

まずドライバーの必須装備といえばヘルメット、レーシングスーツ、レーシンググローブ、そしてレーシングシューズだ。これらはレーサーの正装となっている。

ヘルメットに関しては四輪、二輪用、そしてカート用があるのでカートの専用品を選べば間違いないだろう。レーシングスーツに関しても四輪用とカート用があることに注意。四輪用スーツは難燃性、つまり燃えない素材を採用す

ヘルメット、レーシングスーツ、レーシンググローブ、レーシングシューズがドライバーの必須装備。二輪や四輪のものを流用するのではなく、それぞれカート専用の品を選ぼう

夏場の走行後はこまめに裏返しにして陰干しをしておこう。また、洗濯機で洗うときはネットに入れて弱洗いモードで行おう

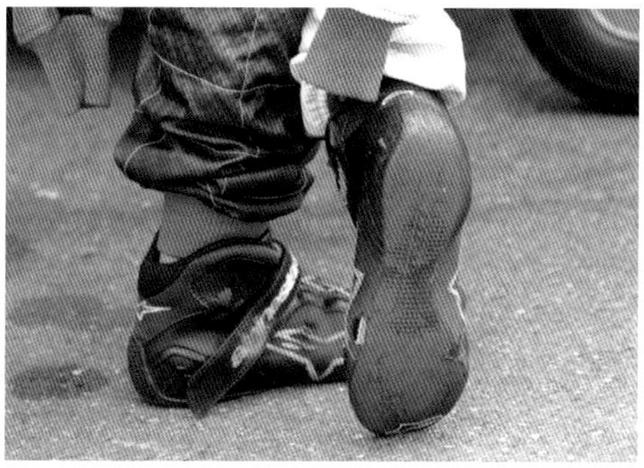

シューズのソールは非常に薄い。コースを歩くだけでも磨り減っていくことに注意しよう

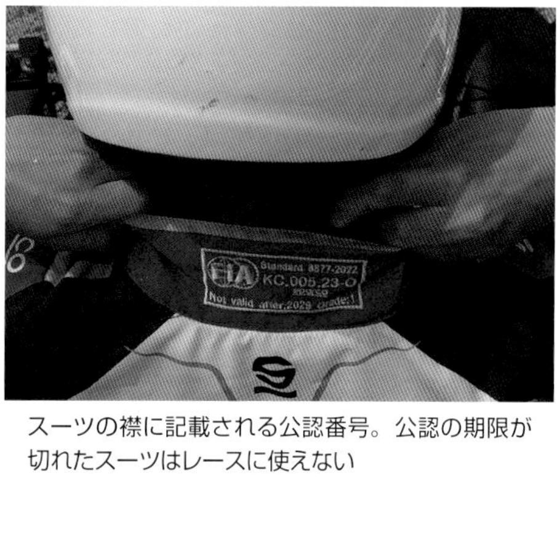

スーツの襟に記載される公認番号。公認の期限が切れたスーツはレースに使えない

ることが絶対条件だ。一方、カートのスーツはやや厚みを持たせた擦過性に優れる素材を使う。カートは二輪と同じくドライバーが剥き出しになる乗車スタイルとなるので、クラッシュ等で路面に投げ出されたときを想定しているわけだ。また、スーツには期限付きの公認番号が設けられており、期限切れの公認番号が付いたスーツはレースに参加できない、ということも知識として持っておこう。

シューズやグローブに関しては多少、キツめのサイズがいい。もし、サイズに迷った場合はそこを基準に選んでいこう。

カートの運搬から作業台まで
カートスタンド

カートの移動時に必要不可欠なのがカートスタンド。数あるカートに関わるアイテムのなかでも最も使用頻度が高いアイテムといえるだろう

大口径の車輪で走破性を高めた他、スタンド下に工具等を置けるスペースもある多機能スタンド

最もスタンダードなシンプルタイプ。使用しないときは折りたたんでフラットにできる

メンテに必要なケミカル品、日々に使う消耗品

最後にカート走行において必須となるアイテムがいくつかあるので紹介しておこう。まず最も使用頻度が高いアイテムといえばカートスタンドだろう。これはカートの運搬をメインに使うが、その他にもメンテナンスを行う際の作業台等としても役立つアイテムとなっている。

そんなメンテナンスや走行後の清掃作業で欠かせないのが各種ケミカル品。例えば洗浄や脱脂に優れた威力を発揮するパーツクリーナーや、走行ごとにチェーンに吹き付けるチェーンルブ等々。ちなみにチェーンルブは走行中のチェーン破断を防止したり、滑らかな回転を維持させるためにもコマメに注油しておきたい。

その他、カートの燃料はガソリンとオイルを混ぜた混合ガソリンとなるので、ガソリンを持ち運ぶためのガソリン携行缶や、ガソリンとオイルを攪拌するのに便利なミックスタンクも重宝するだろう。走行に余裕が出てきたら、ギア比変更に備えてサイズの異なるスプロケットを揃えたり、プラグかぶりやチェーン切れ等にも対応できるようにスペアパーツもストックしておくと安心だ。

雨の日は安全に上達できるレアな日だ!!
各種レイングッズ

カートは雨の日も走行する。いやむしろ、路面が濡れた状態は、乾燥時と比べて何倍もグリップが低下するため、練習には最高のコンディションといえるのだ。

例えば晴天時ならハイスピード域のみに現れる挙動も、雨天時はロースピードで簡単に再現されるので、安全な速度域でドライビングテクニックを磨けるわけ。また、レースにおいてもドライとは異なる攻略方法が要求され、ドライバーのテクニック差が顕著に出るという。

ただ、レイン走行時は雨ざらし状態なので、レインスーツやレインシューズ等、ドライバー側も雨対策が必須だ。タイヤにしても水はけを促す溝が付いたウェットタイヤを装着しないと滑りまくって走行どころじゃなくなるだろう。

▲雨の日のレースは前車が巻き上げるウォータースクリーンによって視界が著しく遮られることも。技量差も大きく出る

◀ウェットタイヤは路面とタイヤの隙間に入り込んでくる雨水を効率よく排出させるための溝が刻まれたタイヤだ

使い切る前に補充したい
ケミカル用品

▲カートの燃料はガソリンとオイルを混ぜた混合燃料。燃料補給の際はミックスタンクであらかじめ混合燃料を作ってから燃料タンクへ注いでいく

◀走行後の汚れが付着したフレームやエンジンを清掃したり、駆動部に潤滑油を拭きかけたりと、普段のメンテナンスに欠かせない様々ケミカル品

万が一、あると安心できる
スペアパーツ

▲タイヤはタイムに大きく影響する重要パーツ。レース日に新品タイヤを装着して臨む選手もいる

◀走行を重ねていけばパーツも破損したり消耗したりで交換する機会が増えていく。不意のアクシデントに遭遇してもスペアパーツがあると安心だ

初期費用の一例（※税別）

項目	価格
コンプリートカート	550,000円
カートスタンド	16,000円
レーシングスーツ	50,000円
レーシンググローブ	5,000円
レーシングシューズ	20,000円
ヘルメット	45,000円
エアゲージ	6,000円
ポリミックスタンク	2,000円
オイル	3,000円
各種工具	5,000円
ケミカル剤	3,000円
合計	**70万5000円**

※金額は概算です。またカートのセットアップ費用（初期設定作業）は除きます

カートにかかるコストって？
初期費用と維持費

モータースポーツのなかでは比較的低コストで始められるカートだが、それでも最初はまとまった費用が必要だ。カート本体以外にも諸々のアイテムを揃えていくと、初期費用は70万～100万円がひとつの目安となってくる。

また、その後に掛かる維持費も考えなければいけない。コースを走行するたびに発生するガソリンやオイル等の燃料代や、コースの走行料金、清掃時に使うパーツクリーナー等のケミカル品もある。近くにコースが無い場合は、往復の高速代といった交通費も掛かるし、エンジンの性能を維持するため定期的なオーバーホールも大切だ。他にもカートの保管場所が用意できない場合はショップやコース等の貸しガレージを利用するし、レースに参戦する時はその参加料だって掛かるだろう。こうした初期費用と維持費を考えながら、上手な予算立てをしていくことがカートライフを楽しむためには重要となってくる。

レースに出れば楽しさ100倍！

獲るぞ！ライセンス!! 出るぞ!! レース！

レーシングマシンであるカートの真髄は
レースでこそ発揮される。
速く走り、ライバルと競い合うレース。
レースこそがカートの醍醐味だ！
レースへのパスポートとなる
ライセンスを取得し
目指せ!! 週末レーサー!!

カートライセンスは主に2種類！

誰でも乗れるのが魅力のレーシングカート。その手軽さが、多くの人を魅了しているのは確かだが、しかしカートの醍醐味とも言えるレースともなれば、誰でも簡単にというわけにはいかない。100km／hに迫るスピードで競うレースは、危険と隣り合わせのスポーツだからだ。

レースを安全に楽しむためには、出場者がすべて同じ共通認識を持っていなければならず、またある一定の技量を持っていることも要求される。

それを証明するのが、ライセンスだ。

カートで適用されるライセンスには2種類あるが、いずれも取得自体は難しくはない。講習会を受講し、最低限の実技試験をパスすればOKだ。

自動車運転免許証のように、20日ちかく教習所へ通い、学科、実技試験をパスしてなんていうことはなく、講習会も、座学と実技を1日で行える場合もあり、とても簡単に取得することができる。

2種類あるライセンスだが、違いは発行している団体の違いだ。

一つは、国内の4輪モータースポーツ全般を統括している一般社団法人日本自動車連盟（JAF）の発給する「JAFライセンス」、もう一つがJAFの加盟カート団体で、全国でSLカートミーティ

「小さな掛金大きな補償」

カートライフの万一に備えるSLO安全協力会の保険制度

SLカートミーティングを統括する一般社団法人SLカートスポーツ機構（SLO）では、SLO安全協力会を立ち上げ、スポーツ安全保険への加入者を募集している。

加入はWEBサイトからの申込みとしている。

保険対象者は、JKLA加盟カートランドで開催されるカートレースに参加する、SLO安全協力会が加入認定したドライバーで、JKLA加盟カートコースにおける団体管理下のカートレースおよびイベント等で発生した傷害が対象となる。保険の有効期間は4月1日から翌年3月末日までとなるが、加入日が4月1日以降の場合、その加入した日から3月末までとなる。

通常の傷害保険の場合、スポーツ時の事故に関しては補償しないことも多く、特に危険度が高いと判断されるモータースポーツではその傾向が顕著だ。ただし、レース参加時には規定金額以上を補償する傷害保険への加入が義務づけられることもあり、このスポーツ安全保険はかなりドライバーライクな保険といえる。

［傷害保険金額（例）］
死亡：2,000万円　後遺障害：3,000万円
入院：2,000円／日　通院：1,500円／日
［加入費用］
大人：SL会員・2,100～2,750円
非会員・3,600～4,250円
中学生以下：SL会員・1,700円　非会員・3,200円

SLメンバーズカード

全国各地で開催されている「SLカートミーティング」に出場するためのライセンスであるとともに、JKLA（日本カートランド協会）加盟コースにおいては走行資格証明ともなるライセンス。SLカートミーティング主催者により組織された「SLO（一般社団法人SLカートスポーツ機構）」が発行・管理している。

レースクラスに合わせ8歳から取得可能。ライセンスは4等級に分かれ、レース出場実績や成績に応じて昇格する。また、会員となるとカートレースや練習時の負傷等に対応する傷害保険「スポーツ安全保険」加入の際に割引が受けられる他、JAFライセンス取得時の実技講習が免除となる特典がある。

◆メンバー特典

- ●カートコース走行資格：日本カートランド協会（JKLA）加盟のカートコースでスポーツ走行ライセンスとして適用。
- ●SLカートミーティング出場資格：全国のSLカートミーティングに出場できる。※出場の際には当該年度有効なSLメンバーズブック必備。
- ●SLインフォメーション：SLOウェブ上で会員向け情報の閲覧が可能。
- ●JAFライセンス取得時の実技講習免除：SLカートミーティングに1回以上出場した実績を有すると、JAFライセンス取得時に実技講習が免除される。
- ●SLO安全協力会への割引登録：スポーツ安全保険への加入窓口となるSLO安全協力会は割引料金で入会できる。

［SLメンバーズカード取得方法］

①SLカートスクールへ参加申し込みする

◎申し込み方法

カートスクール主催者・開催コースを確認し、受けたいスクール主催者から申込書を取り寄せ受講申し込みをする。

◎受講資格

当該年度8歳（小学2年生）以上

※当該年度：その年の4月に表記年齢・学年に達する年齢を指す。

※18歳未満は親権者の承諾書が必要。

※満10歳未満の場合、親権者の入会も義務づけられる。

◎参加費用

12,000円（メンバーズカード発行料・事務手数料含む）

※カデット（12歳未満）は10,000円

◎スクール内容

座学および実技

▼

②スクールに参加

申し込んだスクールに参加。座学、実技を1日にまとめて行うことが多い。

▼

③仮メンバーズカード発行

スクール修了時に発行。

▼

④メンバーズカード発行

受講後5週間ほどでメンバーズカードが発行、自宅に届けられる。

［会員有効期間］

SLメンバーズカードの有効期間は取得した年から2年を経過した年の年末まで（実質3年間）。なお、入会日が10月1日以降の場合、入会日から3年経過した年の年末までとなる。

［ライセンスグレード］

カデット

●出場可能クラス：YAMAHA TRYカデット、YAMAHAカデットオープン、YAMAHA TIAジュニア、YAMAHA SSジュニア

▼

グレードB

●出場可能クラス：全クラス

▼

グレードA

●出場可能クラス：YAMAHA TIAジュニア、YAMAHA TIA、YAMAHA SSジュニア、YAMAHA SS、YAMAHAスーパーSS、YAMAHA SSレジェンド、YAMAHAレディス、YAMAHA SS155

▼

グレードスーパーA

●YAMAHA TIA、YAMAHA SSジュニア、YAMAHA SS、YAMAHAスーパーSS、YAMAHA SSレジェンド、YAMAHAレディス、YAMAHA SS155

◆ライセンスに関する問い合わせ先

一般社団法人SLカートスポーツ機構

TEL052-678-5060 http://www.slo.or.jp/

ングを主宰する一般社団法人ＳＬカートスポーツ機構（ＳＬＯ）が発給する「ＳＬメンバーズカード」だ。

　ちなみに、ライセンスという呼称は公式にはＪＡＦのみが使用できる呼称とされているため、ＳＬライセンスではなく、ＳＬＯの会員証となるＳＬメンバーズカードと名付けられているが、実質的にはライセンスと同じ効力を持っている。

　この2種類のライセンス、それぞれに使用できるレースなどが異なっている。

　両者を比べると、より広い範囲で使用できるのがＳＬメンバーズカードだ。

　これは、全国統一規則で開催されているＳＬカートミーティングだけではなく、クローズド格式で開催される様々なレースで、指定ライセンスとされることが多いからだ。

　ＳＬメンバーズカードの発行元であるＳＬＯが主宰するＳＬカートミーティングは、下は小学2年生から出場できるカデットクラスから、技量やキャリアなどに応じた様々なクラスが設定され、地域事情などに合わせて各コースで開催されている。

　日本のカート黎明期から続いているシリーズ戦で、最も長い歴史を持つとも言われ、毎年秋には全国の強豪が集まる全国大会が開催される。この全国大会の開催も、はや50回に達するかという歴史を誇る。

　カート出身のレーシングドライバーは数多といるが、そのほとんどは、レーシングキャリアのデビューはＳＬカートミーティングだったとも言われている。

　初心者でも安心して出場できるレースも多いため、まずはＳＬからと考える人が多く、ＳＬメンバーズカードから取得するケースが多い。また、ＳＬメンバーズカードを取得し一定条件を満たすと、ＪＡＦライセンス取得時に実技講習を免除されるといった特典もある。

　ＳＬメンバーズカードの取得は、各ショップやコースが主催するＳＬライセンス講習会（カートスクール）を受講するのみ。スクールでは、ドライビングの基礎や、コースで使用されるフラッグ（信号旗）の意味などを学び、安全に楽しくカートドライビングやレースができるように、講義が行われる。

　スクールは、随時開催としているケースが多く、まずはショップやコースに開催予定を問い合わせてみるのがいいだろう。主催者によっては、マンツーマンで教えてくれることもある。

JAFライセンス

　カートレースはもとより、国内4輪レースを統括するJAF（社団法人日本自動車連盟）が発給する競技ライセンス。ジュニア選手権、地方選手権、全日本選手権といったJAF管轄のレースはもちろん、国際レース出場にも必須となる。より幅広いカテゴリーやレースに挑戦したいなら、取得しておきたいライセンスだ。

［JAFライセンス取得方法］

①講習会受講

　JAF認定の「カートドライバーライセンス講習会」を受講し試験に合格すること。10～11歳は親権者／保護者同伴で受講する。

②推薦によるもの

　準加盟／加盟／公認カートクラブの会員で、当該クラブ代表者から推薦を受けた者または加盟／公認かと団体の代表者の推薦を受けた者はカート国内B／ジュニアBライセンスを取得可能。

　加盟／公認カートクラブの会員で当該クラブ代表者の推薦を受け、JAFで審査を受け承認された者はカート国内A／ジュニアAライセンスを取得可能。ただし、いずれも18歳未満の場合は親権者の承諾を必要とする。

③自動車競技運転者許可証の所持者

　JAFは申請に基づき審査の上、自動車競技運転者許可証を所持している者に下記のようにカートライセンスを発給する。

国内競技運転者許可証A（国内A）➡カート国内A以下

国際競技運転者許可証C（国際C）以上➡カート国際B以下

※上記1～3のいずれかを満たし、申請資格取得後30日以内に所定の申請書に必要事項をもれなく記入し、JAF各地方本部へ提出すること。なお、新規に取得する場合、所定の申込用紙に下記を添えて申請する。

●ライセンス講習会の受講証明書（講習会主催者が発行したもの）

●本人の写真1枚（上半身、脱帽、無背景、大きさ30×40mm）

［ライセンス講習会受講料］国内B：20,300円以内

［有効期間］取得した年の年末まで

［グレードと上級昇格］

国際F（14歳）

◆国際G所持者で14歳に達した者。

◉ジュニアA取得後、申請前24ヶ月以内に格式制限付きの競技会に5回以上出場した者、または格式準国内の競技会に2回以上もしくはジュニア選手権の競技会に1回以上出場した者。なお格式制限付きと準国内を組み合わせる場合は合計3回以上。

★ジュニアA3所持者で国際E（国際F／G）講習会を受講し合格した者。

■ジュニアA所持者で、公認カートクラブ代表者の推薦を受け、JAFで審査を受け承認された者。

国際E（15歳～）

◆国際F（国際G）所持者で15歳に達した者。

◉カート国内A（ジュニアA）取得後、申請前24ヶ月以内に格式制限付きの競技会に5回以上出場した者。または、格式準国内の競技会に2回以上もしくは、全日本選手権の競技会に1回以上出場した者。なお格式制限付きと準国内を組み合わせる場合は合計3回以上。

★カート国内A所持者で国際E講習会を受講し合格した者。

■カート国内A所持者で、公認カートクラブ代表者の推薦を受け、JAFで審査を受け承認された者。

国際G（12歳～13歳）

◉ジュニアA所持者で取得後、申請前24ヶ月以内に格式制限付きの競技会に5回以上出場した者。または、格式準国内の競技会に2回以上もしくは、ジュニア選手権の競技会に1回以上出場した者。なお格式制限付きと準国内を組み合わせる場合は合計3回以上。

★ジュニアA所持者で所持者で国際E（国際F／G）講習会を受講し合格した者。

■ジュニアAs所持者で、公認カートクラブ代表者の推薦を受け、JAFで審査を受け承認された者。

カート国内A（15歳～）

◆ジュニアA所持者で15歳に達した者。

◉カート国内B（またはジュニアB）所持者でライセンス取得後、申請前24ヶ月以内に格式制限付きの競技会に2回以上出場した者。または、格式準国内以上の競技会に1回以上出場した者。

■カート国内Bに所持者で加盟／公認カートクラブ代表者の推薦を受けた者。

■加盟／公認カート倶楽部の会員で、当該クラブ代表者の推薦を受け、JAFで審査を受け承認された者。ただし、18歳未満の者は、親権者の承諾を必要とする。また、被推薦者はJAF国内カート規則集を購入すること。

ジュニアA（12歳～14歳）

◉ジュニアB所持者でライセンス取得後、申請前24ヶ月以内に格式制限付きの競技会に2回以上出場した者。または、格式準国内以上の競技会に1回以上出場した者。

■カートジュニア国内B所持者で加盟／公認カートクラブ代表者の推薦を受けた者。

■加盟／公認カートクラブの会員で、当該クラブ代表者の推薦を受けた者。ただし、18歳未満の者は親権者の承諾を必要とする。また、被推薦者はJAF国内カート規則集を購入すること。

カート国内B（15歳～）

◆ジュニアB所持者で15歳に達した者。

◉JAG登録カートクラブ・団体が主催するクローズド競技会に1回以上出場した者。または、JAF公認カートコースにおいて10時間異能のスポーツ走行経験がある者。

★カート国内B（ジュニアB）講習会を受講し合格した者。

■準加盟／加盟／公認カートクラブの会員で、当該クラブ代表者の推薦を受けた者。ただし、18歳未満の者は親権者の承諾を必要とする。また、被推薦者はJAF国内カート規則集を購入すること。

ジュニアB（8歳～14歳）

◉JAF登録カートクラブ・団体が主催するクローズド競技会に1回以上出場した者、または、JAF公認カートコースにおいて10時間以上のスポーツ走行経験がある者。

★カート国内B（ジュニアB）講習会を受講し合格した者。

■準加盟／加盟／公認カートクラブの会員で、当該クラブ代表者の推薦を受けた者。または加盟／公認カートコース団体の代表者の推薦を受けた者。ただし、18歳未満の者は親権者の承諾を必要とする。また、被推薦者はJAF国内カート規則集を購入すること。

◉ 競技会実績等による取得・上級

■ 推薦による取得・上級

★ 講習会受講による取得・上級

◆ 年齢制限解除による取得

［問い合わせ先］

JAF北海道本部　TEL011-857-7155

JAF東北本部　TEL022-783-2826

JAF関東本部　TEL03-6833-9140

JAF中部本部　TEL052-872-3685

JAF関西本部　TEL072-645-1300

JAF中国本部　TEL082-272-9967

JAF四国本部　TEL087-867-8411

JAF九州本部　TEL092-841-7731

選手権レースへはＪＡＦライセンスを

ＳＬカートミーティングでレースを経験し、キャリアを重ねていくと、もっと規模の大きなレースであったり、もっと速いカートのレースだったりに出場したくなることもあるだろう。

そうなると、ＳＬメンバーズカードの適用範囲を超えてしまうことが多くなるため、もう一つのライセンスであるＪＡＦライセンスが必須となる。

ＪＡＦライセンスは、国内の４輪モータースポーツすべてを統括するＪＡＦが発給するだけに、万能型のライセンスとも言える。極端にいえば、ＳＬカテゴリー以外のすべてのレースで必須となるライセンスなのだ。

ＪＡＦが管轄するレースと言えば、代表的なところでは地方選手権、ジュニア選手権、そして全日本選手権といったいわゆる「選手権」レースだ。ある意味、選手権レース＝公式戦として捉えることもできる。

また、海外レースとの関わりという点では、ＪＡＦ発給の国際ライセンスを必須となってくる。ＪＡＦライセンスは、レース出場回数や成績により、下級グレードから上級グレードへと昇格していくことができるが、その先には国際ライセンスが用意されているのだ。

国際ライセンスはＦ１を筆頭とする国際レースを統括している国際自動車連盟（ＦＩＡ）が発給するもので、言ってみればＦ１ドライバーと同じ系統のライセンスを持つとも言えるのだ。

レースこそがカートの楽しさの極致

ライセンスを取得するのは、レースに出たいからという人が多いはず。

日本国内で開催されているレースは、大きく分けると、サーキットごとに開催されているローカルレースと、ＪＡＦ管轄の選手権レースの２種類となる。

ローカルレースは、全国のカートコースで組まれているシリーズ戦で、春から晩秋まで、年間で７〜８戦が組まれることが多い。だいたい、毎月開催となっているシリーズが多いようだ。

このローカルレースでは、ＳＬカテゴリーやオーストリア製水冷エンジンを使用するロータックス・マックス・チャレンジ（ＲＭＣ）カテゴリーなどが、それぞれ組み合わせたり単独で開催されたりする。

これは、コースの規模や地域のカート愛好者の趣向、傾向などに

レースカテゴリー

国際レース

CIK-FIAが統括する国際レースでは、ダイレクトモデルとミッション（シフター）モデルに大別される。ダイレクトモデルは水冷125ccリードバルブエンジンのOKクラスと、OKエンジンをベースにジュニア用としたOKジュニアの2クラスに整理されている。

エンジンはクラスごとにチューニング可能範囲や回転数に規定がある。また使用できるシャシー、タイヤも細かく規定されている。

2023年からはOKクラスの普及版ともいえるOK-Nクラスを設け、まずは各国のナショナル選手権への導入を図り、2024年には各国代表を集めたワールドカップの開催を計画している。

ミッション付きはKZ、KZ2の2クラス。KZがプロフェッショナルクラス、KZ2がハイアマチュアクラスといえる。エンジンはともに水冷125ccエンジンで、3〜6速のシーケンシャルミッションを備える。

OK、OKジュニア、そしてKZは世界選手権タイトルがかけられるトップカテゴリーとして位置づけられている。

このKZとは趣を異にするミッションカテゴリーとして、250ccエンジンを搭載しフルスケールサーキットを使用するスーパーカートもある。シルバーストンやアッセンなど、F1、MotoGPで使用されるグランプリサーキットを使用して行われ、マシンもフルカウルで覆われるなど、一般的なカートとは一線を画したフォルムをしている。

またCIKでは若手ドライバー育成を掲げ、シャシー・エンジン・タイヤなど主要マテリアルをすべてワンメイクデリバリー制とし、さらに参加選手も原則各国1名として多くの国からエントリーを募ったアカデミートロフィーシリーズも開催している。日本でも毎年末に派遣ドライバーの募集が告知され、毎年1〜2名がアカデミートロフィー参戦を果たしている。

●ダイレクトカテゴリー

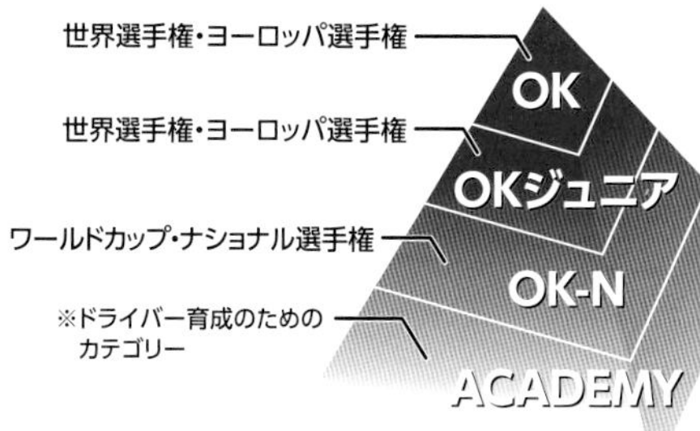

●ミッションカテゴリー

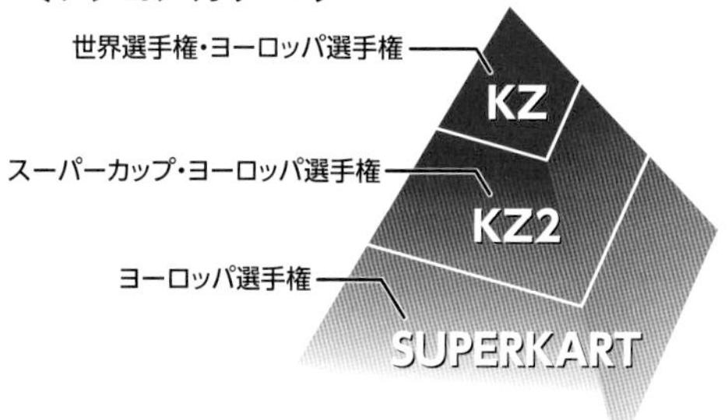

国内レース

日本のカートレースはJAF管轄の日本選手権をローカルレースが支える構図となる。

日本選手権は全日本選手権、地方選手権、ジュニア選手権の3層となる。全日本選手権は2023年に変革を迎え、最高峰のOKと国際規則に準じたFS-125CIK、国内事情に応じたFS-125JAF、そしてFP-3、さらには電動カートで戦うEVと5部門に選手権がかけられた。2024年はFS-125が統一されている。

全日本の下位に位置する地方選手権ではFS125、ジュニア選手権は使用エンジン規定が変更となった関係で、クラス名称が「ジュニア」「ジュニアカデット」に変更され、また新たにコース独自のシリーズとなるコースシリーズの開催も可能とされている。

これを支えるのが各サーキットで行われるローカルレース。SLカートミーティングを始め、各コースの独自選手権など地域事情も加味したさまざまなクラスが行われている。

また、ミッション付きではフルスケールサーキットを舞台にスーパーカートシリーズが開催されている。

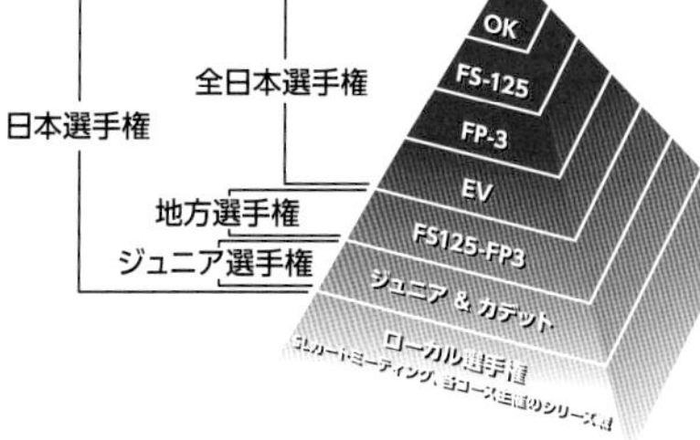

●スーパーカート

レースに出場するまで

❶出場するレース、クラスを決める

レースの開催日程や開催クラスはシリーズ特別規則や各コースのインフォメーションボード、公式Webなどに掲示されている。また各ショップで日程を把握していることも多いので、コースやショップに相談するのがいい。その上で、出場する大会の日程、出場するクラスを決めよう。

❷出場申し込み書を入手し記入、送付

出場したいレースを主催する主催者（たいていの場合は開催コース）から出場申込書（エントリー用紙）を入手し、必要事項をもれなく記入。出場申込金（エントリーフィー）とともに現金書留で郵送する。またコースやショップの窓口で手続きできる場合もある。申込期間は、大会の1ヶ月前から2週間前までが目安。ローカルレースの場合は、直前まで受け付けてくれる場合もある。レースの開催日程とともに、出場申込期間も確認すること。
エントリーにあたってはエントラントに加入する、もしくはエントラントライセンスを取得する必要がある。もっとも手軽で、また後々助けてくれるのが、自分が普段利用しているショップのクラブに加入し、そのクラブを通じてエントリーする方法だ。

❸参加受理書の受け取り

参加申し込みをしてしばらくすると、主催者から参加受理書やタイムスケジュール、クレデンシャルなどの公式通知類が送られてくる。レースによっては公式通知等をwebからダウンロードする場合もある。参加受理書、クレデンシャルはレース当日に必要となるので、忘れないように保管しておくこと。

❹レース当日の受付へ

レース当日は朝7時頃から最終的な参加受付が行われる。これは事前に申し込みをしていた選手への最終確認のため。参加受理書、ライセンスをもって受付を済ませよう。

予選ヒート

タイムトライアルのベストラップタイム順にグリッドが決められ、決勝のスターティンググリッドを決めるための予選ヒートが行われる。周回数は決勝のおよそ半分だ。ローカルレースの場合は、予選は1ヒートのみのケースがほとんどだが、大会によっては予選2ヒート制や、グループ分けをして総当り制にするといったこともある。

決勝ヒート

予選の着順（ポイント順）にしたがって、決勝のスターティンググリッドが決められる。この決勝結果が、その大会の最終結果となる。

重量測定・再車検

タイムトライアル以降は、各走行ごとに必ず重量を計測する。最低重量を満たしていない場合、ペナルティの対象となる。
さらに決勝終了後は、上位入賞車両に対し再車検が行われる。再車検ではエンジンの内部検査も行われるなど、より細部まで確認することとなる。エンジンの分解作業などは当該カートのドライバー、メカニックが行わなければならないので、時間が来たら工具をもって車検場へ行こう。

表彰式・パドック撤収

全レースが終了し、再車検も終わると競技結果が確定する。正式結果が出されると、その日のレースの表彰式が行われる。全員で参加して表彰式を盛り上げよう!!
レース後には、コース上にトランポを乗り入れることができるコースもあるので、パドック側までトランポを移動させ、機材の撤収などを行う。。自分の使用したパドックスペースは、使う前よりきれいに清掃して帰るようにしたい。使用済みのタイヤや破損したパーツ類はコースに置いていかずに持ち帰ること。また廃油は必ず専用の廃油捨てに捨てること。地面にまいたり、排水溝に流すことは厳禁だ。

より主催者が開催クラスを選んでいるからだ。
またSLやRMCのカテゴリーであっても、そこから少しモディファイして、より初心者が参加しやすいレギュレーションにしたりといった工夫も見られる。
カートは間口の広いモータースポーツのため、どんなローカルシリーズであってもビギナーが出場しやすいクラスは設定されるのが特徴で、例えば、メインのシリーズとは別に初心者用に敷居を下げたシリーズを開催していたり、平日にレースを開催したりと工夫している。
これらの情報は、ネットであったりコースやショップの店頭で入手できるので、様々な情報を収集しながら出場レースを決めていくといいだろう。
ローカルレースの上には、選手権レースがある。特に、国内レースの頂点とも言える全日本選手権は、全国転戦型のシリーズで、遠征が多くなる分、参戦費用なども増えていくが、全日本選手権でチャンピオンを獲得すれば年末のJAF表彰式でスーパーフォーミュラやスーパーGTのドライバーと同格で表彰されるなど、他では得られない経験をすることもできる。
またレーシングキャリアにおいて、カテゴリーを問わず「ナショナルチャンピオン」を獲得していることは大きな意味を持ってくる。その称号を手に入れるために、全日本を目指してみるのもいいだろう。
レースをするために生まれてきたレーシングカートを、存分に楽しめるのはやはりレースのみとなる。ライセンスを取得し、レースの世界に足を踏み入れれば、その魅力にどっぷりとはまり込むことは間違いない。
非日常を感じるレースの世界へ、そこには抗えない魅力が待ち受けている。

レースへのエントリーから表彰式まで

カートレーススケジュール

カートレースは、F1やスーパーGTと少し異なるレースフォーマット。カート独特のレース進行の流れを抑えておこう。

レース当日の流れはこれだ！

参加受付・パドック設営

まず最初に済ませるのは、参加受付だ。ここではライセンスの確認なども行われるので、必要なライセンス、参加受理書をもって受付に提出しよう。またこの受付で車両申告書、自動計測装置などが配布される。

同時にパドックへの機材搬入やパドックテントの設営なども行う。パドックスペースは主催者から指定されるので、その場所へ必要な機材を搬入し、搬入後のトランポは指定駐車場へ移動させる。

車検

朝の車検はマシンが技術規則に合致し、安全にレースができる状態かをチェックするもの。車検の時間は1時間から1時間半ほど設定されている。もし、不備が見つかった場合は、時間内であれば修理して受け直すことも可能だ。車両申告書の必要事項をもれなく記入し、レーシングスーツやヘルメットといった装備品も用意して車検会場へ。

ドライバーズミーティング

受付、車検が一段落すると、参加者全員を集めた開会式とドライバーズミーティングが行われる。競技役員の紹介や、細かい運営規則の説明が行われる。またローリング時の隊列復帰禁止区間、フラッグの振られるポスト位置の説明などコース独特の規定も、このドライバーズミーティングで説明される。ドライバーズミーティングは出席が義務づけられ、遅刻や欠席には罰金やペナルティが科せられることもあるので、最優先で参加すること。

公式練習・タイムトライアル

ローカルレースでは公式練習とタイムトライアルを連続した時間内で行うことが多い。例えば1クラス15分の走行時間の内、前半8分は公式練習、後半7分はタイムトライアルといった具合だ。この場合、タイムトライアル時間が始まるときには日章旗などが提示される。ただ、注意が必要なのは公式練習中はピットに戻ってマシン調整ができるが、タイムトライアル時間が始まるとピットへ戻れないケースが多いこと。タイミング悪くピットに戻ってしまうと、タイムトライアルに参加できない恐れもある。

■国内2大ローカルシリーズの開催クラスと特徴

現在、国内で開催されているローカルレースを代表するのは、YAMAHA　KTエンジンを使用したSLカートミーティングとオーストリア製ROTAXエンジンを使用したロータックス・マックス・チャレンジ(RMC)シリーズだ。
それぞれのシリーズにおける開催クラス、対象年齢などをまとめておこう。

●SLカートミーティング

クラス名	エンジン	シャシー	タイヤ		参加資格	
			メーカー	タイプ（ドライ/ウェット）	年齢	ライセンス
YAMAHA TRYカデット	YAMAHA KT100SEC	TRY各モデル	ダンロップ	SLJ/SL-W2	小学3年生以上	SLカデットまたはSL-B
YAMAHA カデットオープン		SLO認定・JAF登録・CIK公認MINI規定シャシー				
YAMAHA TIAジュニア		TIA各モデル		SL-FD/SL-W2	小学4年生～中学生	SLカデットまたはSL-B以上
YAMAHA TIA					小学6年生以上	SL-B以上
YAMAHA SSジュニア		一般市販			小学4年生～中学生	SLカデットまたはSL-B以上
YAMAHA SS				SL-22/SL-W2	小学6年生以上	SL-B以上
YAMAHA レディス						
YAMAHA スーパーSS					30歳以上	
YAMAHA SSレジェンド				SL-FD/SL-W2	45歳以上	
YAMAHA SS155				SL-22/SL-W2	25歳以上	
YAMAHA MZカデット	YAMAHA MZ200RK/MZ200RKC（国内仕様）	カデットオープンに準拠		SLJ/SL-W2	小学2年生以上	SLカデットまたはSL-B
YAMAHA MZシニア		一般市販		SL-FD/SL-W2	小学6年生以上	SL-B以上

※MZクラス規定は費用面、安全性、地域事情を考慮し主催者が変更することができる。

●ロータックス・マックス・チャレンジ（国内規定）

クラス名	エンジン	シャシー	タイヤ		参加資格	
			メーカー	タイプ（ドライ/ウェット）	年齢	ライセンス
Micro MAX	MicroMAX	950mm以下の一般市販シャシー	MOJO	C2・W5	小学1年生～中学1年生	SLもしくはJAFまたは主催者が認めたライセンス
Mini MAX	MiniMAX				小学3年生～中学2年生	
Junior MAX	JuniorMAX	一般市販		D2/W2・W5	小学5年生～17歳	JAFまたは主催者が認めたライセンス
Senior MAX	SeniorMAX			D5/W2・W5	14歳以上	
MAX Masters					25歳以上	

TECHNIQUE

誰よりも速く、目指すは最速。
誰よりも強く、目指すは最強。
スピード、バトル、勝利……。
カートを操るテクニックは、その探求に終わりがない。
速く走るための、レースで勝つための
ドライビングテクニックとは!?

DRIVING

レーシングカート ドライビングテクニック

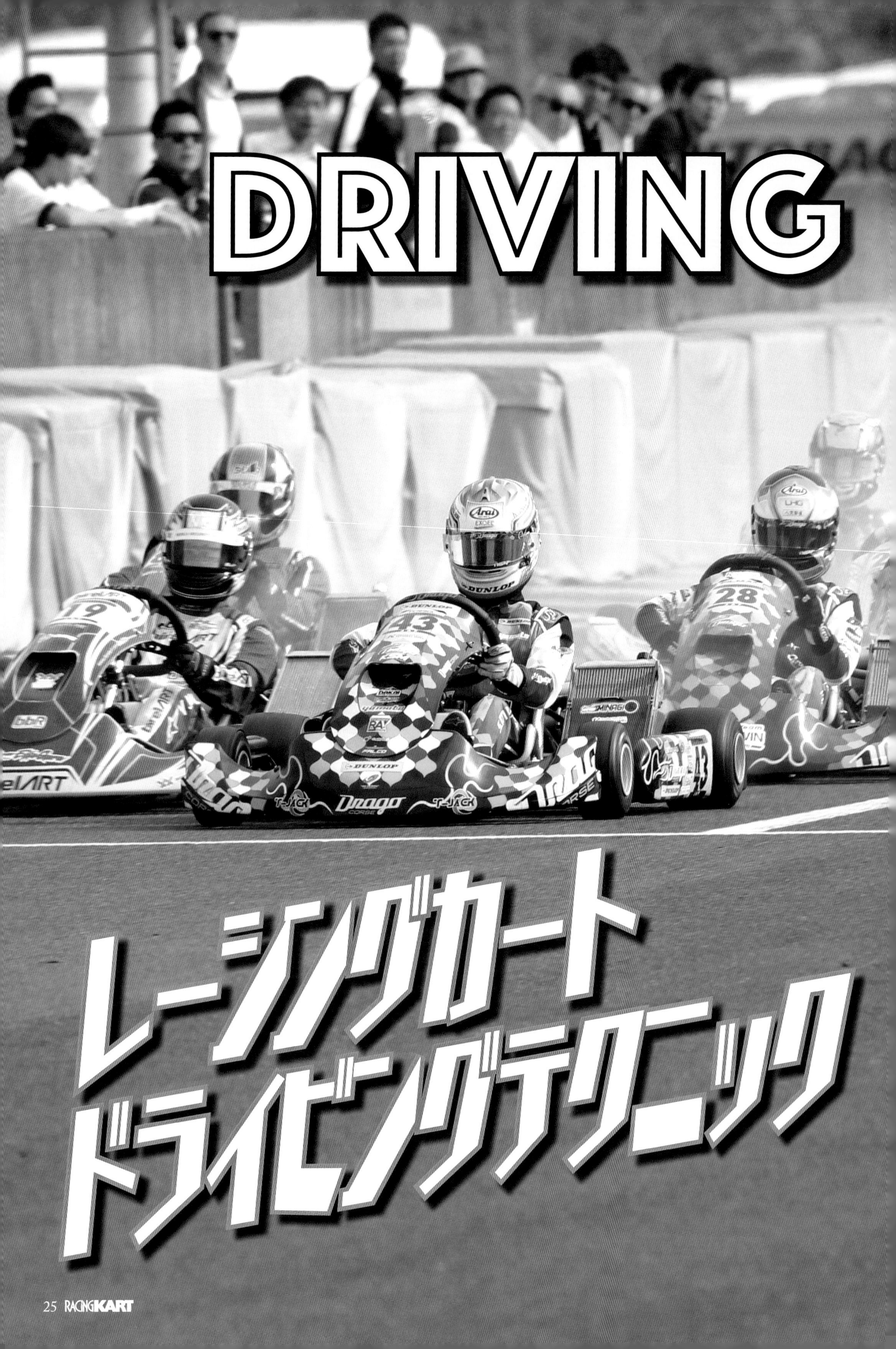

正しい姿勢がもたらす正しい操作と応用

　カートを始めたならば、誰よりも速く走りたい、レースで勝ちたいと思うのは誰もが抱く自然な感情だ。では、どうすれば速く、強くなれるのか。そこには、ドライビングテクニックが要求される。

　ドライビングテクニックというと、ともすればテクニック=技術といった側面ばかりに目が行きがちとなるが、実は最も大事なのは技術の土台となる基礎の部分だ。どんな立派な建物も、きちんとした基礎がなければ建たないように、テクニックも基礎の上に成り立っているからだ。

　どんなスポーツであっても、じつはこの基礎、基本、定番とされる部分は重要視される。基礎があってこその応用、型があってこその型破りだからだ。

　カートでいう基礎、そのさらに根幹をなす、まさに土台となるものが「ドライビングポジション」だ。これは、乗車姿勢と言いかえることもできる。正しい姿勢で乗ることで、正しい操作ができるからだ。

　乗用車の場合、運転席のスライド機構やリクライニングを調整し乗車姿勢を決める。ステアリングも、チルト機構を使うことで、わずかながらも調整可能だ。この調整は、乗り手本位で行われる調整で、いわばドライバーが好きにシート位置などを変更できているのと同じだ。ところが、カートの場合、この自由がない。

　カートは、ドライバーと車両あわせて、概ね140〜160kgほどの重量に規定されている。ここでポイントとなるのが「ドライバー込み」というところだ。高校生以上くらいの成人男性ならば、装備重量で60kgを超えることも珍しくはない。つまり、重量規定のおおよそ半分はドライバーが占めることとなる。

　レーシングマシンで重要なことは、重心物をどこに配置するかだ。F1ならば最重量物であるパワーユニットは車両の中心近くに置かれ、その前にドライバーシートが設けられる。カートの場合、最重量物がドライバーとなるため、重心位置を決めるのはドライバーの着座位置を決めるシート位置ということになる。重心位置は、マシンの運動特性に大きな影響を与えるため、カートではシート位置はメーカー推奨位置となることが多い。つまり、ドライバーの体格等でシート位置を調整するということは、原則ないのだ。

　座る位置が決められてしまうため、調整できるものはペダルやステアリングの位置、角度のみとなる。これを、ペダルならば膝が軽く曲がる距離でしっかり奥まで踏み込める位置、ステアリングならば9時15分の位置を持っても腕が伸び切らず、肘に余裕がある位置、これが理想だ。

　正しいドライビングポジションを取れれば、カートの操作を繰り返しても、疲労度は低く、また繊細な操作も可能となる。細かい調整には、さまざまなパーツ類も必要となるが、そこで妥協することなく、ベストを追求したい。

　次にカートに乗り込む時、以前はカートのエンジンはクラッチを廃した真のダイレクトタイプが主流だったため、初心者であってもカートを押しながらエンジンを始動する「押しがけ」が必須だったが、いま押しがけが必要なのは、全日本最高峰のOKクラスくらいで、いまでは乾式クラッチを装備し、セルスターターも装着されたTaG（タッチ&ゴー）エンジンが主流だ。

　このTaGの場合、一番安全な乗り込み方は、まずシートの上に立ってしまうこと、だ。

コーナーの種類によるベーシックなライン取り

コース全体でのライン取りを考える前に、まずはコーナー単体でライン取りをどう考えるべきなのかを見ていこう。
ここでは、カートコースに多い代表的なコーナーレイアウトの例をあげている。ここにある例を参考に、地元コースのコーナーに当てはめ応用すれば大抵のコーナーのライン取りはわかることだろう。

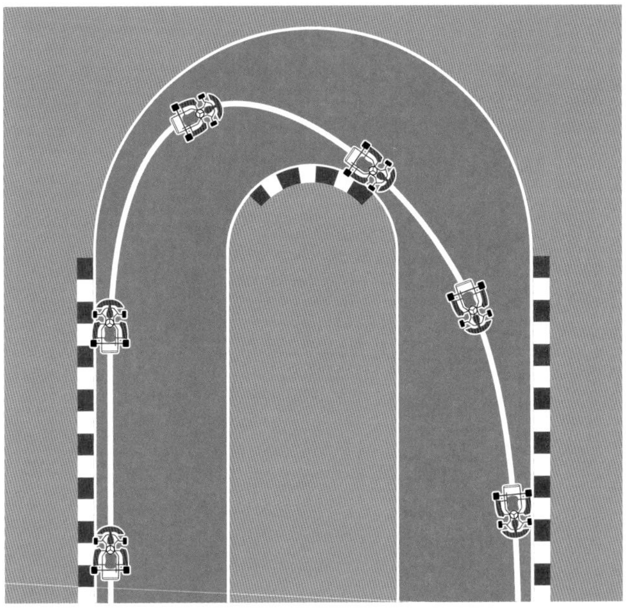

シングル・エイペックス

もっとも単純なコーナーが頂点(エイペックス)がひとつ(シングル)のシングル・エイペックスだ。

カートコースではヘアピンに代表されるシングル・エイペックスは、コーナー立ち上がり後がストレートだったりすると、非常に単純なライン取り、オーソドックスなアウト・イン・アウトが適用される。

曲率の大小はあるが、いずれの場合もコーナー入り口でカートの向きを変えてしまうと、立ち上がりを直線的にでき、加速を活かすことができる。

ただし、意外にこういったシンプルなコーナーレイアウトは少なく、ヘアピンでも途中で曲率が変化したり、立ち上がった先にすぐ次のコーナーが控えていたりと、なかなか教科書通りのライン取りとはならないので、それを踏まえて応用していこう。

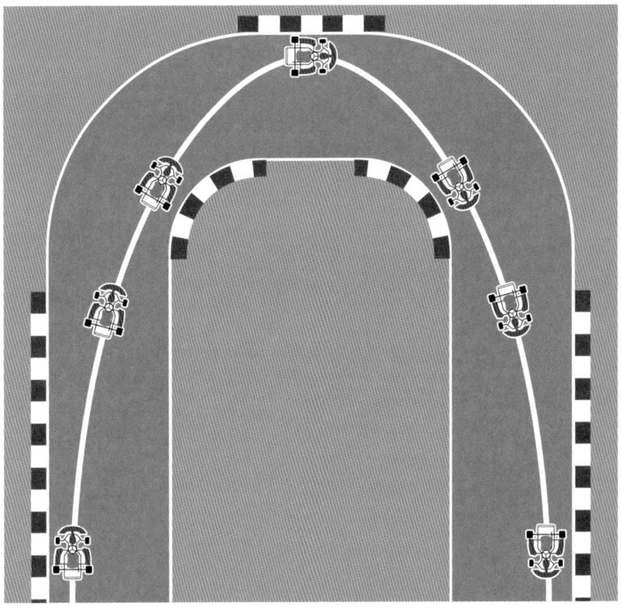

ダブル・エイペックス

頂点がふたつ(ダブル)あるような、いわゆる複合コーナーや大きなコーナーを指す。

また図のように、隣接して同じ方向へと曲がっていくふたつのコーナーをひとつのコーナーと見立ててライン取りを考える場合もある。例えば、もてぎの1～2コーナー、3～4コーナーなどがこのコーナーの例と考えられる。SUGOでは1～3コーナーまでを連続したコーナーと考えることもできる。ふたつのコーナーが接近している場合、それぞれを別々のコーナーと考えるのではなく、ひとつのコーナーとまとめてしまった方が攻略しやすい。途中に短いストレート部分があったとしても、そこも旋回しながら走る抜けるようなら、コーナーと同じだと考えよう。

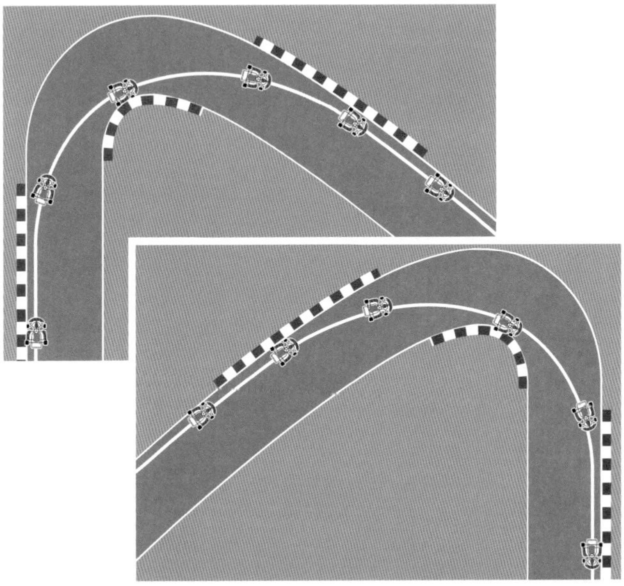

曲率に変化のある複合コーナー

同じ複合コーナーでも、コーナリング中に曲率が変化する場合がある。ここではシングル・エイペックスの例を挙げているが、ダブル・エイペックスでも同じような例は考えられる。例えば鈴鹿のヘアピンはシングル・エイペックスで出口が開いた(入口より出口側の曲率が大きい)コーナー、同じく鈴鹿の3～4コーナーはダブル・エイペックスで出口が閉じた(入口より出口側の曲率が小さい)コーナーと考えることができる。

シングル・エイペックスの場合、出口の曲率によって、出口が開いているなら早めにインへ、閉じているならターンインを遅らせて曲率に合わせて直線的なラインを選ぶこととなる。

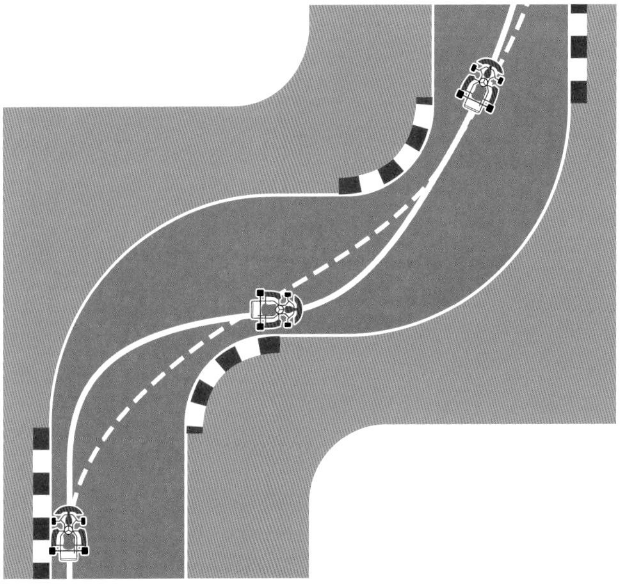

左右連続したコーナー

S字に代表される左右連続したコーナーでは、最後のコーナーを最優先して手前のラインを決めていく。コーナーの曲率が小さい、またはコーナー間に距離が長い場合は実線のようなラインに、コーナーの曲率が大きい、コーナー間の距離が短い場合は点線のように直線的に抜けるラインも有効だ。

この場合、コーナーそれぞれにどんな縁石が用意されているかもライン取りを決める要素となる。特にイン側の縁石がカートを乗せてもタイムロスしない縁石の場合、大胆に乗せるより直線的なラインとすることも考えられるだろう。

またライン取りだけでなく、荷重変化を活かすためにもアクセルのオンオフのタイミングを上手く使ってステアリングと連動させるようにしたい。

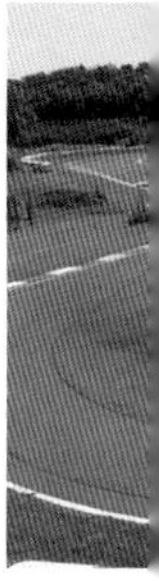

タイヤグリップには限界がある！ グリップサークルをイメージしよう!!

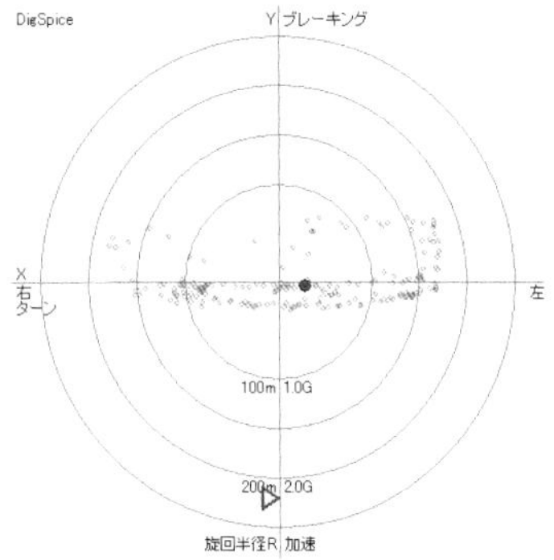

荷重のコントロールは、タイヤのグリップをコントロールすることでもある。そこで、タイヤグリップへの意識を高めるために、常に頭の中で想定しておきたいのが、タイヤグリップサークルだ。

まず大前提として知ってほしいのが、タイヤグリップには限界があるということ。その限界域を意識し、限界域付近を使って走ることがタイヤグリップを最大限使うことだ。

それには、タイヤのグリップを縦方向のグリップと横方向のグリップで考える。縦方向のグリップとは減速、加速など主に直進時に使うグリップ、横方向のグリップとはコーナリング時に使用するグリップだと考えればいい。

それぞれの最大値を100と仮定すると、図のような円状の領域がグリップ領域となる。実際には真円ではなく楕円となる事が多いが、ここでは簡易さを優先し真円で解説しよう。

縦、横方向ともに使えるグリップは100。減速時に縦方向へ100のグリップを使っている状態では、横方向のグリップは使えない。そのためにはブレーキ力をやや弱め、縦方向で使っているグリップを80などに減らし、その分の20を横方向で使うといったやりくりが求められるのだ。

これは加速時も同じで、横方向のグリップを最大限に生かして旋回しているときに、アクセルを踏んで加速すると、グリップ領域をオーバーする力が加わるため、カートはスピンに陥ってしまう。

もっともタイヤグリップをいかして走るには、円の外周に沿って荷重を移動させるイメージを持つこと。グリップコントロールは荷重コントロールでもあるのだ。

この円のイメージを頭に描きながら、荷重移動を意識しながらコーナリングしてみよう。徐々にそのスピードを増し、それでも円のイメージを持ち続けていられれば、タイヤのグリップコントロールは上達していく。

【摩擦円の考え方】

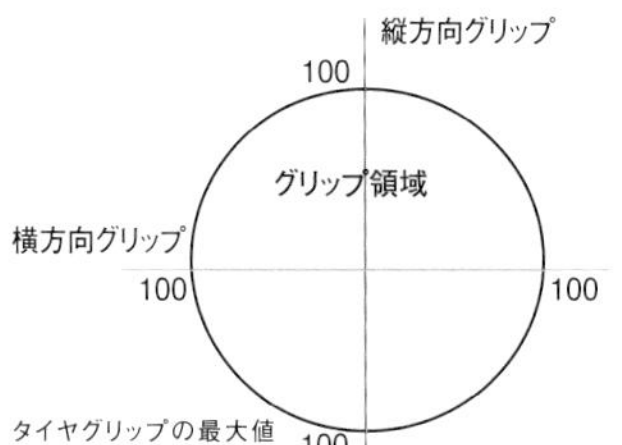

タイヤグリップの最大値は縦横それぞれ100と仮定する。その最大値を結んだ円内がグリップ領域となる。

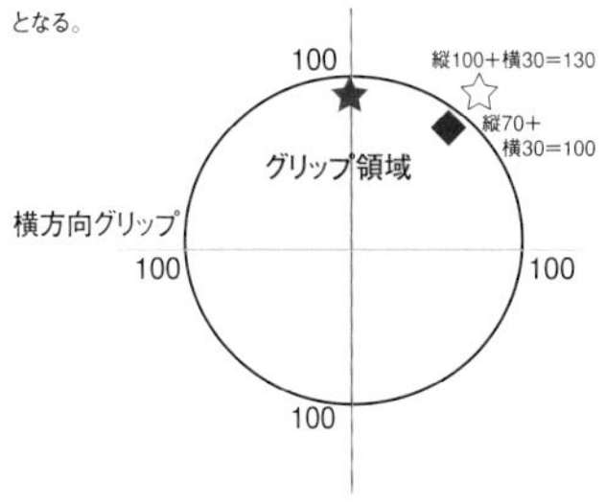

ステアリングを切らない直進状態でブレーキングすると、縦方向のグリップを100使えることとなる(図内★)。しかし、その状態でステアリングを切り横方向30のグリップを求めたとすると、その入力値は合計130となりグリップ領域円からはみ出してしまう(図内☆)。それを防ぐためには、縦方向の使用グリップ量を減らし(ブレーキを離し)、横方向で使えるグリップを用意すればいい(図内:◆)。これがグリップ領域のイメ ジだ。

フラッグは信号!! 安全のために指示厳守!!

レースはもちろん、普段のフリー走行であっても、ドライバーへの危険予告などオフィシャルからの意思伝達、連絡は信号旗、フラッグを通じて行われる。これは、一般公道でいえば信号と同じだ。一般公道以上のスピードで走っているサーキットでは、一般公道以上に「信号」を守ることが要求される。レースでも、フラッグ無視に重いペナルティが科されるのは、それが危険行為となるからだ。

自らだけではなく、同じ時間帯に走行しているドライバー、またコースサイドにいる関係者の安全を守るためにも、フラッグ無視は許されない。オフィシャルの指示にはしっかりと従うようにしよう。

走っているつもりで歩く コースウォーク

初めて走るコースはもちろん、走り慣れたコースでも、実際にコースを歩いて見ることは重要だ。路面の状況やコースのアンジュレーション、イメージトレーニングなどコースウォークで有益なことは多い。また、上級者と一緒に歩きながら、コーナーのラインやブレーキングポイントを聞くのもいいだろう。

カートコースは1周1km程度がほとんど。色々と観察しながら歩いても20～30分ほどだろう。レースのときならば朝や昼休みに、普段の走行日ならばインターバルの間に歩いてみるといい。その場合、念のためコーススタッフに立ち入りの許可を得るといい。

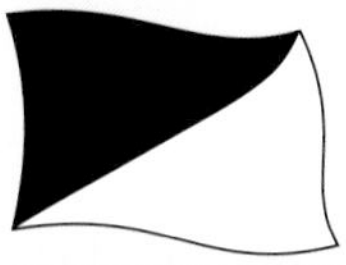

白・黒旗(三角染分)と白数字

スポーツ精神違反する行為をしたドライバーに対し、ピット停止を義務づけられる黒旗提示の最終的警告である。

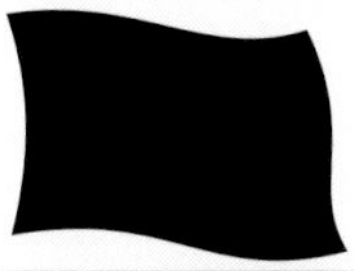

黒旗(白数字付)

示された数字番号の車両は自分のピットに停止し競技長の所まで出頭すること。

黄色の山型を付した緑色旗

ミススタートを示す。

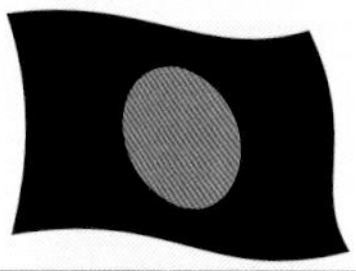

オレンジディスクのある黒旗
(番号を添えて提示)

技術的トラブルのドライバーに対する停止命令。修復後再出走できる。

青・赤(2重対角線で区分)**旗**

追い越されようとしている、もしくは既に追い越されたドライバーの停止を示す。この旗を使用する場合その競技会の特別規則書に規定されていなければならない。

白と黒のチェッカー旗

競技終了の信号。(チェックの大きさは横$\frac{1}{5}$、縦$\frac{1}{5}$)

カートは左右にバンパーも兼ねたボディワーク（サイドボックス）が張り出し、右にはアクセルワイヤーやフューエル（燃料）ホース、左にはブレーキロッド（ワイヤー）など踏んではいけないものが多い。それらを踏まないためにも、大胆にも思われるがまずシートの上に立ってしまうのが安全だ。そのうえで、ステアリングに手を添えながら、左右の足をペダルへと伸ばしてシートに身を沈めれば、乗車は完了となる。

さあ、エンジンをかけて走り出そう。

最初はコースの色づいた路面を走れ!!

カートで実際のコースに出ると、外から見ていた以上に広いことがわかる。視線が低くなってることもあって、コース幅などとても広々と感じるだろう。

そうすると、わからなくなるのが「どこを走ればいいか」だ。普通の道では、車の幅と大差がない車線が決められているため、どこを走るかは迷うことがない。しかし、カートコースは感覚的には3車線はありそうなほど広いアスファルトに、目印となる線が何もない。

これは、サーキットは走る方向（右回り・左回り）さえ間違えなければ、原則どこを走ってもいいからだ。

ローリングスタートは2列縦隊 スタート合図は信号機で

カートのスタートはローリングスタートを採用している。これはカートが動きながらスタートラインに近づき、あるラインを超えたら加速、スタートの合図が出たらレーススタートとなる方式だ。

スーパーGTでも採用されているスタートのため、モータースポーツファンにはおなじみだろう。

カートでもスタート前にスターティンググリッド順に2列縦隊を組み、フォーメーションラップを行う。フォーメーションラップのペースコントロールは、フロントローの2台がコントロールする。この2台には隊列を整える義務があり、後続がついてこれないような速すぎるスピードでローリングすると、グリッド降格のペナルティが待っている。また、ローリング中に故意に前のカートとの距離を開けすぎた場合は隊列を乱したとしてペナルティの対象となる。

写真ではローリング中の通過位置の目安となるコリドー（誘導線）が白線で示されているが、このラインは全日本を開催する一部のコースのみにあるもので、全てのコースで引かれているわけではない。ただ、この写真のようにキレイに隊列を整えることは重要だ。

隊列が整った状態で、スタートライン手前に引かれたイエローラインを通過すると、加速ができることとなる。そしてスタートラインまでの間にシグナルレッドが消灯されレーススタートとなる。スタート合図は、多くの場合はシグナルのブラックアウトで行われているが、コースによっては日章旗を使用するところもある。

ローリングスタートでの注意点は、ローリングスピードのコントロールと加速開始ポイントの厳守だ。またローリングへの出走で遅れた場合、決められた隊列復帰禁止区間前ならば自分のポジションへ戻ることができる。一方、何らかの理由で自分の前のグリッドが空いたとしても、その位置に詰めることは許されない。

加減速&操舵は順番通りに! 一方通行の操作が鉄則!!

コーナリングでは荷重移動を利用してインリフトを作り出す。この荷重移動をうまくするには、一連の操作をワンウェイ（一方通行）で連動させ行うことだ。

ブレーキング➡操舵➡加速、この流れを守り連動させると、荷重移動はスムーズに行われる。さらにこれらを短時間で行えば、その分荷重は大きく移動することとなり効果が高まる。

しかし、一方通行ではなく、また連動が上手くできていない操作、タイミングが早すぎる・強度が強すぎるブレーキ（減速）➡車速が落ちすぎブレーキリリース（実質的な加速）➡再ブレーキ（減速）➡操舵➡加速➡コースアウトを恐れてアクセルオフ（減速）といったように、操作が行ったり来たりしていると、その度に運動エネルギーは失われ、細かな荷重移動だけしか発生しないこととなる。

運動エネルギーはスピードとも比例するので、速いスピードから短い距離で減速するといった速度差を大きくするほど、大きなエネルギーを活用することができる。それがカート特有のクイックな操舵性に繋がるのだ。

[一方通行の操作]

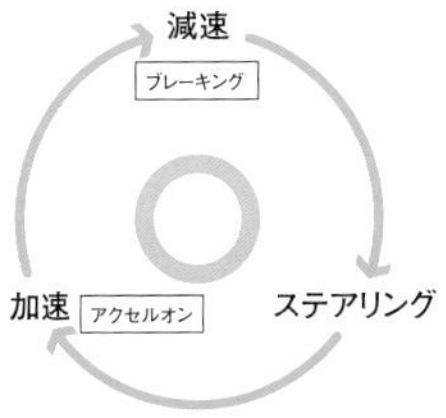

[間違った操作]

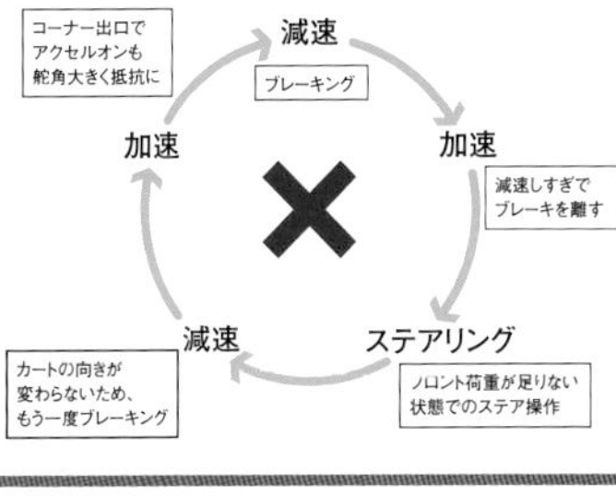

フラッグの種類と意味

国　旗

競技スタートの信号。

青　旗

他の競技車両が接近しつつ追い抜く可能性あり。または、まさに追い越そうとしている。

緑　旗

前に合図した危険の解除。

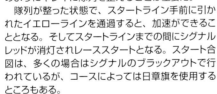

黄　旗

危険信号、徐行せよ、追い越しを禁止。

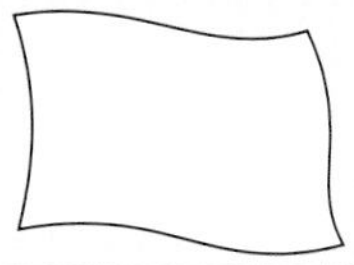

白　旗

コース監督車、救急車あるいは消火車等がコースの走路上にいる。または、競技車が低速走行中。

赤　旗

(競技長の専用)レース中止。ドライバーはただちにレースを中止し、オフィシャルから指示された場合はどの地点でも停止できる態勢でスタートラインまで徐行して停止すること。

赤の縦縞のある黄旗

路面が滑り易い。

ただ、どこを走ってもいいとは言っても、やはり速く走る、安全に走るルートはある程度決まっている。それが走行ラインだ。

初めて行くコースならば、まずはコースの路面をじっくり観察してみよう。舗装を張り替えたばかりならともかく、コーナー入口からコーナー出口まで、タイヤの跡が黒くついている場所があるはずだ。実はそこが、走行ラインだ。走る台数が多いため、その跡がついているのだ。まずは、その黒い跡がついている路面をトレースするように走る。それだけで、ベストに近い走行ラインを探ることができる。そうして走っていると、ある法則に気がつくだろう。

それがコーナリングラインの基本となる「アウト・イン・アウト」だ。

コーナー進入時にアウト（外側）から進入し、イン（内側）へと近づき、アウト（外側）へと立ち上がっていく。これは、カートに限らず、高速走行時のコーナリングの基礎となっている走行ラインの考え方だ。

では、なぜアウト・イン・アウトなのか。例えば、最も距離が短いイン側をずっと走り続けるのはどうか。

確かに距離は短い。しかし、曲がる曲率半径が小さくなる。自分の足で走っていても、小回りするにはスピードを落とさなければならないように、イン側を走り続けるには相応にスピードを落とさなければならない。また、ステアリングを切った状態のフロントタイヤは、抵抗となるため加速もしにくくなる。では、外側を走るとどうなるか。

今度は半径が大きくなるためスピードは速いスピードを維持することができる。しかし、それで相殺される以上に距離損が発生する。そこで、両者のいいところどりとなる「アウト・イン・アウト」が最も効率のいいコーナリングラインとなるのだ。

アウト・イン・アウトは距離損も少なく、適度なスピードも保つことができる。このアウト・イン・アウトを基本線にコース全体の走行ラインを組み立てていく。このときに大事なのは、長いストレート部分へ、十分に加速できるラインを探るということだ。

サーキットはストレートとコーナーを組み合わせて構成される。その全てで、理想通りのアウト・イン・アウトがベストなのではなく、ストレートへとつながるコーナーの立ち上がりから逆算し、コーナーへのアプローチ位置などをアジャストしていくのだ。大抵のコースは1～2箇所の長いストレートを有する。そのストレートでタイムとスピードを稼げるように、その他のコーナーは全てこのストレートのために組立てていくといい。

周囲に見られてこそのサイン 見やすく大きくはっきりと!!

走行時にドライバーが周囲に存在をアピールするために使用するのがハンドサイン。例えば、ピットイン、ピットアウト時には片手を大きく挙げる。コース上でストップしたときには、両手を高く上げ左右に振ることで危険を知らせる。これらは、相手から見え、しっかりと伝わってこそ意味がある。ときに、ピットインやピットアウト時、またスローダウン時に、ヘルメットの横で軽く手をあげている姿が見受けられるが、それでは近くを走っている他のドライバーも確認することは難しい。視認しづらいハンドサインは、出していないことと一緒だ。

それこそ、幼児が横断歩道を渡る際に、ピンとまっすぐ手を伸ばして渡っているように、まずは周囲にきちんと見えることが大事であり、またそれができることがカッコいいのだという気持ちを持ってほしい。

レースでの勝負時にはパッシング＆ブロックラインも

アンダーステアとオーバーステア　その発生メカニズムとは!?

アンダーステア

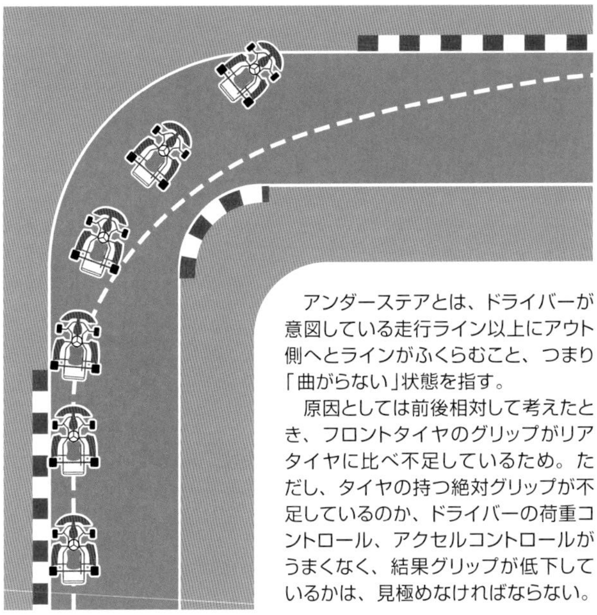

アンダーステアとは、ドライバーが意図している走行ライン以上にアウト側へとラインがふくらむこと、つまり「曲がらない」状態を指す。

原因としては前後相対して考えたとき、フロントタイヤのグリップがリアタイヤに比べ不足しているため。ただし、タイヤの持つ絶対グリップが不足しているのか、ドライバーの荷重コントロール、アクセルコントロールがうまくなく、結果グリップが低下しているかは、見極めなければならない。

オーバーステア

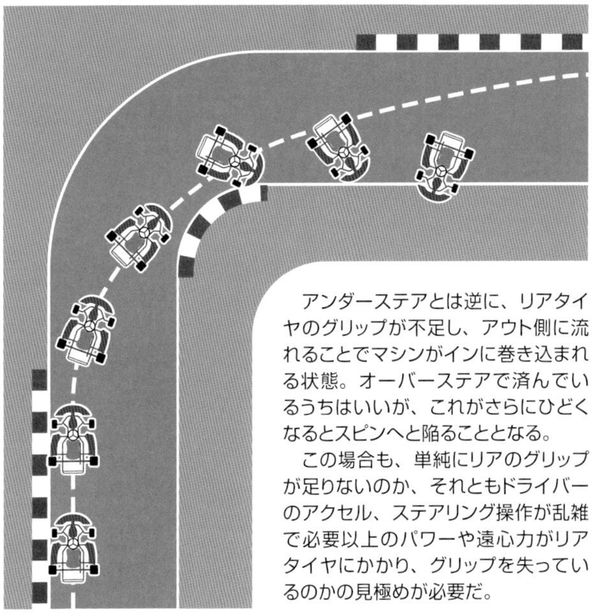

アンダーステアとは逆に、リアタイヤのグリップが不足し、アウト側に流れることでマシンがインに巻き込まれる状態。オーバーステアで済んでいるうちはいいが、これがさらにひどくなるとスピンへと陥ることとなる。

この場合も、単純にリアのグリップが足りないのか、それともドライバーのアクセル、ステアリング操作が乱雑で必要以上のパワーや遠心力がリアタイヤにかかり、グリップを失っているのかの見極めが必要だ。

さて、アウト・イン・アウトを基調に走行ラインを組み立てても、それだけでレースに勝つことはできない。あなたが、ポールポジションからスタートしてずっと一人でトップを走り続けられるのなら、レコードラインだけで十分と言えるが、レースにはライバルが存在する。当然、前を走られることもあるだろうし、後ろから狙われることもあるだろう。

基本的に、集団の先頭を走っているカートは、ベストなレコードラインを走行するものだとすると、そのカートを抜こうと考えれば、ベストなラインから外れたラインを走らなければならない。同じラインを走っていては、列車の車両と同じで抜くことは不可能だからだ。

そこで、インやアウトにラインを変えることとなる。これが抜くためのライン、パッシングラインだ。

もっともベーシックなパッシングラインは、コーナーへの飛び込み、ブレーキング時にイン側へとラインをずらすことだ。この時意識するのは、前車へ並ぶこと、だ。もちろん、完全に前に出てしまえればいいが、ギリギリのところで競い合っている時に、そうそう差は生まれない。だが、並ぶことができれば、ターンイン後には自分が前に出られる確率が高い。逆に言うと、イン側に飛び込む場合、並べないのであれば引いて諦めることも大切

だということでもある。

一方、アウト側のマシンもまだまだ諦めることはない。イン側に飛び込んでブレーキングを遅らせたカートは、遠心力もあり立ち上がりでは外側に膨らみやすい。また、向きが変わるのも遅いため、アクセルを踏んで加速するポイントも遅くなる。それを利用し、アウト側からコンパクトに旋回させ、アウトに膨らむマシンの内側で加速、抜き返すライン、これがクロスラインだ。パッシングでは、この2つの方法をその都度選択し、駆使しながらバトルしていくこととなる。

同時に、コーナー進入で相手の鼻先を塞ぎ封じ込めるブロックラインなども、実戦的なラインとして存在している。

区間タイム計測のすすめ

ラップタイム短縮に効果があるのが区間タイムの計測だ。

これはコースを2〜3分割し、その区間（セクター）ごとの通過タイムを計測することで、コースのどの区間（コーナー）でタイムを稼いでいるのか、どの区間を苦手としているのかを明確にする目的がある。データロガーを利用することで、自動的に区間タイムを計測できるので、それらのデバイスを上手に活用するのもいいし、チームメイトに手伝ってもらい手動計測してもいい。

区間タイムを計測することで、現状のドライビングやマシンの問題点の把握に役立てることができる。そのため、区間タイムの計測はセッティング変更にも必須。セッティングを変えたことで、どの区間は効果が上がりどの区間ではマイナスとなっているかを見ることで、セッティングの良否の判断とできるのだ。

理想はインリフト 荷重を自在に動かせ！

ライン取りがわかったところで、ではカートをどう走らせればいいのかを考えよう。

アウト・イン・アウトと並ぶコーナリングの基本原理が「スローイン・ファストアウト」だ。

コーナー入口では、ブレーキングにより減速するのだが、ブレーキングには減速と同じかそれ以上に大きな役割がある。それは、荷重移動のきっかけ作りだ。

世の中のほとんどのものは、物理法則から離れることはできず、カートといえども同様だ。物理法則内で動いているカートには、当然ながら慣性の法則は適用される。つまり、動いているものは動き続けようとし、止まっているものは止まり続けようとすることだ。

これがどうして重要かと言うと、荷重移動と関係してくるからだ。

タイヤは路面に強く押し付けられることでグリップを増す。その押し付ける役割を果たすのが、荷重だ。

ブレーキングすると慣性で動き続けようとする力によりフロントに荷重がかかっていく。するとフロントタイヤのグリップが上がり、そのタイミングで操舵することで、カートの向きが変わりやすくなる。これは、荷重がフロントへと移動したことで、リアから荷重が抜け、リアタイヤのグリップが相対的に下がっていることも好影響を与えている。これを突き詰めていくと、カートはイン側のリアタイヤを浮かせた3輪姿勢、インリフトとなる。

通常、4輪車がコーナリングする際、イン側のタイヤは移動距離が短く、外側のタイヤは移動距離が長くなる。タイヤの移動距離の差は、回転数の差として現れる。左右独立しているフロントタイヤの場合は問題にならないのだが、駆動輪であり連結されているリアタイヤの場合、何かしらの方法で回転差を解消しなければ、直進指向が極度に強いこととなってしまう。

そこで、通常の4輪車には回転差を吸収するディファレンシャルギア＝デフ（差動装置）が組み込まれる。4輪車の場合、このデフの性能がコーナリングに与える影響が大きいのだが、カートの後輪は1本の鉄パイプの両端に取り付けられており、その鉄パイプにはデフは装着されない。つまり、カートの後輪は回転差を解消することができないのだ。

そのため、荷重移動によりリア、特にイン側のリアタイヤから荷重を徹底的に抜き、無力化することで回転差を吸収、無効とするのがインリフトだと考えるといい。

インリフトを生み出しやすいのは、ハードブレーキングが必要なヘアピンコーナーなどだ。コーナー進入時にハードなブレーキングをすることで荷重を大きく移動させ、そのタイミングで操舵、荷重を横方向へも移動させることで、イン側リアタイヤを無効化。シャシーがめくれるようにイン側リアタイヤが浮き上がっていく。そうしてインリフトは完成する。インリフト状態となると、リアの回り込みも良くなりカートがよく曲がるのを実感できる。

最初のうちは、ハードブレーキングもコントロールが難しいし、強烈な横Gでマシンが横転しないかと不安になるだろうが、その不安を乗り越えた先にこそカート本来の機動性が現れるのだ。

身体にドドライビングを 染み込ませる反復練習

どんなスポーツにも言えることだが、そのスポーツを始めた当初は成長スピードが速い。それは、乾いたスポンジのように技術を習得できる時期だからだ。その時期に、日をおかずに反復して練習する。それが上達の早道であることは間違いない。

ドライビングも、まずは意識せずとも走れるくらいに、身体にドライビングを染み込ませる。そのためには、まず理屈ウンヌンを考えずに走ることが有効だ。

しかし、次第に成長スピードが鈍り壁にあたっていくことだろう。そこを乗り越えるために、理屈や理論がある。運動のメカニズムを考え、カートの動きを感じ、ライン取りの正解を探っていく。そうしたプロセスを経ると、二次成長とも言える成長曲線を描く時が来るだろう。ときには、レーシングスクールのようなものを受けてみるのもいい。ショップのスタッフや先輩ドライバーにアドバイスを求めるのもいい。ドライビングに極めるということはない。次々と現れる課題を克服し、誰よりも速い最速、誰よりも強い最強のドライバーを目指し、腕を磨いてほしい。

カートは自分でも整備できる!

カートメンテナンスガイド

カートは生粋のレーシングマシン。なので日々の整備が性能維持に大きく影響する。シンプルな構造のカートだけに、基本的な整備は自分でやってしまいたい！愛車を整備していくうちにカートはもっともっと楽しくなるぞ!

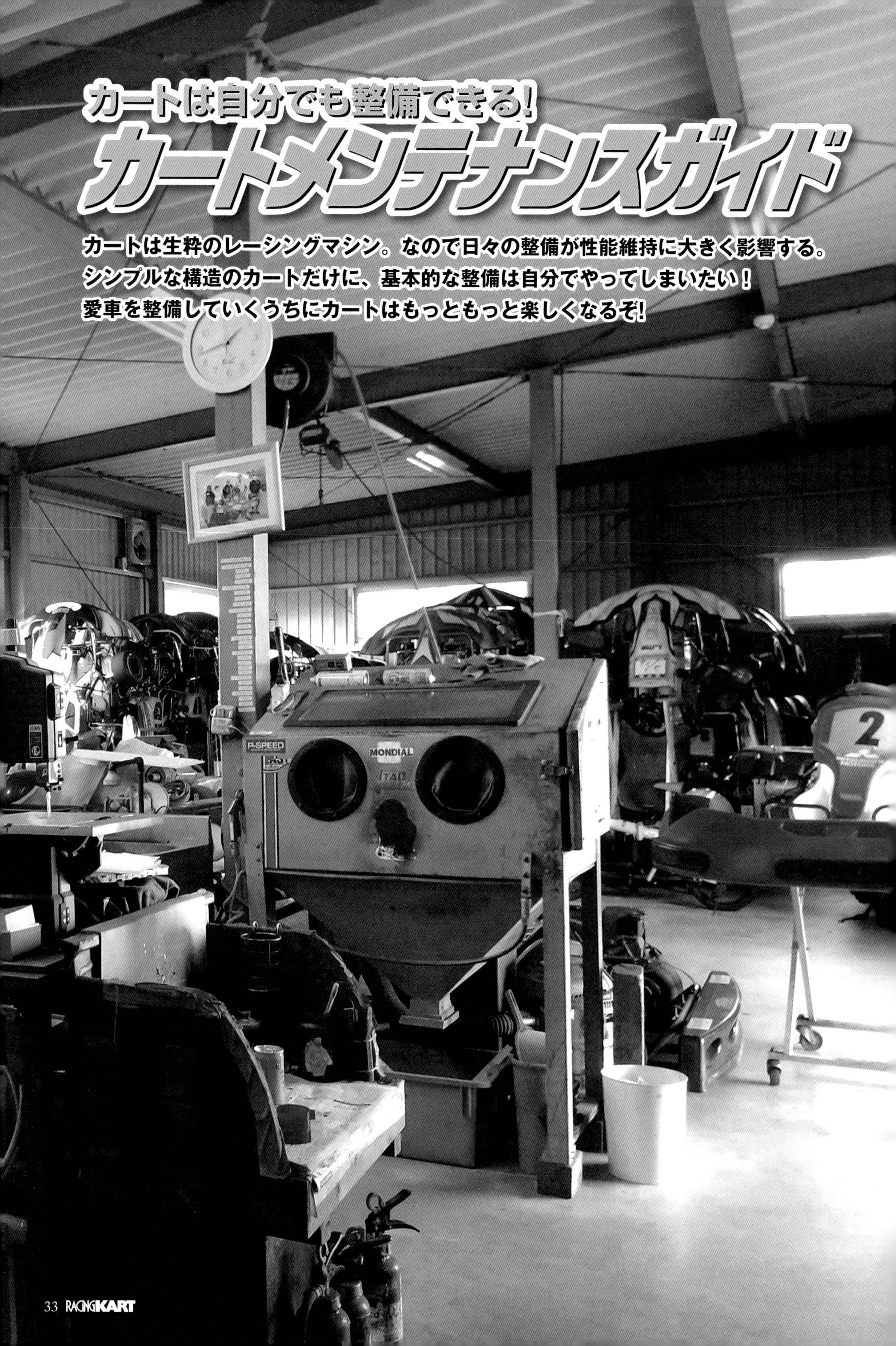

走行前の準備

混合ガソリンを作製、キャブレターへ引き込み!!

混合ガソリンを作る時に便利なのがミックスタンクだ。まずは右側のメモリが刻まれた筒状部分へオイルを入れよう。狙った混合比に合わせてて適量のオイルを注ぎ込む

ガソリンをミックスタンクの左側に入れる。タンク側にもメモリが刻まれているので目安にしながらガソリンの量を調整しつつ、こぼさないようにゆっくり注入していこう

オイルとガソリンを入れたら給油ノズルを指で塞いでからゆっくりとミックスタンクを左右に傾けてガソリンとオイルを混ぜていく。このとき、泡立てないようゆっくりと混合させるのがポイント

オイルがガソリン側にすべて移動したら金尺等を使ってゆっくりと撹拌させていく。オイルとガソリンは混ざりにくいのだが、そこでイラついて激しく混ぜるようなことはダメ!

ガソリンとオイルを混ぜてキャブレターに引き込む

カートの燃料はガソリンにオイルを混ぜた混合ガソリンだ。あまり聞き慣れない人も多いと思うが、これはガソリンスタンドで販売されているようなものではなく、走行前にドライバーが自分で作っておく必要がある。

要はガソリンとオイルを混ぜたものだが、その混ぜる割合は走行状況によって異なる、というのがポイントだ。その比率を混合比と呼び、コースコンディションや季節、天候等によって混合比は微妙に変化する。

その計算方法だが、例えば混合比を20：1とした場合、5リットルのガソリンに必要なオイルの量は5÷20=0.25リットル。これに1000を掛ければ250ccが必要だと分かるだろう。

走行に最適な混合比というのは、コースやお世話になっているカートショップ等で確認すると間違いないだろう。もし、間違った比率の混合ガソリンを使用すると、エンジンにダメージを与えることもあるため、適当な比率で作ってはダメだぞ。

作製時のポイントとしては、泡立てないこと。ゆっくりと溶かしていくように攪拌するのだ。シャンパンファイトよろしく、勢いよ

ガソリンは危険物!!

身近にあるので見落としがちとなるが、じつはガソリンは引火点（火気や静電気等、火の元を液面に近づけて燃焼が始まる最低温度）がマイナス40℃以下という極めて引火しやすい物質だ。なおかつ揮発しやすく、その可燃性の蒸気は空気より3倍〜4倍も重いので低地に停留しやすい。非常に危険な物質であることを理解し、その取り扱いには充分に注意しよう。

耐久レース等、主催者が燃料を一定量以上管理する場合は▶
消防法によって危険物仮貯蔵の許可を取得する必要もある

混合ガソリンが完成したらフューエルタンクに注ぎ込む。事前にタンクの内部に前回走行時に発生した不純物の有無を確認しておこう

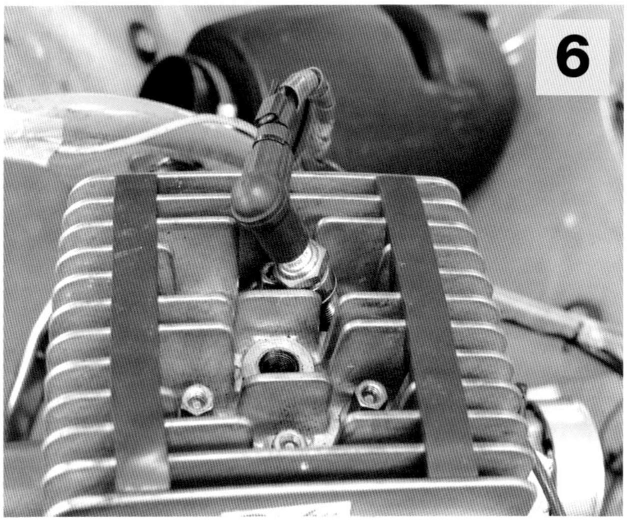

キャブレターに混合ガソリンを引き込むときはスパークプラグを外して取り付け穴から少し離した場所に置いてアースを取っておく

キャブレターのローニードルを規定位置にセットする。コースやコンディションで変化するので最適値はカートショップ等が持つデータベースを参考に

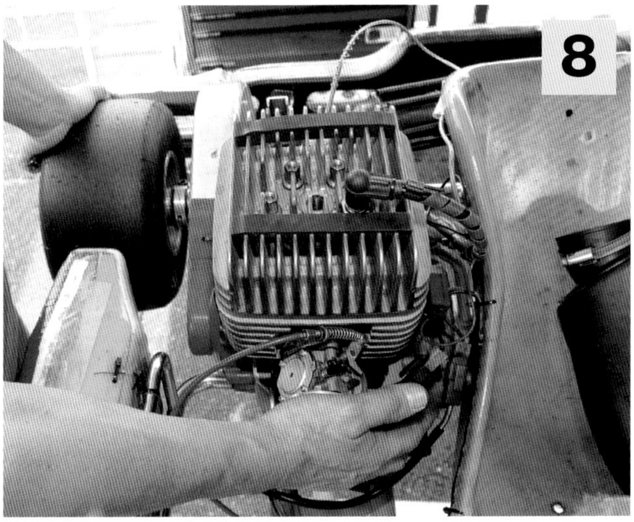

吸気口を手でおおってセルスターターもしくはリアタイヤを回せばキャブレター内に混合ガソリンが引き込まれてくる。手の平がガソリンでしっとりと濡れるのが合図だ

く泡立てるように混ぜるのは逆効果なので注意したい。

混合ガソリンを作ったらフューエルタンクに注ぐが、その前にタンク内部もチェックしよう。とくに前回の走行時から時間が経っている場合は、残留した燃料がタール状にこびり付いていたり、タンク内に古い燃料が残っていることがある。こうした残留物はガソリンが揮発してオイル成分が残った不純物なので、これをキャブレターが吸い込むと目詰まりの原因にもなる。見つけたらガソリンを入れて溶かしながら洗い流そう。ちなみに1日を通して使うガソリン量は、およその目安で10〜15リットルもあれば充分だぞ。

混合ガソリンをフューエルタンクに注いだら、つぎにキャブレターまで燃料を引き込むこと。キャブレターの吸気口を手の平で塞いで、セルスターターを回していく（セルを持たないエンジンはリアタイヤを手で回転）。このとき、スパークプラグは外しておこう。夏場など外気温が高い場合、燃料が気化して引火する可能性があるからだ。外したプラグは取り付け穴から少し離した場所に置いてアースを取ると安心だ。

セルを回していき、手の平にしっとり濡れた感触を得られたら、それが混合ガソリンの引き込み完了の合図となる。

チェーンのトラブル予防に

チェーンラインの調整＆チェーンの張り方

2枚のスプロケットでチェーン位置を調整

チェーンを装着する前にはチェーンラインの調整が必要だ。このラインを正確に出さないと、エンジンのパワーが確実に伝わらないばかりか、チェーン切れやチェーン外れといった走行中のトラブルの元になってしまう。

この調整方法は簡単で、ドライブスプロケットとドリブンスプロケットが一直線上に来る位置に合わせればいい。

チェーンを張る時はアソビを残すことが大事。常にチェーンにテンションが掛かった状態にならないように。アソビの範囲は指でチェーンを押した時、上下に10～15㎜ほどたわめば充分だ。

ドリブンスプロケットとドライブスプロケット（エンジン側）の面側に金尺を当て同一線上にする。ドリブンスプロケットの位置を調整して行おう

ドリブンスプロケットの調整はリアシャフトに接合しているスプロケットハブのボルトを緩める。これでスプロケットを動かせるようになる

スプロケット位置を調整したらチェーンをかける。エンジンマウントの位置を前後にスライドさせつつ10～15mmほどのアソビができるように調整

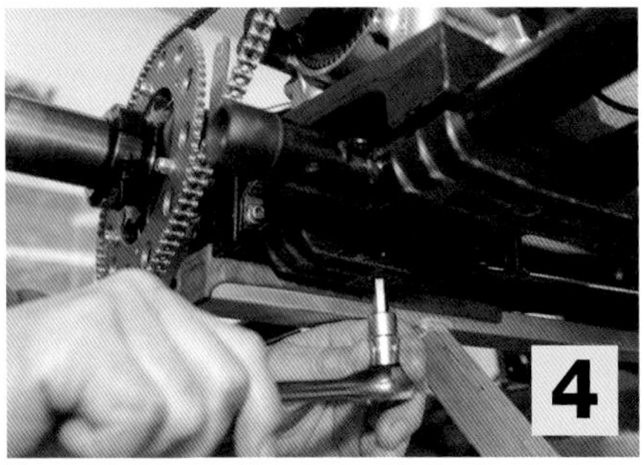

チェーンのアソビを確保したら最後にエンジンマウントのボルトをキッチリ締めてエンジンをシャシーに固定させれば作業は完了

タイヤは唯一、路面と接するパーツ

タイヤをホイールに組み込む

最初にタイヤの向きをサイドウォールの矢印で確認する。例えば右側を組む場合は右周りとなるわけだ

リムバルブ側が上（外側）に向くようにしてホイールを斜めにしつつタイヤにねじ込むイメージでハメていこう

片面のホイールがハマったら次にタイヤをひっくり返して逆側も同様の作業でハメていく

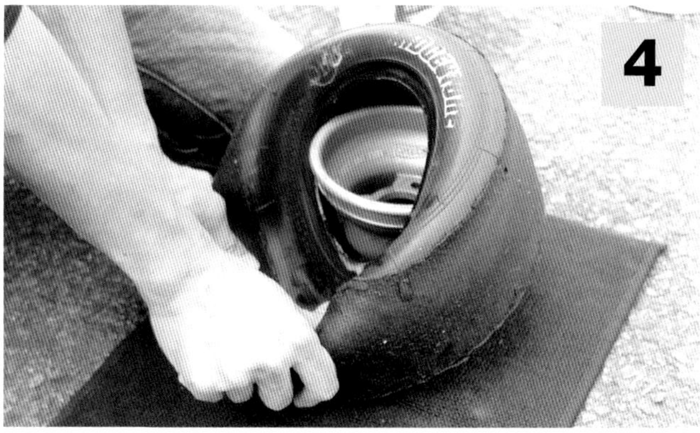

トレッド面とサイドウォールの角を指で潰していく。大きくつぶしたほうが後の作業がやりやすい

ホイールの中心に足を乗せて地面に垂直方向に押さえつけながらせり上がったタイヤの角を押していく

最後にエアを注入してビードが大きな音を立てて上がれば終了。走行前はエアゲージでエア圧調整も忘れずに行う

タイヤの組み替えはコツがいる作業だ

カートは走行前にタイヤをホイールに組み込み、そして走行後はホイールからタイヤを外すことが普通だ。そのため、この脱着作業は頻繁に行うことになる。

タイヤを外す大きな理由としては、タイヤの品質を保つため。ホイールに組み込んだままだと、タイヤに余計なストレスを与え続けるので、せめて外さないにしてもエアは抜いておきたい。また、保管時は紫外線や湿度等に当てるとコンパウンドが劣化するため、できるだけ日の当たらない冷暗所のような場所に保管しておこう。

さて、タイヤの脱着作業だが、多少のコツが必要だ。また、新品状態のタイヤの場合、使用済みタイヤと比較すると、まだゴムが硬いことから思いのほか、苦労することになるはず。ちなみにゴムは気温が低くなると硬くなることから、冬場の作業も結構、大変。

組み込む際は、できるだけタイヤの角をつぶしておくことがポイントだ。ホイールを通すためにもタイヤの内径を少しでも広げてやることで、そこからの作業を促進させることができる。

最初は非常に苦労させられるが、何度も場数を踏み慣れていけば楽になるはず。挑戦あるのみ！

走行後はエンジンを下ろして点検

エンジンの降ろしの手順と点検

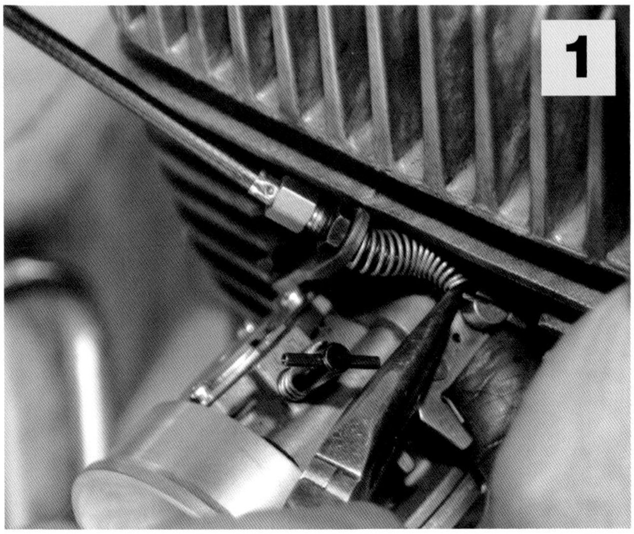

アクセルワイヤーを外す

ノイズボックスを外したらキャブレターに接続されるアクセルワイヤーを取り外す。キャブレターのスイベルと呼ばれる部分にワイヤー先端がハマっているので、ラジオペンチでアクセルワイヤーをつまんでスプリングを押し戻しながらスイベルを上部に引き上げれば外れる

キャブから余った燃料を抜く

事前準備としてシリンダーヘッドのスパークプラグを外し、キャブレターに接続するフューエルホースも外す。次に吸気口に布やダストペーパー等をあてがいスターターを回そう。スターターを持たないカートはリアタイヤを手で回せばいい。するとキャブレター内部に残った燃料がダストペーパーへと吸い込まれている

アクセルワイヤーを外す

エンジンマウントの取り付けボルトをソケットレンチを使って緩めていくとシャシーに固定されたエンジンが動かせる。次にエンジンを前にスライドさせていくことでドライブスプロケットに掛かっているチェーンを取り外せるようになる

マフラーを取り外す

マフラーを固定しているスプリングをスプリングフック等を使って１本ずつ取り外していく（注スプリングを外すときはマフラー側、つまりエンジンと反対側の方から外そう）。スプリングを全て外し終えたらマフラーを後ろにずらしてエキゾーストとマフラーの間にあるジョイントパイプ（写真）を抜き取る

走行後はエンジンを下ろしパーツの清掃・確認を！

走行後のカートは巻き上げられた砂埃や、飛散したチェーンオイル、燃料の吹き返し等の汚れが広範囲に付着している。そのため走行後の清掃作業は大事だぞ。またこれに伴い各部の異常の有無をチェックしていけば一石二鳥だ。

ちなみに清掃作業で少量の生ガス（オイルを混ぜていないガソリン）をトレーに溜めて、ハケを浸しながら行うことを目にすることがある。たしかにガソリンは油汚れをよく落とすのだが、揮発性と引火性も高いため、できればパーツクリーナー等を推奨したい。

さて清掃をかねて各部のチェックもしておけば不具合の早期発見や次回走行時のトラブル防止にもなる。例えばエンジン下部のアッパーマウントの締り具合や、クランクケース、シリンダーフィンの裏側の清掃等だ。とくにエンジンマウントに緩みが生じているとエンジン脱落にも繋がりかねない重大事故のもとになるので定期的なチェックは大事な作業。

ヤマハのKT100Sエンジン系に装着されるキャブレターはWALBRO（ワルボロ）キャブと呼ばれるタイプとなるが、ここも適時、清掃しておきたい。

キャブレターはエンジンのクラ

ンク室の負圧を利用したポンプ作用によってガソリンをフューエルタンクから吸い込む部分と、そして吸い込んだガソリンと空気を混ぜて燃えやすい霧化させる部分に分けることができる。カートのパーツとしては、部品点数が多く、そのシステムも複雑だが、エンジンに燃料を送りこむ重要なパーツなので、キャブレター内に不純物が侵入すると走行にすぐに支障をきたす。定期的に裏側のカバーを外してフィルターにゴミが溜まっていないかを確認しよう。

エンジンを降ろす

前部ロアマウントを外せばシャシーからエンジンを降ろせるようになる。その際、脱落防止に備えてエキゾーストパイプとキャブレターを掴んで持ち上げよう。なお、エンジンマウントはエンジン土台部分のアッパーマウントと、その下からフレームを介して前後部分を固定するロアマウントの2つのパーツから構成されている。エンジンを取り外す時はロアマウントのボルトを下部から緩めてエンジンを少し後ろにズラす作業が必要だが、エンジン前方部（キャブ側）のロアマウントを先に外せば作業がスムーズだ。後側のロアマウントはエンジンが移動すればいいので、ボルトを軽く緩めるだけに留めておこう。もし、作業中にカートが衝撃等で揺れたりした場合も、エンジンがシャシーから脱落しない予防処置になるぞ

主な点検ポイント

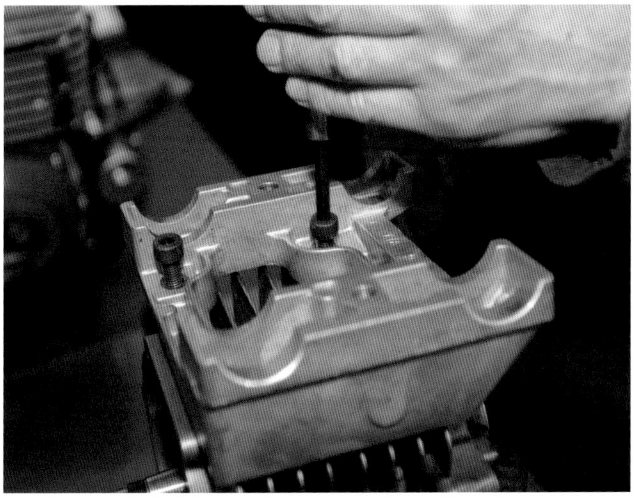

エンジンを逆さまにしてマウント取付ボルトの緩みをチェック

フィンの隙間は汚れが蓄積しやすいので清掃しておく

清掃時は専用のケミカル品を使う!

カートの清掃では余ったガソリンをハケに浸して行うことも多い。ガソリンが油脂等を強烈に溶かす作用を持つからだ。ただ、ガソリンは引火性が高く、静電気が原因で出火するケースも想定されるので、安全を確保するためにも清掃時は専用のパーツクリーナー等を使用したい。

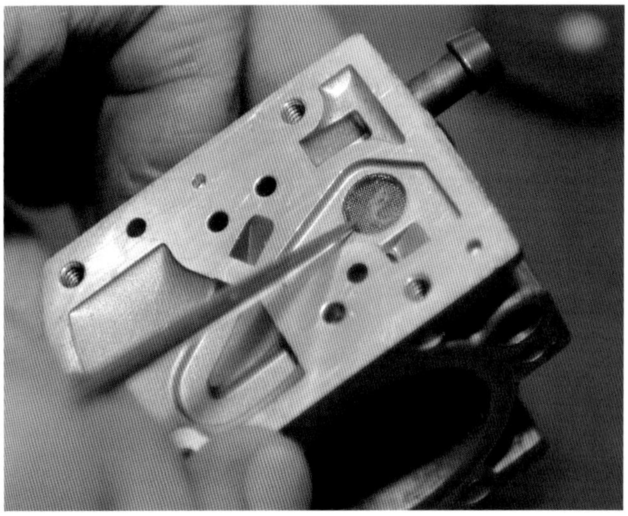

キャブレターのカバーを外してフィルター部分にゴミが詰まっていないか確認

次世代のマシン EVカートとは?

これまでレシプロエンジンを搭載してきたレーシングカートに、
ついに電動化の波が押し寄せてきた。
次世代に向けた普及が始まるEVカートは
カート界に新風を吹き込むマシンとなるのか!?

トムスが開発した高性能ＥＶカート!

レーシングカートはこれまで長期にわたって、レシプロエンジンを主流としてきた。途中、空冷方式に水冷方式が加わったり、４ストロークエンジンが登場したりと、小さな変化はあったのだが、基本は化石燃料を燃焼してパワーを得る、いわゆる内燃機関を伴うレシプロエンジンであって、その主役の座は盤石だった。

しかし、昨今の自動車業界に見られるエンジンからモーターへ、動力源が電気へと変化していく大きな潮流は、カート界にも押し寄せ、ついには本格的なＥＶカートが誕生したのだ。

それがトムスの開発したＥＶカート、「ＴＯＭ'Ｓ ＥＶＫ22」だ。トムスといえばスーパーＧＴやスーパーフォーミュラ等のビッグレースに参戦、多くのファンに愛される業界を代表する企業。

そんなトムスがトップカテゴリーで培ってきたノウハウを存分に注ぎ込んだＴＯＭ'Ｓ ＥＶＫ22の登場により、２０２２年にはカートレースの最高峰に位置する全日本カート選手権にもＥＶ部門が追加されることになった。

ＥＶカートによって今日まで続くエンジンカートの歴史が潰えることはないが、どのような形でこれからＥＶカートが普及していくのか。その動向はカート界に大きな影響を与えていきそうだ。

タイヤはダンロップ製。ヘビー級クラスの重量となるEVカートの走りを難なく支えていく

バッテリーはシートの脇付近に搭載する。脱着式となりレース時はヒート毎に交換していく

コントローラー中央に非常停止ボタンを配置。右隣のレバーで後退、ニュートラル、発進を行う

東京23区内では唯一のモータースポーツ・サーキットコース「C.C.T.B.」

EVカート専用のレンタルカートコースも登場！

2023年秋にオープンしたばかりのCITY CIRCUIT TOKYO BAYは、東京ベイエリア（東京臨海副都心エリア）の複合施設「パレットタウン」跡地に造られた国内最大級のEVレーシングカートをメインとした都市型サーキットだ。最新シミュレーターも設置し、屋内外のコースで本格的な都市型レーシングを体験が可能となる。

モーターが発揮するスタートからのフルトルク

これまでのカートに搭載されたレシプロエンジンは、回転数の上昇に伴い、トルクがピークへと向かっていく仕様だが、EVカートの場合、ゼロスタートからフルトルクを引き出すことが可能。

具体的にはエンジンカートの場合は低回転からトルクバンドに入るまでの加速が比較的穏やかで、トルクバンドに入った瞬間に爆発していく。それがEVカートではモーターの特性からスタートと同時にフルトルクでトップスピードに達するのだ。これこそがモーターが織りなす技であり、EVカートの走りの大きな特徴といえる。さらには中間域からトップスピードまでの伸びが一定トルクで継続し、その領域の走りを切り取ってみるとエンジンカートとはまるで別物といえる。

一方で苦手な走りは急激に止めて曲げて一気に加速といったエンジンカート特有のコーナリングだ。そのプロセスのなか、一瞬のタイムラグが発生するので、基本は旋回速度をキープしつつタイヤを転がすイメージの方がベスト。

ただ、レースを重ねるごとにブラッシュアップされるため、いつまでも共有できるセオリーとは限らないのが面白ところだろう。

モーター特有の加速感
コーナリングは緩やかに

ドラフト会議に参加した国内を代表するトップチームの代表者たち

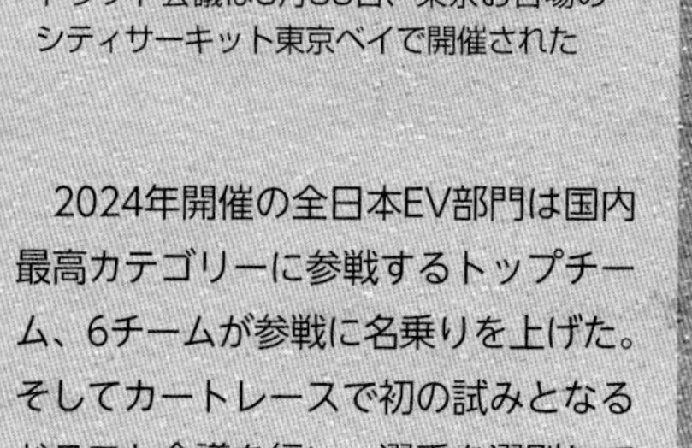

ドラフト会議は5月30日、東京お台場のシティサーキット東京ベイで開催された

史上初のドラフト会議を導入した
'24年全日本選手権EV部門!!

2024年開催の全日本EV部門は国内最高カテゴリーに参戦するトップチーム、6チームが参戦に名乗りを上げた。そしてカートレースで初の試みとなるドラフト会議を行い、選手を選別していったのだ。EVカートが導入されたことで、カート界もこれまでなかった様々なシステムが取り入れられ、大きく変わろうとしている。

レンタルカートでEnjoy!

安全・安心のもと誰もが簡単に楽しめる、
最も身近なモータースポーツ。
それがレンタルカートの醍醐味だ！

思い立ったらすぐカート！準備要らずのモータースポーツ!!

クラッシュやコースアウト時の衝撃を緩和する大型カウルを装着しているレンタルカート。車種によってはシートベルトを備えたタイプもある

高い運動性能と安全性を両立！

レンタルカートは走行時間や周回数等を基準に設定された料金を都度、コースに支払うことで楽しむ貸し出し専用カートだ。

レーシングカートとの大きな違いは、不特定多数の人たちが共有する、ということ。そのため、何重ものシステムによって高い安全性を確保しているのが大きな特徴となっている。

カウルは大型タイプを装着し、エンジンは汎用エンジンを搭載。なお、最新カートはコーススタッフが遠隔操作でエンジンの出力を調整可能となっており、これによって危機回避が容易になる。

カートの基本的な構造はレーシングカートと同様となるので、その高い運動性能をそのままに安全にそして手軽に迫力ある走りを楽しめるカートとなっているのだ。

エンジンは汎用エンジンを搭載。トルクがあってマイルドな出力で扱いやすい

タイヤは海外製のレンタルカート専用品が主流。適度なグリップを発揮

ビギナーからプロフェッショナルまで！幅広い層を満足させるレンタルカート

初心者はコースで講習を受けるので安心

　よくカートのことをゴーカートと呼ぶ人がいるが、ゴーカートといえば多くの人たちは遊園地にあるレールの上を走るカートを想像するだろう。レンタルカートはそういった乗り物とは一線を画す、生粋のレーシングマシンと呼んでも遜色ない性能を持っている。

　レーシングカートの運動性能と比較すれば、全体的にスピードが抑えられているが、それでも全開走行時には60km/h以上の速度を発揮する。また、コースにしてもレールの上を走るのではなく、自分の任意のラインをチョイスして、自由に走ることが可能だ。

　このようにゴーカートとは比較にならない、まさに別物の乗り物となっているため、初めてレンタルカートに乗る人がいきなりコースに出るのはリスクも高くなる。そこで、まったくの初心者は、乗車前にカートの特性や、乗り方、操作方法等、知っておくべき注意ポイントをレクチャーされることになっているわけだ。

　とはいっても、これは5分から10分前後で構成された動画を視聴して確認したり、実車を使ってスタッフから直接解説される、といった内容の講習なので、そう構える必要はないぞ。

　また、前述のとおり最新のレンタルカートは遠隔でエンジン出力をコントロールできるので、万が一、速度が出すぎたり、他のカートに接触しそうになっても、スタッフがスピード調整をしてくれるから安心だ。

　ドライバーの服装は長袖長ズボンが推奨される。その他、必須となっているヘルメット等のアイテムは無料でレンタル可能なので、持っていない人は利用しよう。なお、シートは固定式で、自動車の

ヘルメット等は無料で貸し出されている。写真左下に見えるのはスペーサーとして使うお風呂マットだ

ようにスライドやリクライニングができない。そのため、各操作ペダルとの位置調整は、シートの間にスペーサー（お風呂マット等）を挟んで調整する。ちなみにこれはレーシングカートでも同様だ。走行前にしっかりと位置合わせをしておこう。

レンタルカートの車高は非常に低いので、端から見るとそうでもないが、ドライバー視点からはもの凄いスピードを感じるはず。ぜひ、この非日常感溢れる迫力の世界を体験してほしい！

レンタルカートは先読み運転が大事！

レンタルカートは安全性能を高めるため、高重量のパーツを多用する。そのデメリットとして車重がヘビーになりがちなのだ。

車種によってはレーシングカートに寄せたようにセパレートカウルを装着する軽量タイプもあるが、それでもやはりレーシングカートと比較すると重量級。

そのため、速度を落とすと再び回復させるのに時間がかかるのが弱点だ。例えばコーナーで失速してしまうと、再びトップスピードに戻すまでに時間が必要で、延いてはそれがタイムに大きな影響を与えてしまう。

そこでコーナーに関してはひとつ先、ふたつ先のことまで考えて走ることが大事で、俗に言う先読みというやつが必要。ひとつのコーナーを無理して速くクリアしても、続くコーナーで失速、そこから数珠つなぎでタイムロスが発生する。その1回の失速で大きなロスを招かないためにも、先の先を読む対応が要求されるわけだ。

つまり、レンタルカートを速く走らせるには、速度をキープしつつ、先の先までを見据えたコーナリングがポイントとなる。まずはコーナー手前で突っ込みすぎないように注意してみよう。そこから旋回速度をキープして、スムーズに転がしていくイメージでコーナリングを行うのだ。そしてコーナー出口から立ち上がりにかけて緩やかで自然なラインをトレースしつつ、加速に移っていくことがセオリーといえる。

また、ドライビングに関しては〝急〟が付くものは避けたい。急ブレーキ、急ハンドルはレンタルカートではタイムロスに繋がりやすいのだ。レーシングカートでは一気に曲げて一気に加速という走り方も得意だが、レンタルカートでこれを行うと、見た目は派手で速そうに感じるのだがタイムロスを起こしやすい。逆に丁寧な操作でカートの挙動を抑えて走ったほうが上手くいくことが多いはず。

最も効果的な方法は上手い人の走りを観察することだ。一緒にコースを走れるなら背後から観察させてもらいたい。そして他のスポーツ同様、反復練習が上達の近道となることも覚えておこう。

コーナリングではタイヤを滑らさずに転がすイメージで臨む方がタイムアップに繋がる

子供用のレンタルカートでも基本は同じだ。親子でタイム競争をするのも楽しい

レースに参加して、キミも週末レーサーに!!

レンタルカートはレースも楽しい!

レンタルカートの基本的な楽しみ方はタイムアタックだ。自己ベストの更新を目指して自分の走りをブラッシュアップしていく。

　そうして腕前が上達すれば、やがてはレースに挑戦したくなるのが人情というもの。ライバル達との競争こそが、レーシングマシンとして生まれてきたレンタルカートの本質でもあるからだ。

　なお、レンタルカートのレースは、楽しむことが優先。上位レースにあるような目を三角にして勝敗を競うことはない。また、気の合う仲間たちと一緒にチームを組んで戦う耐久レースも人気だぞ。これは四輪のスーパー耐久のように、何人ものドライバーで交代しつつ長時間にわたってレースを戦う形式となる。ひとりで完結するレースもいいが、仲間と一緒に戦うレースはより楽しいこと間違いない。なかにはドライバー交代時に黒ひげやパターゴルフといったミニゲームをクリアすることが条件付けされたユニークなルールもあったりする。

　こうしたレースは各コースで定期的に開催されるほか、ショップやイベンターがスポット的に開催するケースもあって様々なので、ぜひ1度はこうしたレースにも挑戦してみてほしい。

決勝で上位に入った選手は表彰式に上がってお約束のシャンパンファイトを楽しめる。レースをやっていて最高に嬉しい瞬間だろう

Racing Kart Catalog 2024-2025

Chassis & Engine編

Chassis

Engine

※ウェア&パーツ類は81頁に掲載しています。※為替や物流、国際情勢等により価格が大きく変動することがありますので、最新の価格については問い合わせ先へお問い合わせください。

birelART

ビレルアート(イタリア)
http://www.birel.it/
問い合わせ先:(有)ビレルパシフィック
http://www.birel.jp/
TEL.048-789-6795

イタリアの機械加工メーカーの経営者だったウンベルト・サーラが、1959年にカート用シャシーとエンジンを製造したのが始まり。'67年の世界選手権優勝を機に、カート専業メーカーとなる。その後パーツメーカーのフリーラインの設立を経て大きな発展を遂げた。フレーム設計にはいち早くCADを導入するなど、カート界随一のハイテクメーカーとしても知られる。設立当初から積極的なレース活動を展開し、近年も国内外の主要レースで勝利を重ねている。様々な新機構をいち早く取り入れるメーカーとしても知られ、その先進性で多くのファンの支持を得ている。
日本では環太平洋地区を担当する現地法人でもある(有)ビレルパシフィックが販売業務を担当。かつてはヤマハへOEM供給していたことからSLとの結びつくも強く、アジア圏でのSLレース普及にも大きく寄与している。
主にSLレース向けのブルーシャシー、SLラインとインターナショナルモデルのレッドライン、さらにワンメイクの普及アイテムとしてイージーカートの3ラインナップであらゆるカーターの要望に応えている。

RY30-S16 DD

2023年モデルをベースにフレームジオメトリーのアップグレード、ベアリングホルダーの形状と鍛造アルミへの変更などでアップデート。フレームのエンジン側の内側が補強されている。

RY30-S16 SH/ RY32-S16 SH

2023年モデルをベースにフレームジオメトリーのアップグレード、ベアリングホルダーの形状と鍛造アルミへの変更などでアップデートしたミッション用モデル。

C28-S16

ビレルテクノロジーを注入したカデット用シャシー。

L28-CY

カデットクラス専用シャシー。リーズナブルな価格はユーザーの負担を軽減し、カートの基礎を学ぶためのエントリーモデルとしても最適。IAME GAZELLE 60ccエンジン搭載のComp.も用意される。

B25-X

キッズカートサイズのシャシー。ホンダ製GX35エンジン搭載Comp.、GXH50エンジン搭載Comp.も用意される。

N35-X

国内で最も多く利用されているレンタルカートモデル。衝撃を前提として備えた設計、復元式タイロッド、専用スライドシート、ペダルアジャスト機構などレンタルカートの要求されるあらゆる性能を網羅。フルカウル装備のN35-RS、リア周りにフリップオープン可能なフルカバーを装備したN35-GT、電動モーター搭載のN35EV、二人乗りのN35TWIN、ジュニア用のN-32J4Tも用意されている。

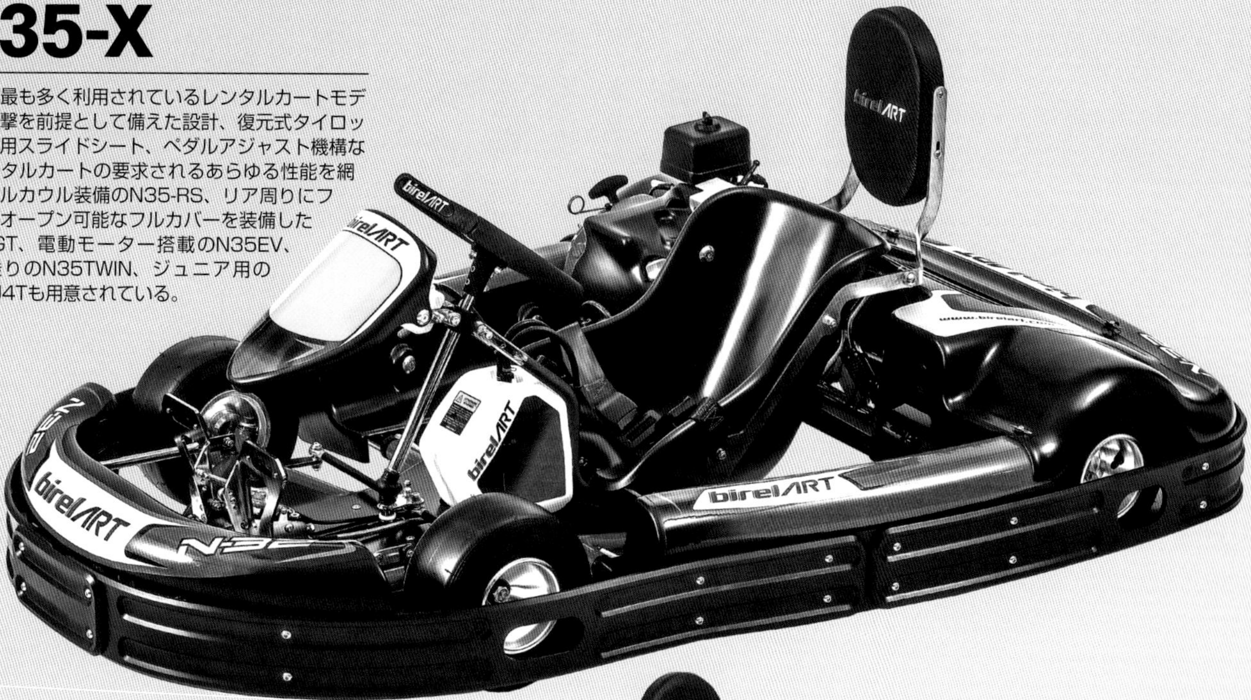

Super Winforce

スーパーウィンフォース（イタリア）
●問い合わせ先:(有)ビレルパシフィック
TEL.048−789-6795
http://www.birel.jp

ビレルのレッドラインと双璧をなすレーシングブランド。もともとはヤマハへOEM供給していたブランドだが、現在は自社ブランドとして展開している。国内ではSLカートミーティングを中心に多くのユーザーを抱えている。

Y30-M&
Y30-M.EVO&
Y30-M EVO-T

様々なクラスと路面コンディションにおいて、マイルドな特性と安定した性能は変わらずに継承、様々な要望に応えるラインナップとなっている。

TIA-Ⅳ

フロントカウル＆フロントパネルにKG FP7、サイドボックスにEVOタイプを採用し、SWFのスタイルを踏襲。エンジン、タイヤ付きのコンプリートモデルも人気だ。

シーアールジー（イタリア）
http://www.kartcrg.com/
●問い合わせ先：(株)ナガハラサービス CRG JAPAN
TEL.077-598-2700/052-506-8522
http://crgjapan.com

創設者のカルロ・バナリアは1950～60年代に自身の製作したカートでヨーロッパの数々のタイトルを獲得した名ドライバー。その後、自社ブランドとなるKali（カリ）カートを立ち上げ、国際レースで多くの名ドライバーを輩出した。その会社を引き継いだのカルロ、ロベルト、ジェンカルロの3兄弟で、その頭文字をとりブランド名をCRGと改めた。
F1最年少チャンピオンのL・ハミルトンもこのCRGシャシーでカートヨーロッパ選手権、ワールドカップの2冠に輝いた。その他にもN・ロズベルグ、D・ロッシ、A・ザナルディ、M・シューマッハなどを輩出。昨年は世界選手権タイトルを奪還するなど、まさにカートメーカーのビッグネームであり続けている。

KT2 OK

OKモデルとなるKT2は、実績を積み上げ更に正常進化。ボディーワークは新公認を取得した507/508モデルを装備。空力性能に優れたデザインとなっており、軽量化も実現。　ペダルはアルミニウム製のゴールドペダルを採用。メインフレームの塗装は、マッドブラックを採用し、カウルステッカーのグラフィックも合わせ、全体にダークなマッド調になっている。

ROADREBEL KZ

ギアボックス（KZ）モデルとなるROAD REBELは、KZクラス、KZ2クラスにおいて2022ワールドチャンピオンを獲得。数多くの世界選手権タイトル、ヨーロッパ選手権タイトルを獲得してきたモデルだ。ボディーワークは新公認を取得した507／508モデルを装備。空力性能に優れたデザインとなっており、軽量化も実現。

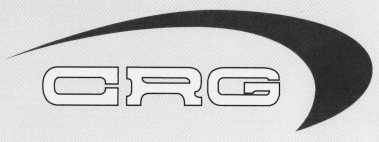

BLACK MIRROR MINI

BLACK MIRROR（ブラックミラー／MINI-950）は、2020年モデルより新たにCIK／FIA 公認となった、950ホイールベースのMINI（カデット）用シャーシ。ブレーキシステムは2020モデルより採用となっているVEN12システムを装備。VEN12システムは、自動調整式（オートクリアランス）キャリパーを使用し、ブレーキディスクハブが2020より改良された。更にSniperアライメントシステムを標準装備、幅広いセッティングを可能にしている。

CENTURION/2Seater/MINI

CRG社製作のレンタルカートシリーズ。レーシングの世界で培った技術を注ぎ、非常に競争力のある価格のトップレベルのモデルとなっている。安全性と信頼性を主として設計され、丈夫で耐久性があり高品質な製品となっている。また、現在世界のレンタルカートブランドで唯一、世界的なUNIEN16230-1:2013安全規定に適合し、CEマークを取得している。二人乗りの2シーター、ジュニア用のMINIなどラインナップも豊富だ。

TONY KART

トニーカート（イタリア）
http://www.tonykart.com/
●問い合わせ先:トニーカートジャパン（株）
TEL.052-896-1021　http://www.tonykart.jp/

最も長い歴史を持つカートメーカーのひとつとして、数々のタイトルにその名を刻んできている。特に、21世紀に入ってからの強さは絶対王朝を感じさせるものだ。品質管理からレースへの勝利に向けて、一切の妥協を許さない姿勢が、多くの好結果を生み出しているといえる。国内外のレースでワークスマシンを組織し、積極的なレース活動を展開することで膨大なデータを集約し、製品開発へとつなげている。

RACER401RR OK

名門トニーカートのフラッグシップモデル。数多の実績に裏打ちされたポテンシャルは評価が高く、基本構造等は変えずに今季もリリースされる。ミッション付きのKZモデルもラインナップ

ROOKIE EVS

MINI KID

MICRO

KOSMIC

コスミック（イタリア）

http://www.kosmickart.com/
●問い合わせ先:トニーカートジャパン（株）
TEL.052-896-1021
http://www.tonykart.jp/

トニーカートから派生したブランドで、トニーカートの兄弟シャシーともいわれる。レース活動も積極的に行い、数々のレースで好成績を残している。

MERCURY RR OK

OTKの第2ブランとして多くのユーザーを獲得している人気ブランドのフラッグシップモデル。

ROOKIE EVS

EXPRIT RACING KART

エクスプリット（イタリア）

●問い合わせ先:トニーカートジャパン（株）
TEL.052-896-1021　http://www.tonykart.jp/

トニーカートをメインブランドとするOTK系のブランド。国内でも多くのユーザーを獲得し、各選手権で上位に進出している。CIKアカデミートロフィーにはワンメイク供給している。

NOESIS RR OK

基本構成は他のブランドと共通化し、高い戦闘力を維持している。

ROOKIE EVS

REDSPEED RACING KART

レッドスピード（イタリア）
●問い合わせ先:トニーカートジャパン（株）
TEL.052-896-1021　http://www.tonykart.jp/

トニーカートをメインブランドとするOTK系のブランドの一つ。

RX RR OK

OTKの他ブランドと同じように、基本構成は共用。フレーム＆外装カラーともは赤系の鮮烈な印象のカラーリングとしている。

ROOKIE EVS

LN KART

ランド・ノリス（イタリア）
●問い合わせ先:トニーカートジャパン（株）
TEL.052-896-1021　http://www.tonykart.jp/

OTK系でF1ドライバーのランド・ノリスがプロデュースする新ブランド。

FOUR OK

フレーム構成等は他のOTKブランドと同じながら、外装デザイン等で差別化を図っている。

ROOKIE EVS

GILLARD

ギラード（イタリア）
●問い合わせ先:トニーカートジャパン（株）
TEL.052-896-1021　http://www.tonykart.jp/

イギリスの老舗ブランドOTKグループへ加入しメジャーブランドへ。

TG17 OK

OTKの他ブランド同様に、シャシー構成は共用としている。

ROOKIE EVS

SODi KART RACING

ジルダ・メリアンによって1981年に創業されたフランスのシャシーメーカー。当初から、オリジナリティあふれるシャシー構成に定評がある。昨今はレンタルカートにも注力し、レンタル専用モデルを各国でリリースしている。

ソディカート（フランス）
●問い合わせ先：(株)ハーバースタイル
TEL.043-441-3245
http://www.harbor-style.co.jp

SIGMA RS3 2023

SIGMA RS3は、特にRotax、X30、OKのミディアムタイヤ用に開発されており、ホイールベースが長く、コラムサポートが溶接となっているのが特徴。新しいフレーム（φ30）と新しいアルミニウムフロアパネルを装備し、あらゆるサーキットコンディションで勝利を収めるために開発されたシャーシだ。

SIGMA KZ 2023

ギアボックスのKZモデル。SODI　Racing Teamが国際大会での経験をもとに開発。このチームが開発した最新のテクノロジーを搭載し、あらゆるサーキットの条件下で卓越したパフォーマンスを発揮する。

FURIA2023

ジュニアドライバー向けの新世代シャーシ。 950mmのホイールベースを備えたSODI FURIAは、カデットカテゴリーのドライバーが非常に効率的なシャーシでレースができるように開発された。

RT10

レンタルカート専用の最新モデル。特許取得のEASY DRIVEシステムの装備によって初心者から上級者までドライビングを楽しめるカート。

RSX2

レンタルカート専用のEV最新モデル。SODIの最新の技術が詰まった世界最新鋭のEVカート。特許取得のEASY DRIVEシステムの装備によって初心者から上級者までドライビングを楽しめるカート。

SR5 2DRIVE

Sodiのレンタルカートは、斬新なデザインと安全性から世界1300箇所のレンタルカートコースで使用されている。クラッシュ時の衝撃からドライバーを守り、カートの破損を防ぐ衝撃吸収ガードを前後左右に装備。身長140cm?190cmに対応可能なスライドペダルやスライドシートを装備。オプションでシートベルトやロールバー、スピード調整が可能なリモートコントロールやインドアに対応した高性能触媒も用意される。

LR5

対象年齢7～14歳のジュニア用モデル。エンジンはホンダGX160を搭載。もちろん、各種の安全対策は万全に施されている。

SPORT

レンタルカートの新しいカテゴリーとして開発された軽量モデル。よりレーシングカートに近いドライビングが可能。

KID RACER

「初めてのカート＝簡単＝楽しい」をコンセプトに作られた3歳から乗車できる24V業務用電気カート。親子で2人乗りも可能。

LRX

対象年齢7歳以上のジュニア電気カート。1.5ｋｗのモーター搭載で本格スピードでの走行が可能。リモートでスピードコントロールが可能なので安全性も高い。

エナジー(イタリア)
http://http://www.energycorse.com/
●問い合わせ先:㈲ナガオカート
TEL.078-974-1400
http://www2.osk.3webne.jp/˜nagaokt/

STORM

前後バランスが非常によく、コーナー進入から出口まで安定し操縦がしやすいシャシー。

KINETIC

タンクサイドのフレームワークを「ハの字型」に変更。リアクロスメンバーを後方へ下げ、リアシャフトよりにしたことにより非常に乗りやすく、コーナリングも安定。

パロリン(イタリア)
●問い合わせ先:(有)ベア
TEL.044-587-9124 https://www.bear-racing.co.jp/

LeMans

シャシーパイプはΦ30ーΦ32mmのミックス構成を採用。ブレーキはオリジナルのAP06を採用し、一体型のキャリパーとなる。ボディワークもオリジナルのユーロスターを採用。イタリアDUCATI社のエアロチームとの共同開発による大型のフロントボックス、ゼッケンパネルでエンジンクーリング、整流効果向上を果たすとともに、軽量化も実現している。

MINI

この数年、国内で数々のジュニアカテゴリーのタイトルを獲得したシャシー。ヨーロッパではもちろん、北米でも活躍中。パロリン社独自開発のホイール(オプション)とあわせて使用することでさらなるパフォーマンスを引き出せる。

Tecno

テクノ（イタリア）
●問い合わせ先:㈲エー・アール・エス
TEL.042-556-5432
http://www.akasakaracing.jp

S30

立ち上がりの良さを特徴としているシャシー。フレームレイアウト、ナックル形式がTR30とは異なっている。

TR30

旋回速度の速さが特徴。キャスター／キャンバーを独立してセッティングできるシステムを搭載。

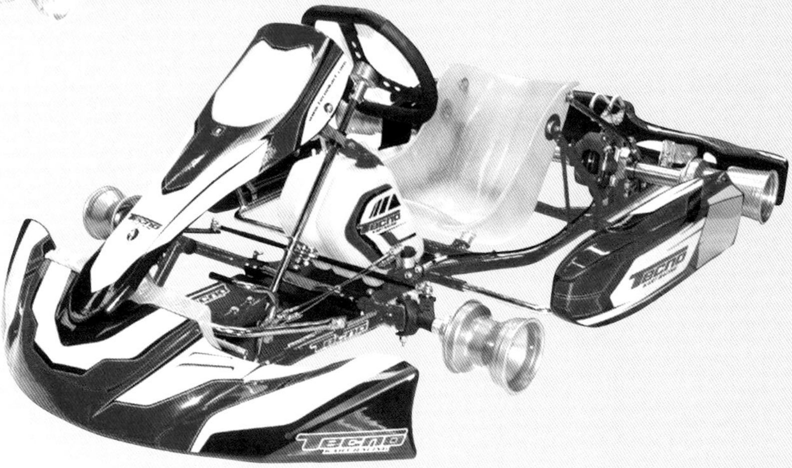

US28-102

S30と同じフレームワークとナックル形状を採用。パワーの少ないエンジン、ローグリップタイヤに合わせて設計開発されている。

MINI TR28

ジュニアの踏力を考慮したブレーキシステムを採用。身体の成長に合わせてステアリングの高さを細かく調整できる。小さくてもインターナショナルモデル同様の仕上がりを見せる。CIK-FIA KG MK20のボディワークを採用。

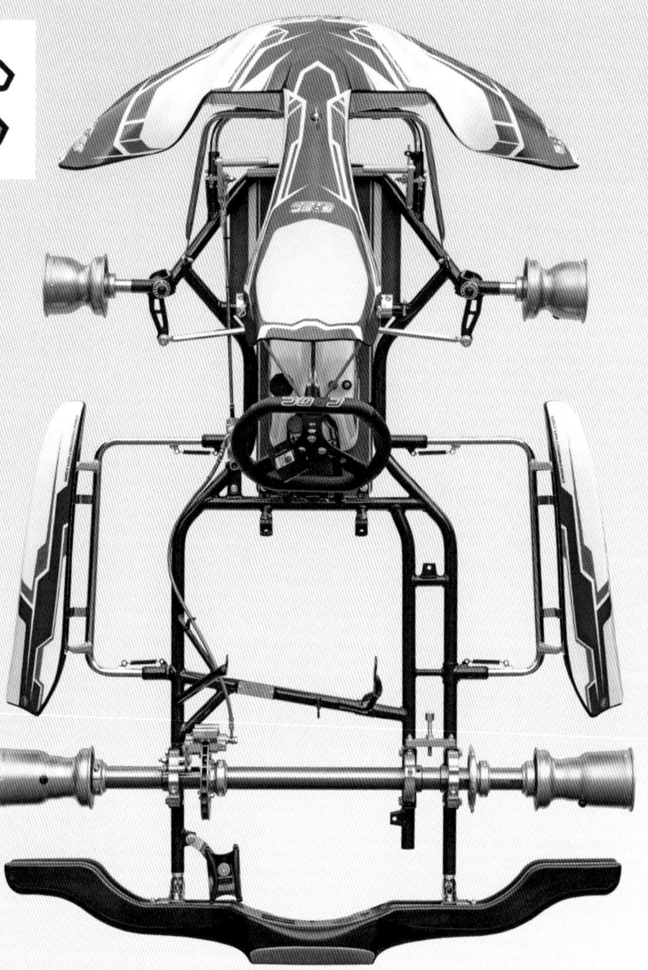

クロックプロモーション（イタリア）
●問い合わせ先:(株)カートサービスミチガミ
TEL.0743(65)5300 http://www.kartservice-michigami.jp

DragoCorseとの兄弟ブランド。かつてはマッドクロックの名前で活動していた。

MC-01

クロックプロモーションのインターナショナルモデル。国内外のトップカテゴリーでの活躍をそのまま引き継ぎ、高いポテンシャルを誇っている。
※外装パーツは新タイプが装着されます。

ドラゴコルセ（イタリア）
●問い合わせ先:(株)カートサービスミチガミ
TEL.0743(65)5300 http://www.kartservice-michigami.jp

クロックプロモーションの派生ブランドとして、道上龍氏が立ち上げたブランド。独自のスカラシップなども展開している。国内外のレースで好成績を収めている。

RM-01

CrocPromotionの兄弟ブランド、ドラゴコルセ。クロック同様に各部のモディファイが施され、さらに戦闘力を増している。
※外装パーツは最新モデルが装着されます。

2002年に他メーカーへ部品供給を行っていたSKM社のカート製造部門として独立。以来、積極的なレース参戦により知り得たノウハウを活かし、毎年ビッグレースに勝利している。2014年度は06年の鈴鹿ワールドカップをINTREPIDで制したコズリンスキーがワークスチームに復帰、早々にWSKで表彰台を獲得している。

イントレピッド（イタリア）
http://www.intrepid.it/
●問い合わせ先:(株)INTREPID JAPAN
TEL.092-806-1613　http://www.intrepid-japan.com/

CRUISER MS3/2022

INTREPIDのトップモデルシャーシ。シャーシの伝統的にコーナー進入の強みはそのままに、高反発シートで立ち上がりも稼ぐ性格となっている。

ファルコン（イタリア）
●問い合わせ先:(株)INTREPID JAPAN
TEL092-806-1613　http://falcon-racingkart-japan.com/

パロリンの別ブランドとして誕生した新メーカー。

CHARLOTTE

ファルコンのトップシャシー。純正シートはGreyHoundの高反発シートを採用。OKモデル、KZ2モデルを揃えている。

MINI OPPORTUNITY

評判の高いカデット用シャシー。各地のレースで好成果を残している。

※両モデルともフロアパネルステッカー、
燃料タンクステッカーともに装備されます。

IPK Praga

IPK プラガ(イタリア)
●問い合わせ先:(株)スクアーロ
TEL.0467-86-7278
https://squalo.ltd

DRAGON EVO3

アルミ製新型前後ハブを標準装備。ブレーキシステム、ブレーキディスク等に新機構を採用。さらに、空力特性に優れた新型ボディカウル&グラフィックステッカーを採用。

MONSTER EVO3

PRAGAのカデット用シャシー。IPK純正シート&アルミホイール仕様。

BABY KART

6〜8歳(身長110〜130cm)対象のキッズカート。ペダルやシートのアジャストが簡単に行える。機械式ブレーキシステムを採用することで、メンテナンス性が向上し、トラブルも軽減している。

Race Line Light

美しいフォルムが印象的なフルカウル使用のレンタルカートモデル。軽量シャシーのため、軽快なフットワークが特徴。アジャスタブルシート&ペダルシステムを採用し、様々な身長や体型のレンタルカートユーザーに対応する。衝撃吸収フロントバンパーやプロテクションを標準装備し、ドライバーへの高い安全性も確保している。

GP Racing（イタリア）
●問い合わせ先:NOBLE MOTORSPORTS
TEL.03-5947-5737
http://www.noble-motorsport.com

GP15 TAG/KF

GPレーシングのトップモデル。

GP14 TAG/KF

デビュー以来進化を続けているモデル。A型変形レイアウトのGpracinｇを代表するシャーシー。セッティング幅を広くするトルクロッドシステムも継続採用。18年KZ2ワールドカップ2位、SL全国大会SSクラス3位と国内外で実績を残している。

BLUE FOX MINI KART

CIK/FIK公認カデットシャシー。リアシャフトベアリング・フレームハウジングを従来より変更。

ALUMINOS

アルミノス（イタリア）
●問い合わせ先:NOBLE MOTORSPORTS
TEL.03-5947-5737
http://www.noble-motorsport.com

KZ32/TAG30

GPレーシングが送り出す姉妹ブランド。主にアメリカ向けだったが、ヨーロッパでも展開を始めた。ブラック/レッド/メタリックを使用したアメリカンなカラーリングがインパクトを与える。

XENON
RACING KARTS

キセノン（イタリア）
●問い合わせ先:SPS川口
TEL.048-476-8900　http://www.spskawaguchi.jp

N FORCE

SPS川口中島代表が設計、開発し2021～22年に全日本連覇を果たしたシャシーを「N-FORCE」として販売。ネーミングライツでブランド名がつけられたユニークなブランドながら、戦闘力は高く、今季の全日本でも活躍している。

WILDKART ゼロファイター

XENONシャシーをベースに、廉価パーツを組み込み驚きの価格を実現。22年にはサーキット秋ヶ瀬でコースレコードも記録し、その性能は折り紙付きだ。

SCUDERIA PCR

スクーデリア・ピーシーアール(イタリア)
●問い合わせ先:(株)パワークラスター
TEL.044-767-7387 http://pcrjapan-k3racing.com

MXK8

異なる径のパイプをオーソドックスなX型に組んだPCRのフラッグシップモデル。SLタイヤからハイグリップまで、あらゆるカテゴリーで優れた性能を発揮する。
※外装パーツは最新モデルが装備されます。

MINI FUTURA

カデット用シャシー。ベアリングホルダーの取り付け位置を変更することでホイールベースを変更することができ、セッティングの幅を広げている。

DR Racing Kart

CRGでワークスドライバーとして長年活躍し、92年世界選手権FKクラスチャンピオンをはじめ、数々のビッグタイトルを獲得してきたダニロ・ロッシ。そのロッシが開発・プロデュースを手がけたブランドが「DR RACING KART」。CRG社と密接な協力関係を築き、シャシー製造はCRGが担当、OEM供給している。斬新なレイアウト、随所にスペシャルパーツを採用し、ホイールハブをはじめハブ系はすべてマグネシウムを使用している。

ディーアール(イタリア)
http://www.drracing.it/
●問い合わせ先:(株)シルクロードレーシングサービス
TEL.03-5284-1313

S97

名ドライバー、ダニロ・ロッシがプロデュースするシャシーブランドがDR。熟成を重ねたS97を継続してラインナップ。マイルドなフィーリングでさまざまなコンディションに対応する。

Vivo Kart Factory

ヴィーボカートファクトリー(中国)
●問い合わせ先:関西キッズカート協会
TEL075-389-0959
http://wwwkidskart.ne.jp/

AMIGAO アミゴン

身長100cm程度から乗れるキッズカート。成長に応じペダル位置は3段階、ステアリングの高さも5段階で調整できる。ボディはオリジナルのペイントがしやすいホワイトを採用。名前の「アミゴン」はポルトガル語で「大切な友達」を意味している。

KARTREPUBLIC

カートリパブリック(イタリア)
●問い合わせ先:(有)NEOS モノコレ
TEL.075-950-1245
https://www.kartrepublic.com

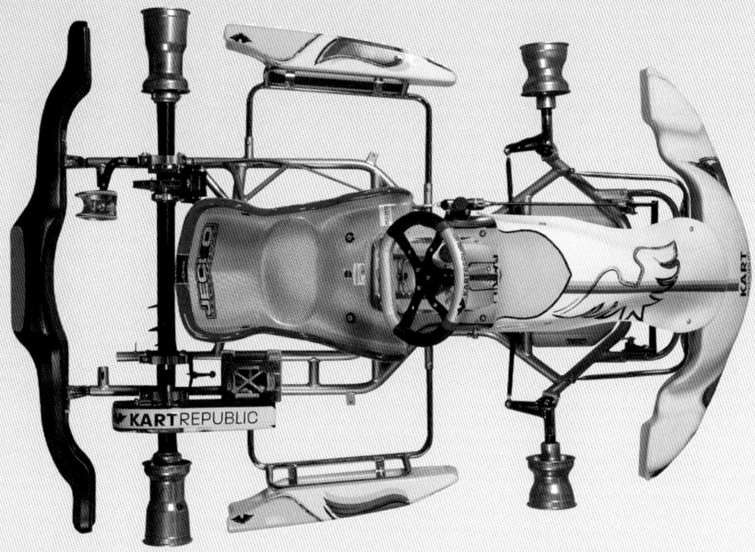

KR2

昨今のレースシーンを席巻しているカートリパブリック(KR)。国内外のレースでのリザルトが、ポテンシャルの高さを証明している。インターナショナルモデルの他、カデット用シャシーも揃っている。

GLEATEQ

グリーテック(日本)
●問い合わせ先:(株)グリーテック
TEL.090-4920-3784　http://gleateq.com

KK02

日本ブランドとなるグリーテックのフラッグシップモデル。

Black Mirror

グリーテックのカデット用シャシー。

Tillotson®

ティロットソン
●問い合わせ先:㈱依田商店
TEL.050-6877-5858
http://www.yoda-shouten.com

T4

ティロットソンＴ４は4ストロークエンジンを搭載する、レーシングカート。シャシーはヨーロッパで設計および製造されており、最高レベルの CIKカートと同じコンポーネントの多くを備えながら、初心者および中級ドライバー向けに変更。Tillotson 225RS 4ストロークエンジンは15馬力以上を提供し、6,500rpmまでのPVL デジタルrpmリミッターを装備している。

YAMAHA

ヤマハ（日本）
●問い合わせ先:(株)菅生
TEL0224-83-3115　http://www.yamaha-motor.co.jp/kart/

国内のカートメーカーとして、初のコンプリートカート「RC100」を1973年に発売。以降、カートレースの普及を担い、SLカートミーティングを全国各地で展開。SL全国大会は開催40年を超える大会として、カートレース普及に大きな役割を果たしている。
現在は、国産カートエンジンメーカーとして、ジュニアからシニアまで老若男女に親しまれる伝統のエンジンであるKT100シリーズ、スポーツカートやレンタルカートで使用される4サイクルエンジンのMZ200シリーズを揃えている。

KT100SEC

●2st/空冷/セルスターター
タッチ＆ゴーのイージードライビングを低コストで実現。ボタンひとつでエンジン始動可能なセルスターター、エンジンパワーを逃さず伝える乾式遠心クラッチを標準装備。SLカートミーティング全クラスに対応している。オートバイでも世界最高品質のマシンを送り出しているヤマハ製だけに、信頼性も高い。

MZ200-RKC

●4st/空冷/セルスターター
MZ200-RKをベースに、セルスターターを装備することでさらにエンジン始動を容易としたモデル。電装セットと組み合わせることで、手元のボタンひとつでエンジンのオン＆オフが可能となる。

MZ200-RK

●4st/空冷/リコイルスターター
４サイクル汎用エンジンをベースにカート用に設計されたエンジンで、ビギナーにも扱いやすい適度なパワー。始動の容易なリコイルスターター、遠心クラッチを装備。汎用エンジンのため、メンテナンスのしやすいモデルとなっている。

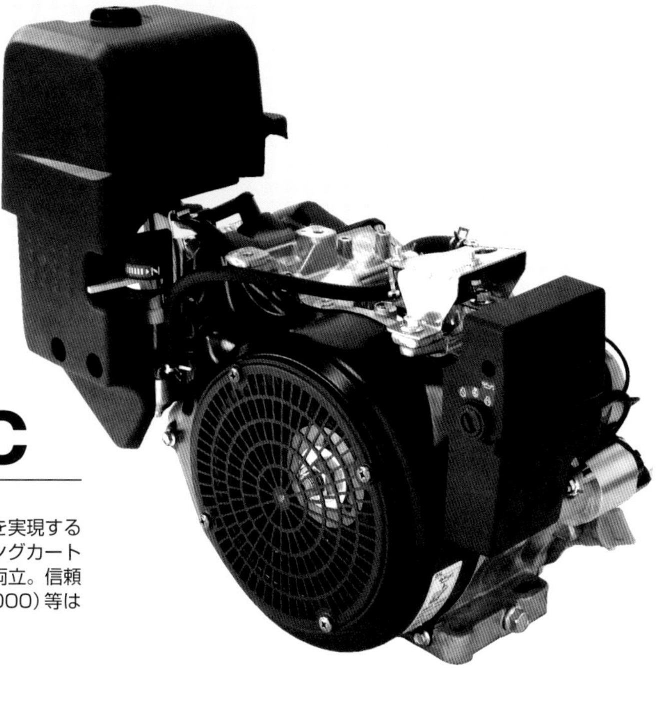

MX300-RKC

●4st/空冷/セルスターター
イージー・クリーン・ランニングコストの低下を実現するスポーツカート用4サイクルエンジン。レーシングカート専用仕様とし、力強いパワーとロングライフを両立。信頼性・耐久性も実現している。マフラー（¥45,000）等は別売りとなる。

iame
THE HEART OF KART

イアメ(イタリア)
●問い合わせ先:(株)コジマブレーンファクトリー
TEL048-874-8041　http://www.kojima-bf.co.jp/

カート界きっての名門エンジンメーカーがイアメ社だ。イアメとはItal-American-Motor-Engineeringの頭文字からつけられた社名で。かつてはカートエンジンといえばイアメといわれるほど、いわば代名詞ともなっていた。多くの技術者がイアメ社で修行し、そのノウハウをもって移籍することで、カートエンジン全体のレベルアップにもつながったといわれるほど、イアメが果たしている役割は大きい。

Parilla X30

●2st/水冷/セルスターター
次世代カートエンジンとして名門イアメ社が送り出した。コンピュータROMにより回転数をコントロールし、ハイパワーかつ耐久性にも優れる。全日本＆地方選手権FS125クラス指定エンジンとしても多くのユーザーを持ち、X30　Challengeシリーズも全国展開され、海外レース参戦のチャンスもある。

Parilla REEDJET-JPN 100cc

●2st／空冷／セルスターター
ボタン一つで簡単にエンジン始動。耐久性に優れ程よいパワーが楽しめる。ワンメイクエンジン指定となるリードジェットカップも開催されている。

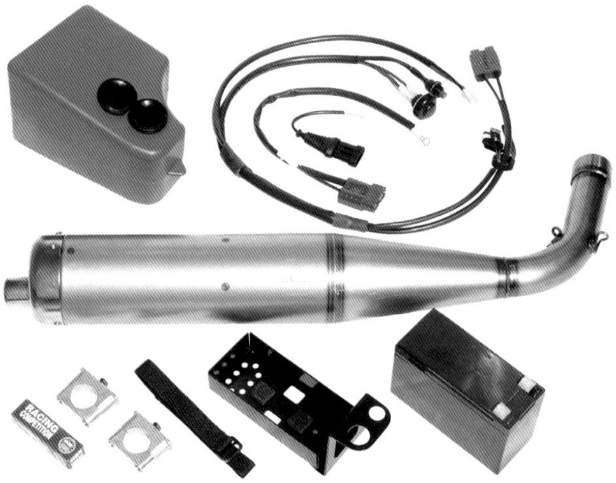

GAZELLE MINI 60cc

●2st／空冷／リコイルスターター
推奨年齢7～11歳向けの60ccエンジン。リコイルスターターによるエンジン始動のため、配線の取り回しが不要で、フレームに簡単に搭載できる。オプションの小径タイプのエキゾーストフィッティングに交換すると、出力を5.5Hpまで抑えることも可能のため、これからカートを始める子どもたちにもオススメだ。

X30 Super 175cc RI TaG

●2st／空冷／セルスターター
9年間のKFエンジンの経験をもとに、最先端技術で設計された43馬力を誇る175ccストックエンジン。世界で最も要求の厳しい、挑戦的なドライバーを満足させる。

REEDSTER V OK

●2st/水冷/押しがけ
カートレース最高峰のOKクラス専用エンジン。国内外のレースで輝かしい実績を残している。

iame
THE HEART OF KART
komet

イアメ コメット(イタリア)
●問い合わせ先:(有)ベア
TEL.044-587-9124　https://www.bear-racing.co.jp/

Komet Panther

●2st／リードバルブ125cc／空冷／セルスターター
セルスターターエンジンの先駆けである、Komet Panther。キャブレター・ノイズボックス・マフラー等フルキットで販売中。扱いやすいエンジン特性・気持ちの良い高回転型エンジンながらエンジンライフも長く、スピードも両立している。
新東京・もてぎ・APG・ハルナにてシリーズ戦とパンサーツアー開催中！
モータースポーツの頂点である“Ｆ１”のような形式でレーシングカートのレースができないだろうか？個人戦でなくチーム戦として１年かけて楽しむようなレースができないだろうか？そんな発想から生まれた、まったく新しいスタイルのレースで、各地のサーキットを転戦するシリーズ戦のかたちで行われている。
公式FB:Club Panther Tour

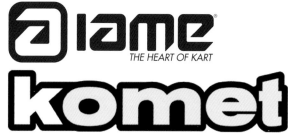

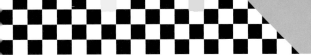

ROTAX® RACING

ロータックス(オーストリア)
●問い合わせ先:(株)栄光
TEL.052-803-7055　http://www.eikoms.com

ROTAX 125MAX EVO

●2st/水冷/セルスターター
統一レギュレーションのもと各国で開催されるMAXチャレンジレース用エンジンがモデルチェンジ。セルスタート&ロングライフでホビーユーザーにも最適だ。

ROTAX 125Junior MAX EVO

●2st/水冷/セルスターター
通常のMAXエンジンから可変排気バルブを無くすことでフラットなトルク特性としたジュニアクラス(小学6年生〜高校2年生)用のエンジン。

Mini MAX EVO

●2st/水冷/セルスターター
小学4年生〜中学2年生までが対象となるエンジン。

Micro MAX EVO

●2st/水冷/セルスターター
小学2～6年生を対象としてエンジン。

DD2 EVO

●2st/水冷/セルスターター
2速ギアを標準装備。MAXエンジンの手軽さでシフトワークも楽しめる。

PRD Pro Racing Design CO., LTD.

ピーアールディー（台湾）
●問い合わせ先:(株)ナガハラサービス　CRG JAPAN
TEL.077-598-2700/052-506-8522
http://www.crgjapan.com/

AVANTI-19

●2st／リードバルブ125cc／空冷／セルスターター
AVANTIエンジンはボトムエンドにアップデートが施され、New AVANTI 19へと進化。クランクピンやキャブレターマニホールドが125cc規格のサイズに変更され、ケースベアリングを一般的なボールベアリングからKZやOKクラスでも採用しているローラーベアリングタイプを使用することにより、捻じれや振動に対しても強いボトムエンドにアップデート。そしてベアリングのインナースリーブをクランクシャフトにプレスフィットさせることでベアリングが滑らなくなるため、クランクシャフトの摩耗を防ぎ痩せにくくなっている。キャブレターは全日本等上位カテゴリーでも採用されているものと同タイプで、PRD社がTILLOTSON社に専用で製作を依頼したHW-30Aに変更。新採用されたHW-30Aは脱着時の作業性が向上し、ニードル開度の調整も分かりやすく走行中の安定性が増すなど皆様に満足していただけるクオリティーになっている。

VORTEX

1995年にトニーカートのエンジン部門として誕生。トニーカートワークスが使用することにより、実績と信頼を付き重ねるだけでなく、その他の多くのトップチームも採用。OTKグループとしてトニーカートを始めとするOTKシャシーブランドとのゴールデンコンビで数々のタイトルを獲得。世界のカートエンジンで常にトップを走り続けている。

ヴォルテックス（イタリア）
http://www.vortex-engines.com　http://www.vortex-rok.com/
●問い合わせ先:トニーカートジャパン(株)　TEL.052-896-1021　http://www.tonykart.jp

Rok SHIFTER

●2st/水冷/押しがけ
ヨーロッパのKZクラスで使用されるミッションカート用エンジン。カート専用設計のエンジンで、高いポテンシャルを秘めている。2016年から鈴鹿選手権などでレースが行われ、海外レース参戦へのサポートも用意されている。

MINI Rok

●2st/空冷/セルスターター
ヴォルテックスが用意するジュニア用エンジン。60ccの空冷エンジンながら、高い工作精度で信頼性を確保している。

Rok KID

●2st/空冷/セルスターター
Rokシリーズの最小排気量モデル。55ccのエンジンは、子供に最適となる。

DST OK

●2st/水冷/押しがけ
2019年からのホモロゲーション切り替えに合わせ、一新されたOK＆OKジュニア用エンジン

tm RACING

ティーエム(イタリア)
●問い合わせ先:(株) アレーナジャパン
TEL.045-513-7329

少年時代からの友人であったC.フレンギとF.バッティステッリにより1976年に創立されたTMエンジン。TMという名は二人の子どもたち(ThomasとMirko)のイニシャルを由来とする。オートバイやカートレースで数々の優勝を飾っている。

S2 Senior

●2st/水冷/押しがけ
KF時代を席巻したTMのOKクラス用エンジン。TM独特の力強いトルク感はそのまま継承。全日本選手権OKクラス連覇を達成しているチャンピオンエンジンだ。

Comer

コマー(イタリア)
●問い合わせ先:
(株)シルクロード・レーシングサービス
TEL.03-5284-1313
http://www.silkroad-rs.co.jp/
(株)ビー・マックス
TEL.0299-77-5386
http://www.bemaxracing.com/

W60

●2st/空冷/リコイルスターター
入門用ジュニアカートの定番エンジン。扱いやすいエンジンで82年の登場以来のロングセラーモデル。

EIKO

Glory of Karting

栄光(日本)
●問い合わせ先:(株)栄光
TEL.052-803-7055
http://www.eikoms.com/

EX21 STD

スポーツカートに最適な空冷4サイクルOHC2バルブ、211ccエンジン。

HONDA

ホンダ(日本)
●問い合わせ先:(有)ベア
TEL.044-587-9124　https://www.bear-racing.co.jp

GX200SP

●4st／OHV／空冷／セルスターター
ファクトリー純正のスポーツカートエンジンを！の声に応え、ベアレーシングと本田技研工業株式会社は、GX200SPを誕生させた。GX200SPは、吸気系とシリンダヘッドを専用設計し、大口形キャブレターを組み込んだ、スポーツカート専用エンジンとなる。このエンジンは高回転・高出力が要求されるスポーツカートにおいて、性能だけでなく耐久性や環境問題にも配慮している。

HONDA

ホンダ(日本)
●問い合わせ先:(有)ビレルパシフィック
TEL048-298-6350 http://www.birel.jp
(有)ベア
TEL.044-587-9124 https://www.bear-racing.co.jp/

GX35

●4st／OHV／空冷／リコイルスターター
360度自在傾斜可能な世界初の空冷4ストロークエンジン。抜群の始動性と加速性、低振動/低騒音。米国、カナダ、EU、オーストラリア、中国の厳しい排出ガス規制をクリアし、高硬度ピストンコーティングとスリーブレスシリンダーにより、軽量化と耐久性を両立している。

GXH50

●4st／OHV／空冷／リコイルスターター
キッズカート向けに最適な4ストロークエンジン。プロ仕様の重作業用構造で高耐久性を確保。全てのコンポーネントが専用設計と信頼性も高い。

BRIGGS & STRATTON®

ブリッグス&ストラットン(アメリカ)
●問い合わせ先:アールカート合同会社
TEL.0562-38-5858 http://www.r-kart.jp

World Formula

●4st／204cc／OHV機構
スポーツカートに最適な4stカートエンジン。OHV機構を採用した204cc。セルスターター仕様とリコイルスターター仕様が用意されている。

206

●4st／204cc／OHV機構
ワールドフォーミュラ同様にOHV機構を採用した4stエンジン。エアクリーナー、カーブドインテークマニホールド、バルスフィッティング等、様々なパーツが付属する。

XR1450

●4st／306cc／OHV機構
発電機や、ポンプ、運搬車等に用いる、汎用性の高い小型エンジン。軽量コンパクトでコストパフォーマンスに優れており、一貫した性能を発揮する。また、インテーク&エキゾーストマニホールド及びクラッチ、エンジンマウントはHONDA GX270と互換性がありそのまま流用することが可能だ。

Robin CC

ロビン(日本)
●問い合わせ先:アールカート合同会社
TEL.0562-38-5858
http://www.r-kart.jp

KX21R

●4st／211cc／OHV機構
SUBARU KX21の性能を継承しRobin KX21Rとして販売開始.

Racing Kart Catalog 2024-2025
Wear & Parts編

※シャシー&エンジン類は49頁に掲載しています。※為替や物流、国際情勢等により価格が大きく変動することがありますので、最新の価格については問い合わせ先へお問い合わせください。

KMX-5 V3 SUIT

新 FIA8877-2022 グレード1ホモロゲーション規格適合
ポリエステルとポリアミドの混合素材を使用し、ソフトなニットを組み合わせることで保護性・軽量化・通気性の最大化を実現。2レイヤー構造で、胸上部と背中にレザーパンチングを施し通気性を高めている。またボディラインに合わせた立体裁断により最適なドライビングポジションを提供する。

アルパインスターズ
●問い合わせ先:SPK㈱
TEL03-3472-5015
https://cuspa-spk.jp/alpinestars/

KMX-9 V3 SUIT

新FIA8877-2022グレード1ホモロゲーション規格適合
独自のアウターシェル素材にソフトなニットの裏地を組み合わせた二層構造で最適な保護性、軽量化、快適性を実現。脇下とクロッチ部分に通気性を高めるメッシュパネルを配置している。
ジュニア用のSモデル（120-130-140-150)あり。

KMX-9 V3 GRAPHIC 2 SUIT

新FIA8877-2022グレード1ホモロゲーション規格適合
KMX-9をベースとしたグラフィックモデル。大胆なカラーリングで個性を際立たせる。

KMX-9 V3 GRAPHIC 3 SUIT

新FIA8877-2022グレード1ホモロゲーション規格適合
KMX-9をベースとしたグラフィックモデルの新バージョン。
ジュニア用のSモデル（120-130-140-150)あり。

KMX-9 V3 GRAPHIC 4 SUIT

新FIA8877-2022グレード1ホモロゲーション規格適合
KMX-9をベースとしたグラフィックモデル。

KMX-9 V3 GRAPHIC 5 SUIT

新FIA8877-2022グレード1ホモロゲーション規格適合
KMX-9をベースとしたグラフィックモデル。
ジュニア用のSモデル（120-130-140-150)あり。

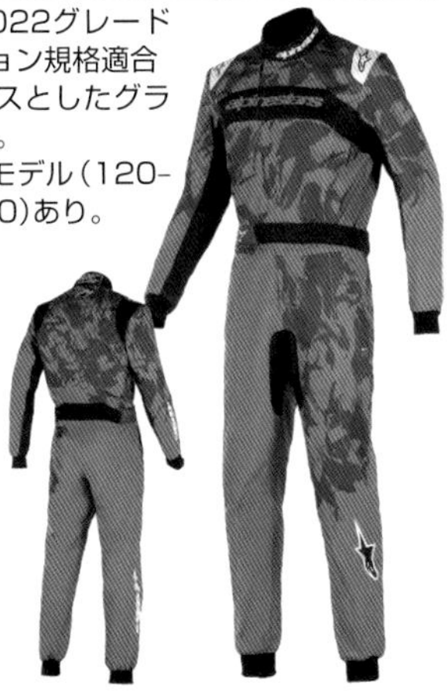

KART INDOOR SUIT

レクリエーションやレジャー用に設計されたカートスーツ。胸の内側にはスマートフォンも収納可能なベルクロクロージャー付きポケットも装備する。

KART RAIN SUIT/ KART RAIN YOUTH SUIT

カートレース用のクリアで軽量な100%防水オーバースーツ。精度の高いフィット性により、高速走行時のバタつきを抑制。インナーのVシェイプガセットにより豪雨時の使用も可能としている。高いカラー部の構造により水の侵入を防止する他、耐久性・耐熱性の高いテキスタイルパネルを腕に配置し、運転中のエンジン調整を可能としている。

birelART

ビレルアート

●問い合わせ先:㈲ビレルパシフィック
TEL.048-789-6795
http://www.birel.jp/

birelARTワークススーツ

アルパインスターズ製のビレルART ワークススーツ。

sparco スパルコ

●問い合わせ先:㈱ナガハラサービス CRG JAPAN
TEL077-598-2700/052-506-8522
http://crgjapan.com

PRIME-K
PRIME-K YOUTH

最新のプリント技術を施した次世代ハイクオリティレーシングスーツ。通気性の高い素材を使用し、着心地や機能性も追及し、軽量で快適性に優れている。可動する各部分には、伸縮性のよいストレッチ素材を使用し、操作性、機能性を重視。また、背面にはコーデュラバックプロテクションを採用し、耐摩擦性を向上させシートとの接触による損傷を軽減させている。CIK-FIA Level-2公認モデル。

sparco

X-LIGHT K
X-LIGHT K YOUTH

優れた耐久性、耐水性を備えた新世代の生地で作られ、多くのカートメーカーがワークススーツとして採用してきた実績のあるシリーズ。各部にはメッシュ素材のエアーインテークを採用、通気性を向上。また操作性を上げる為、脇と背中に伸縮性に優れたストレッチ素材を使用している。もっとも軽量化されたSPARCOカートスーツを代表するトップモデルシリーズだ

ORG

オーアールジー

●問い合わせ先:㈱栄光
TEL052-803-7055　http://www.eikoms.com/

カートスーツカスタムオーダー

CIK 公認スーツでカスタムカラーオーダーを可能とし、オリジナルデザインを施せるレーシングスーツ。

sparco

KERB
KERB YOUTH-CHILD

CIK-FIA Level 2の公認を取得し、新たにラインナップ。耐摩耗性に優れた生地を2レイヤーにし、耐久性と機能性や快適性も向上させ、デザイン性に優れたレーシングスーツだ。スーツの脇や脚の内側には通気性と伸縮性を兼ね備えた素材を使い、快適性を向上。背中には広範囲にストレッチ素材を使用し、操作性を追求している。またウエストには正面のベルトを排除し、サイドに調節可能なベルクロのストラップを装備している。

sparco

ROOKIE

CIK-FIAの公認を取得していない非公認のレーシングスーツ。非公認スーツながら、SPARCO社の技術を注ぎ込み、機能性、快適性に優れ、軽量かつスタイリッシュなレーシングスーツとなっている。練習用、レンタルカート用、走行会用には最適なレーシングスーツだ。非公認スーツのため、通常のカートレースでは使用できない。

sparco

KERB LADY
KERB YOUTH-CHILD

CIK-FIA Level 2の公認を取得し、新たにラインナップされた女性向けモデル。耐摩耗性に優れた生地を2レイヤーにし、耐久性と機能性や快適性も向上させ、デザイン性に優れたレーシングスーツだ。スーツの脇や脚の内側には通気性と伸縮性を兼ね備えた素材を使い、快適性を向上させている。背中には広範囲にストレッチ素材を使用し、操作性を追求している。またウエストには正面のベルトを排除し、サイドに調節可能なベルクロのストラップを装備。

sparco

THUNDER　THUNDER YOUTH

耐久性と機能性や快適性も向上させ、デザイン性に優れたレーシングスーツ。スーツの脇や脚の内側には通気性と伸縮性を兼ね備えた素材を使い、快適性を向上。背中には広範囲にストレッチ素材を使用し、操作性を追求している。

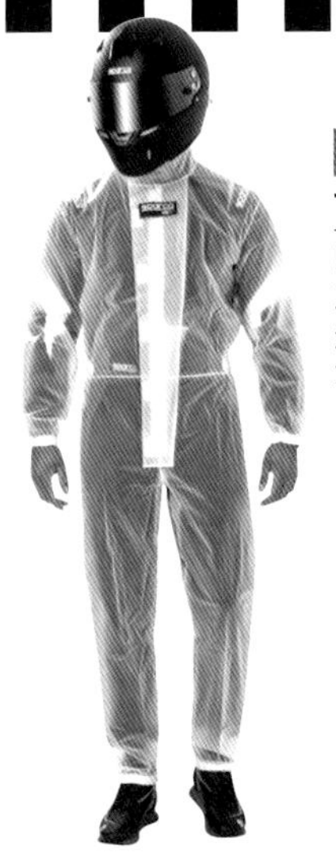

sparco

T-1 EVOレインスーツ

レーシングカートのレインレース時に着用するレインスーツ。着用時の動きやすさ、防水性など機能性にこだわっている。

INTREPID KART TECHNOLOGY

イントレピッド

●問い合わせ先:㈱INTREPID JAPAN
TEL092-806-1613
http://www.intrepid-japan.com/

ワークススーツ

シャシーのカウルグラフィック同様、左右非対称デザインを採用したワークススーツ。イタリアの有名デザイナーが手がけている。

CRG **シーアールジー**

http://www.kartcrg.com/
●問い合わせ先:㈱ナガハラサービス
CRG JAPAN
TEL077-598-2700/052-506-8522
http://crgjapan.com

CRGレーシングスーツ2020

CIK LEVEL2公認
カラー:CRGワークスカラー

ヨーロッパのCRGワークスチームが使用しているデザインと同じワークススーツ。今季からオレンジベースに生まれ変わった。

Tecno **テクノ**

●問い合わせ先:㈲エーアールエス
TEL042-556-5432
http://www.akasakaracing.jp

ワークススーツ

テクノワークスチームが使用するレーシングスーツ。

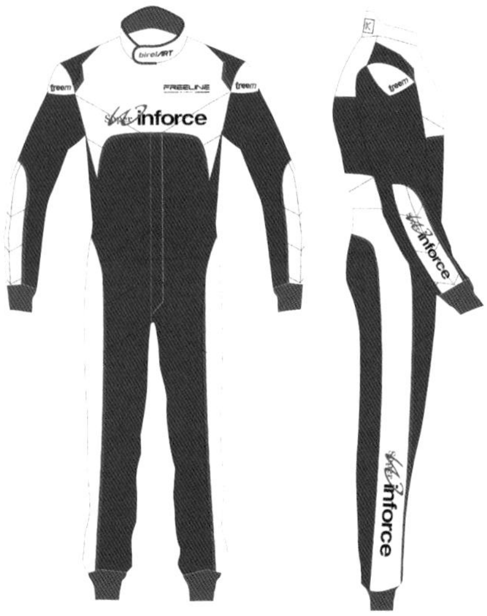

Super Winforce

スーパーウィンフォース

●問い合わせ先:㈲ビレルパシフィック
TEL048-298-6350
http://www.birel.jp/

SWFワークススーツ

カラー:ワークスカラー

新たにfreemを採用、デザインも一新したスーパーウィンフォース系のワークススーツ。

JURAN Racing **ジュラン**

●問い合わせ先:㈱タニダ
TEL052-871-3741
http://www.tanida-web.co.jp/

Karting Suit

ステアリング操作を妨げにくいフリーアーム、乗車姿勢に合わせ最適化したパターン。輝くような光沢と発色、摩擦に強いナイロン生地を採用。基本デザインパターンは2種類、カスタムデザインも設定。サイズオーダーや刺繍などにも柔軟に対応。

OMP **オーエムピー**

●問い合わせ先:トニーカートジャパン㈱
TEL052-896-1021　http://www.tonykart.jp/

OTKワークススーツ

トニーカート、コスミック、エクスプリット、レッドスピード、LNとOTK各ワークスカラーのレーシングスーツ。カラーリングはプリントのため、軽量で動きやすい。

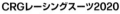

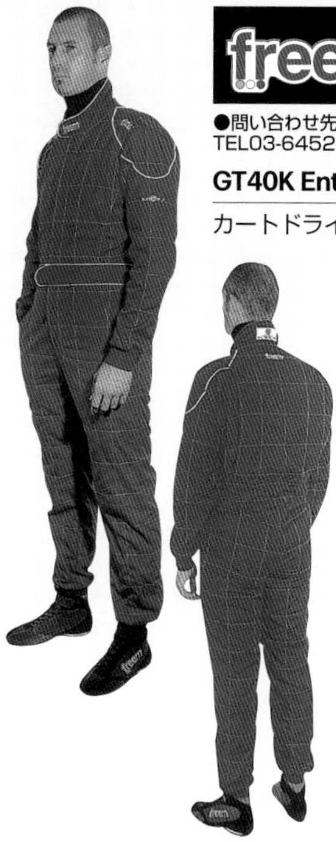

freem フリーム

●問い合わせ先:㈲ベア
TEL03-6452-4584 http://www.bear-racing.co.jp/

GT40K Entry

カートドライバーのエントリーモデル。

freem GTK82 CHALLENGE

実戦から得られた耐久性、通気性、操作性をより高めたモデル。

SODI KART RACING

ソディカート(フランス)
●問い合わせ先:㈱ハーバースタイル
TEL043-441-3245
http://www.harbor-style.co.jp/

ワークススーツ

ヨーロッパで活躍するSodiワークスレーシングチームのイメージを踏襲したレーシングスーツ。

CLA COMPETITION LICENSE A

コンペティションライセンスA
●問い合わせ先:
㈱コジマブレーンファクトリー
TEL048-874-8041 http://www.kojima-bf.co.jp/

PRO2000SV LE530シリーズ

光沢のあるシャイニングカラーやVステッチ等で4輪FIA公認スーツ同等の高級感あふれるルックスを実現。インナーは暑い夏でも快適なメッシュ生地を採用。随所にケブラー製ニットパッドを装備し安全面への配慮も十分。日本人体型に合わせたサイズも好評。生産の全行程を日本で行う信頼のブランドだ。

MARINA RACEWEAR

●問い合わせ先:NEOS
TEL075-950-1245
https://monocolle.com/

UNIK KART Custom orde

共同開発のカートスーツ。CIK レベル 2 公認取得。軽さ、通気性、動きやすさを追求し開発。もちろん、セミオーダーで自由にデザインできる。

MARINA UNIC PLUS FIA8856-2018

MARINA RACEWEAR

スペイン日本車のある MARINA RACEWEAR と monocolle のコラボレーション。耐火生地専門メーカーで、軽量で高品質な生地を使用したオリジナルスーツだ。フルグラフィックで自由なデザインを表現できる。

MARINA RACEWEAR

MARINA AIR PLUS FIA8856-2018

オーソドクスな生地ベースのレーシングスーツ。

Energy エナジー

●問い合わせ先:ナガオカート
TEL078-974-1400
http://www2.osk.3web.ne.jp/~nagaokt/

エナジーワークススーツ

スパルコスーツをベースとしたエナジーワークスイメージのレーシングスーツ。

KARTREPUBLIC

カートリパブリック
●問い合わせ先:㈲NEOSモノコレ
TEL075-950-1245
http://www.monocolle.com/

ワークススーツ

ホワイトカラーも目に鮮やかなカートリパブリックのワークススーツ。ロゴマークが大胆にあしらわれている。

Praga プラガ

●問い合わせ先:㈱スクアーロ
TEL0467-86-7278
http://squalo.ltd/

DRIVER SUIT KS-1R

PRAGA純正のワークススーツ。ジュニア用(120〜160cm)から大人用(44〜60)まで各種サイズが揃い、オプションでネームやロゴなどカスタムオーダーも可能となっている。

sparco スパルコ

●問い合わせ先:
㈱ナガハラサービス　CRG JAPAN
TEL077-598-2700/052-506-8522
http://crgjapan.com

TIDE K

FIA公認グローブ TIDEのデザインを採用したレーシングカート用グローブ。人間工学に基づいた設計パターンを採用し、縫い目が直接肌にあたらず快適なフィット感が特徴。手の平にはSparco社が独自開発したHTXテクノロジーを採用した3Dラバープリントを施しており、グリップ性能、柔軟性に優れている。3次元HTX素材の中空突起がショックアブソーバーとなり、ステアリングからの振動を効果的に吸収。さらにステアリングを握る力により突起一つ一つが自在に変形し、グリップ力を向上させる。

sparco

ARROW K

最新のテクノロジーを採用しグレードアップ。人間工学に基づいた設計パターンを採用し、縫い目が直接肌にあたらず快適なフィット感が特徴。手の平には Sparco 社が独自開発したグラフィックラバープリントを採用し、グリップ性能、柔軟性に優れる。また FR 特許技術のタッチセンシティブ技術を採用、タッチパネル対応グローブ（Touch-S）となっているので、グローブをしたままスマホやタッチパネル対応製品の操作が可能だ。

sparco

RECORD

最新のテクノロジーを採用し、新たにラインナップ。グリップ部はシリコンラバープリントを施し、高いホールド性を実現。3D スリムフィット形状を採用し、外縫いにより快適なフィット感も実現している。また調節可能なベルクロのリストストラップも装備。

sparco

RECORD WP

グリップ部はシリコンラバープリントを施し、高いホールド性を実現。3D スリムフィット形状を採用し、外縫いにより快適なフィット感も実現。また調節可能なベルクロのリストストラップも装備している。
※「WP」は WATER PROOF（防水）仕様。

sparco

RUSH

RUSH（ラッシュ）は、低価格エントリーモデル。激しい動きに対応するフィット性の高いニット素材を使用、グリップ部にはスエード生地を使用し、シリコンラバープリントを施し、高いホールド性を実現。 スリムフィット形状を採用している。低価格ながら機能性、デザイン性に優れ、またジュニアサイズからラインナップしている。

alpinestars アルパインスターズ

●問い合わせ先:SPK㈱
TEL03-3472-5015
http://www.spk-cuspa.jp/alpinestars/

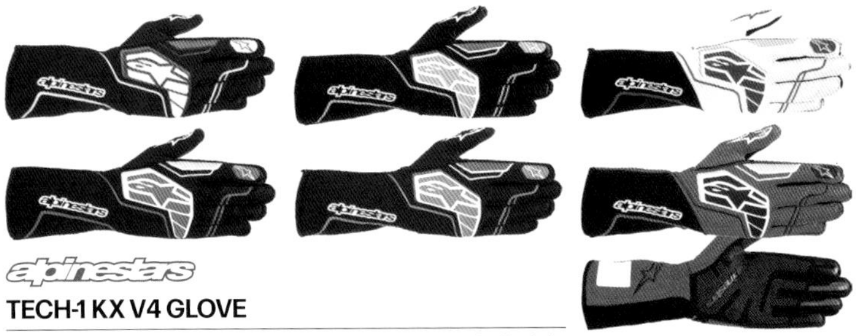

alpinestars

TECH-1 KX V4 GLOVE

新FIA8877-2022グレード1ホモロゲーション規格適合
FIA新カート規格に適合した初のグローブ。タッチスクリーンにも対応。通気性に優れたメッシュ2レイヤー素材を採用。手の形に沿ったカーブがフィット感を向上させ、快適なドライビングを実現。

alpinestars

TECH-1 K RACE V2 COMPETITION GLOVES

軽量なポリエステルメッシュ構造により、暖かい天候下でも最適な感触と快適性を提供。人間工学に基づいてデザインされたシリコンプリントを掌部に施し、操作性とグリップ力を向上。

alpinestars

TECH-1 K V3 GLOVES

新FIA8877-2022グレード1ホモロゲーション規格適合
FIA新カート規格に適合した初のグローブ。4ウェイ・ストレッチの二層構造ボンディング素材が快適なフィット感を提供。昇華プリントを採用し、グラフィックデザインを実現。

MARINA RACEWEAR

●問い合わせ先:NEOS
TEL075-950-1245
https://monocolle.com/

UNIK RACING KART GLOVE Custom order

グローブもセミカスタムオーダーシステムで自由なデザインを実現。

CRG シーアールジー

http://www.kartcrg.com/
●問い合わせ先:㈱ナガハラサービス
CRG JAPAN
TEL077-598-2700/052-506-8522
http://crgjapan.com

CRG TIDE-K

SPARCO TIDE-K をベースに、CRG のロゴが入ったワークスモデル。

sparco

CRW

雨天や真冬のレースを想定して設計されたレーシンググローブ。ウェットスーツなどにも使用されるネオプレーン素材を使用する事で、水濡れに強く防風効果も実現した新感覚グローブ(防水仕様)。グリップ部には、SPARCOロゴをシリコンドットプリントに施し、悪天候でのドライビング時にも安定したグリップを生み出している。機能性もさることながら、デザイン性にも優れ、キッズやジュニアドライバーにも対応した豊富なサイズ展開となっている。

CLA COMPETITION LICENSE A
コンペティションライセンスA

●問い合わせ先:㈱コジマブレーンファクトリー
TEL048-874-8041
http://www.kojima-bf.co.jp/

PRO2000SV

イギリス・ピタード社製「グリップステア」は発汗によるグリップ力の低下を防ぐ画期的なレザーで、湿度が上がるほどグリップが増し、ソフトな風合いも持続する。

MOMO ITALY モモ

●問い合わせ先:㈱コジマブレーンファクトリー
TEL048-874-8041
http://www.kojima-bf.co.jp/

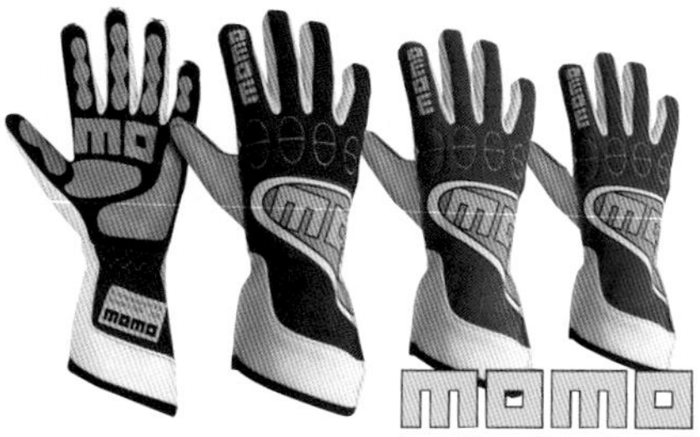

TOP LIGHT

立体裁断されたノーメックスニット生地による抜群のフィット感と豊富なステアリングインフォメーション。掌のラバー素材によりレースドライビングにおいても的確な操作が可能となっている。

XTREME PRO

レーシングドライバーからの要望に応え、さらにグリップの高いシリコングリップ滑り止め加工により的確な操作を可能としている。

MiR ミラ

●問い合わせ先:㈱カートサービスミチガミ
TEL.0743-65-5300
http://www.kartservice-michigami.jp/

AVANT-S

イタリアンブランドMiRのレーシンググローブ。外縫い加工で操作性に優れる。

RACE KS

MiRの廉価版グローブ。リーズナブルな価格ながら価格以上のクォリティを誇る。

JURAN Racing ジュラン

●問い合わせ先:㈱タニダ　TEL052-871-3741
http://www.tanida-web.co.jp/

Racing Glove Jr Sport

掌は滑りにくいバックスキンタイプ。ステアリングからの情報をダイレクトに伝達する薄手仕様。親指を除く全ての指にゲージ縫いを採用し、自然な着用感としている。ジュニアや手の小さな女性向けのサイズ設定だ。

Thermo Save Glove

体温を逃さず風に強いウェットスーツにも使われるクロロプレン生地を甲側に採用。風雨の侵入による体温や体力の低下を防ぎ、冬季・雨天のレースに最適。ジュニアから成人まで着用可能。

-273

●問い合わせ先:㈲NEOSモノコレ
TEL.075-950-1245
http://www.monocolle.com

Zero Karting Glove

-273は日本初上陸のアメリカ発祥のモータースポーツブランドで、2016年にレーシングカートグローブを発表した。大手メーカーが開発した軽く、通気性が高く、伸縮性に極めて優れたポリウレタンの合成繊維とハイグリップなシリコンで構成され、レースでドライバーのパフォーマンスを最大限に引き出すことを考えられている。

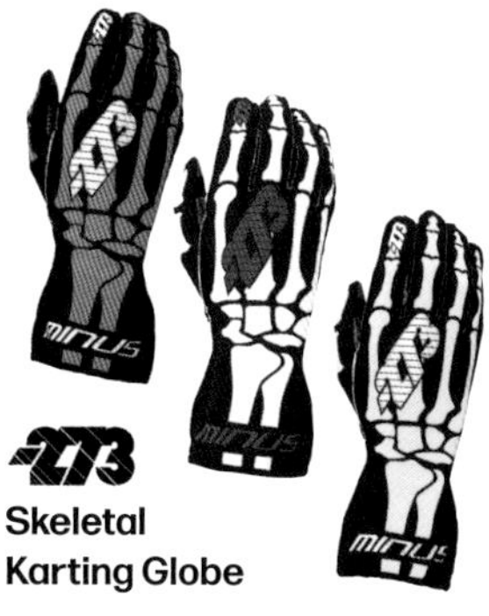

Skeletal Karting Globe

Poly Karting Glove

freem フリーム

●問い合わせ先:㈲ベア
TEL044-587-9124
http://www.bear-racing.co.jp/

Spider Touch

サイズ:8/9/10

いままでにない独特なデザインで多くのドライバーに愛用されている。

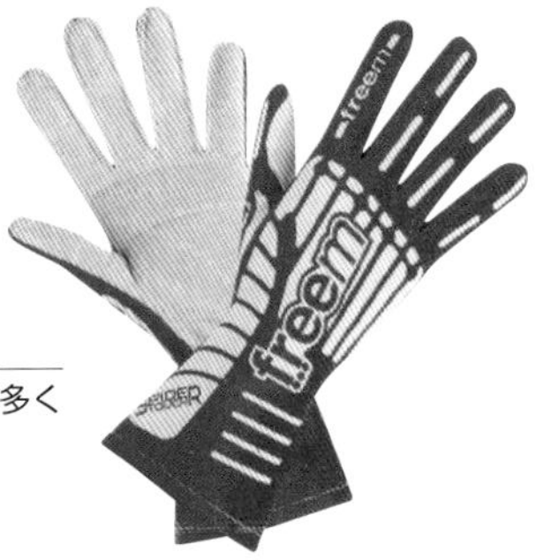

Praga プラガ

●問い合わせ先:㈱スクアーロ
TEL0467-86-7278
http://squalo.ltd/

GLOVE KS-ART

XXS ～ XL まで様々なサイズが揃えられたプラガ純正のレーシンググローブ。

sparco スパルコ

㈱ナガハラサービス　CRG JAPAN
TEL077-598-2700/052-506-8522　http://crgjapan.com

sparco
K-SKID

sparco
K-RUN　**K-RUN YOUTH**

sparco
KARTING OVERSHOES

sparco
K-POLE WP
K-POLE WP YOUTH

sparco
K-POLE

sparco
Sepang Rain-Racing Shoes Cover

雨天時にシューズの上から着用できるオーバーシューズ。操作性を損なうことなく、確実なグリップを得られる。

sparco
K-FORMULA

momo ITALY モモ

●問い合わせ先:㈱コジマブレーンファクトリー
TEL048-874-8041
http://www.kojima-bf.co.jp/

TOP GT

世界各国の FIA 公認レースで使用される MOMO ITALY のレーシングシューズ。イタリア製シューズのため、日本標準足型よりやや幅が狭めになっている。

CLA COMPETITION LICENSE A コンペティションライセンスA

●問い合わせ先:㈱コジマブレーンファクトリー
TEL048-874-8041
http://www.kojima-bf.co.jp/

PRO2000SV RS-MID

日本人の足型を知り尽くした軽量シューズ。インナー素材には吸水・拡散・制菌・防臭性に優れた素材、サラッキーを採用している。

CLA COMPETITION LICENSE A

X-MID

日米の最先端素材を採用した新世代のレーシングブーツ。インナーにはカーボン X を採用し、驚異の耐火性能を誇る。ソールは RB デラミックスを採用、耐滑・耐油性にも優れる。

Praga プラガ

●問い合わせ先:㈱スクアーロ
TEL0467-86-7278
http://squalo.ltd/

ワークスシューズ

サイズ展開は 36 ～ 47 まで（OMP サイズ）。爽やかなカラーリングが特徴のプラガワークスカラーを採用。

alpinestars アルパインスターズ

●問い合わせ先:SPK㈱
TEL03-3472-5015
http://www.spk-cuspa.jp/alpinestars/

alpinestars
TECH-1 KX V3 SHOES FIA

FIA新カート規格に適合した初のシューズ。極薄のPUフィルムとテキスタイルで構成された先進的なシームレス熱溶着構造により、最高の軽量性能と優れた快適性、フィット感を提供。F1由来の薄いラバーアウトソールは、ペダルの感触と感度を高め、最大のグリップを確保。

alpinestars
TECH-1 KZ V2 SHOES

かかとの外側・内側、つま先内側を補強し、耐摩耗性と保護性を強化。最先端の平編み技術を利用し、足にフィットするアッパー構造を採用。アシンメトリークロージャーシステムは、調整可能なフット・ループ・超薄型ストラップと独自のワイヤークロージャーシステムを備えたアラミド繊維の靴紐で構成。

sparco スパルコ

●問い合わせ先:㈱ナガハラサービス　CRG JAPAN
TEL077-598-2700/052-506-8522
http://crgjapan.com

CRGレーシングシューズFORMULA＋

CRG ワークスカラーのレーシングシューズ。ワークススーツとのマッチングに最適。

MIR ミラ

●問い合わせ先:㈱カートサービスミチガミ
TEL.0743-65-5300
http://www.kartservice-michigami.jp/

EVO KART

しっかりとしたサポートと操作性を両立したレーシングシューズ。

MIR
EVO KART-FLUO

ECO KART をベースに鮮やかな蛍光色を取り入れている。

Arai HELMET アライヘルメット

●問い合わせ先:㈱アライヘルメット　http://www.arai.co.jp/
㈱コジマブレーンファクトリー　TEL048-855-7862　http://www.kojima-bf.co.jp/
㈱ナガハラサービス　CRG JAPAN　TEL077-598-2700/052-506-8522　http://crgjapan.com

SK-6 PED

SNELL K 規格をクリアする安全性能とGP-6 シリーズの基本性能はそのままに、メンテナンスやサイズ調整を容易とした着脱可能パッド、内装に素肌と同じ弱酸性を保ち、抗菌・消臭・防汚性能のある最新高機能生地エコビュアーを採用、GP-PED ダクトを同梱した、より F1 スペックを彷彿するカートレース用ヘルメット。

Arai
GP-6

スネルSAH2010規格を取得。F1で使用されるGP-6RCと同じ形状の帽体とし、国際格式の4輪レースからカートまで使用できるトップモデル。高い安全性を保ちながら、軽量に仕上げられている。

Arai
CK-6S

※M、Lサイズは2010年初頭に発売予定

ジュニア向け新規格を取得した国産初のヘルメット。厳しい重量規定をクリア。2010 年からジュニア国際レースでは必須の装備となる。

Arai
GP-6S

F1 でも使用されている GP-6RC と同形状の帽体を実績ある cLc 構造とし、リーズナブルながら SNELL SAH2010をクリアする安全性を実現。

zamp

●問い合わせ先:㈱栄光
http://www.eikoms.com
TEL052-803-7055

RZ42Yジュニア用ヘルメット

SNELL FIA CMR2016 を取得しているアメリカ製ジュニア用ヘルメット。最大の特徴はその軽さ。首への負担を軽減する。シールドもミラー、ダークスモークなど多種揃えられている。

BELL ベル

●問い合わせ先:㈲エーアールエス TEL042-556-5432 http://www.akasakaracing.jp
㈱ナガハラサービス CRG JAPAN TEL077-598-2700/052-506-8522 http://crgjapan.com
㈱YFC TEL03-3431-5984 http://www.bellracing.jp/

KC7-CMR CARBON

HP7 同様の技術を用いた超高強度カーボンコンポジットシェル。2mm 厚の DSAF(ダブルスクリーンアンチフォグ)のシールドを標準装備。耐久性を重視した非難燃性素材の内装を採用。

KC7-CMR

フラッグシップモデル「HP7」デザインの CMR 規格ヘルメット。

RS7-K CARBON

カートレーサー専用に設計されたカート専用ヘルメット。空力特性とエネルギーを強化しながら、音響快適性を向上させる革新的設計。耐久性を重視した非難燃性素材の内装を採用。

RS7-K

フラッグシップモデルデザインのカート用ヘルメット。シールドのピボット位置を改良した #SE7 シールドの採用。

sparco スパルコ

●問い合わせ先:㈱ナガハラサービス CRG JAPAN
TEL077-598-2700/052-506-8522
http://crgjapan.com

X-PRO

シェルには ATM(アドバンスサーモ素材)を採用したコストパフォーマンスに優れたヘルメット。内装パッドは着脱式ですので、水洗い可能。

HJC Helmets エッチジェイシーヘルメット

●問い合わせ先:㈱タニダ
TEL052-871-3741 http://www.tanida-web.co.jp/

H10

軽量でフィット感に優れたグラスファイバーコンポジットウィーブシェル。前面から背面へ抜ける気流と湿度を排出するACS。SNELL SA2020取得。

H10 CARBON

カーボン素材の帽体を採用し軽量、強固に仕上げているヘルメット。

Stilo スティーロ

●問い合わせ先:Stilo JAPAN
TEL.03-6443-0105 http://stilo-japan.jp/

ST5F N CMR

15歳以下のカテゴリー用としてリリース。素材はカーボンケブラーを採用し、1,160g(54～57) 1,250g(57･59)と非常に軽量なモデルとなっており、高いGがかかるタイトコーナーやシケインなどで性能を発揮する。空力を味方につける専用のフロントスポイラーやバックスポイラーも設定があり、大きなアドバンテージを得ることができる。
チーク(頬)パットも厚み違いが設定されおり、ドライバーの頭部を完全にフィッティングをすることが可能。危険なクラッシュ時でも高い安全性を確保。カラーはマッドブラックとホワイト(※ホワイトのみインナーカラーが、ブラック/ブルー/レッドから選択可能)。曇り止め機能付きアンチフォグバイザーが標準設定されて、オプションバイザーとして、クリア/スモーク/ブルー/レッド/ミラータイプと豊富に設定。
SNELL2015、CMR2016取得 15歳以上向けのモデルも有り。

SCHUBERTH

●問い合わせ先:NEOS
TEL075-950-1245
https://monocolle.com/

SP1 CARBON

F1トップドライバーも愛用するシューベルトのカーボンヘルメット。独自のカーボンファイバーシャルで手作りされ、軽量さ、頑丈さ、優れた安全性を提供する。

STELLA ステラ

●問い合わせ先:スーパーチップス
TEL042-620-5025 jttp://www.super-chips.jp/
㈱ナガハラサービス CRG JAPAN
TEL077-598-2700/052-506-8522 http://crgjapan.com

ゲルコートディフューザー/WHT

ヘルメットリアのスポイラー。整流効果により首への負担を軽減する。SK-5、GP 系、CK-6S 対応(専用両面テープ付き)

STELLA 白ゲルコートチンスポイラー

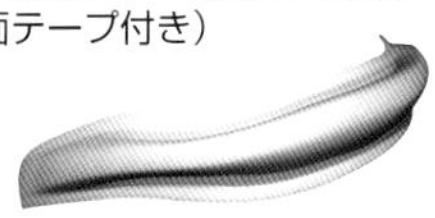

高速でのヘルメットの挙動を安定させ、空気抵抗の軽減に寄与する。※ゲルコートチンスポイラーは塗装用なので塗装してご使用ください。

STELLA ブラックカーボンディフューザー

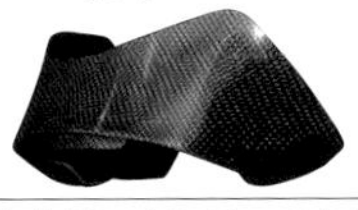

カーボン素材のヘルメットリアスポイラー。整流効果により首への負担を減少させる。塗装する際にはカーボンが透けて見えるデザインがおしゃれ。ブラックとホワイトがあり、ヘルメットのデザイン、カラーで選択可能だ。

STELLA ブラックカーボンチンスポイラー

従来のFRP製チンスポイラーに比べ、重量は半分。リア&フロントのカーボンスポイラーセットがオススメだ。

STELLA ブラックカーボンセット

従来の FRP 製スポイラーセットに比べ、重量を半減。セット購入により 2,000 円もお得だ。

INTREPID KART TECHNOLOGY イントレピッド

●問い合わせ先:㈱INTREPID JAPAN
TEL092-806-1613
http://www.intrepid-japan.com/

バイザーステッカー各種

INTREPID JAPAN オリジナルバイザーステッカー。

CRG シーアールジー

●問い合わせ先:㈱ナガハラサービス
CRG JAPAN
TEL077-598-2700/052-506-8522
http://crgjapan.com

CRGバイザーステッカー

CRG のブランドロゴを配したバイザーステッカー。

GREYHOUND RACING SEATS グレイハウンド

●問い合わせ先:㈱INTREPID JAPAN
TEL092-806-1613 http://www.intrepid-japan.com/

ヘルメットディフューザー

シートメーカーのグレイハウンドがレーシングシート素材で作成したヘルメットディフューザー。重量は約 45g。アライヘルメット専用。

STELLA ホワイトカーボンディフューザー

カーボン素材のヘルメットリアスポイラー。塗装の際はカーボンが透けて見えるデザインがおしゃれ。

アントマン
●問い合わせ先:㈱INTREPID JAPAN
TEL092-806-1613　http://www.intrepid-japan.com/

Base Trimz

オーストラリアのヘルメットカスタムパーツメーカー「アントマン」社がプロデュースするヘルメットパーツ。ベーストリムズはヘルメットの首周りのゴム縁を様々なカラーに変更できる。

sparco スパルコ
●問い合わせ先:㈱ナガハラサービス　CRG JAPAN
TEL077-598-2700/052-506-8522
http://crgjapan.com

ヘルメットバッグBLACK

スーツでおなじみのスパルコ製ヘルメットバッグ。

sparco

DRY-TEC

小型乾燥ファンが内蔵されたヘルメットバック。ヘルメット内部を乾燥させ、快適にヘルメットを保護する。

Eye Port

ヘルメットの目元のゴム縁を様々なカラーに変更するアイテム。

Grillz

ヘルメットの通気口部分のメッシュを様々なカラーに変更できる。

LedZ（Grillz LED）

ヘルメットの口元の通気口に内蔵できるLEDライト

BulletZ

ヘルメット上部の通気口のカラーを変更できる。

Standard Wing Z

超軽量ヘルメットディフューザー。スタンダードタイプ。

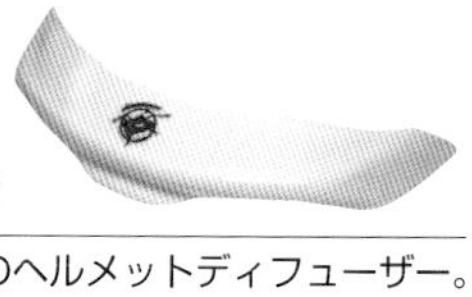

Edge Wing Z

細身のタイプのヘルメットディフューザー。

CUSTOM TRIX BUFFERZ

ヘルメットのプロ集団であるANTMANよりすぐりのヘルメット専用クリーンファイバークロス。帽体はもちろんバイザーの手入れにも使え、洗濯もできる。

EXGEL エクスジェル
●問い合わせ先:
㈱栄光　TEL052-803-7055
http://www.eikoms.com/
㈱フェスティカ　TEL0282-25-1512
http://www.festika-circuit.com/
㈱ナガハラサービス　CRG JAPAN
TEL077-598-2700/052-506-8522
http://crgjapan.com

ドライカーボンベスト

フォーミュラカーに採用されるドライカーボンを使用。耐久性に優れた本物のカーボンベスト。衝撃のかかる脇部には緩衝ジェルEXGELを搭載し負担を軽減している。

EXGEL
ドライカーボンベストLite

コンパクト形状のドライカーボンを採用し、快適なフィット感を実現。ベルト取り付け位置も調整でき、より幅広いドライバーをカバーする。

LEATT リアット
●問い合わせ先:Westwood Mx
TEL0297-64-8198
http://www.westwoodmx.co.jp/

ネックブレース6.5カーボン

フルカーボンファイバー製超軽量ハイエンドモデル。運動性と視認性を両立したLowシャーシ設計。背面プレートは折りたたみが可能で持ち運びに便利。

EXGEL
リブプロテクターベスト

ウレタンフォーム等の5～10倍の衝撃吸収力を持つEXGELを採用したリブプロテクター。上半身にかかる大きな負担を大幅に軽減する。

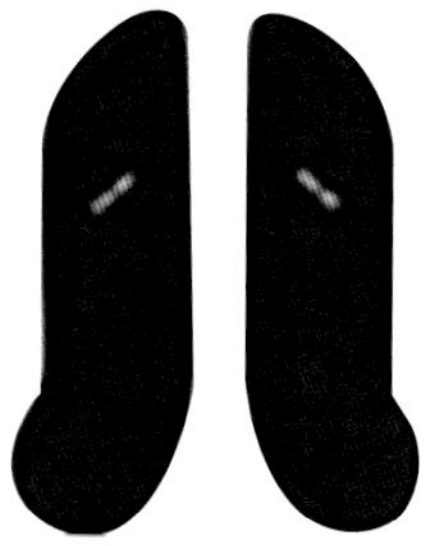

EXGEL
シートパッドサイドLタイプ

ホールド性をさらに向上させたLタイプ。驚異の衝撃吸収力を持つエクスジェルが路面からダイレクトに伝わる衝撃や振動を吸収。ドライバーへの負担を軽減。

LEATT **ネックブレース5.5**

シリーズ中最多のサイズ調整が可能。6.5同様に高いブレース機能を持つ。

LEATT
ネックブレース5.5Jr

5.5のジュニアサイズモデル。

LEATT **ネックブレース4.5**

上位モデルのサイズ調整機能を踏襲したNewモデル。背面プレートは折りたたみ可能で持ち運びに便利。

LEATT **ネックブレース3.5/3.5Jr**

軽さを極めたハイコストパフォーマンスモデル・背面プレートは差し込むだけの脱着式となっている。

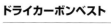

EXGEL

シートパッド
サイドA（脇用）／サイドB（腰用）／バック（背中用）

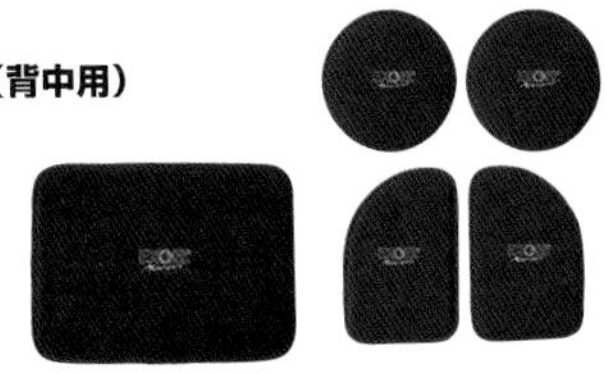

驚異の衝撃吸収力を持つエクスジェルが路面からダイレクトに伝わる衝撃や振動を吸収。ドライバーへの負担を軽減する。脇用、腰用、背中用の３種類がある。

EXGEL

ネックサポート

HANS パッドにも採用されているエクスジェルをカート用ネックサポートに搭載。首の保護だけでなく、疲労軽減にも効果を発揮する。

BENGIO HIGH SAFETY TECH ベンジオ

●問い合わせ先:
㈱コジマブレーンファクトリー
TEL048-874-8041
http://www.kojima-bf.co.jp/

カートパンツ

これまでにない新しい視点で作られたプロテクター。これまで痛みを我慢してきたドライバー、これから成長するジュニア世代の骨への影響を軽減する目的で作られている。

BENGIO
バンパースタンダード

8mm厚の気密クッション+3層グラスファイバーで肋骨をしっかりガード。腹部マジックテープ付きベルトを採用。

BENGIO
バンパーカーボン

2層のグラスファイバーにカーボンファイバー層をプラス。内側は低反発クッションを採用。急な衝撃を素早く吸収しつつ、再生スピードもアップ。限界まで薄く仕上げてドライビングをサポート。

BENGIO
バンパーカーボンケブラー

2層のグラスファイバーにケブラーカーボン層をプラス。バンパーカーボンに比べしなりがいいのが特徴。内側には低反発クッションを装備。

BENGIO
バンパーレディーシリーズ

スタンダード、カーボン、カーボンケブラー各シリーズに女性用を用意。身体のフォルムに合わせてカットされたサイドシェルが、これまでになかったフィット感で肋骨をサポートする。

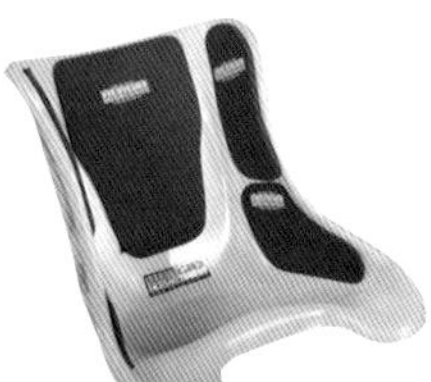

BENGIO
シートパッド

シートに貼り付けるパッド。部位に合わせて様々な大きさ、形状が揃っている。

BENGIO バンパーラッグド

インドア・レンタルカート用のリブプロテクター。3層グラスファイバーのシェル表面をラバー加工。レーシングモデルと同型で機能性・耐久性に優れている。スーツの中だけでなく、服の上からも着用できる。

alpinestars

アルパインスターズ

●問い合わせ先:SPK㈱　TEL03-3472-5015
http://www.spk-cuspa.jp/alpinestars/

AK-1 KART
BODY PROTECTOR

FIA規格8870－2018
高性能のカートボディプロテクター。超軽量、フィット感にも優れ快適な着用感でありながら、優れたプロテクションを提供。

BENGIO AB7

CIK-FIA 公認モデル。背中・肋骨・胸を守る構造で、なおかつ身体にフィットしレースに集中できるよう、調整可能で着脱が容易なデザインとなっている。

alpinestars
YOUTH NECK SUPPORT

ジュニアカーター向けのネックサポート。

alpinestars
SEQUENCE
YOUTH NECK ROLL

ジュニアカーター向けのネックサポート。

Stilo スティーロ

●問い合わせ先:Stilo JAPAN
TEL.03-6443-0105　http://stilo-japan.jp/

リブプロテクター　カーボンクルヴァ

プロテクター部にカーボンを貼り強度アップ。全体で横Gを受け止めるタイプのベスト。快適性を保つため、エアフローシステムを装備している。

OMEGA オメガ

●問い合わせ先:㈱東単
TEL03-5427-1111
http://www.tohtan.com/abesport/

S1 Neck Brace CROSS

安全と快適を両立するネックブレースの最高峰。ひとりひとりの体格に合わせる幅広い調整幅により安全性を高め違和感のない装着感を実現。オメガ独自のストラップシステムは激しい運動時にもずれにくい。

freem フリーマインド

●問い合わせ先:㈲ベア　TEL044-587-9124
http://www.bear-racing.co.jp/
(株)ナガハラサービス　CRG JAPAN
TEL077-598-2700/052-506-8522
http://crgjapan.com

BRAVEプロテクターベスト・カーボン

サイズ:M/L/XL

プロテクター部にカーボンを貼り強度アップ。全体で横Gを受け止めるタイプのベスト。快適性を保つため、エアフローシステムを装備している。

OMEGA
Y1 Neck Brace YOUTH

人間工学に基づいた基本構造はそのままに、キッズ／ジュニアやレディース用にサイズを見直したモデル。X1 と相当のシステムで広い範囲の体格をカバーする。

freem
BRAVEプロテクター・アルミ

サイズ:KIDS/S/M/L/XL

プロテクター部にファイバーを使用し、全体で横 G を受け止めるタイプのベスト。快適性を保つため、エアフローシステムを装備している。

Protecter / Wheel & Hub

sparco スパルコ

●問い合わせ先:
㈱ナガハラサービス　CRG JAPAN
TEL077-598-2700/052-506-8522
http://crgjapan.com

sparco RIB PRO K-4

SPARCO社のS.I.TECH（Sparcoインパクトテクノロジー）を採用したカートリブプロテクターです。マジックテープ調整システムで、好みのフィット感をカスタマイズ可能。シェルは、手でラミネートしたファイバーグラスで開発され、レーシングドライバーが被る最新のレーシングヘルメットに使用されているのと同じ技術で塗装されている。

SJ PRO K-3
リブプロテクター

軽量で快適さと高い衝撃吸収と防振性能を実現また、外側の生地は、優れた耐摩耗性と優れた通気性を兼ね備えている。前方のジッパーにより開閉ができ、容易に脱着が可能。サイズはジュニアから大人まで幅広いサイズ展開となっている。

sparco エルボーパッド／ニーパッド

肘、膝を保護するプロテクターパッド。

sparco フェイスマスクB-ROOKIE

カラーバリエーションも豊富なフェイスマスク。

sparco K-RINGネックサポート

シンプルな構成のネックサポート。衝撃から首を守る。

sparco フェイスマスクBasic

吸汗性・抗菌性に優れる新素材を使用し、縫い目が直接肌に当たらないフラットシーム製法を採用することで快適なかぶり心地を実現。カラーは白と黒。

アールアール

●問い合わせ先:㈱ナガハラサービスCRG JAPAN
TEL077-598-2700/052-506-8522
http://crgjapan.com

シートパッドサイド／バック

シートに貼ることで身体への衝撃を緩和する。

GREYHOUND グレイハウンド

●問い合わせ先:㈱INTREPID JAPAN
TEL092-806-1613　http://www.intrepid-japan.com/

リブプロテクター

外側のFRPプロテクターと内側の低反発ウレタンを組み合わせ10mm以下の薄さでありながら、もっとも重要な肋部分をしっかりガード。ドライビング時の動きやすさも重視し、肩の部分のプロテクターは無し。ベルトも非常に細い。
※CIKリブプロテクターの公認は付帯しません。

IPK Praga

●問い合わせ先:㈱スクアーロ
TEL045-550-3605　http://squalo.ltd

MAGNESIUM FRONT/ REAR HUB MAGNESIUM SUPROCKET SUPPORT

各種サイズが揃ったフロントホイールハブとスプロケットサポート。

Tecno テクノ

●問い合わせ先:㈲エーアールエス
TEL042-556-5432
http://www.akasakaracing.jp

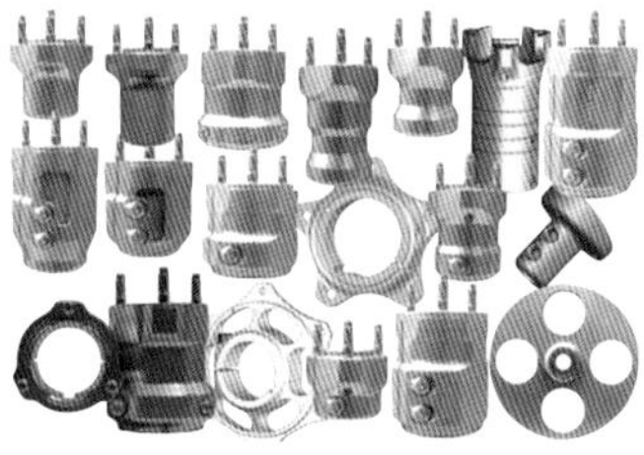

Tecno マグネシウムハブ

品質の良さとバリエーションの多さで人気。オフセットタイプやサイズの種類も豊富でホイールでセッティングに幅をもたせることができる。ノーマルタイプとRタイプ（高剛性）の2種類がある。特にカデット用は人気が高い。またST50がPCDが広く高い次元でのセッティングを可能とする（専用ハブ必要）。

Tecno マグネシウムホイール

各サイズ、バリエーションが多くセッティングに幅が出る。特にφ30の75mm、98mmはジュニアに人気がある。

AMV WHEELS

●問い合わせ先:㈱スクアーロ
TEL045-550-3605　http://squalo.ltd

AMV ALUMINUM WHEEL TIGER AMV MAGNESIUM REAR HUB OXiTECH

AMV のアルミホイールとマグネシウムハブ。ハブは特徴的な形状が目新しい。

GW

●問い合わせ先:㈱栄光
TEL052-803-7055
http://www.eikoms.com/

MAホイール

GW アルミホイール

AMV WHEELS AMV MAG WHEEL #F/9F/TIGER/CADET

OXITECH 加工が施されることで高い耐久性を確保し、マグネシウム特有のサビを抑える。さらに、熱伝導の効率化を図り、レース中のタイヤ温度や内圧上昇を安定させ、ベストなタイヤパフォーマンスを引き出す。スタンダードの3F、ハブ面が軽量化され高グリップ路面対応の9F、長いスポークを採用し高剛性タイプの TIGER の 3 モデルをラインナップ。さらに、カデットシャシー向けも登場。

FALCON ファルコン

●問い合わせ先:（株）INTREPID JAPAN
TEL092-806-1613
http://falcon-racingkart-japan.com/

純正マグネシウムホイールEURO STAR

OK、OK-J、KZクラスのワークスドライバーにより十分なテスト、国際レースでも使用し優勝を飾るなど、性能分でも申し分ない実績を挙げている。

FALCON MINI用マグネシウムホイールEURO STAR

自社開発したマグネシウムホイール。フロントはハブ装着タイプとなり純正アルミホイールに比べ、より高いグリップとクイックな運動性能を発揮する。

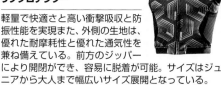

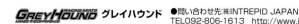

LZ

●問い合わせ先:㈱栄光
TEL052-803-7055
http://www.eikoms.com/

Magホイール

サイズは180/212mmの2サイズをラインナップ。

エスケーエム

www.skmkarting.com

●問い合わせ先:㈱INTREPID JAPAN
TEL092-806-1613
http://www.intrepid-japan.com/

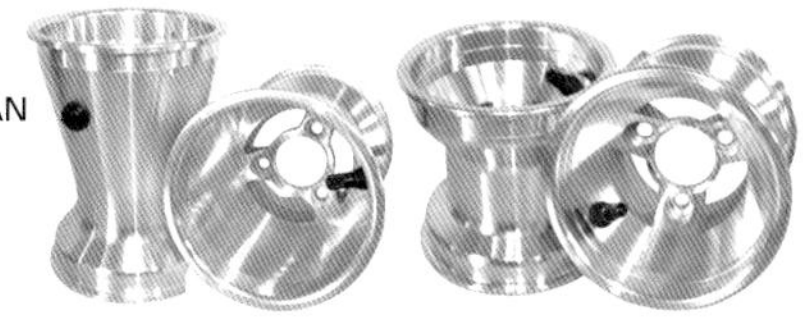

スポークアルミホイール

SKM社製アルミホイール。180mmリアホイールでスポークタイプは、国内で流通するアルミホイールの中では稀少。アルミ製ながらスポークタイプとすることで軽量で剛性も確保しレインコンディションにオススメ。

Douglas Wheel

ダグラスホイール

●問い合わせ先:㈱INTREPID JAPAN
TEL092-806-1613
http://www.intrepid-japan.com/

MG Vented
MG LV（Low Volume）

各カートメーカーにて純正ホイールとして採用されるダグラスホイール。MGタイプは通常形状。各カートメーカーの100cc/OK用シャシーに装備されるケースが多い。LV形状は空気が入る量が少なく、発熱による内部圧の変動があまりなく、グリップする路面での旋回性能を上げる。各メーカー125cc/KZミッションシャシーに標準装備されるケースが多いホイールだ。

Douglas Wheel

レイン用アルミホイール

各メーカーが販売するレイン用アルミホイールのなかでも剛性が高いホイールで通常の雨量〜ハードウェットまで、かなり高いグリップを発揮する。ただしセミウェットなどの少ない雨量では剛性が高すぎて逆にタイヤを早めに消費してしまう。しっかり特徴を理解し愛用すれば強い味方になる。

FREELINE フリーライン

KART COMPONENTS

●問い合わせ先:㈲ビレルパシフィック
TEL048-298-6350
http://www.birel.jp/

アルミホイール

材質：アルミ　サイズ：130/120/210/180/150mm

長く愛用されているアルミホイールのスタンダード。豊富なバリエーションとコストパフォーマンスに優れている。

FREELINE

KART COMPONENTS

マグホイール

材質：マグネシウム
サイズ：130/180/210mm

ハイクオリティーな純正マグホイール。

Triple K トリプルK

●問い合わせ先:トリプルK
TEL03-6423-8076　http://www.triple-k.info/
㈱ナガハラサービス　CRG JAPAN
TEL077-598-2700/052-506-8522　http://crgjapan.com

武蔵

剛性、重量、バランスを考えリアの動きを軽くし旋回性の向上を狙ったリアハブ。コンディションの上がってきた路面での使用を想定している。モデルチェンジを行い、80mmと90mmは内径側の奥側をえぐるように加工してあるため、肉厚が薄くなりこれまで以上にリアの旋回性を高めている。

OTK KARTPARTS オーティーケー

●問い合わせ先:トニーカートジャパン㈱
TEL052-896-1021　http://www.tonykart.jp/

AXPQアルミホイール

材質：アルミ　サイズ：F130、R145/180/210mm

精悍な印象のブラック仕上げのアルミホイール。

OTK KARTPARTS

MXPマグホイール

材質：マグネシウム　サイズ：F130、R180/210mm

トニーカート、コスミック、FA-KARTに標準装備されるダイキャストマグホイール。

INTREPID KART TECHNOLOGY イントレピッド

●問い合わせ先:㈱INTREPID JAPAN
TEL092-806-1613　http://www.intrepid-japan.com/

純正ホイールハブINTECH'09

高品質アルミを日本製の超高性能工作機械で削り出した高剛性アルミホイールハブ。特にフロントホイールハブは多種なクラスが存在するヨーロッパにおいて、性能もさることながら、コストパフォーマンス面でも高い評価を受けている。

INTREPID KART TECHNOLOGY

汎用フロントマグハブ／
SKM汎用フロントアルミハブ

INTREPID社、SKM社がリリースした汎用ホイールハブ。汎用品として他シャシーにもマッチするよう基本的な形が設計された。

INTREPID KART TECHNOLOGY

INTREPID汎用リアマグハブ／
SKM汎用リアアルミハブ

汎用ホイールハブ。汎用品として他シャシーにもマッチする基本的な形状に設計されている。

OTK KARTPARTS

MXCマグホイール

材質：マグネシウム　サイズ：F130、R180/210mm

ワークスチームが使用している超軽量・高剛性のマグネシウム削り出しスペシャルホイール。

OTK KARTPARTS

ホイールハブMAG

材質：マグネシウム　サイズ：72/87/110/140mm

超軽量、高剛性のリアホイールハブ。サイズも豊富に揃っている。

OTK KARTPARTS

フロントホイールハブHST／MAG

材質：マグネシウム　サイズ：80/110mm

高剛性のフロント用ハブ。ショート&ロング2種類でさまざまなセッティングに対応できる。

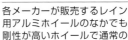

Wheel & Hub / Steering

シーアールジー

●問い合わせ先:㈱ナガハラサービス　CRG JAPAN
TEL077-598-2700/052-506-8522
http://crgjapan.com

MAGリアホイール R2.0
MAGフロントホイール R2.0

SRG社が新た偽細工したNEWデザインのマグネシウムホイール。外観はスポークタイプを採用し、グリップ性能が追求され、高いグリップとトラクションの向上を図っている。振動吸収性もよく、路面をしっかり捉えて軽く蹴り出す。

ユーロスターホイール

●問い合わせ先:㈲ベア
TEL044-587-9124
https://www.bear-racing.co.jp/

EURO STAR WHEEL

パロリン社が独自開発を行ったマグネシウムホイール。高剛性と軽量化を実現し、様々な使用条件に対応。

ケーカート

●問い合わせ先:カートパーツセンター
TEL079-440-5332
http://www.kart-parts.jp/

フローティングリアブレーキディスクコンプリート

フローティング化することにより熱による変形(反り、歪み)を抑え、安定したブレーキタッチとブレーキ性能を得られる。フローティングディスク+ALブレーキディスクハブのセット。

Φ30•NEWモデルリアハブ

カデット用に新設計したφ30リアハブ。ジュニアカートに不足しがちなグリップの向上が期待できる。メーカー標準設定のないマグ素材もあり、さらなる軽量化を求められる。2019モデルとして前モデルの40mmよりさらに2mm短くなったエクストラショートサイズ38mmが発売。

MAGリアホイルハブΦ50 MODEL2009

2010年来のロングセラー商品。従来モデルに比べ、軽量化・装着時のリア周りの重心バランスを考慮したフォルムが特徴。

MAGホイールMODEL OTK MXC

K-KART最新作。OTKが誇るワークス採用最上級モデル"MXC"をオマージュした渾身のホイール。無駄のない洗練されたソリッドなフォルムは空気抵抗を最小限に抑制しつつ、1セット2000gを下回る超軽量仕様。大幅に剛性が向上するため、路面に合わせたグリップ力が期待できる逸品。※カデットタイプはビードストッパー穴無し仕様。

アールアール

●問い合わせ先:㈱ナガハラサービス　CRG JAPAN
TEL077-598-2700/052-506-8522
http://crgjapan.com

アルミホイールハブGOLD 50Φ

RR汎用アルミハブ。STDの95mmとLONGの115mmの2サイズがある。115mmはレイン時に最適。

アルミホイール

RR社製のスタンダードなアルミホイール。フロントは125mm、CRG系ピッチとFLピッチの2種類。リアは180mmでレイン時に最適。

イントレピッド

●問い合わせ先:㈱INTREPID JAPAN
TEL092-806-1613　http://www.intrepid-japan.com/

INTREPID DRIVER PROGRAMステアリング330mm

径:330mm

INTREPIDのロゴ刺繍が入った純正ステアリング。近年多くなっているφ330mmの大径タイプで疲れにくいだけでなく、スタイリッシュなステアリングとなっている。

ステアリングボスKF（ゴールド／シルバー）

INTREPID純正ステアリングボス。他のパーツ同様、高剛性のアルミ素材を使用している。

INTREPID DRIVER PROGRAMステアリング320mm

径:320mm

320mmモデルの復刻版。イントレピッドオリジナル刺繍入り。

ラッキングボス（ゴールド／シルバー）

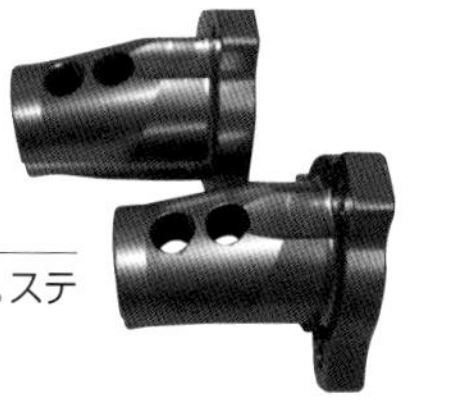

INTREPID社製角度付きラッキングボス。ステアリングの角度を起こすことができる。

INTECHタイロット

INTREPIDトップモデル標準装備のタイロット。高品質のアルミから削り出しで作製している。

ステアリングシャフトストッパーカラー

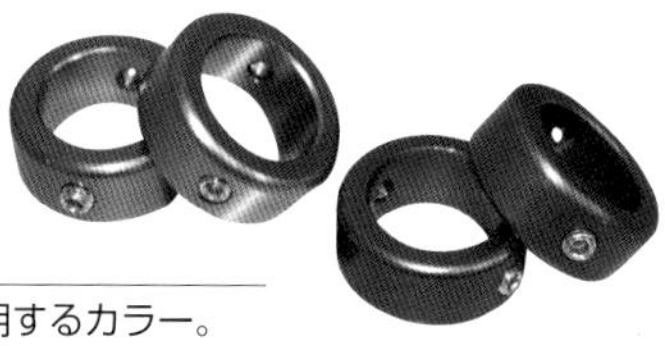

ステアリングシャフトに使用するカラー。

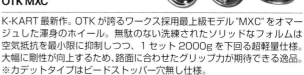

SKM

エスケーエム
●問い合わせ先:㈱INTREPID JAPAN
TEL092-806-1613
http://www.intrepid-japan.com/

SKM汎用タイロット

低価格の汎用タイロット。

ステアリングシャフト インナーカラー

ステアリングシャフトのチューブに入れて使用。ステアリングボス固定ボルトの取り付け箇所のチューブが潰れにくくなることで、確実にボルトを締め付けることができる。

FREELINE フリーライン

●問い合わせ先:㈲ビレルパシフィック
TEL048-298-6350 http://www.birel.jp/

SuperWinforce
径:320mm

SWF/WFシリーズに標準装備。
D型のバックスキンタイプで、Winforceのロゴ刺繍入り。

FREELINE
birel ART
径:320mm

ビレルトップモデルに標準装備されるステアリング。MOTORSPORTのロゴ刺繍入り。

PERSONAL パーソナル

●問い合わせ先:㈱タニダ
TEL052-871-3741
http://www.tanida-web.co.jp/

GoKart
径:320mm カラー:黒

F1で数多くの有名ドライバーがグリップを握ってきたイタリアンブランド。滑りにくいバックスキンタイプとし、高剛性スポークと使いやすさを極めたグリップ形状を採用。ブランドロゴをトップにあしらっている。

CRG シーアールジー

●問い合わせ先:㈱ナガハラサービス CRG JAPAN
TEL077-598-2700/052-506-8522
http://crgjapan.com

CRGステアリングD360Orange2018

外径Φ360mmの大型ステアリング。大径でステアリング操作をする力を軽減できる。

RR アールアール

●問い合わせ先:㈱ナガハラサービス CRG JAPAN
TEL077-598-2700/052-506-8522
http://crgjapan.com

ステアリングラッキングボス

ステアリング角度を調整するためにパーツ。8°、16°の2種類がある。

NK7

●問い合わせ先:
㈱ナガハラサービス CRG JAPAN
TEL077-598-2700/
052-506-8522
http://crgjapan.com

ステアリング テーパースペーサー

ステアリングの角度を変更するためのスペーサー。ジュラルミン材質に近いアルミを使い、特にこだわった製品だ。

Triple K トリプルK

●問い合わせ先:トリプルK
TEL03-6423-8076
http://www.triple-k.info/
㈱ナガハラサービス CRG JAPAN
TEL077-598-2700/
052-506-8522
http://crgjapan.com

ステアリングスペーサー

ステアリング位置を調整するためのスペーサー。10mmと20mmがある。

Praga プラガ

●問い合わせ先:㈱スクアーロ
TEL0467-86-7278
http://squalo.ltd/

M5R STEERING WHEEL

テレメトリー用のプレート付きとなるPRAGAロゴ入り純正ステアリング。
テレメトリーステー付。

Tecno テクノ

●問い合わせ先:㈲エーアールエス
TEL042-556-5432
http://www.akasakaracing.jp

ステアリング

大径でステアリング操作が楽に。しかも疲れにくい。

EIKO エイコー

Glory of Karting
●問い合わせ先:㈱栄光
TEL052-803-7055
http://www.eikoms.com/

レンタルカート ステアリング

レンタルカートにマッチしたステアリング。

EIKO Glory of Karting
D型 4R330カーボン/4R330ラバー

ラバーとスウェードの2種類で好みに応じてチョイスできる。

IPK Praga

●問い合わせ先:㈱スクアーロ
TEL045-550-3605　http://squalo.ltd

ADJUSTABLE STEERING WHEEL HUB

5・10・15°にアジャスト可能。アルミニウム製。

AMV WHEELS

●問い合わせ先:㈱スクアーロ
TEL045-550-3605　http://squalo.ltd

STEERING WHEEL HUB ANGLED PLATE

ステアリングの角度を調整できるスペーサープレート。

IOMIC イオミック

●問い合わせ先:㈱ナガハラサービス CRG JAPAN
TEL977-598-2700／052-506-8522
http://crgjapan.com

Grip Tape

特殊素材アイオマックスを使ったIOMICのグリップテープ。IOMICが独自開発したエラストマー素材（アイオマックス）を使用したIOMIC のグリップテープは、耐油/ 耐薬品性に非常に優れているのでパーツクリーナーなどの使用や中性洗剤洗いしてからの巻き直しも可能。揺るぎないホールド感、しっとりなじむ感触、水分を浸透させないことなどを実現している。

IMAF

●問い合わせ先:㈱栄光
TEL052-803-7055
http://www.eikoms.com/

H7 TITAN Medium FLAX

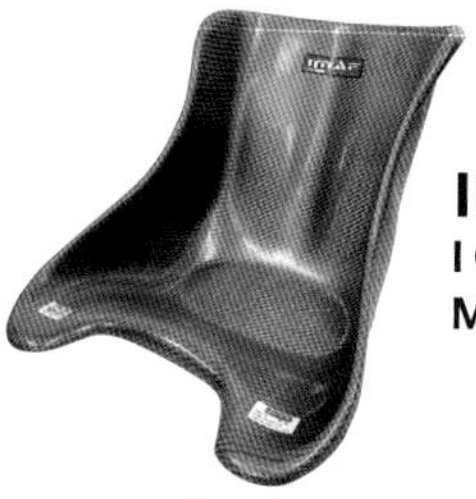

IMAF
IGL/OTK TITAL
Medium FLAX

JECKO

●問い合わせ先:㈱栄光
TEL052-803-7055
http://www.eikoms.com/

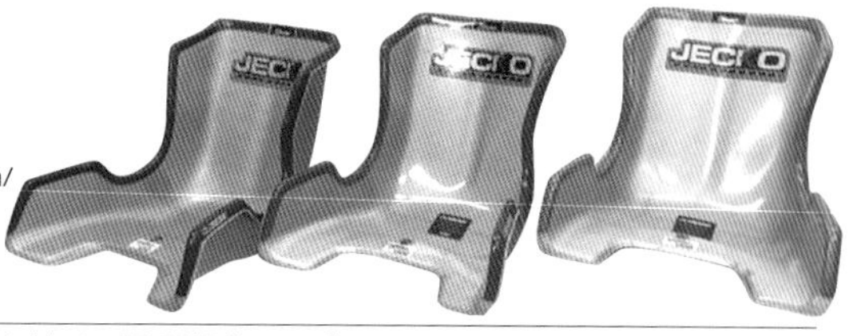

CLOSE EDGE
SILVER

従来のバケットシートに比べ、腰・腿部分のサポートが深く、体をしっかりと支える。

JECKO
CLOSE EDGE X-LIGHTカーボン

JECKO
FAソフト／ジュニア

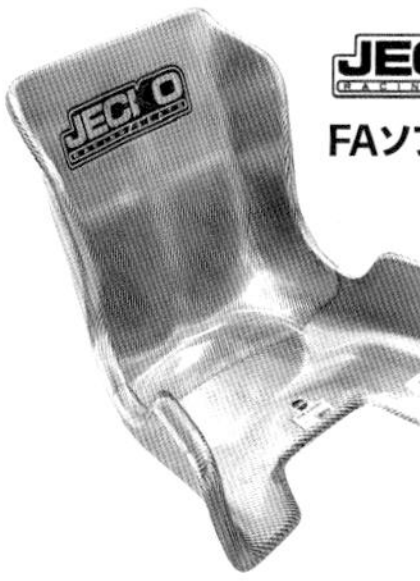

JECKO
FA

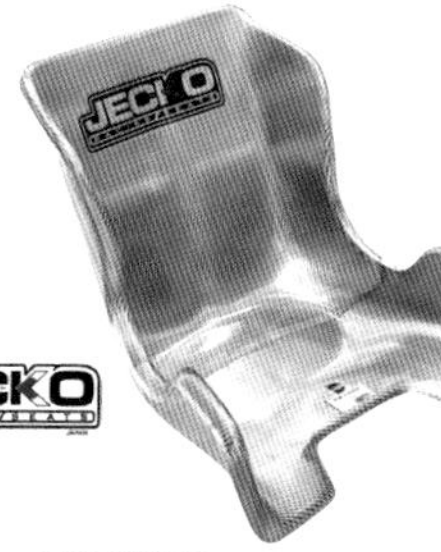

JECKO
CLOSE EDGE SILVER RED
(KRオリジナル)

GREYHOUND グレイハウンド

●問い合わせ先:
㈱INTREPID JAPAN
TEL092-806-1613
http://www.intrepid-japan.com/

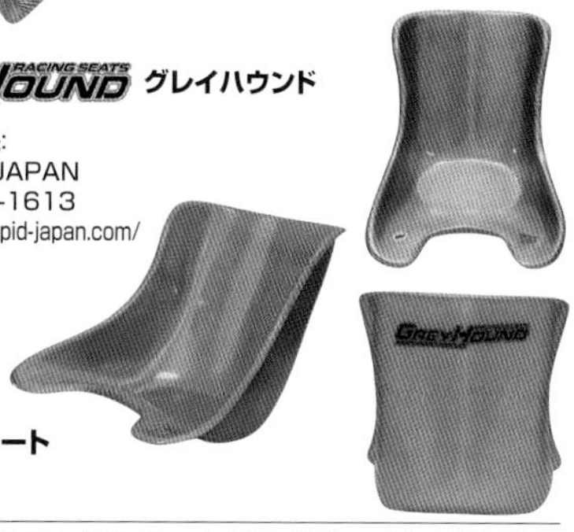

レーシングシート
SILVER

2013年に自身も長年カートドライバーであったアレッサンドロ・スフェレッラ氏によって設立されたシートメーカー。SILVERシートはカートメーカーが純正シートとして多く採用しており、あらゆるサーキットや路面、多様なシャシーに幅広く対応する順応性としなやかさを併せ持つ。ミディアム、ミディアムソフト、ソフトの3種のタイプを最小220mmから最大380mmまで20種類のサイズの中から選択可能だ。

GREYHOUND
RS2/3 T-zeroシート

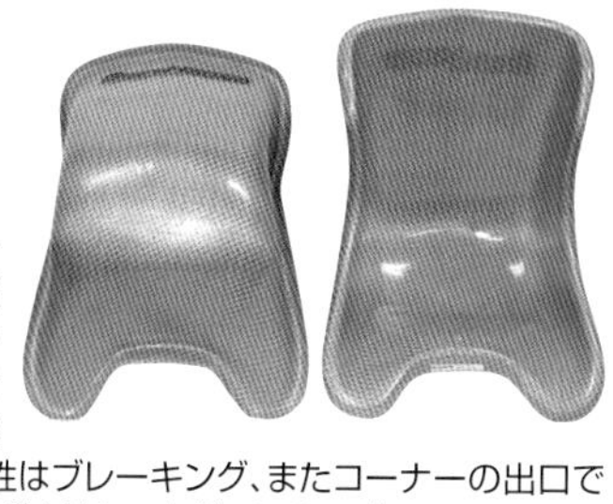

GreyHound RS2 & 3 T zero シートは高反発シート RS2、RS3 のシート生地を使用。ホールド性の高い形状に仕上げるとともに、この形状を利用し、シートに対し縦への剛性は非常に硬く、また横や斜めの動きにはフレキシブルに仕上げている。高いホールド性能でドライバーを体力面で支えながら、シートの縦の剛性はブレーキング、またコーナーの出口では立ち上がりトラクション増大に貢献する。コーナリング中はシートがフレキシブルになりフリクションを減らし、コーナー中のくわれ/失速を低減。通常の形状のシートでも立ち上がりが非常に良い RS シートと同じ素材を使用し、形状と素材で最高のコンビネーションを実現した。

GREYHOUND
高反発レーシングシート RS1/RS2/RS3

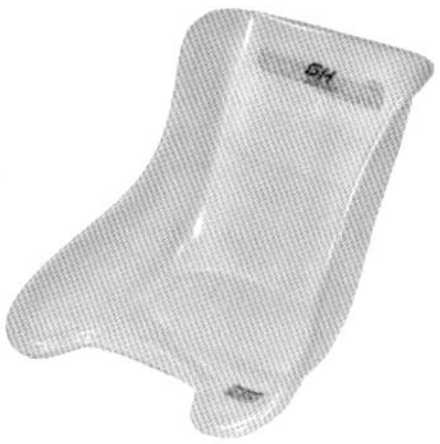

高反発 RS シート素材を使用し、ホールド性に高い形状を実現。反発力としなやかさはそのままに、太もも部分を支えるシート側面部がコーナリング中に発生する横 G でドライバーの脚部分から逃げるニーグリップをサポートする役割を持つ。

GREYHOUND
レーシングシートStandardクリア

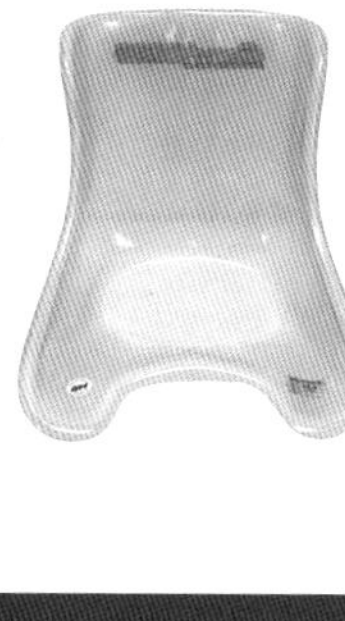

スタンダードなクリアシート。エコノミーな価格ながら、イタリアでオールハンドメイドで製造。シート形状も上位モデルと同じで、様々なシャシーにマッチする汎用性の高いシートだ。

GREYHOUND
高反発レーシングシート RS2-T1/RS3-T1

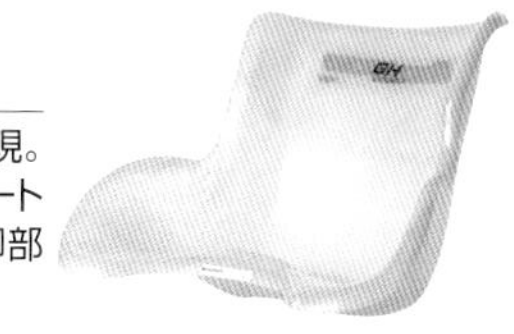

高反発 RS シート素材を使用し、ホールド性に高い形状を実現。反発力としなやかさはそのままに、太もも部分を支えるシート側面部がコーナリング中に発生する横 G でドライバーの脚部分から逃げるニーグリップをサポートする役割を持つ。

GreyHound

レーシングシート 26-T5 サイズ

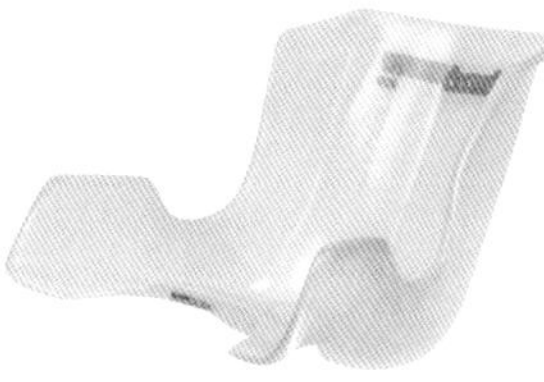

GreyHound のジュニア用シートに新サイズが登場。26-T5 サイズは、今までは最大 260mm 程度であったジュニア用シートサイズの 1 サイズ上、255mm〜270mm サイズでなおかつローボリュームタイプとして新設。ヨーロッパをはじめとする海外ドライバーはアジア人と比べると骨盤が細く、小さなジュニアシートサイズでも収まっていたが、「日本では旧来のジュニアシートサイズでは収まらないケースが多い」というリクエストを受け、GreyHound 社が製作してくれたサイズ。

GreyHound

超高反発シートR1／R1エクストラソフト・・レーシングシートR1

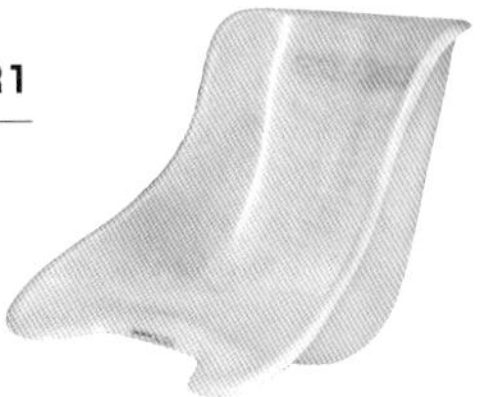

シャーシの蹴り出しが今までのシートに比べ桁違いに高いレベルで、サブシートステーをゼロにする程の高いトラクション伝達能力。また国内のテストではタイヤへも非常に優しく、タイヤを一番酷使しているはずの決勝ヒートでベストタイムが出るなど、今までのシートやシャーシセットの概念が覆るシート。

GreyHound

レーシングシートT5

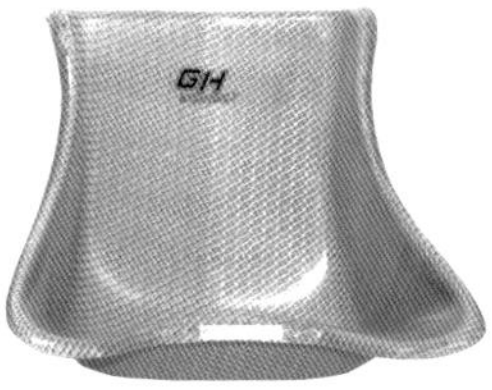

ジュニア用シートにシート高を抑えたローボリュームタイプのT5が登場。ジュニアシャシーの進化で旧来に比べシート高でトラクションを掛ける必要性が減少。シート高を低くし、運動性能はそのままにドライバーのスムーズな操作を可能としている。

GreyHound

シートパッド

シートメーカーならではのノウハウが詰まったシートパッド。

GreyHound

シートセッティングツール

シート装着をサポートするツール。

GreyHound

シートレンチ

シートステーのベロ部分を曲げるためのツール。

SKM

●問い合わせ先:㈱INTREPID JAPAN
TEL092-806-1613
http://www.intrepid-japan.com/

シートパッド（スポンジタイプ）

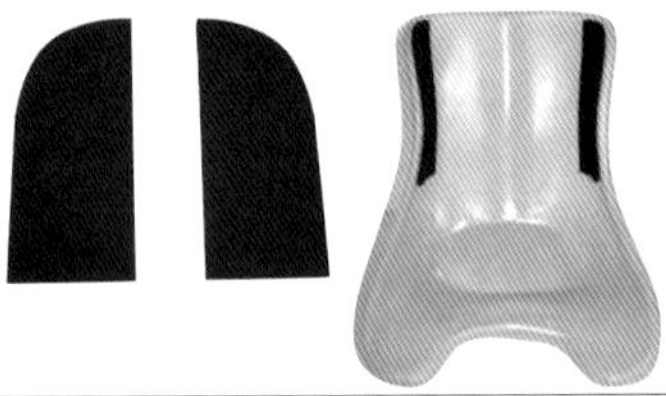

シートへの当たり面が接着素材でできているため、簡単･短時間に装着できる。

ロゼッタワッシャー各種

SKM 製のアルミロゼッタワッシャー。高剛性、低コストを誇る。

シートスペーサー各種

SKM 製のアルミ製シートスペーサー。

SODI KART RACING ソディカート（フランス）

●問い合わせ先:
㈱ハーバースタイル
TEL043-441-3245
http://www.harbor-style.co.jp/

レンタルカート用インナーシート

大人用シートにはめ込むだけで、XS シートに早変わり。背中上部の厚みはたっぷり 6cm。素材は柔軟性があり耐久性に優れている。

RR アールアール

●問い合わせ先:㈱ナガハラサービス CRG JAPAN
TEL077-598-2700/
052-506-8522
http://crgjapan.com

X12シートClear

材質:FRP　サイズ:1〜3

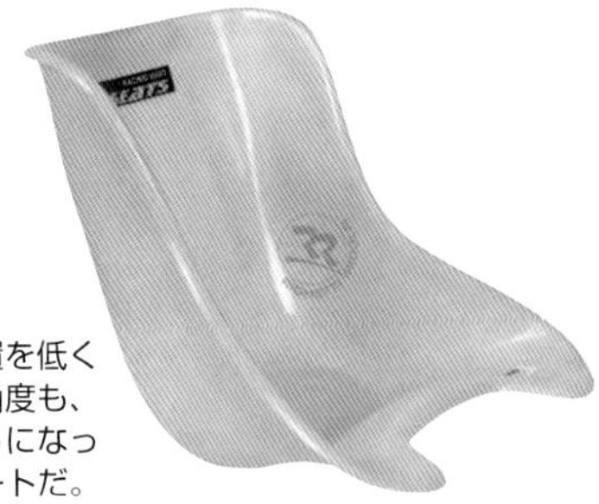

底部をフラットとし、ドライバーの着座位置を低くし、空力的に有利となっている。シートの角度も、最近のトレンドに沿ったリア荷重となるようになっている。コストパフォーマンスに優れたシートだ。

OTK KARTPARTS オーティーケー

●問い合わせ先:トニーカートジャパン㈱
TEL052-896-1021
http://www.tonykart.jp/

OTK シートフラットボトム

材質:FRP　サイズ:1〜4

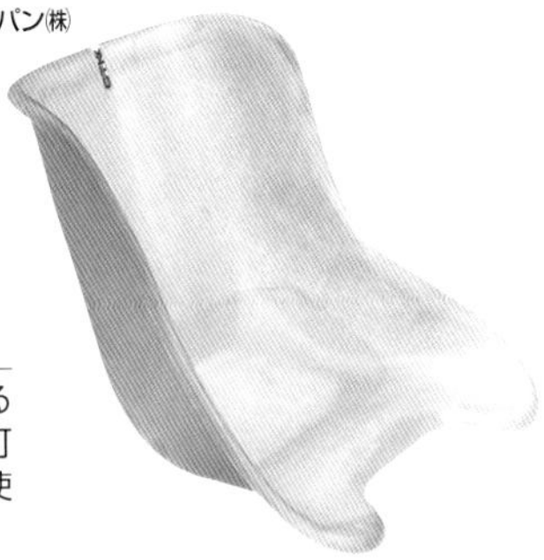

フラットボトムを採用することで、より低重心化を可能としたワークスチーム使用のシート。

NEK エヌイーケー

●問い合わせ先:㈱スクアーロ
TEL0467-86-7278 https://squalo.ltd

Z2 RACINF SEAT FIBER GLASS/FIBER GRAY/ MODULATE/CARBON

スタンダードなグラスファイバー、ALUTEX ファイバー、構造内部にカーボンを内蔵した MODULATE、硬度と軽さを追求したカーボンなど、用途に合わせて様々なタイプのシートをラインナップ。

NEK

SEAT SCREWS

直径 20mm の超ローヘッド・シートボルト。シート表面を可能な限り平面化し、ドライビングをより快適・安全なものとする。超軽量素材＆アルマイト仕様。

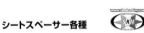

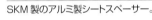

Bodywork / Chain & Sprocket

FREELINE フリーライン

●問い合わせ先:㈲ビレルパシフィック
TEL048-298-6350　http://www.birel.jp/

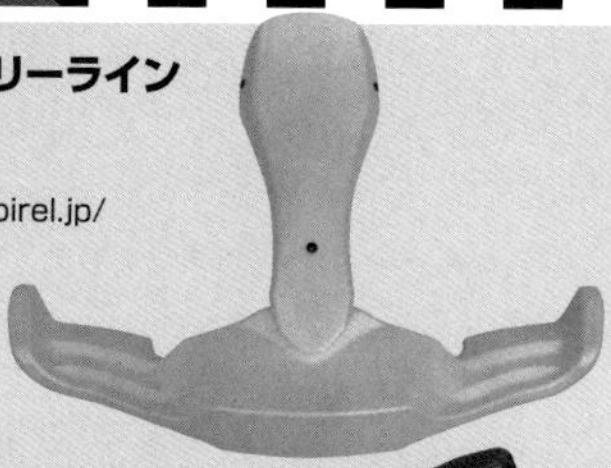

フロントパネルKG506／フロントフェアリングFL-F1

空気抵抗の表面断面積を抑え、空力に優れたスタイリッシュなデザインとなっている。

FREELINE

REAR POD FL09/14

フレーム剛性を考慮した軽量リアカウル。

REAR POD MINI

ブラケットを樹脂とし剛性と耐久性を確保。

Tecno テクノ

●問い合わせ先:㈲エーアールエス
TEL042-556-5432
http://www.akasakaracing.jp

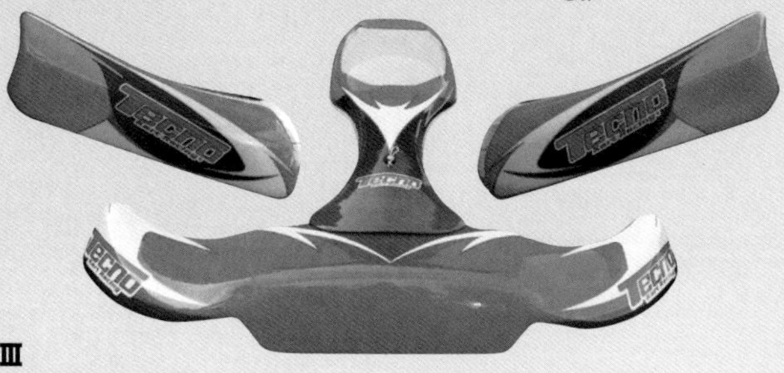

JETⅢ

空力特性に優れた特徴あるスタイリング。特にサイドボックスはラジエターのクーリング効果が高い。

PAROLIN パロリン

●問い合わせ先:㈲ベア
TEL03-6452-4584　http://www.bear-racing.co.jp/

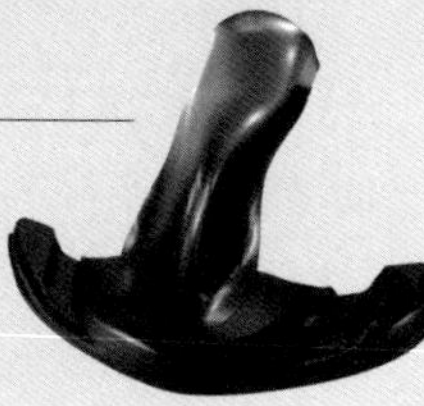

EURO STAR

シニアシャシー向けのカウル類。特徴的なゼッケンパネル・フェアリングはイタリアDUCATI社のエアロチームとの共同開発により、高速域でのマシン安定性やエンジン、ブレーキへのクーリング性能を考慮した設計になっている。同時に軽量化も実現している。

STELLA ステラ

●問い合わせ先:スーパーチップス
TEL042-620-5025 jttp://www.super-chips.jp/
㈱ナガハラサービス　CRG JAPAN
TEL077-598-2700/052-506-8522
http://crgjapan.com

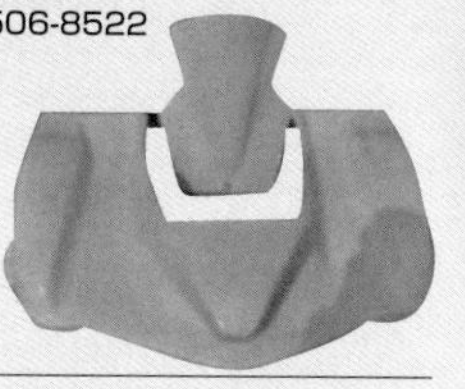

4st用 フロントスポイラー

他のスポイラーと比べ圧倒的に空気抵抗を低減し、スタイルにもこだわったスポーツカート用フロントスポイラー。ドライバーに当たる風が非常に少なく、誰でも体感できる。

STELLA

クーリングダクト

オイルラインを出せなくなってしまった今、エンジンをいかに冷やすかがポイント。このクーリングダクトは油温を7～8℃落とすことに成功している。

アールアール

●問い合わせ先:
㈱ナガハラサービス
CRG JAPAN
TEL077-598-2700/
052-506-8522
http://crgjapan.com

両面スプロケットハブφ50/φ30GOLD

左右両面にスプロケットを装着可能なハブ。クラッチ付きエンジンなどチェーンが大きくオフセットする場合に使用すると便利だ。

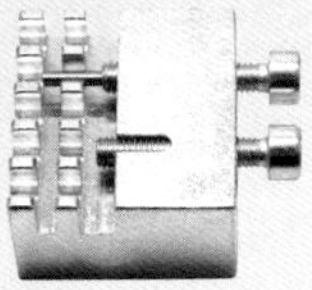

219用／215用 チェーンカッター

チェーンを切断、結合するための工具。

428D STDチェーン 130L

428サイズのスタンダードチェーン。コマ数は130コマ。

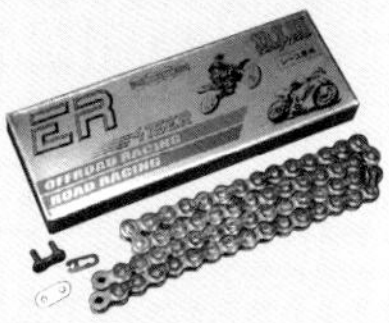

415ER G&G 60

#415はチェーン内幅が4mmと薄く、この幅は#219と同程度となっている為に非常に軽量に仕上げられてる。ミッションカートのA、B、Cクラスにおいて定番チェーン。

D.I.D ディー・アイ・ディー

Racing Chain
Powered by Technology

●問い合わせ先:大同工業㈱　TEL0761-72-1234
http://www.did-daido.co.jp/
㈱ナガハラサービス　CRG JAPAN
TEL077-598-2700/052-506-8522
http://crgjapan.com

215FT DHA G&G

サイズ:215

D.I.Dが誇るマイクロチェーンテクノロジーをレーシングカートチェーンに応用し、究極のチェーンピッチ7mmを実現。より円に近い形となり、高回転でのフリクションロスを低減。確実なパワーアップへ結びつける。

219HTZ SDH G&G

サイズ:96～116L

最新のSDH特殊ピン加工採用により、長寿命を実現。チェーンの伸びによるスプロケットとの噛合抵抗を抑制し、優れた伝達効率を発揮する。

219V2 SDH

サイズ:100～114L

究極を追求した高性能シールチェーン。シールチェーンのトップメーカーDIDが開発したカート専用シールチェーン。新開発の高耐久シールリングに摩耗を抑制するSDH加工ピンを採用。チェーンの伸びによるスプロケットとの噛合抵抗を抑制し、優れた伝達効率を発揮する。

219HTM

入門者に最適なスタンダードカートチェーン。安定した性能を発揮するコストパフォーマンスに優れたモデル。

FREELINE フリーライン

●問い合わせ先:㈲ビレルパシフィック
TEL048-789-6795
http://www.birel.jp/

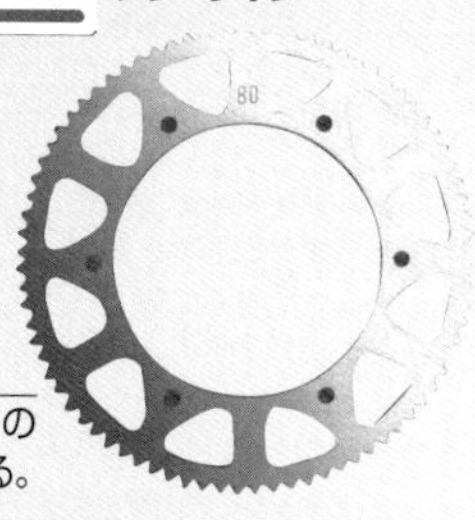

フリーライン スプロケット

サイズ:70～88T

深い溝によりチェーンのコマに確実にフィットする。

X.A.M ザム

●問い合わせ先:㈱ザムジャパン
TEL06-6576-7521
http://www.xam-japan.co.jp/

219/215 スプロケット

1枚1枚がマニシングセンターによる切削加工仕上げ。定評の超々ジュラルミンに高硬度アルマイトで、耐久性を飛躍的に高めている。

乾式クラッチ用ギア27t

K-TAI（ロードコース）専用に作られたフロントギア。アクロナイネン乾式クラッチ用。

RK アールケー

TAKASAGO CHAIN

●問い合わせ先:㈱ザムジャパン
TEL06-6576-7521
http://www.xam-japan.co.jp/

BB219KRO GB219KR DD219KRO

世界ナンバー1のOリングチェーン。定番のBB（ブルー）に加えMM（グリーン）、DD（オレンジ）カラーを新発売。

ENZO

●問い合わせ先:
㈱ナガハラサービス
CRG JAPAN
TEL077-598-2700/
052-506-8522
http://crgjapan.com

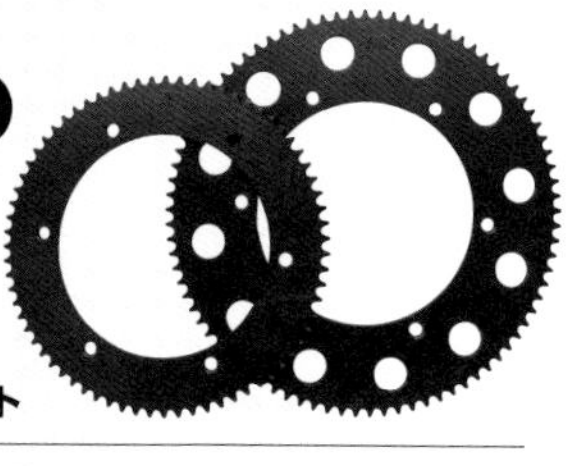

219スプロケット

カラーはレッドアルマイト。耐腐食性と耐久性、表面硬度の向上を狙いアルマイト処理が施されている。

ALFANO アルファノ

●問い合わせ先:㈱栄光
TEL052-803-7055　http://www.eikoms.com/

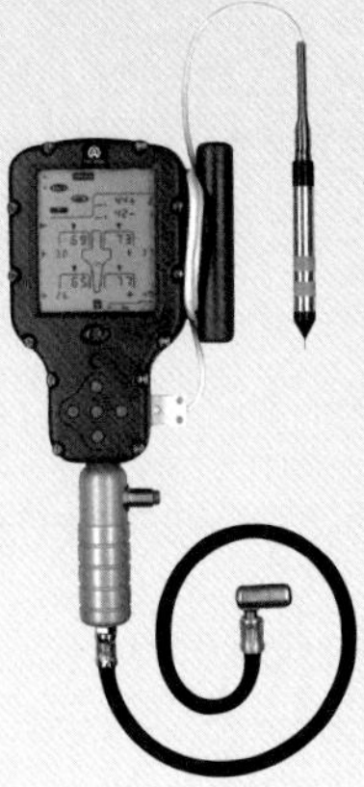

デジタルエアゲージ

エアゲージとタイヤ表面温度測定器がセットとなった複合機。タイヤセットごとに4本分の空気圧の測定や記憶、表面温度の測定/記憶といった機能をもつ。タイヤや路面温度センサーのついた高級版（写真）も用意されている。

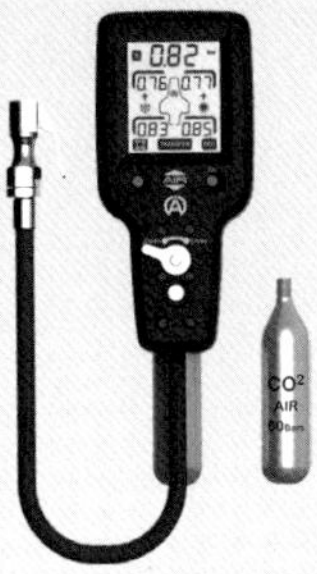

タイヤコントロール AIR

カート専用設計のエアゲージ。測定した温度を直接アルファノ6（データロガー）へリンクすることができる。

ROTAX RACING ロータックス

●問い合わせ先:㈱栄光　TEL052-803-7055
http://www.eikoms.com/

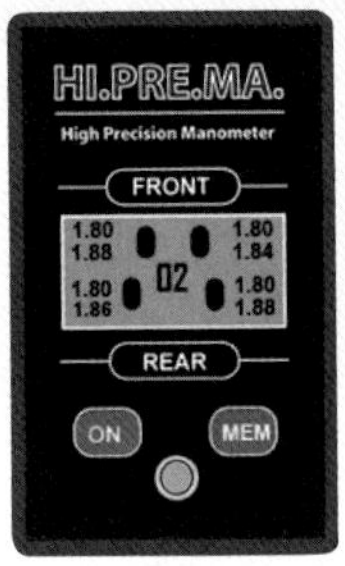

ROTAX デジタルエアゲージ

見やすいデジタル表示を採用。エア抜きボタンで微調整もしやすく bar、psi どちらの単位でも測定可能。15 回分の測定値を記憶する機能も備えている。

VEGA ヴェガ

●問い合わせ先:㈲ビレルパシフィック
TEL048-789-6795
http://www.birel.jp/

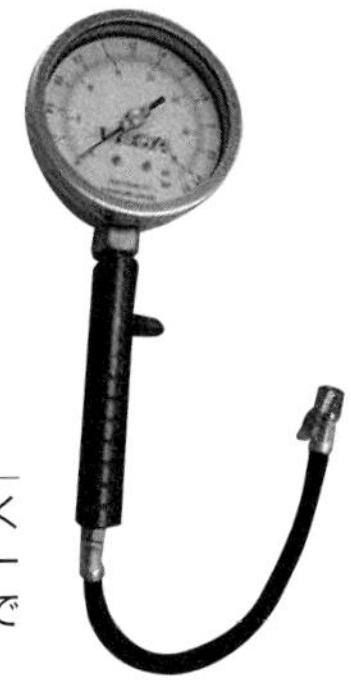

エアゲージ

ヨーロッパなどで数多く使用される高級エアゲージ。外径φ110の大型で指針の調整も可能。

MOJO モジョ

●問い合わせ先:（株）栄光
TEL052-803-7055　http://www.eikoms.com/

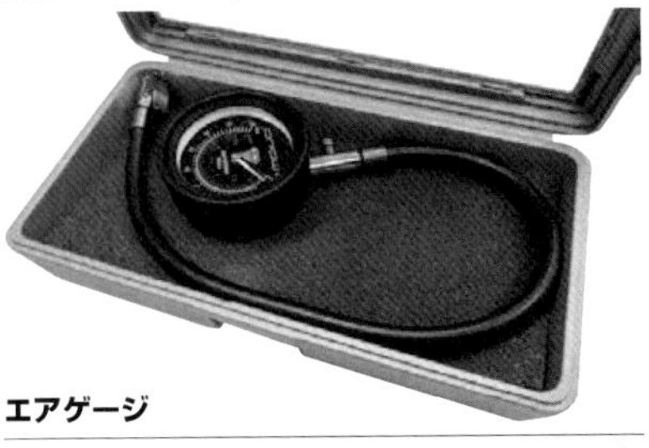

エアゲージ

RMC指定タイヤメーカーMOJOのエアゲージ。コンパクトなφ70と大型で見やすいφ100の2種類がある。

ARS エーアールエス

●問い合わせ先:㈲エーアールエス
TEL042-556-5432
http://www.akasakaracing.jp

GT

高品質アルミ製スプロケット。溝が深いのが特徴。CZ チェーンとペアで使うとベストマッチする。

CZ Chains

●問い合わせ先:㈲エーアールエス
TEL042-556-5432
http://www.akasakaracing.jp

KSJ/RS/KSJ Oリング/ORS

219ハイクオリティチェーン。フリクション、伸びが少なく熱を持ちにくく軽く回転するのが特徴。特にORSは耐久性や軽い回転などハイスペックなチェーンとして、ローパワーエンジンにも人気。

IPK Praga

●問い合わせ先:㈱スクアーロ
TEL.0467-86-7278
https://squalo.ltd

MAGNESIUM FRONT/REAR HUB MAGNESIUM SUPROCKET SUPPORT

各種サイズが揃ったフロントホイールハブとスプロケットサポート。

UNIPRO ユニプロ

●問い合わせ先:㈲ビレルパシフィック
TEL048-789-6795
http://www.birel.jp/

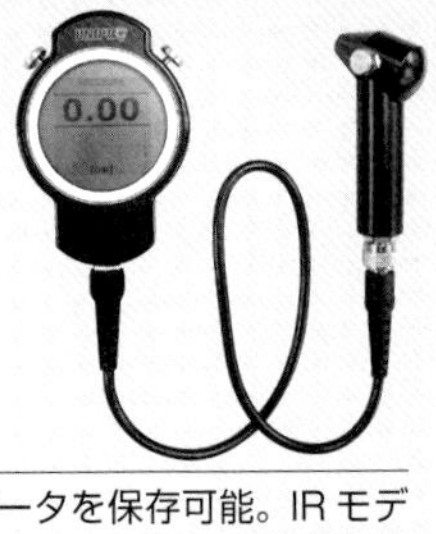

UNITREエアゲージ

20 セットのタイヤデータを保存可能。IR モデル（¥61,000）はタイヤ、アスファルト温度測定、保存機能を備えている。

MA エムエー

●問い合わせ先:
トニーカートジャパン㈱
TEL052-896-1021
http://www.tonykart.jp/

エアゲージ

スタンダードタイプの国産エアゲージ。

KARTPROF カートプロフ

●問い合わせ先:トニーカートジャパン㈱
TEL052-896-1021
http://www.tonykart.jp/

エアゲージD63

トニーカートワークスチームも使用。φ63mmのメーターに0.02Bar単位の目盛りで2.6Barまで測定可能。

EIKO Glory of Karting エイコー

●問い合わせ先:㈱栄光
TEL052-803-7055
http://www.eikoms.com/

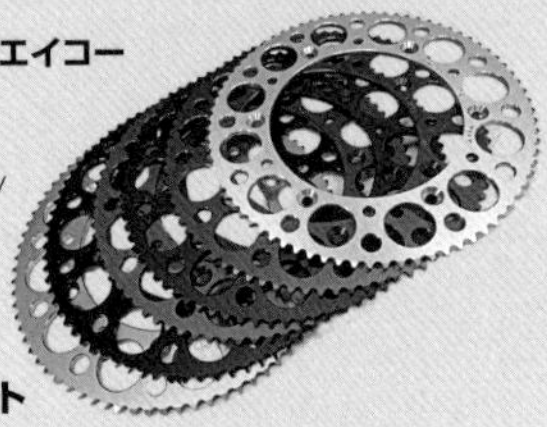

超軽量スプロケット

Triple-kと共同開発した超軽量スプロケット。

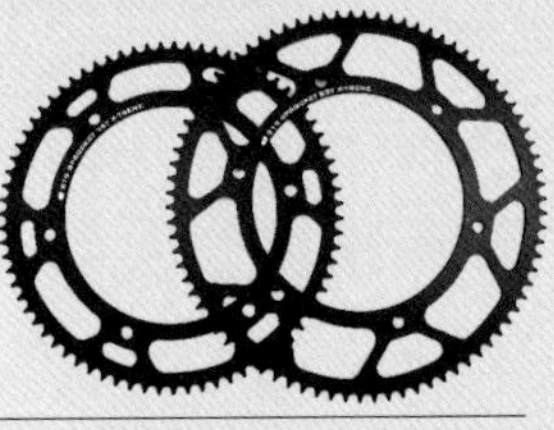

X-TREME

精細な加工技術も光る軽量スプロケット。

Triple K

●問い合わせ先:Triple-K
TEL03-6423-8076
㈱ナガハラサービス　CRG JAPAN
TEL.977-598-2700／
052-506-8522
http://crgjapan.com

スプロケット219極み

摩耗分析を行い、フリクションが低減するよう歯の形状や熱海を設計したスプロケット。最高レベルの強度である国産7075-T6を採用し、品質・精度・材料と妥協せず製作されている。

スプロケットハブ匠／匠Jr

4輪/2輪のレーシングブレーキの技術を取り入れたフローティング・スプロケハブ。一般市販品との違いを感じられるように材質にもこだわり、3ピース構造/総削り出し。走行時のフリクションを軽減できるようにフローティングのクリアランスを設定して駆動効率の向上を図る。Triple K製のスプロケットとの組み合わせでチェーンのハリは限りなく均等になりフリクションの軽減とチェーンのトラブルを最小限に防ぐ。

スプロケットハブ翼～AKIRA～

今まで誰も見たことがない斬新なデザインのスプロケットハブ。従来の「匠」の機能・思想を継承しつつ、トゥースドライブを構成する歯数を6箇所から15箇所に増加させ、耐久性と作動性を向上させている。さらに、ボルトを一切使用せずリテーナーリングによるスプロケット固定方式を採用したことで、ボルトや固定部の重量を大幅に削減するとともに、脱着の簡素化・時間短縮が可能としている。

- **フローティングによるフリクション低減**
- **スプロケットハブの軽量化**
- **ボルトレスによる作業性の向上**

3つの要求を同時に実現する、勝つためのドライブシステムの提案。

スプロケット翼～AKIRA～

スプロケットハブ翼～AKIRA～専用スプロケット。チェーンオイル溜りとなる溝を新たに追加。表面処理にもこだわり、特殊なアルマイト処理を行うことにより強度・耐久性の向上を狙っている。

AN'S アンズ

●問い合わせ先:
㈱ナガハラサービス
CRG JAPAN
TEL077-598-2700/
052-506-8522
http://crgjapan.com

BIGキャスターアクスル

アルミカートスタンドにBIGキャスターアクスルを装着することにより、スタンドが安定し移動が楽となる。BIGキャスターアクスルは、ボルトによって簡単に固定、取り外しが可能。

OTK オーティーケー

●問い合わせ先:
トニーカートジャパン㈱
TEL052-896-1021　http://www.tonykart.jp/

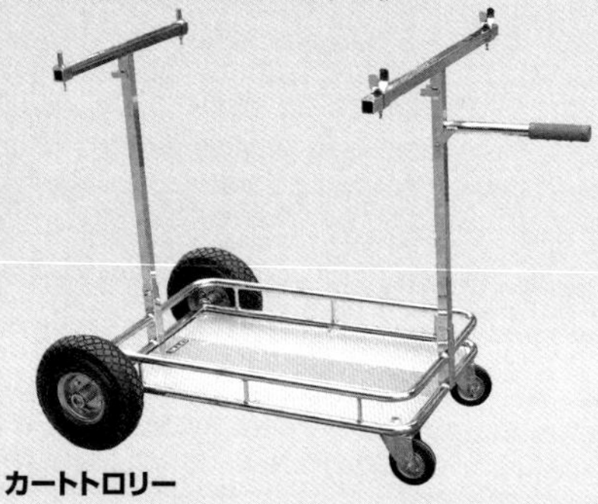

カートトロリー

ヨーロッパで主流となっているタイプのカートトロリー。

ARS エーアールエス

●問い合わせ先:
㈲エーアールエス
TEL042-556-5432
http://www.akasakaracing.jp

カートスタンド

動きもスムーズで段差もラクラク。従来のものより低めでカートの上げ下ろしも楽。特に重量の重たいカートにオススメ。

AiM アイム

●問い合わせ先:㈲ベア
TEL03-6452-4584
http://www.aimsport.jp/
㈱ナガハラサービス
CRG JAPAN
TEL077-598-2700/
052-506-8522
http://crgjapan.com

MYCHRON5/MYCHRON5 2T

マイクロンシリーズの5世代目が新登場。最新のGPSモジュールを内蔵し、ラップタイムもGPSで計測可能。WiFiモジュールも搭載しており、PCとは無線LAN接続可。拡張モジュール類はMYCHRON4と互換性があり、様々なセンサー追加や空燃比計測も可能。2Tは温度センサー入力が2チャンネルとなる。

MYCHRON拡張モジュール

ホイールスピードやペダルポジションなどの入力を4チャンネル追加するMYCHRON4専用拡張モジュール。

STONE ストーン

●問い合わせ先:㈱栄光
TEL052-803-7055　http://www.eikoms.com/

カートスタンド ST-006

ひとりで簡単にカートを載せ下ろしできるスタンド。骨格と台形状を見直すことで軽量化を実現、ノーパンクタイヤなので、多少の段差もラクラク進む。

EIKO エイコー

Glory of Karting

●問い合わせ先:㈱栄光
TEL052-803-7055
http://www.eikoms.com/

カートトロリーHQ

ヨーロッパで主流のカートトロリー。年々重くなるカート本体をしっかりと積載し、悪路や上り坂も楽に移動できる。本体はそのままに高さを低くしたJr用もある。ノーパンクタイヤ標準装備。

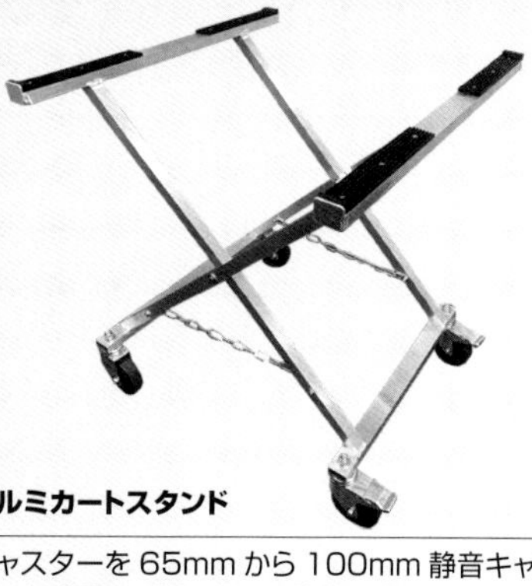

アルミカートスタンド

キャスターを65mmから100mm静音キャスターに変更、パドックでの移動を楽にしている。

CRG シーアールジー・ジャパン

●問い合わせ先:
㈱ナガハラサービス　CRG JAPAN
TEL077-598-2700/052-506-8522
http://crgjapan.com

アルミカートスタンド

フレーム接触部にラバーを貼ったオーソドックスなカートスタンド。アフターパーツでスタンドラバーとキャスターも用意されている。高さはSTDの710mm、Jr用の650mmが有り。

STELLA ステラ

●問い合わせ先:スーパーチップス
TEL042-620-5025
http://www.super-chips.jp/
㈱ナガハラサービス　CRG JAPAN
TEL077-598-2700/052-506-8522
http://crgjapan.com

デジタルエアゲージ

高精度、軽量（186g）コンパクトな国産デジタルエアゲージ。レンジは0～500kpaなので入れすぎたエアでも壊れることはない。気密検査機能もつき、ビードストッパーやビードからの微量なエア漏れも発見できる。

NKP エヌケーピー

NIPPON KARTING PRODUCTS

●問い合わせ先:㈱ザムジャパン
TEL06-6576-7521
http://www.xam-japan.co.jp/

AO-090005-N

NKPより発売された高精度のエアゲージ。

NGK SPARK PLUGS エヌジーケー

●問い合わせ先:日本特殊陶業㈱
TEL052-872-5933
http://www.ngk-sparlplugs.jp/

イリジウムIXプラグ

中心電極に極細径のイリジウム合金を使用し、また外側電極をテーパーカット。一般プラグに比べ燃焼の広がりが速く、着火性も非常に高い。エンジンのレスポンスを最大限引き出すハイパフォーマンススパークプラグで、ほとんどの機種に対応可能。

DENSO デンソー

●問い合わせ先:
㈱デンソー
TEL0566-25-6724
http://www.denso.co.jp/PLUG/

IRIDIUM POWER
IRIDIUM RACING

0.4mm径イリジウム合金中心電極の採用により、飛び火・着火性能を大幅に向上。それにより加速力、出力アップをするとともに、燃費の向上にも寄与している。イリジウムレーシングでは過酷なレース環境に耐えられるよう、オールプラチナ接地電極を採用している。

AN'S アンズ

●問い合わせ先:
㈱ナガハラサービス　CRG JAPAN
TEL077-598-2700
052-506-8522
http://crgjapan.com

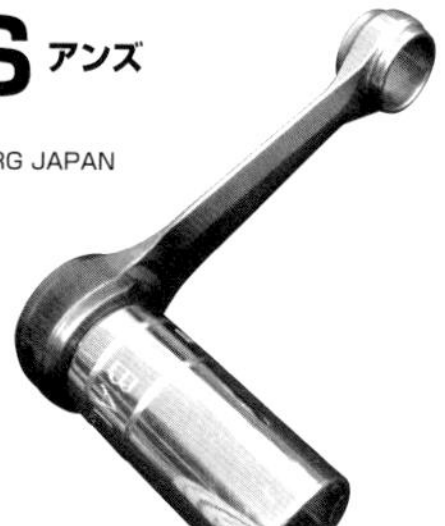

プラグレンチ

握り部にカート用エンジンのコンロッドを使用したプラグレンチ。使いやすくコンパクト。

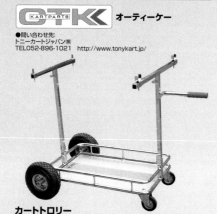

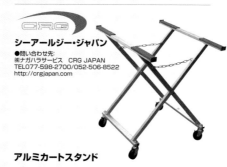

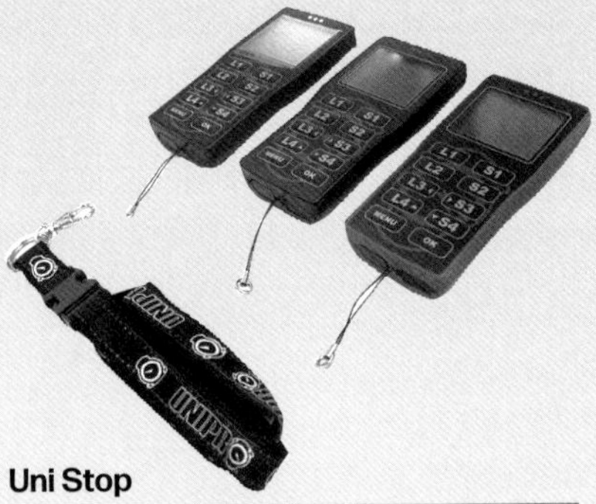

Uni Stop

扱いやすい手のひらサイズのストップウォッチ。4台同時計測で最大9区間の区間タイムも計測。USB接続でデータをパソコンへ転送できる。

OPPAMA オッパマ

●問い合わせ先:㈲ビレルパシフィック
TEL048-789-675　http://www.birel.jp/
㈱ナガハラサービス
CRG JAPAN　TEL077-598-2700/052-506-8522
http://crgjapan.com

PET-3200Rデジタルアワーメーター

エンジン稼働時間積算計。積算機能がリセットできるようになり、さらに使いやすくなっている。取り付けもマジックテープなどが付属し、簡単・確実に固定できる。常時エンジン稼働時間を表示しているため、オーバーホール時期を簡単に把握できる。

デジタルタコメーター PET-304

回転数計測終了後、累計積算時間を自動的に表示するボタンなしのシンプル設計タコメーター。2ストローク単気筒、4ストローク単気筒および1回転1発火のガソリンエンジン専用。

FREELINE フリーライン

●問い合わせ先:㈲ビレルパシフィック
TEL048-689-6795
http://www.birel.jp/

BR23Rインテークサイレンサー

吸気口の向きを変更することができ、高い吸気効率を誇る。

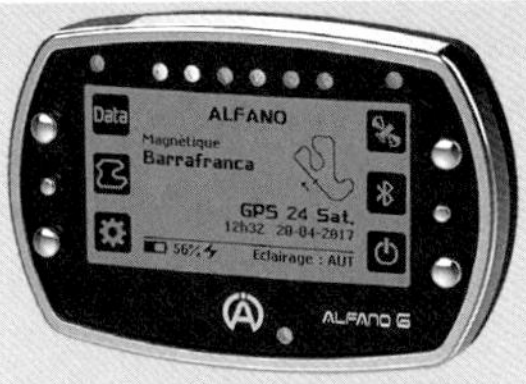

ALFANO 6

アクセルセンサー、ステアリングセンサー（オプション）等、最新のシステムを搭載し、ドライビングをモニターしデータ化することで、セッティングが透明化できる最新モデル。

KRONOS V2ストップウォッチ

1/100秒単位のラップ計測、4台同時計測が可能。最大99ラップまでのメモリー機能も備える。区間タイム、トータルタイム、ベストタイムなどを確認でき、実用に即した仕様としている。

DigSpice デジスパイス

●問い合わせ先:デジスパイス㈱
TEL048-699-7521　http://www.dig-spice.com

DigSpiceⅢ

コンパクトなGPS受信器で、GPS測定機能を活かし、様々なデータを収集する。業界初のマルチGNSS対応で測位に使用する衛星数が従来の約2倍となり、山間部や建物等に電波を遮られることなく測位できる。またBluetooth4.0搭載でスマートフォンへのデータ転送を可能としている。

UNIPRO ユニプロ

●問い合わせ先:
㈲ビレルパシフィック
TEL048-789-6795
http://www.birel.jp/

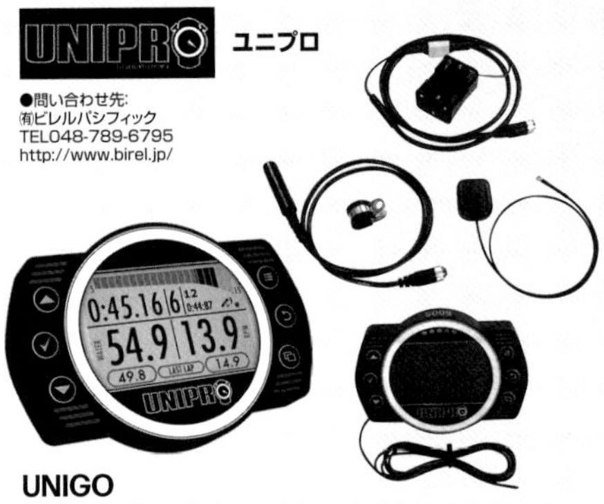

UNIGO

グレースケール高解析度ディスプレイ、GPS機能付き。様々なオプションも充実している。

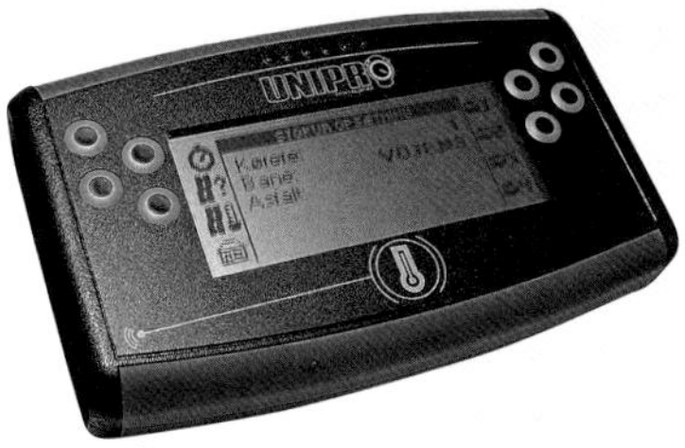

Uni watch

最大4台分のラップタイムと区間タイムを計測できるストップウォッチ。最大20セッションのタイムを記録し、区間タイムや気温、タイヤ温度なども記録できる。

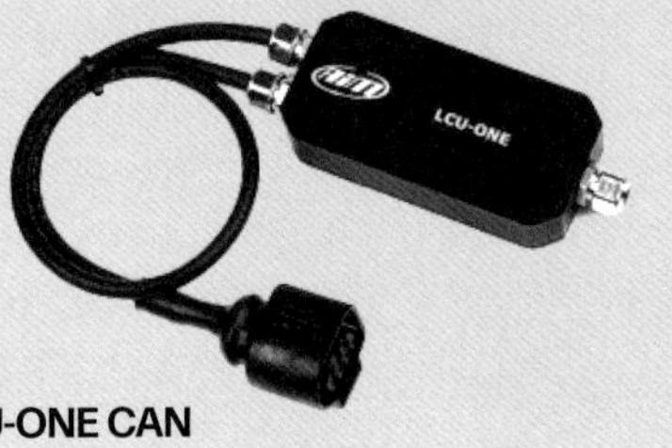

LCU-ONE CAN

高精度でキャブレターセッティングに寄与する。MYCHRON5/MYCHRON5 2Tの画面上に数値を表示させ、ドライバーが走行中にセットアップを行う際の必須アイテム。

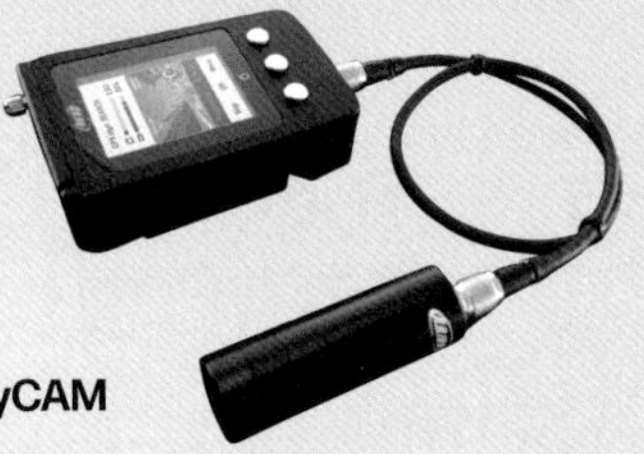

SmartyCAM GP HD

F1のオンボード映像のように、MYCHRONからのデータをリアルタイムで合成しながら撮影できるモータースポーツ専用ビデオカメラ。

Multi Chron05

4台分のラップタイム計測が可能なストップウォッチ。メインドライバーについては経過タイムが表示されるため、走行位置を見失いにくい。

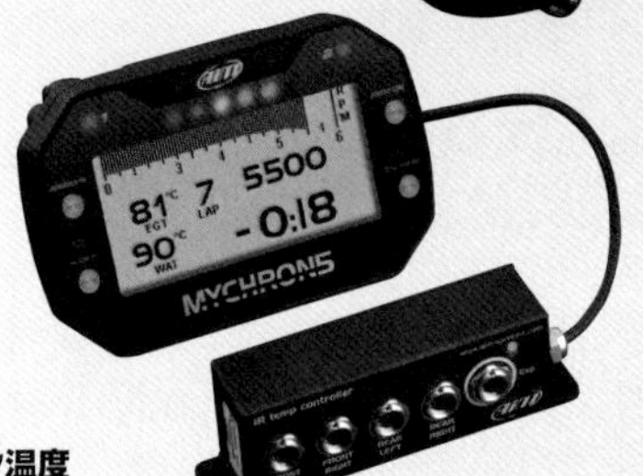

タイヤ温度計測モジュール

キットに含まれる4つのタイヤ温度センサーを接続できるMyChron5用拡張モジュール。計測した温度はディプレイ上に表示することも可能。もちろん、走行後にPCで詳しい解析も行える。

ALFANO アルファノ

●問い合わせ先:㈱栄光
TEL052-803-7055
http://www.eikoms.com/

ALFANO PRO Light

必要最小限の機能を搭載したリーズナブルなモデル。水温センサーなどオプションで選ぶこともできる。

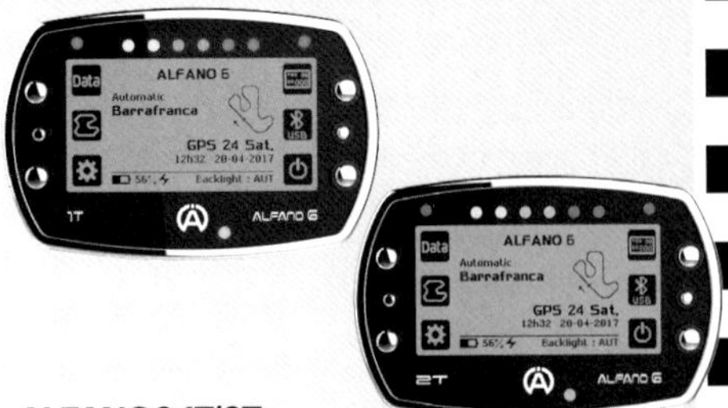

ALFANO6 1T/2T

アルファノの最新データロガー。

ラスペネC

強力な浸透力と防錆剤を有するフッ素化合物配合の浸透防錆潤滑剤。水置換性を有し水に濡れた状態でも効果を発揮。噴射剤にCO2を使用して内容量を極限まで増大した業務用タイプで、遠距離や狭い場所にも容易に噴射できる。また、360度全ての傾きで噴射可能な特殊バルブと折りたたみ式ノズルの採用で、最後まで快適に使用できる。

YAMAHA ヤマハ

●問い合わせ先:
㈱菅生
TEL0224-83-3115
http://www.ympc.co.jp/kart/

Formula KT2CR

ベースオイルはエステル系と植物油系をブレンドし、高い粘度特性を維持するとともにフリクションの低減もあわせて実現。CIK-FIA公認、ジュニア選手権FP-Jr、Jrカデット指定、ヤマハKT100エンジン推奨オイル。

YAMAHA KART CHAIN LUB

ウェットタイプ・チェーン用防錆潤滑剤。「レーシングオイルでチェーン、スプロケットを護る」をコンセプトにYAMAHAとWAKO'Sがカートトップカテゴリーと KTエンジン耐久テストで共同開発。レーシングオイルテクノロジーの強靭な油膜がチェーンとスプロケット接触面だけでなく、チェーン内部に浸透しピンとローラーを潤滑、ハイパワー車の走りに耐え、アンダーパワーではロングライフを約束する。無溶剤のため、シールチェーン、ノンシールチェーンを問わず使用可能。

RAGNO RACING OIL ラグノ

●問い合わせ先:
㈱アンソリッド http://www.ragno.jp
㈱コジマブレーンファクトリー TEL048-874-8041
http://www.kojima-bf.co.jp/

SPEC-S

トップカテゴリーに焦点を当て、元F1ドライバーの井出有治氏が開発した100%化学合成油。トルク感アップ、エンジンライフの向上などに寄与する。

SPEC-S 2019

RAGNO SPEC-Sの後継モデル。新たに、化学合成・植物性(ひまし油)混合油を使用しCIK-FIA公認を取得したトップカテゴリー向けモデル。

カートサービスミチガミ

●問い合わせ先:㈱カートサービスミチガミ TEL0743-65-5300
http://www.kartservice-michigami.jp/

KSM-FreeLine用 雨カバー

フリーライン製インテークボックス用のレインカバー。

WAKO'S ワコーズ

●問い合わせ先:㈱和光ケミカル
TEL0465-48-2211 http://www.wako-chemical.co.jp/

チェーンルブ

フッ素樹脂配合で、自転車やバイクをはじめ各種チェーンに求められる性能を高次元で実現した、ハーフウェットタイプのシールチェーン対応チェーン用防錆潤滑剤。薄いクリアな被膜なのでカラーチェーンにも使用でき、砂や埃等が付着しにくい特性を持っている。また、水置換性を有しているので金属表面に付着している湿気を追い出し、防錆・潤滑被膜を形成する。

BC-SJ

ブレーキ周りの脱脂洗浄や機械部品に付着した油脂類の洗浄脱脂に効果を発揮。特にブレーキフルードを容易に溶解するのでブレーキ周りの洗浄を中心とする各種の洗浄に有効だ。また、ジャンボ缶で内容量が多いので、1本で多くのパーツを洗浄できるので作業性に優れる。
※ゴム、プラスチック、塗装面にはかけないでください。
※火気付近では使用しないでください。
※有機溶剤中毒予防規則非該当品

BC-2

消防法危険物第4類第2石油類で、市販されている多くのブレーキ&パーツクリーナー(第1石油類)より引火性が低く、比較的毒性の少ない溶剤を使用した化学洗浄剤。ゆっくりと揮発するため、グリース・ガム状汚れなど、じっくり汚れを落としたいときに最適。逆さでも使用できる。
※ゴム、プラスチック、塗装面にはかけないでください。
※火気付近では使用しないでください。
労働安全衛生法第57条・有機溶剤中毒予防規則非該当品

バリアスコート

新開発Wハイブリッドポリマーにより、樹脂・塗装・金属全般に洗浄及び保護艶出し処理ができる多用途コーティング剤。高密度ガラス系ポリマーとオリジナルポリマーレジンがガラスのようなクリスタルな輝きを実現。中性でコンパウンドを使用していないので、樹脂へも安心して使用できる。専用クロスで拭き上げることにより、さらにムラ無く綺麗に仕上げることができる。
※自動車の内装に使用する場合は、車両付属の取扱説明書にしたがって作業してください。(素材や劣化状態により脱色や変色などの恐れがあります)

ARS エーアールエス

●問い合わせ先:㈱エーアールエス
TEL042-556-5432 http://www.akasakaracing.jp

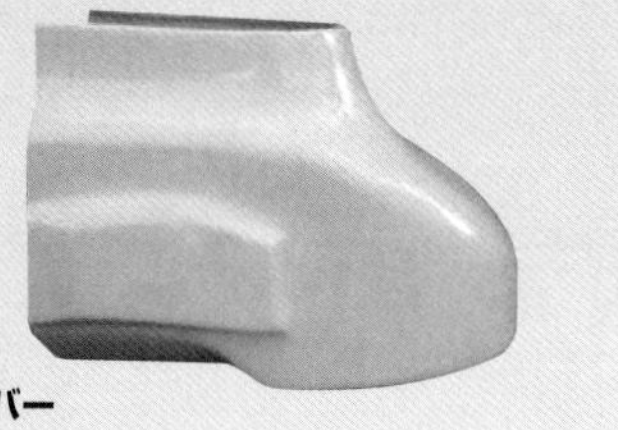

レインカバー

大量の雨でも安心の設計。KT、MAXに使用でき大量の雨でもノイズボックスに水が入らない。

KG ケージー

●問い合わせ先:㈱栄光
TEL052-803-7055
http://www.eikoms.com

インテークサイレンサーニトロ

GREYHOUND グレイハウンド

●問い合わせ先:㈱INTREPID JAPAN TEL092-806-1613
http://www.intrepid-japan.com/

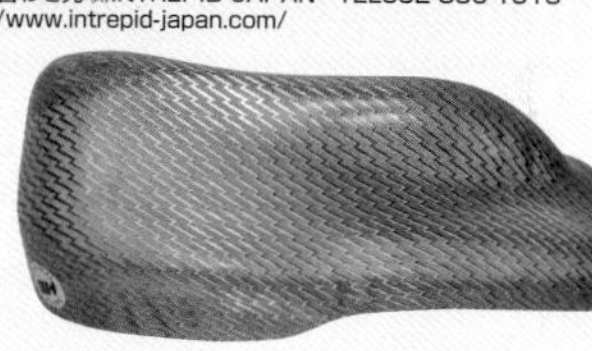

レインカバー

レーシングシートと同じ素材で作られた軽量のRRノイズボックス専用レインカバー。

レインカバー (X30用)

X30用ノイズボックスに合わせて作られたGreyHound社製レインカバー。

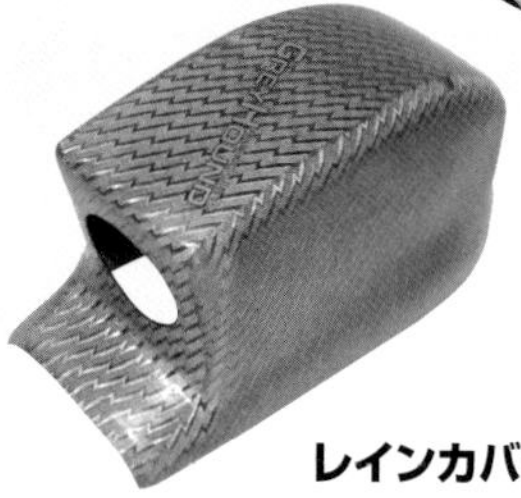

レインカバー

RR社ジュニア用ノイズボックス専用レインカバー。

STELLA ステラ

●問い合わせ先:スーパーチップス
TEL042-620-5025 http://www.super-chips.jp/
㈱ナガハラサービス CRG JAPAN
TEL077-598-2700/052-506-8522 http://crgjapan.com

ヤマハ用インテークサイレンサーカバー

ヤマハ純正 インテークサイレンサー(7YA-14410-10)用の雨カバー。形状及び開口部面積をテストし、最良化を図っている。

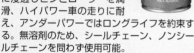

KART WORKS HIGUCHI
カートワークス・ヒグチ

●問い合わせ先:カートワークス・ヒグチ
TEL052-369-1112　http://www.kart-higuchi.jp

Super REV Chain

カート専用に開発されたチェーン潤滑剤。チェーンの油膜保持・付着性能に優れ耐熱・高負荷・耐久性能アップ、さらにクラスターダイヤを配合することにより、高次元のパフォーマンスを確立している。チェーンの伸びや、スプロケットの摩耗など耐久性も上がり、フリクションを低減させることによりエンジンのパワーをロスなく伝える。全日本KFチームでも採用され性能は実証済みだ。

JURAN Racing ジュラン

●問い合わせ先:㈱タニダ
TEL052-871-3741
http://www.tanida-web.co.jp/

Brake Fluid BFS

ブレーキパッドとのセット交換を推奨。ストリートユースからスポーツユース、レーシングユースまで仕様車種や用途を選ばない高性能ブレーキフルード。独自の製法により高い性能安定性とともに吸湿によるトラブルを未然に防止する。

ROCK OIL ロックオイル

●問い合わせ先:㈱ナガハラサービス
CRG JAPAN
TEL077-598-2700/052-506-8522
http://crgjapan.com

Castor Kart100

優れた潤滑性能、油膜保持性能、冷却性能を有し、エンジンの回転を安定させ常に最高の状態を保ち、エンジンを保護、潤滑する。空冷・水冷問わず使用可能。

Sinthesis Max

2stレーシングカートエンジン用に開発された高度にブレンドされた化学合成油で、過酷な使用条件下でも強力な油膜フィルムを形成し、安定した潤滑性能を発揮、エンジンのポテンシャルを最大限に引き出す。

Race Kart4

高性能4stカートエンジン用オイル。カーボンなどによる堆積物を微細な沈殿としエンジン内部をクリーンに保つ優れた清浄性能を持つ。強力な油膜保持性能で始動時でも効果的にエンジンを摩耗から保護する。

WLADOIL
ヴラドオイル

●問い合わせ先:㈲ビレルパシフィック
TEL048-298-6350
http://www.birel.jp/

Racing2T

化学合成油と高品質の植物油の混合油で、独自配合の添加物により焼き付きや摩耗を抑え、粉塵の低減も実現。KF1、KZ1をはじめ、あらゆるカテゴリーのエンジンに使用できる。

FUCHS フックス

●問い合わせ先:㈱INTREPID JAPAN
TEL092-806-1613
http://www.intrepid-japan.com/

TITAN RACE SRG75

ヨーロッパでも多くのエンジンチューナーがカート用エンジンのギアオイルとして使用。優れた初期潤滑性能を持ち、レースでの過酷な使用状況下でも安定した粘度を維持する。鉱物油タイプと比較し、3〜4倍劣化が抑えられ、より長く使用できる。

SILKOLENE PRO2オイル

化学性オイル。ヨーロッパ、特にイギリスなどでROTAXユーザーから支持を受けている。優れた焼き付き防止性を実現し、リングスティッキングを防ぐ。カーボンの堆積を抑える洗浄性も兼ね備え、メンテナンス性も向上する。

SILKOLENE KR2オイル

シルコリンKR2は半植物性でFUCH社がレーシングカートエンジンを主眼に製作したオイル。ヨーロッパでは名だたるワークスチームがKF/KZクラスに使用し、数々のタイトル獲得を支えてきた。トップカテゴリーからホビーレースまで幅広く使用できる。

Pro Chainチェーングリス 500ml

世界最大の潤滑油メーカーFuchsが、その規模と技術力を詰めこんだ逸品。耐飛散性、耐摩耗性、低フリクション性に優れ、注油後に粘度変化をおこし、素早く浸透、その後定着。OKクラスのスペシャルタイヤの負荷にも負けないグリスで、ワンタッチノズルの使い勝手の良さから一度愛用すると手放せない。

CCI シーシーアイ

●問い合わせ先:㈱INTREPID JAPAN
TEL092-806-1613
http://www.intrepid-japan.com/

ゴールデンクルーザー ブレーキフルード550AA

CCI製ブレーキフルードは、世界の20%、国内メーカーのほとんどが新車完成時に使用している実績あるメーカー。なかでも550AAはレース専用ブレーキフルードで、スーパーGT、2輪ロードレース等で使用されている。高沸点・高WET沸点・超耐久・高潤滑性と性能は抜群で、カートで問題となるブレーキの引きずりの主原因であるブレーキシールを傷めにくい。

SPEC-G

空冷エンジンを使用するホビーユーザーからトップカテゴリーを目指すミドルクラスのユーザー向けに開発された、化学合成・植物性（ひまし油）混合油。高温条件にさらされる空冷エンジンのパフォーマンスを最大限引き出すことをターゲットに開発されている。

elf エルフ

●問い合わせ先:㈱コジマブレーンファクトリー
TEL048-855-7862　http://www.kojima-bf.co.jp/

HTX976

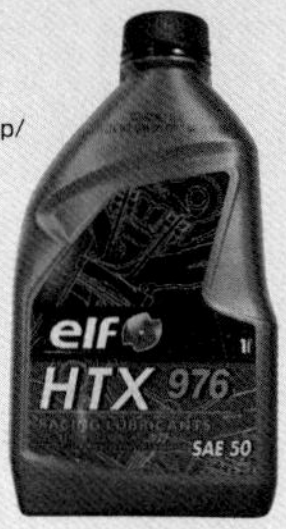

混合専用2サイクルオイルで、対応回転数は18,000rpm以上。カートはもちろん、オートバイのロードレーサーにも対応、数々のマシンで指定オイルとされている。CIK-FIA公認。

HTX909

エルフ独自の化学合成油と植物油のフォーミュレーションにより25,000rpm以上まで対応。カート、モトクロスなど高出力・高回転エンジンに最適。優れた熱安定性と酸化安定性を誇り、高い潤滑性でエンジン保護性能を発揮する。CIK-FIA公認、パリラ指定オイル。

PETRONAS ペトロナス

●問い合わせ先:トニーカートジャパン㈱
TEL052-896-1021
http://www.tonykart.jp/

ROKLUBE

ペトロナス研究所とトニーカートRTの共同開発により誕生した化学合成油と植物油によるフォーミュレーションオイル。特殊添加剤を配合した高性能オイルで、優れた潤滑性と保護性能を持ち、同時にエンジン内部の清浄能力を向上させる。

nutec ニューテック
Inspire your passion

●問い合わせ先:㈱ナガハラサービス
CRG JAPAN
TEL077-598-2700/052-506-8522
http://crgjapan.com

NC-35M

motoGP 2ストロークエンジンオイルで培った技術を継続し、レーシングカートのために開発されたエステル100%化学合成油。2ストロークエンジン全てのベアリング、ピストンピン、シリンダー等において良好な潤滑を確保。ローフフリクション化やシール性向上により、良好な燃焼を実現できる混合ガソリン用エンジンオイル。

Vipro's ヴィプロス

●問い合わせ先:
㈱ナガハラサービス　CRG JAPAN
TEL077-598-2700/052-506-8522
http://crgjapan.com

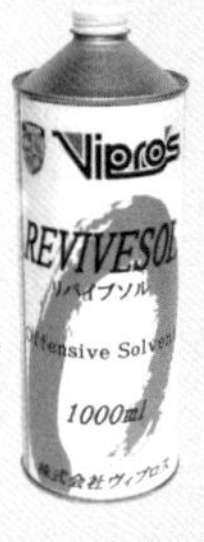

Revivesol

ヴィプロス社のレーシングカート専用クリーナー。カウルに付着したタイヤ痕を強力に溶解し洗浄する。

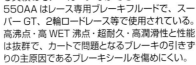

MOTUL
モチュール

●問い合わせ先:
㈱ナガハラサービス　CRG JAPAN
TEL077-598-2700/052-506-8522
http://crgjapan.com

KART GRANDPRIX 2T

レーシングカートエンジン専用に開発された、エステル・ベースの2ストロークレーシングカート専用100%化学合成オイル(CIK公認)。23,000rpmを超える超高回転でもその性能を発揮し、フリクションを低下させ、磨耗を抑えるとともに、エンジン内をクリーンに保つ。

KENNETH ケネス

●問い合わせ先㈱ナガハラサービス　CRG JAPAN
TEL077-598-2700/052-506-8522
http://crgjapan.com

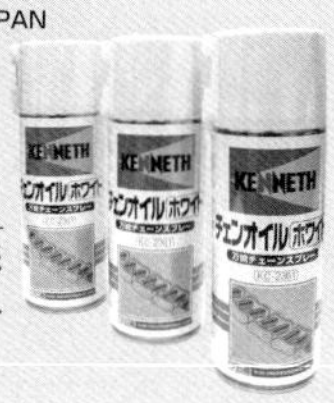

チェーンスプレー

減摩性能の高いテフロン球形粉末を配合し、シールチェーンにも対応したフッ素タイプ。

D.I.D ディー・アイ・ディー

●問い合わせ先:
㈱ナガハラサービス　CRG JAPAN
TEL077-598-2700/052-506-8522
http://crgjapan.com

チェーンルブ420ml

熱に反応して自己潤滑皮膜を形成する有機モリブデン配合、環境にやさしいノンフロン・ノンエタン仕様。

DENICOL

●問い合わせ先㈱栄光
TEL052-803-7055
http://www.eikoms.com/

チェーンルブ

超高粘着のチェーンオイル。高速・高回転にもオイルが飛散せず、優れた粘着力を保つ。

YACCO

●問い合わせ先:
㈱ナガハラサービス CRG JAPAN
TEL077−598−2700／052−605−8522
http://crgjapan.com

RACING CHAINOIL

チェーン本体への浸透性が高く、吹付け後の粘着力も強く、飛散しにくいのが特徴。Oリングチェーンのシールに対しても安全で、チェーン・スプロケットの摩耗を減少させせフリクションロスを抑える。

OTV
オーティーブイ

●問い合わせ先㈱エー・アール・エス
TEL042-556-5431

OTV

非常に高度なロード走行性能と強い油膜力を持つ、独特の植物性2サイクルエンジンオイル。特別に作られた添加物を加えた植物ベースの油で、エンジン損傷や金属傷のトラブルを起こさない。

WHITE-LUB

テフロンを配合した高粘性の潤滑剤。浸透性が良く塗布後には耐久性と付着性に富む被膜を形成し、優れた潤滑性を発揮する。カートなど高回転のチェーンの潤滑に適している。

Xeramic セラミック

●問い合わせ先㈱栄光　TEL052-803-7055
http://www.eikoms.com/
㈱ナガハラサービス　CRG JAPAN
TEL077-598-2700/052-506-8522
http://crgjapan.com

SYNMAX Full Synthetic

水冷エンジンに最適な化学合成オイル。優れた潤滑性とエンジン保護性能を持ち、カーボン付着を最小限に抑え鋭いレスポンスを実現する。

CASTOR Evolution 2T

イタリアのCRGワークスチームも使用するCIK公認オイル、現代の高出力・高性能2stエンジンにもっとも必要とされる合成元素素材を選び、ガソリン・空気・潤滑油のバランスを考えた最先進のオイルだ。

チェーンルブ

ROTAX RACING
ロータックス

●問い合わせ先㈱栄光　TEL052-803-7055
http://www.eikoms.com/

XPS DYE

RMC シリーズ指定オイル。

XPS SYNMAX

RMC シリーズ指定オイル。

Dirt Blaster

高性能バイオクリーナー。汚れ、砂、昆虫、油およびグリースの除去が必要な洗浄用途に適した生分解性クリーナー。こびりついた汚れも浮かして分解し、除去できる。

Brake Fluid

カートに最適なDOT4規格でありながらDOT4を上回るドライ沸点を達成。長時間の使用やより厳しい条件下での使用においても、安定した性能を発揮する。

Chain Lube

浸透性粘着タイプのチェーンオイルで、高粘着オイルが油膜を保持し、油膜切れ・飛散を最小限に抑える。潤滑するだけでなく、チェーンとスプロケット面等の腐蝕と摩耗も保護。Oリング用に設計されたチェーンオイルで、スタンダードタイプのノンシールチェーン他全てのチェーンにも使用できる。

EVOLEX エボレックス

●問い合わせ先㈲エボレックス
TEL0465-48-2883　http://evolexoil.com/

R2

競技用2サイクルエンジン用に開発された製品で、100%化学合成油をベースに耐摩耗性、耐焼き付き性と混合安定性を持たせている。

RK

競技用チューニングカート用のエンジンに向けに開発されたオイル。変性植物油の強靱な油膜と化学合成油の優れた潤滑性を兼ね備えている。

HYPER-LUB

強力な浸透性、耐摩耗性、防錆性などを持つ多目的潤滑スプレー。有機モリブデンにより非常に優れた潤滑性能を持ち、長期間効果と性能を発揮する。

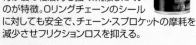

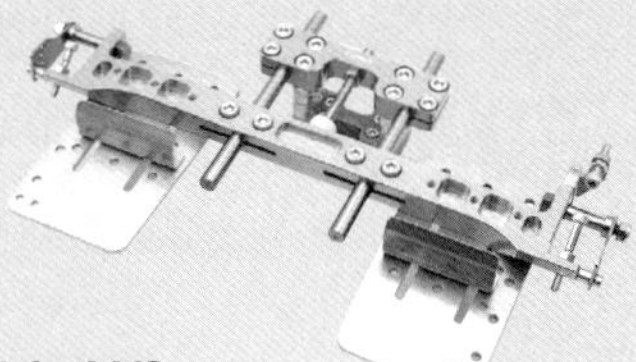

ペダルキットV2

アクセル・ブレーキ両ペダル一体型のペダルキットで、本体とフットレストの前後方向のスライドを可能とした為、妥協することなく好みの位置への調整が可能。高さの調整も可能となり、出荷状態では 5mm/10mm/15mm の駒が入っているが、付属の駒を使うことでより細かな調整も可能としている。

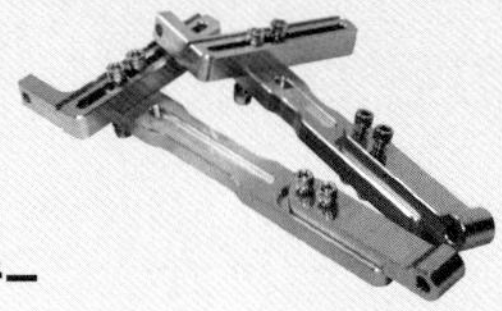

ラジエターステー

汎用のラジエターステー。上下左右に可動するので取り付け自由度が増し、ラジエターの角度調整も可能。

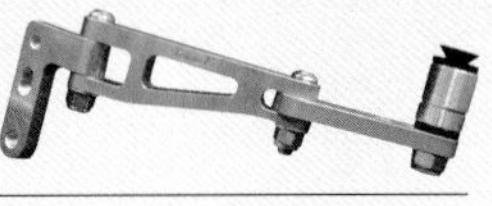

チャンバーステー

フレームに取り付けるL型の駒を取り替えることで、各エンジンに対応する。強度的にもジュラルミンを使用し、無垢材からの削り出し加工となる。関節部も2箇所あるためブレーキローター等をうまくかわすことができ、純正品と比べるとかなり自由度が増している。

NK7

●問い合わせ先:
㈱ナガハラサービス　CRG JAPAN
TEL077-598-2700/052-506-8522
http://crgjapan.com

オフセットペダルローラー

ペダルに取り付けて使用。イモネジを3箇所増やしたことで、より強固に固定できるようになっている。編芯にしているため、若干のペダル調整も可能。従来製品より、オフセット量が5mm増えている。

オフセット変換エンジンプレート

PRD/Avanti 用に穴が空いているエンジンマウントにYAMAHA　KTエンジンを搭載可能とするマウント。またその逆タイプもある。通常はエンジンごとにマウントを用意する必要があったが、このオフセット変換プレートを使用することで余計なマウントを必要としなくなる。

アールアール

●問い合わせ先:㈱ナガハラサービス　CRG JAPAN
TEL077-598-2700/052-506-8522　http://crgjapan.com

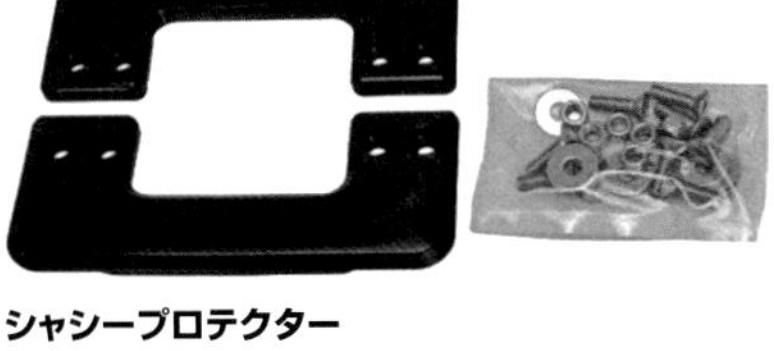

シャシープロテクター

シャシーの裏側に装着し、ふr-エムを保護するプロテクター。

ラジエターフィン

ラジエターに取り付けることで水温を5℃程度下げる効果がある。素材は剛性の高いFRP製で、振動でふらつくこともない。

シーアールジー

●問い合わせ先:
㈱ナガハラサービス　CRG JAPAN
TEL077-598-2700/052-506-8522　http://crgjapan.com

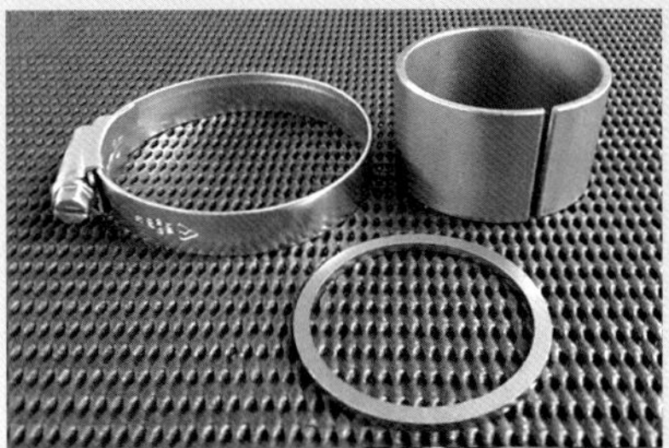

KT用マフラープロテクターASSY

ヤマハKTマフラー用のプロテクター。エキゾーストジョイントとの鑑賞する部分を補強、損傷を防ぐ。

Triple K トリプルK

●問い合わせ先:トリプルK
TEL03-6423-8076
http://www.triple-k.info/
㈱ナガハラサービス
CRG JAPAN
TEL077-598-2700/
052-506-8522
http://crgjapan.com

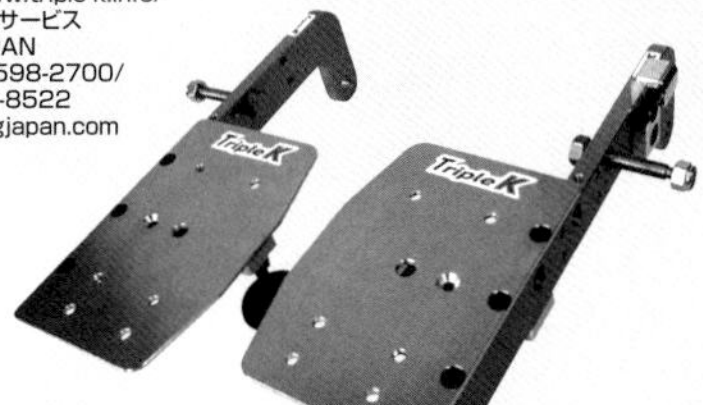

Jr用ペダルキット

ペダルボルトに固定するタイプのペダルキット。従来のペダルキットと異なり、アクセル側とブレーキ側が独立している。それにより、本来のフレームの動きを損ねにくい設計となっている。ペダル位置も3段階、足置きプレートも前後4段階上下2段階に変えられるため、体型に合わせたポジションに調整可能。

可変式ステアリングボス

従来のステアリングボスは、位置調整用の穴が2か所と角度があらかじめ決まっている製品が多く、位置や角度をさらに細かく調整するには、追加でステアリングスペーサー等を購入、装着する必要があった。この可変式ボスはすべての機能を備えた万能型。

- ●3穴ステアリング、6つ穴ステアリングのどちらも対応可
- ●角度調整は4段階(0度～24度)
- ●5か所の位置調整用の穴

シーアールジー

●問い合わせ先:
㈱ナガハラサービス　CRG JAPAN
TEL077-598-2700/
052-506-8522
http://crgjapan.com

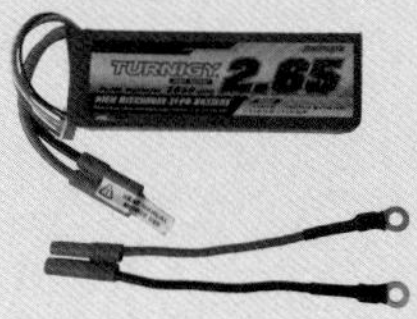

Lipoバッテリー

小型サイズのリチウムポリマー(Lipo)バッテリー。KF、SLクラス等に使用可能。シールドバッテリーでは辛い冬のエンジン始動も、リチウムポリマーなら難なく行える。始動性の良さはもちろん、大幅な軽量化も実現。別売りでバッテリージョイントケーブル、平端子(KF用)、丸端子(KT用)あり。

エンジンボックス

サイズ:310x410x460mm

PRD AVANTI/KT 100SEC/IAME X30 はエキゾーストパイプが付いた状態で収納できる大型エンジンボックス。

INTREPID イントレピッド

●問い合わせ先:㈱INTREPID JAPAN
TEL092-806-1613
http://www.intrepid-japan.com/

リアスポイラーステッカー

INTREPIDオリジナル、リアスポイラー用ステッカー。INTREPID標準装備のKG型スポイラーに適合。

GREYHOUND グレイハウンド

●問い合わせ先:㈱INTREPID JAPAN
TEL092-806-1613　http://www.intrepid-japan.com/

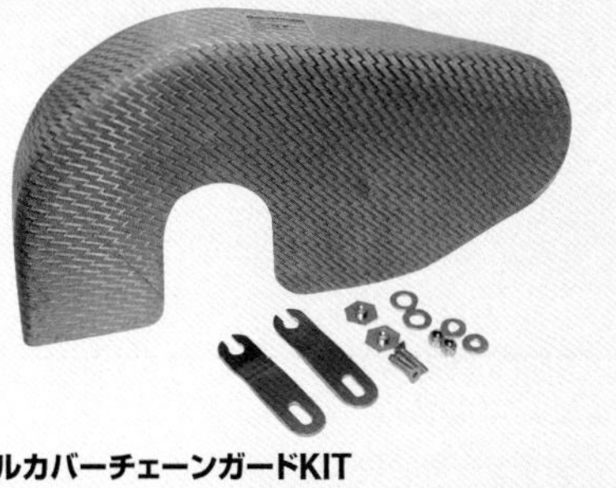

フルカバーチェーンガードKIT

メイド・イン・ITALYのオールハンドメイド製。硬めのFRP素材を使用するため通常のプラスチック製チェーンガードと違い、使い込むことでのふらつきもなくスタイリッシュ。通常のフルカバードチェーンガードとミッションエンジンで使うインドライブ用のKZ用の2種類がある。

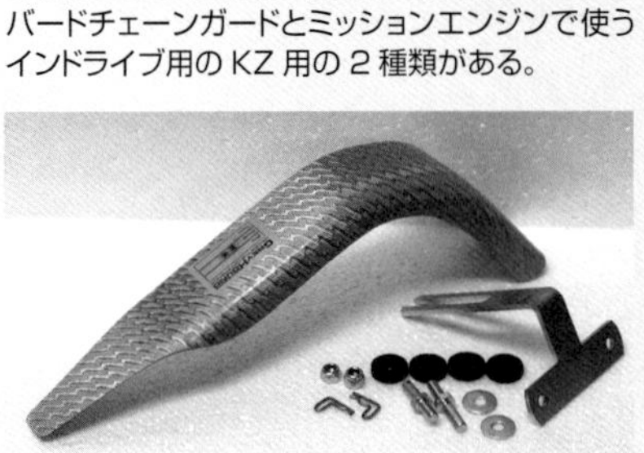

KZ用チェーンガードKIT

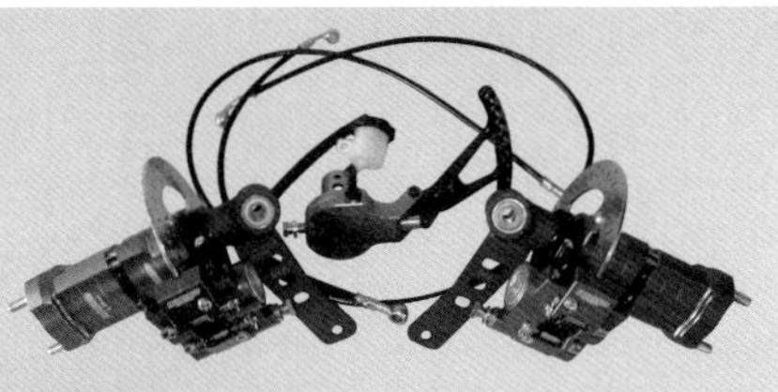

R.1FRM
ハンドブレーキシステム

2009年度に登場したハンドブレーキ。100ccモデルに標準装備されるナックルに取り付け可能。高い制動力と互換性を兼ね備えている。

FREELINE フリーライン

●問い合わせ先:㈲ビレルパシフィック
TEL048-789-6795　http://www.birel.jp/

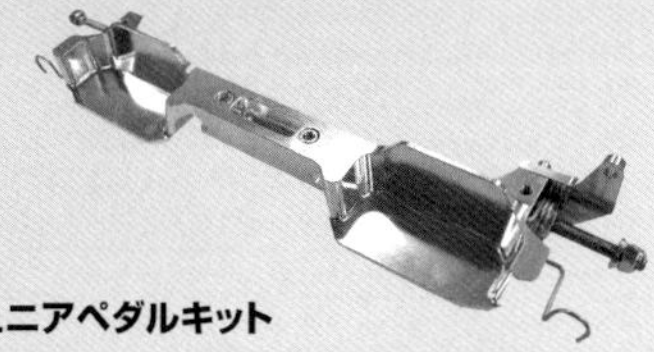

ジュニアペダルキット

純正のコイルスプリングをそのまま流用でき、スムーズなペダルの動きを可能とする。

STELLA ステラ

●問い合わせ先:スーパーチップス
TEL042-620-5025　jttp://www.super-chips.jp/
㈱ナガハラサービス　CRG JAPAN
TEL.977-598-2700／052-506-8522　http://crgjapan.com

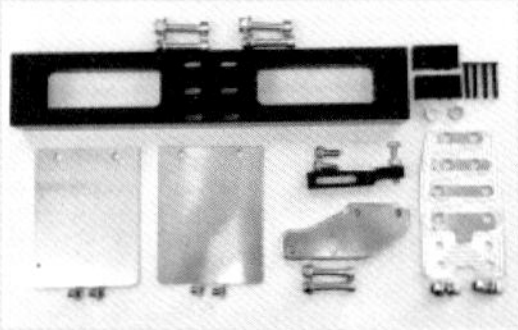

OTK用ペダルキット

OTKレーサー、ネオス、ルーキーに対応したペダルキット。注文時にはアンダープロートの種類を確認のこと。

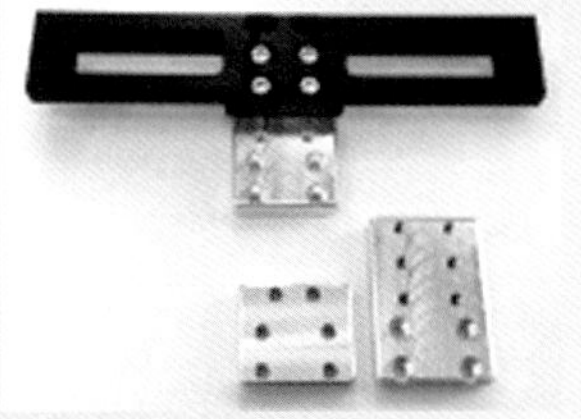

OTK用ペダルキットスペーサー

ペダルキットよりさらにペダルを手前にしたい場合に使用するスペーサー。大小2枚を使用すれば、さらに手前に寄せることができ、トーションバーをかわすことができる。

OTK
BSMアルミブレーキスペーサーSET

ステンレスやスチールと違い冷却効果が増しブレーキのタッチが向上する。5mm、4mm、2.5mm、1.5mmの4枚セットで多様の隙間に対応する。

OTK
リアバンパー
折れ防止ナット

ナットの部分がリアスポイラーコネクションとインローとなっており、バンパーボルトが折れる原因となる振動を抑える役目を担っている。Φ30mmとΦ28mmの2種類あり。

sinter Power of control シンター

●問い合わせ先:㈱INTREPID JAPAN
TEL092-806-1613　http://www.intrepid-japan.com/

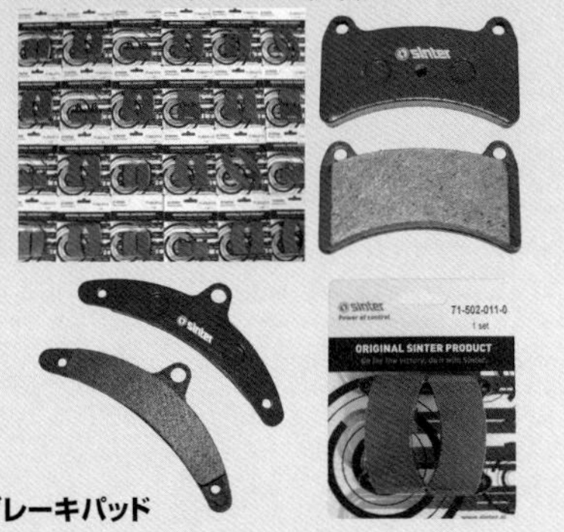

ブレーキパッド

INTREPIDやOTKをはじめ、多くのカートメーカーの純正ブレーキパッドをOEM製造しているスロベニアの老舗ブレーキパッドメーカー。200種類以上あるレーシングカート専用ブレーキパッドの中から、国内でも多く使用されるタイプを取り扱っている。また旧型で国内では入手不可能となったパッド等の取り寄せも可能だ。

SKM エスケーエム

●問い合わせ先:㈱INTREPID JAPAN
TEL092-806-1613　http://www.intrepid-japan.com/

SKM汎用リアシャフトφ50

シャフトを曲げてしまったが、純正の新品は値段が……、という人から真剣にセッティングを追求する人までオススメ。

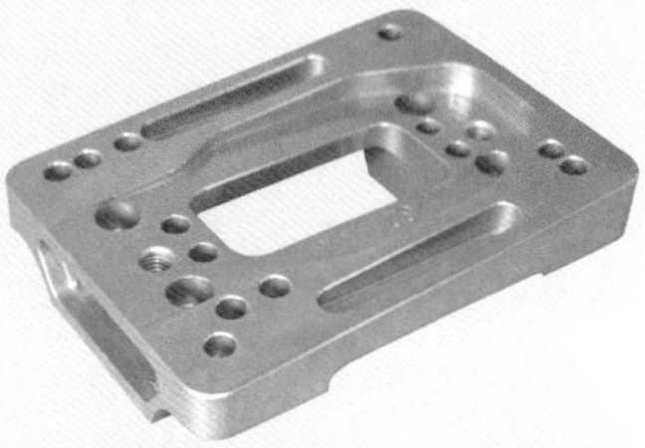

エンジンマウントINTECH 30φ／32φ

非常に高い精度を持つ日本製NC旋盤を用いて製作されているエンジンマウントは、高剛性・高品質。水冷エンジンを意識した浅い傾斜角、低重心設計も特徴のひとつ。エンジンの位置を低くしたい人にお勧めだ。

エンジンマウントMG 30φ／32φ

新たにラインナップに加わったマグネシウム製のエンジンマウント。日本製NC旋盤を用い高剛性・低重心・軽量を実現している。

マフラー
ブラケット
COMP

スタンダードなチャンバーブラケット。ブッシュ、スプリングまでコンプリートとなっている。

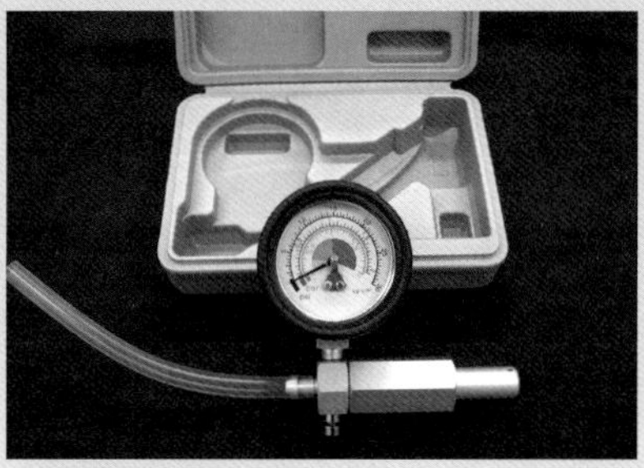

キャブテスターハンディタイプ

持ち運び用のケースがついたハンディタイプのキャブテスター。

AN'S アンズ

●問い合わせ先:㈱ナガハラサービス　CRG JAPAN
TEL.977-598-2700／052-506-8522　http://www.crgjapan.com/

タイヤビードブレーカー

持ち運びやすい折りたたみタイプ。タイヤ交換の必需品。使いやすさ、コンパクトさをテーマに造られている。

インナーハブセット

持ち運びやすい折りたたみタイプ。タイヤ交換の必需品。使いやすさ、コンパクトさをテーマに造られている。

ビードストッパー

Oリング横にラインを入れているので、ビードストッパーとブラインドボルトを見分けることができる。

ブラインドボルトAlu(Oリング付き)

ステアリングシャフトインサート3H

ステアリングシャフトのパイプ内側に取り付けるパーツ。ステアリングシャフトの歪みを防止する。ボルトの穴も3本開いているため、各メーカーに対応可能。

キャブレター&エキゾーストパイプカバーキット

キャブレターやエキゾースト部からのゴミ侵入を防ぐカバー。素材はやわらかいゴム製なので簡単に脱着可能。キャブカバーとエキゾーストカバーがセットとなっている。

RACING SEATS TILLETT ティレット

●問い合わせ先:㈱ナガハラサービス CRG JAPAN
TEL077-598-2700/052-506-8522 http://crgjapan.com

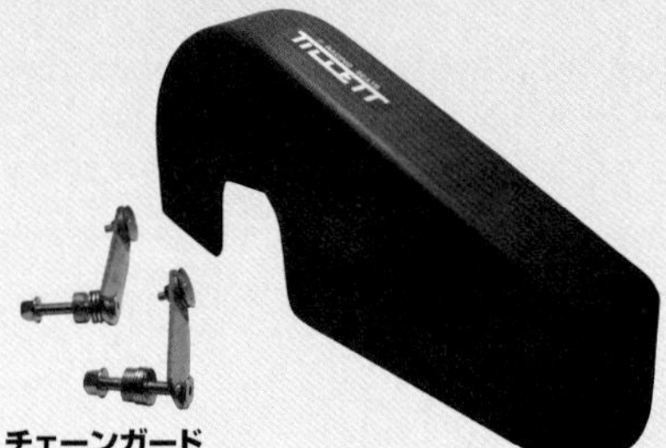

チェーンガード
(ステーKit付き)ナイロン

シートで名高いTILLETT製チェーンガード。チェーンを覆うようにカバーする。

アールアール

●問い合わせ先:㈱ナガハラサービス CRG JAPAN
TEL077-598-2700/052-506-8522
http://crgjapan.com

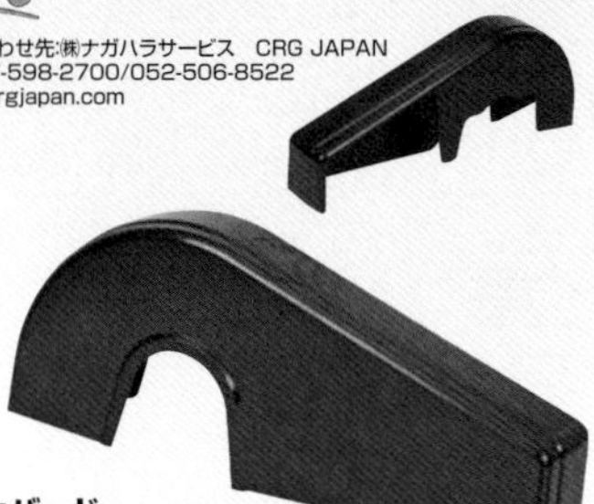

フルカバード
チェーンガードKIT(ステー付)

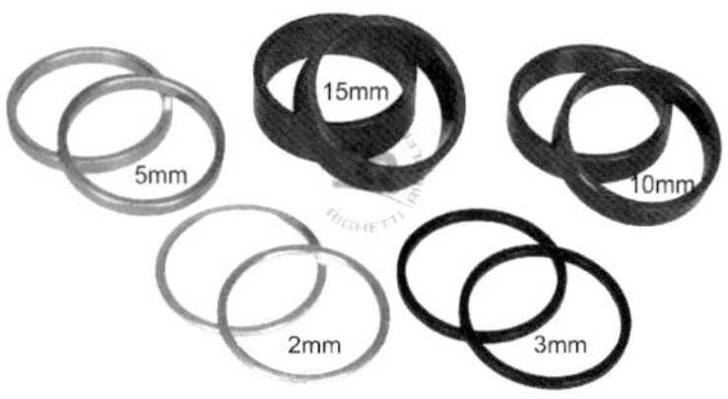

RRホイールハブインナーカラーkit D50

各サイズ2個ずつのお得なセット。ホイールハブの内側に入れることで、ハブのズレ防止となる。

ブレーキダクト

ブレーキローター、キャリパーの冷却に効果的。

ALピストンロッキングTOOL

クラッチ付エンジンのスプロケット交換時等に使用する工具。プラグ穴に入れてピストンを固定する。素材はアルミ製で確実に固定することができ、工具は22mmのソケットを使用すると簡単に取り外しができる。

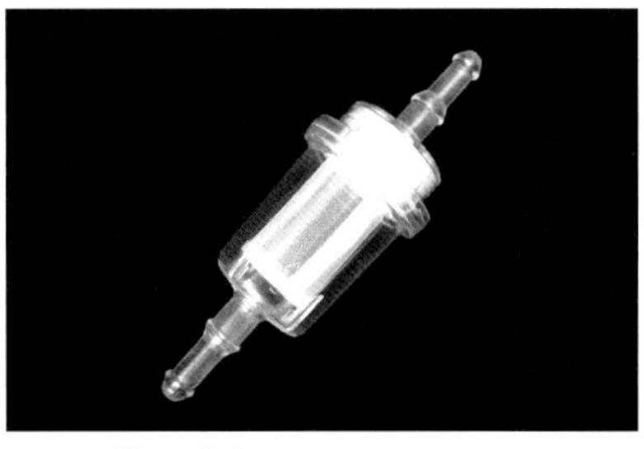

フューエルフィルターBIG

ビッグサイズの燃料フィルター。異物の混入を防止する。L型もあり。

デジタルタイミングゲージ

シリンダーのポートタイミングや4stのバルブタイミングなど0.05度単位で計測できるタイミングゲージ。

シフトリバーサルKIT

ミッションカートのシフトチェンジの方向を逆にするキット。通常は引いてダウンのところを、このキットにより引いてアップ、押してダウンとなり走行中の前後Gと適合し使いやすい。

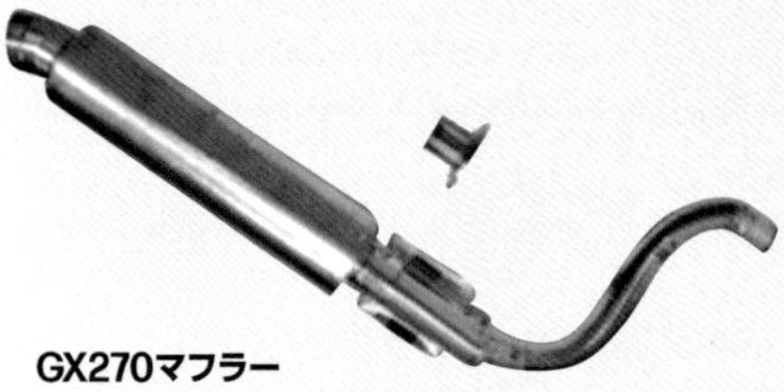

GX270マフラー

オールチタンとステンレスの2種類。テスト結果で、十分な実力を発揮している。

GX270クラッチ

軽量1330gと今までより1kg以上の軽量化とクーリング機能を備えている。ミートタイミング時の振動を極力抑えている。

CRG シーアールジー

●問い合わせ先:
㈱ナガハラサービス CRG JAPAN
TEL077-598-2700/052-506-8522 http://crgjapan.com

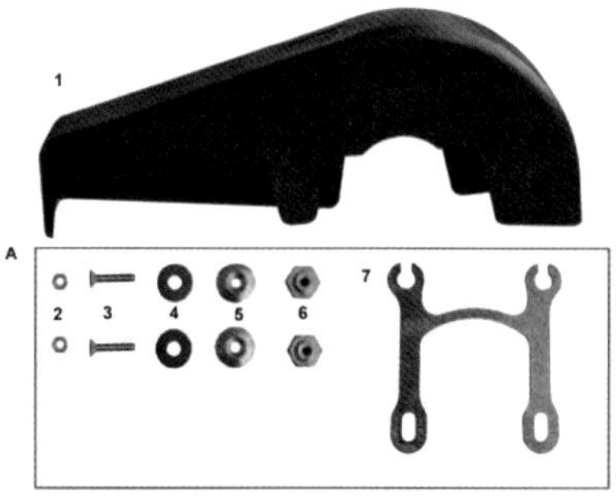

DDチェーンガードonly/
DDチェーンガードサポートキット

フルカバードタイプのチェーンガード&サポートキット。

Newタイヤチェンジャー
Ver.16

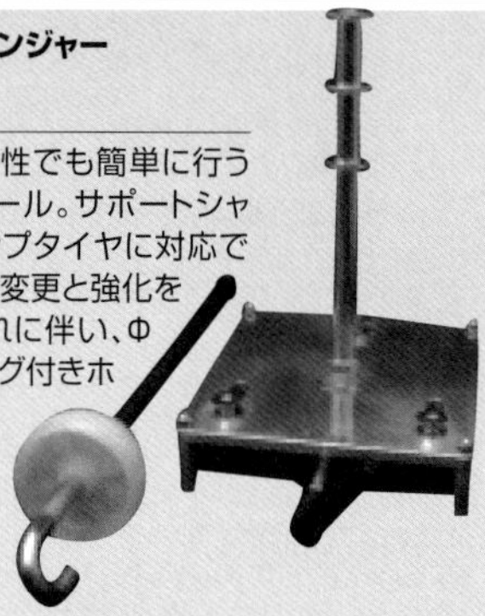

タイヤ交換を女性でも簡単に行うことができるツール。サポートシャフトをハイグリップタイヤに対応できるよう、材質の変更と強化を行っている。それに伴い、Φ17mmベアリング付きホイールを交換する場合はオプション品となる。

タイヤチェンジャー
専用ブラケット

タイヤチェンジャーを利用し、頻繁に取り外す人に便利なブラケット。下からM8ボルトで固定、上からM6ボルト・ナットで固定するなど多彩。

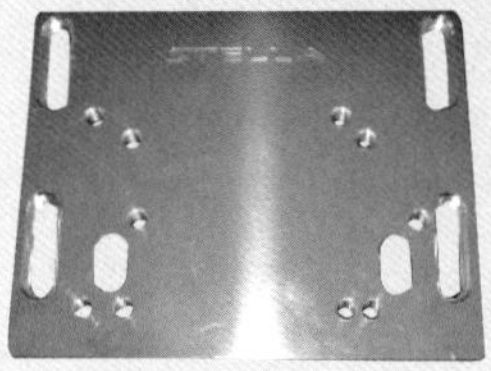

4stジュラルミン
エンジンマウントプレート

KTやMAX、PRDホールのマウントを取り付けることができ、STELLAマルチアッパーマウントを使用すれば、より低重心となる。270ccエンジンを使用しない場合は、こちらが軽量コンパクトとなる。

スポーツカートマルチエンジンプレート

4stスポーツカートエンジン用プレート。ジュラルミン製の12mmのプレートで主要なスポーツカート用エンジンに対応している。

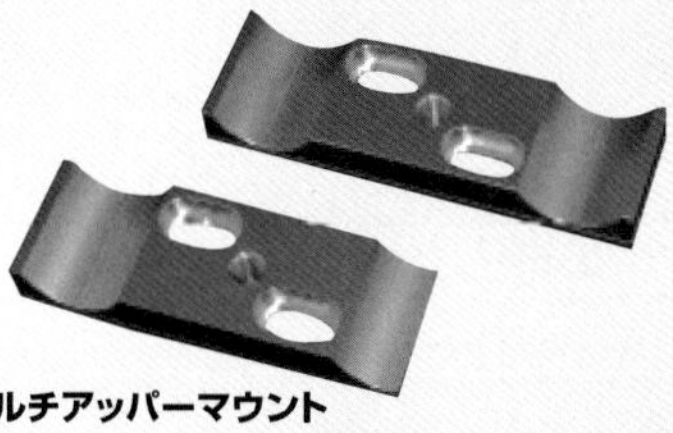

マルチアッパーマウント

手元の補強プレートに取り付ければ低重心マウントに早変わり。これがあれば、いろいろなマウントを低重心で作ることができる。

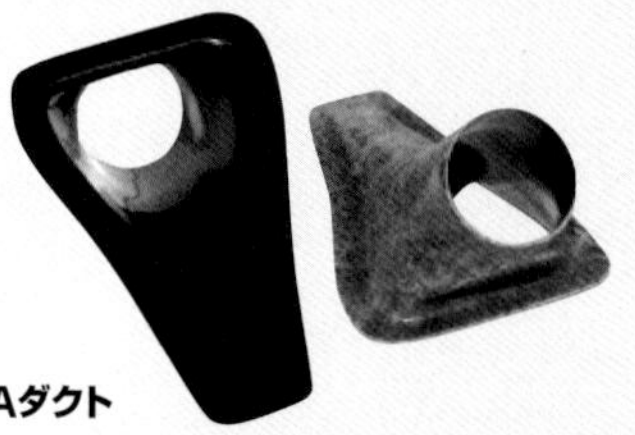

NACAダクト

空気取り入れ口の抵抗を最小限に抑え、効率よく空気を導入させる。ブレーキダクトやエンジンの冷却に使用。

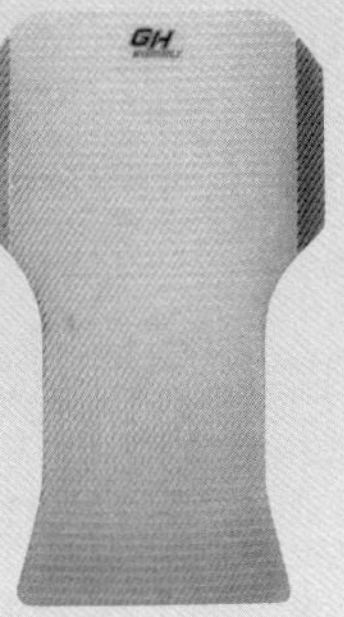

フロアパネルSILVER

FRP製フロアパネル。

フレームプロテクターFRPタイプ

軽量のFRP製フレームプロテクター。

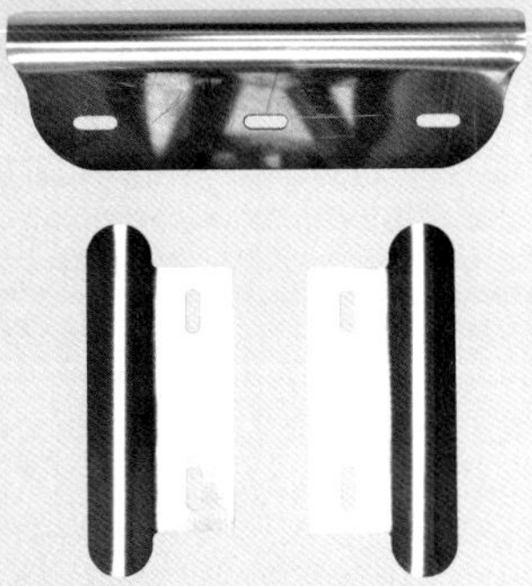

フレームプロテクターステンレスタイプ

ステンレス製のフレームプロテクター。

FRIXA BRAKE SYSTEM フリクサ

●問い合わせ先:㈱INTREPID JAPAN
TEL092-806-1613 http://www.intrepid-japan.com/

ブレーキパッド

韓国の大手ブレーキパッドメーカーFRIXA社製。OTK BSD用と旧型BS5/6用にそれぞれハード・ミディアム・ソフトの3種類が用意されている。

MOLECULE モレキュール

●問い合わせ先:
㈱INTREPID JAPAN
TEL092-806-1613 http://www.intrepid-japan.com/
㈱ナガハラサービス CRG JAPAN
TEL077-598-2700／052-605-8522
http://crgjapan.com

ヘルメットケアクリーナー&ポッシュ

ヘルメットの掃除、艶出し、保護がこれ1本で可能。ヘルメットにこびりつくタイヤカス、オイル、虫の死骸やホコリまで幅広く使用できる。バイザーにも使用可能。スプレーして吹き上げる簡単作業でヘルメットケアができる。

sparco スパルコ

●問い合わせ先:㈱ナガハラサービス CRG JAPAN
TEL077-598-2700/052-506-8522
http://crgjapan.com

カートカバー

カートをすっぽりと覆うカートカバー。RED&BLUEの2色。

タイヤバック

タイヤの持ち運び、保管に重宝するバック。

CRG シーアールジー

●問い合わせ先:㈱ナガハラサービス CRG JAPAN
TEL077-598-2700/052-506-8522
http://crgjapan.com

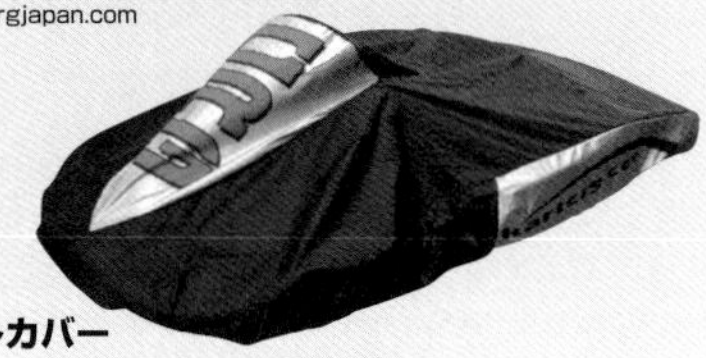

カートカバー

雨の日や日差しの強い日に重宝されるカートカバー。デザインも一新され、撥水性も向上している。外装のカウルはもちろんエンジン、タイヤを装着した状態でカート全体を覆うことが可能。ラジエター付きのKFクラスにも対応する。

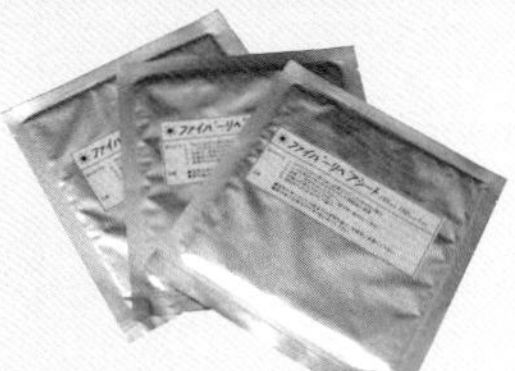

ファイバーリペアシート

手軽で簡単、スピーディーに補修作業ができる。シートの穴あきやシートステー部の補修などに使用する。紫外線で20～30分で硬化するため、コースでの急な補修にも対応できる。

ITALSPORT イタルスポーツ

●問い合わせ先:㈱ナガハラサービス CRG JAPAN
TEL077-598-2700/052-506-8522 http://crgjapan.com

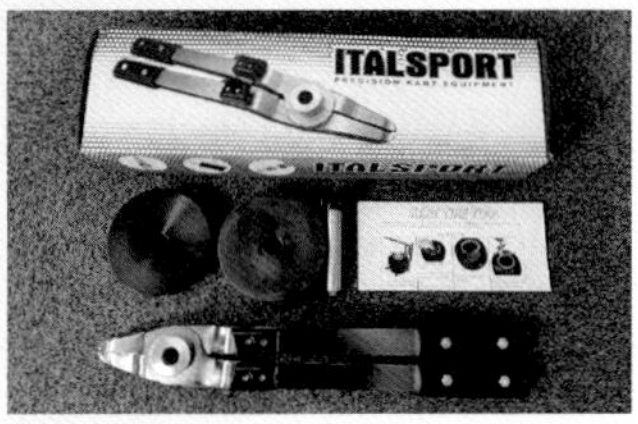

カートタイヤTOOL

タイヤ交換時に使用するツール。余計な力を使わずに、スムーズにタイヤの取り外しを行うことができる。ホイールアタッチメントが2種類付属し、ほとんどのホイールに対応する。

GREYHOUND グレイハウンド

●問い合わせ先:
㈱INTREPID JAPAN
TEL092-806-1613
http://www.intrepid-japan.com/

フロアパネルカーボン

グレイハウンド社が製造したカーボンフロアパネル。高い反発力と軽量さを兼ね備えている。

ステアリングコラムサポートロック

ステアリングシャフトのコラムサポート付近に装着。取り付ける際にステアリングコラムサポートとの距離及び取り付け位置によって、縮み方向と伸び方向の動きを調整することができる。

Tecno テクノ

http://www.kart-tecno.com/
●問い合わせ先:㈲エーアールエス
TEL042-556-5432 http://www.akasakaracing.jp

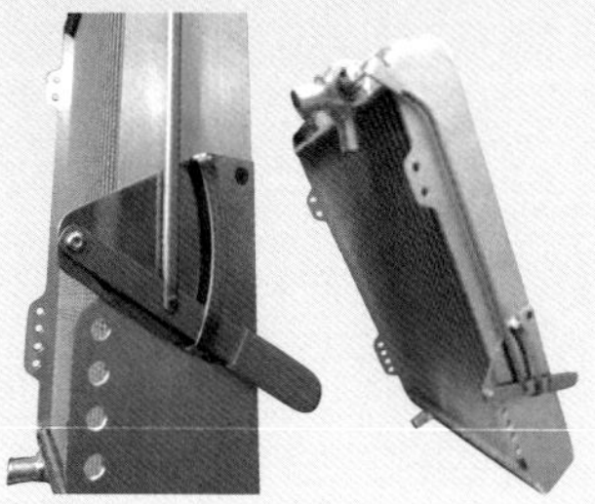

ラジエター

シャッター、サーモスタッド、水温コントロールデバイス不要。レバー操作で水量をコントロールする。サイズは3種類（幅245／265／285mm いずれもコアは-5mm)がラインナップ。

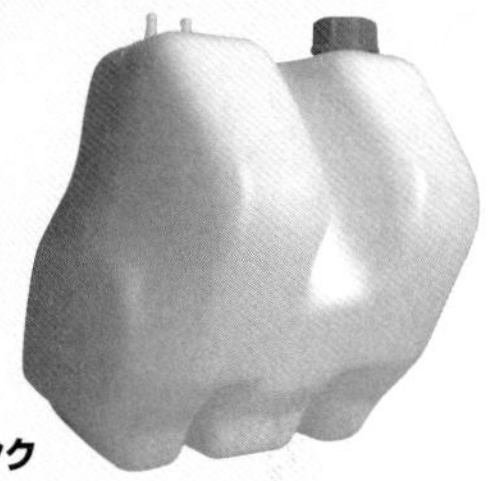

9.6Lタンク

タンク形状を改良することにより、燃料の片寄りを防止。耐久レースなどでも活用できる。

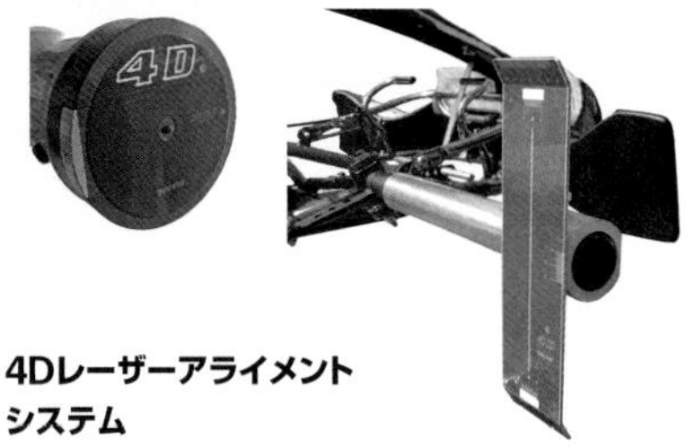

4Dレーザーアライメントシステム

レーシングカートは正確なアライメントが要求される。レーザーで正確にアライメント調整をすることができるように開発され、使い方も簡単。

alpinestars

●問い合わせ先:SPK㈱
https://cuspa-spk.jp/alpinestars

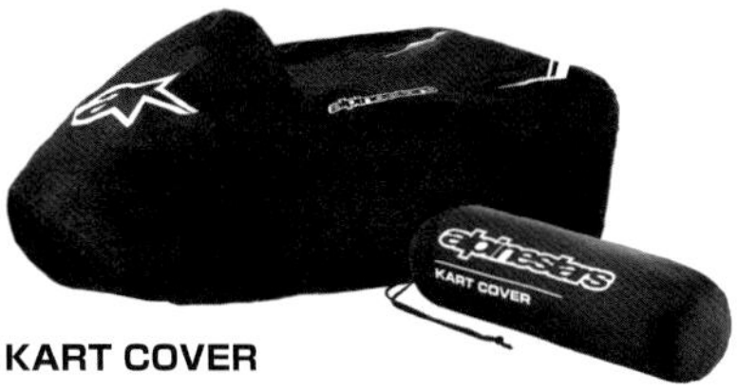

KART COVER

パドックでの汚れやホコリからカートを保護し、雨天時にはカートをドライに保つ。伸縮性のある形状により、あらゆるクラスのカートに適合。収納バッグ付き。

KZ006
アルミラジエター

KJ001
アルミラジエター

KJ002
アルミラジエター

KZ006 DOUBLEアルミラジエター
(395×245×40)

KZ400 DOUBLEラジエター
(395×290×40)

KE KZ004/006 DOUBLE ラジエターはKE社が開発した新型ラジエター。冷却水の入り口と出口の両方が下部にあり、冷却水は従来の上部からの落下式と違い、下部から入りラジエター内部を上昇、「逆Uの字」を描き再び下部へ下降し出口よりエンジンへと戻っていく。このシステムの採用により、従来より冷却水がラジエター内部を通る時間と冷却効率を増大させ水温を4℃～5℃下げる効果をもたらす。気温25℃以上の環境で冷却効率の性能差が表れ、通常さらに大型のラジエターを装着する場面でも、ラジエターの交換をするシチュエーションが減少。大型ラジエターを装着することで車重や空気抵抗が増えるデメリットもなくなりる。※ラジエターステー込みの商品。

ラジエターフィン

ラジエターシャッター(X30純正用)

プロテクター

スーツなどにスプレーして乾かすだけで繊維に耐久性のある保護コーティングを形成し、水・油・可燃性液体を弾くことができる。特に油汚れが付きやすい背中の部分などに効果を発揮する。

リフレッシュ

レーシングスーツやヘルメットの内装に使用できる抗菌成分配合の消臭剤。

KE Technology ケーイー テクノロジー

●問い合わせ先:㈱INTREPID JAPAN
TEL092-806-1613
http://www.intrepid-japan.com/

KZ004アルミラジエター

ラジエター製造メーカーのKEテクノロジーは、最良のラジエターを目指して試行錯誤する中、ダブルコアではなくシングルコアで最良の構造を発見。メーカー直系のワークスチームなどに採用されている。

HB-Line HL002
ホビー ラジエター
(395x240x40)

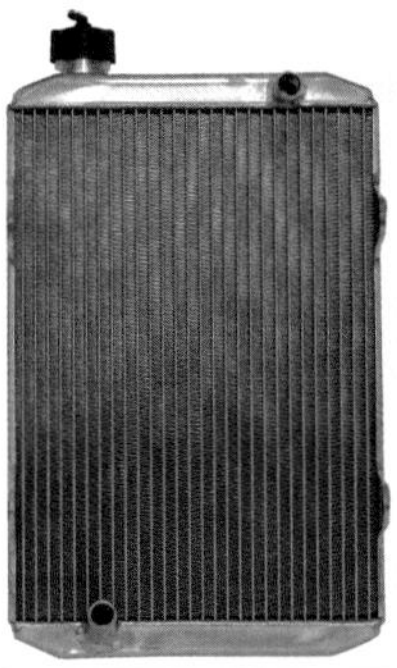

HB-Line HL004
ホビー ラジエター
(395x290x40)

「HB-Line HL002/004」はKEラジエターがホビーユーザー向けに開発したエコノミーなラジエター。冷却効率は最上級モデルには及ばないものの、全日本など最高峰カテゴリー以外においては重宝する価格帯のラジエター。ラジエターステーも全てコンプリート。

ヘルメットケア
レインレベル

雨天時の視認性を向上させる撥水スプレー。バイザーなどに均一に散布し、乾燥後に乾いた布で拭き取る。水の表面張力を高め、水滴と表面との間の摩擦を軽減し、すばやく水分を排出することで視野をクリアに保つ。

ヘルメットケア
アンティフォグ

ヘルメット、バイザーなどの曇りを防ぐ。バイザー内側に散布し、乾いた布で拭き取る。

ヘルメットケア
リフレッシュ

ヘルメットはもちろん、スーツやアパレル等にも使用できる消臭剤。細菌による臭いを抑える抗菌物質を配合し、生地の種類を問わずに使用できる。

クリーナー

車のボディ等についた虫の死骸、サーキット、ダートコースでこびりついたタイヤカス、ブレーキダスト、油汚れなどを水を使わずに安全に簡単の落とす。カートのチェーングリスが飛び散るリア周りにもオススメ。

ディテイラー

多少のホコリであれば、拭め取りながらボディの艶出しが可能。カートのカウルにも使用できる。

ウォッシュ

自宅の洗濯機でレーシングスーツ(ノーメックス生地も可)などを洗濯できる。油汚れや様々な汚れにも効果を発揮する。

スポットクリーナー

特にひどい油汚れにはスポットクリーナーが有効。ノーメックス繊維に深く浸透し汚れを浮かせる。ウォッシュの前に汚れの目立つ場所に使用しよう。

KE Technology ケーイー テクノロジー

●問い合わせ先:㈱INTREPID JAPAN
TEL092-806-1613

KE ウォーターポンプホース 3カーブ（レッド／ブラック）

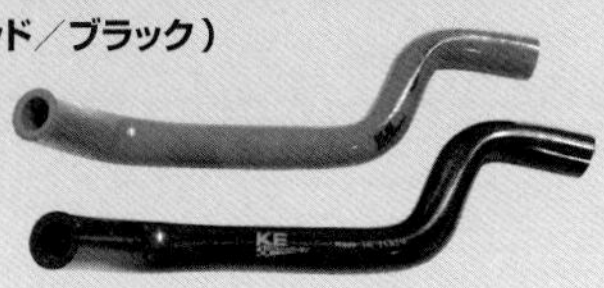

KE ウォーターポンプホース 4カーブ（ブラックのみ）

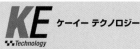

KE ラジエーターホース シリコンCURVA（2個／1set）（ブラック／ブルー／レッド／イエロー）

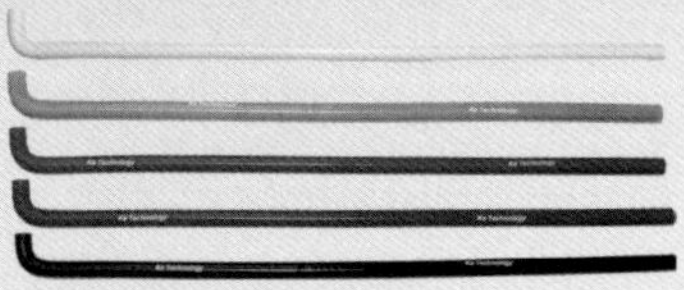

KE ラジエーターホース サポート（2個／1set）（ブラック／ブルー／レッド／イエロー）

複雑なカーブをえがくウォーターポンプ廻り用に最初から曲げ加工がしてあるホースが登場。このホースの最大の利点は、ウォーターポンプの水流排出口の向きを下にすることができること。ウォーターポンプの水流排出口が上方向に向く事で、水の流れの中で圧力差により短時間に気泡の発生と消滅が起きるキャビテーションと呼ばれる物理現象が発生する可能性があり、キャビテーションが起こることでウォーターポンプが本来の性能を発揮することができず、ラジエーターを含めた冷却効率にまで影響を及ぼし、またウォーターポンプの羽などの消耗も早める。あらかじめ角度がついた「KE ウォーターポンプホース」を使用することで、ウォーターポンプ排出口の位置を（ウォーターポンプメーカーの形状にもよりますが）下げることができ、キャビテーションの発生を抑制。

Sniper スナイパー

●問い合わせ先:㈲ビレルパシフィック
TEL048-789-6795　http://www.birel.jp/

SA INOX

レーザーを使用したチェーンアライメントツール。コンパクトなデザインで作業性が向上している。

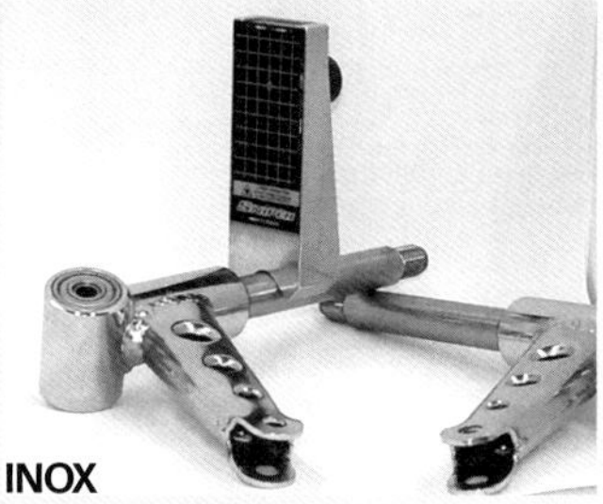

V2 INOX

レーザーによるアライメントゲージ。磁気性のV字ブロックの採用により、幅広い車種に対応し作業性が向上している。

ADJUSTABLE FOOTREST SYSTEM

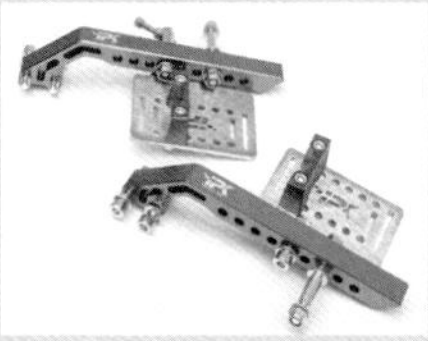

アルミ製のフットサポート。ドライビングポジションの調整に欠かせない。

RIGHT ADJUTABLE SEAT SUPPORT

様々なパーツの干渉を避けるため湾曲して作られたサブシートステー。

NEK

●問い合わせ先:㈱スクアーロ
TEL.0467-86-7278
https://squalo.ltd

KEVLER SHELL SAVE FRAME

シャシー裏側、縁石などにヒットした時のダメージからメインフレームを保護するフレームガード。ケブラー素材を採用することにより、高耐久性を確保。両面テープで貼り付けるだけの簡単装着。

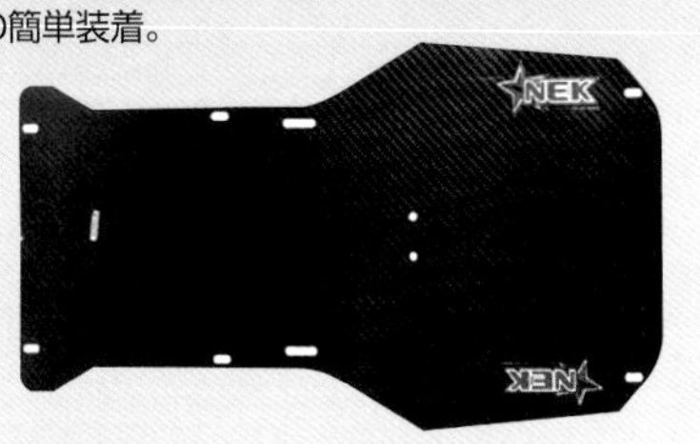

CARBON FLOOR PLATE IPK VERSION

写真の IPK バージョン以外にも BirelART、RICCIARDO バージョンも有り。

RADIATOR SUPPORT

水冷エンジンのラジエターホースをスタイリッシュにクランプ。R ピン方式のため、ワンタッチでの脱着が可能。

sinter Power of control シンター

●問い合わせ先:㈱INTREPID JAPAN
TEL092-806-1613

ブレーキパッド上位モデルElite

40年以上にわたりカートメーカー純正ブレーキパッドを製造してきたSINTER社が、各ワークスチーム依頼のもと作り上げてきた最高峰レース用ブレーキパッドのデータをベースに汎用化を行った上位モデルで、全ての項目で既存品を上回る性能を誇る。

KC

●問い合わせ先:
㈱INTREPID JAPAN
TEL092-806-1613
http://www.intrepid-japan.com/

ゼッケンステッカー0～9各種

CIK レギュレーションに準拠したゼッケンステッカー。

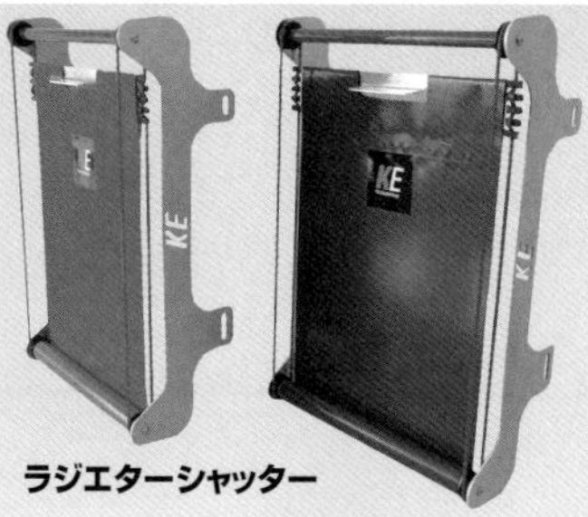

ラジエターシャッター

ウォーターポンプ

アルミキャッチタンク

K-KART ケーカート

●問い合わせ先:カートパーツセンター
TEL079-440-5332
http://www.kart-parts.com/

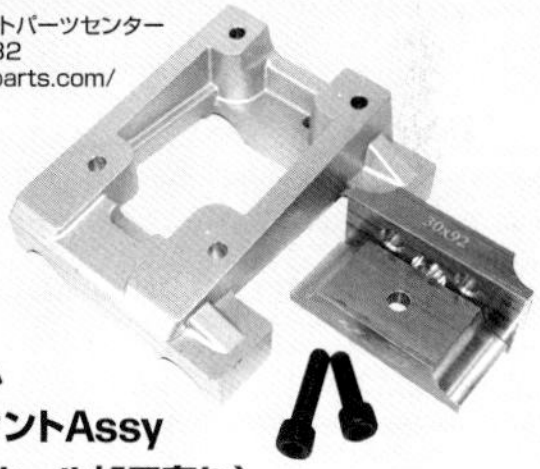

マグネシウム エンジンマウントAssy 92-φ30（ホール加工有り）

エンジンマウントの新定番。標準ナナメカット仕様のマグネシウムエンジンマウントが登場。特筆すべきはマグネシウムの特性を活かした軽さと強度。ロアマウントを含めても1000gを下回りなんと920g（※穴開け加工無しの状態）。シンプルなデザインながら十分な肉厚を有しているため、外部からの攻撃やエンジンの振動に対しての衝撃吸収性に優れている。駆動部へブレが少なく安定した動力伝達にも貢献。

IPK Praga

●問い合わせ先:㈱スクアーロ
TEL.0467-86-7278
https://squalo.ltd

BRAKE OIL DRAINING TOOL

ブレーキオイル交換やエア抜きの際に使用する。マスターシリンダー側のドレン部サイズがM10／ピッチ:1.0であれば他メーカーへも取付可能。

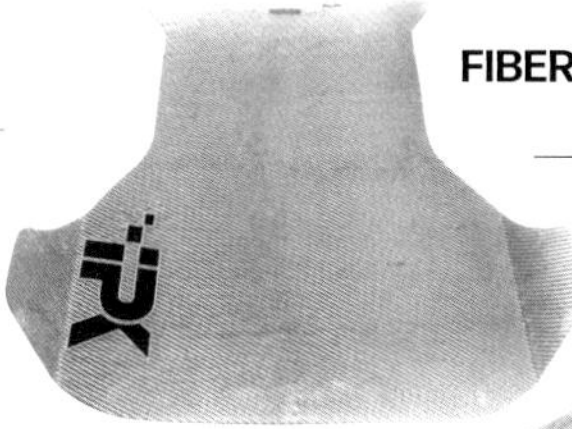

FIBER FLOOR PLATE

ソフトからハードまで、3段階の硬さを選べるフロアプレート。

PRAGA KART COVER

カートをすっぽり覆うカートカバー。

ジュラン

●問い合わせ先㈱タニダ
TEL052-871-3741
http://www.tanida-web.co.jp/

Brake Pad

コントロール性重視のKP1と制動力のKP2、ふたつのパッドを用意。

ARS エーアールエス

●問い合わせ先㈱アカサカレーシングサービス
TEL042-556-5432 http://www.din.or.jp/˜akasaka/

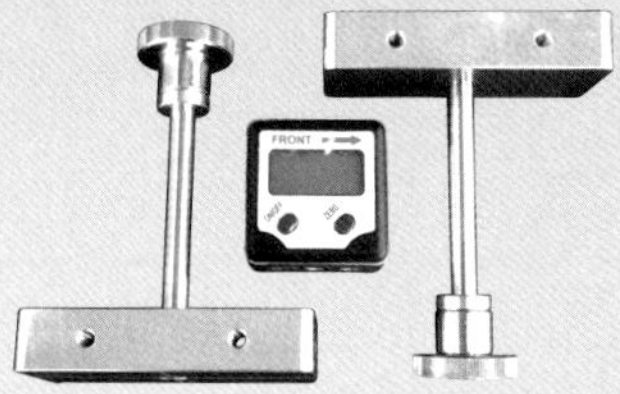

アライメントアジャスターツールセット

本体に付属しているステーをキングピン穴に挿し固定するだけでキャスター角、キャンバー角の測定が正確に、しかも簡単にできるツールセット。

SKF エスケーエフ

●問い合わせ先㈱タニダ
TEL052-871-3741
http://www.tanida-web.co.jp/

カートユニット

低摩擦と特許ロック構造により性能を向上。高性能回転ボールを採用し、パワーロスを極限まで抑制。独自ロック構造で均等に締め付けられるため偏心が起こりにくい。ユニットの交換、取り付けがしやすく作業時間を短縮。ネジが当たらず、アクスルシャフトへのダメージを軽減できる。

YAMAHA

ヤマハ

●問い合わせ先：㈱菅生　TEL0224-83-3115　http://www.yamaha-motor.co.jp/kart/

モデル	備考
SL22	SLレース、YAMAHA SS／SSS／155SS／レディースクラス指定タイヤ。
SL-FD	SLレース、YAMAHATIA-Jr／TIA／SS-J／レジェンドクラス指定タイヤ。
YRA-2	晴雨両用のオールウェザータイヤ。

MOJO

モジョ

●問い合わせ先：㈱栄光　TEL052-803-7055　http://www.eikoms.com/

モデル	備考
D5	RMCマスターズ、シニアと上級クラス用ハイグリップタイヤ。耐久性にも優れ、スムーズなグリップ力で安定したドライビングを可能としたモデル。
D2	RMCシリーズ、ジュニアマックスクラス指定タイヤ。
W2	RMCシリーズ指定レインタイヤ。すべてのクラスで採用されている。

UNILLI

ユニリ

●問い合わせ先：㈱栄光　TEL052-803-7055　http://www.eikoms.com/

モデル	備考
UNILLI	エンジョイクラスとして定着しているMAXノービスクラス指定タイヤ。ずば抜けた耐久性でエンジョイカーターのタイヤとしてはベスト。コストパフォーマンスにも優れている

MAXXIS

マキシス

●問い合わせ先：依田商店　TEL.045-550-3605　https://www.yoda-shouten.com/

モデル	備考
SLH	台湾製マキシスタイヤのSLタイヤ相当のスペック。この他のスペックも取り扱っている。
MA-SR1 PRIME CIK	最高峰クラスのカート競技でのレース用に作られた高性能CIK公認カートレーシングタイヤ。
NW11／NW12	CIK公認のハイグリップレインタイヤ。
MAXXIS SPORT	高いグリップ力を維持しながらも、ロングライフを実現　ホビーユーザーはもちろん、KTオープンクラスにも最適なタイヤ。

DUNLOP

ダンロップ

●問い合わせ先：㈱ダンロップタイヤ　TEL0120-39-2788 https://tyre.dunlop.co.jp/

モデル	公認	PRIME	備考
DHM	CIK-FIA公認	PRIME	CIK公認プライムコンパウンドタイヤ。 幅広い温度域で高いグリップ性能と耐摩耗性を発揮
W15	CIK-FIA公認	WET	高いグリップ力と耐久性を維持したコンパウンド。 信頼のパターンが安定したウェット性能を発揮。
SL6	JAF指定	SL TYPE	初級から上級まで幅広いクラスを支えるSLスリックタイヤシリーズ。
SL9	JAF指定	SL TYPE	優れた耐摩耗性にグリップ性能を向上。 より安定した走行を実現する。
SL83 SLJ	JAF指定	SL TYPE	SLレースの入門向けとして開発された長い歴史を持つタイヤで耐磨耗性能を重視している。ジュニアクラス用にナロートレッドとなっている。
SLW2	JAF指定	RAIN	ウェット性能と耐摩耗性能を両立。 フロントのサイズアップで操縦性を向上。
SL98	JAF指定	ALL WEATHER	晴雨どちらでも使用できるオールウェザータイヤ。
DRK-L1	-	レンタルカート	高い操縦安定性とライフ性能をバランスさせたレンタルカート用タイヤ。
DRK-SP	-	レンタルカート	スポーツ性能を重視したレンタルカート用タイヤ。
KE-1	-	-	電動カートへのシフトに伴う車体重量増に対応し優れた操縦安定性能とグリップ力の両立を実現。

NEXXIVE

ネクシブ

●問い合わせ先：ファーストライン㈲　https://nexxive-tyres.com

モデル	備考
S1K	耐摩耗性に適度なグリップ力を両立させたハードコンパウンドタイヤ。
SiL	優れたロングライフを実現させたハードコンパウンドタイヤ。

自分にフィットしたマシンへ!

セッティングの基礎知識

レーシングマシンであるカートはとても繊細だ。少しの変化で、乗り味が大きく変わり、タイムにダイレクトに現れる。常に最速を追い求めるレーシングマシン。その探求に終わりという言葉はない。いかに速いマシンを作っていくか。それこそがセッティングの真髄だ。

天候、気温、路面温度、気圧、風速、日照、路面状況……。アウトドアスポーツであるレーシングカートは、自然条件にさらされるスポーツでもある。それぞれの違いにより、カートが発揮する性能の変化していき、それがタイムへと反映される。

そんな様々な外的要因に、いかにカートをアジャストし、常に最適な状態とするのか。それがセッティングのテーマでもある。

レーシングマシンであるカートは、速く走ることを宿命付けられている。その使命を果たせるよう、乗り手側が手を加えてあげるのだ。

このセッティング、いわゆる物理学の範疇で起こっていることなので、ある一定の法則はある。ただし、操るのが人間であり、状況も刻々と変化するため、絶対というものがなく、「正解」は都度変わっていく。逆に言うと、いかに「失敗」を少なくするか。それがセッティングの真実を示す一つの側面と言えるかもしれない。

同時に、セッティングはデータを積み重ねることで、「正解」を出す確率を高めることはできる。そのためには、データの蓄積が大切となる。普段の練習段階からデータを集めておくことが重要なのだ。今はデジタルでもデータを残せるが、手書きのノートをつけるのもいいだろう。

セッティングは、積み重ねたデータと経験、そして理論、さらには「勘」で正解へとたどり着くもの。しかし、その正解も一瞬後には不正解になっているかもしれない。そんな深い沼のような世界なのだ。

それだけに、一度ハマりだすと面白くて抜け出せなくなる。そして、セットをいじればいじるほど、そのカートへの理解が進み、さらに色々なことを試してみたくなるのだ。

ここでは、セッティングの基本原理をシャシーとエンジンに大きく分けて解説している。ただし、前述したように、カートやドライバーは物理学そのままに動くものではないため、ここにあるのはあくまでも基礎的な考え方、効果についてだ。実際には自然環境などの影響も受け、またドライバーのメンタルなどの影響も加味していいセッティングは導き出される。まずは、基礎に則りながら、様々なことを試してほしい。

その際、セッティングの根本の考えとして持っておきたいのは「どれだけタイヤをうまく使い仕事をさせるか」だ。タイヤは路面と接する唯一のパーツで、加速・減速もコーナリングも、全てタイヤから路面への入力があって初めて、カートは動き出すのだ。つまり、タイヤに最大限の仕事をさせることができれば、速く走ることに直結するのだ。それを忘れずに、「タイヤと会話」しながらセッティング沼にハマっていこう。

シャシーセット編

【トレッド】

シャシーセットの基本メニュー、まず1つ目はトレッドだ。この場合のトレッドは左右タイヤ間の距離を指す。

トレッドには前輪の左右間隔であるフロントトレッドと、後輪の左右間隔であるリアトレッドの2つがあり、それぞれに目的・期待する効果が異なっている。大きな理由は、操舵輪であるか駆動輪であるかということだ。

フロントトレッドの調整は、フロントホイール装着の際に、ホイールの内側に入れるカラーを何枚にするかで調整する。カラーを多く入れれば、その分ホイールは外側に出るため、トレッドは広くなり、カラーを少なくすればホイールが内側に入るためトレッドは狭くなる。

では、フロントトレッドの広狭は、どんな効果を生むのか。それには、ステアリング操作時のフロントタイヤの動きが大きく関係してくる。

カートのフロントタイヤは、ナックルのキングピンが後傾しているため、イメージ的には顎をあげたような取り付けとなっている。ステアリングを切ると、後傾したキングピンを軸として、フロントタイヤは動くこととなる。それがどんな動きかというと、左右方向へと首を振る動きに加え、上下方向へと位置を変えていくのだ。内側のタイヤは下方向へ、外側のタイヤは上方向へと移動。この上下運動によって、カートはアウト側前下がりの姿勢を作りやすくなる。

この上下運動は、ナックル部とタイヤとの距離が遠いほど大きく現れる。フロントトレッド調整の狙いはここで、トレッドを広げると上下移動が多くなり、狭めると上下運動も少なくなるのだ。上下運動の移動幅を変えることで、アウト側前下がりの姿勢を作りやすくするかどうかを調整しているのだ。

こう聞くと、常にトレッドが広いほうがいいのではないかと考えるかもしれない。しかし、そうではない。同時に、ステアリング時のフロント剛性も考えなければならないからだ。

剛性が足りないと、ナックルスピンドルが耐えきれず変形するなど、せっかくの運動エネルギーをロスしてしまうことにもなる。それは、ときにマイナスに働くほどのロスになるのだ。

同時に、トレッドはフロントのみを取り出して考えることはできず、リアとのバランスも考慮しなければならない。常に、最適な前後バランスを見つけなければならないのだ。

では、リアトレッドの役割とは何だろうか。

リアトレッドの調整は、フロントのようにカラーではなく、リアホイールハブの取付位置を左右にスライドさせることで調整する。ただ、昨今のカートはリアに大型バンパーが取付けられ、このバンパーの側端とサイドボックス後端外側とを結ぶ直線よりリアタイヤが出ていなければならないというレギュレーションがあり、さらには最大幅が1400㎜とされているため、実際のリアトレッド調整幅は片輪10㎜程しかない。それでも変化は期待できるのがカートのセッティングだ。

リアトレッドとグリップ

リアトレッドとグリップとの基本的な関係は、図解するとるとわかりやすい。ここでは、実際より大げさにセット変更を行った想定としている。

重心位置は［★］部分とする。その重心からタイヤの接地面中心を通るベクトル［A］は、どちらのセッティングでも同じ力のため、同じ長さとしている。

トレッドの狭いセット1と広いセット2は重心位置からタイヤ設置面までの距離が変わるため、タイヤから先に伸びるベクトルの長さも異なってくる。

タイヤから先に伸びているベクトルは、タイヤを通して路面に伝わる力、つまりトラクションの量を示している。セット1のほうが、より多くの力がタイヤを通じて路面に伝わっているのが分かる。

一方、横Gに耐える横方向のグリップに関しては、路面へと伝わる力の入力角度が問題となる。より水平に近い角度の方が、横グリップを得ているため、浅い角度で伸びているセット2の方が横グリップを多く、速いコーナリングスピードを可能としている。

実際のセッティングでは縦方向のトラクションと横方向のグリップのバランスを取ることが重要となる。

フロントホイールアライメント

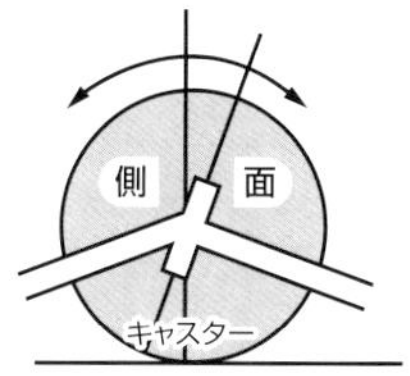

キャスター角
前輪を側面から見て、操舵軸となるキングピンと地面との角度のこと。カートでは、キングピンには後傾角がつけられている。

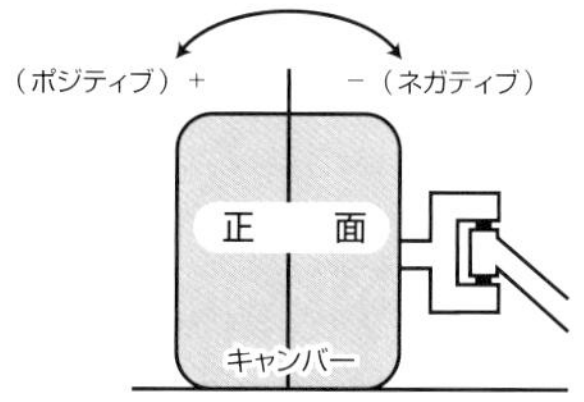

キャンバー角
前輪を正面から見たときの傾き。内側に倒れているのがネガティブ、外側に倒れているのをポジティブと呼ぶ。

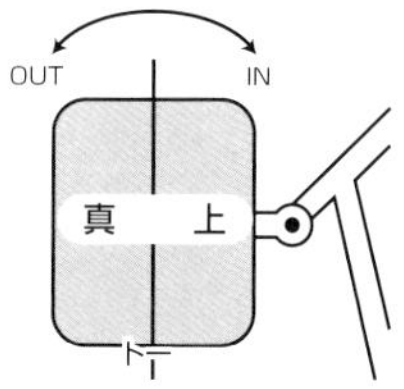

トー角
タイヤを真上から見たときの進行方向へ向かう角度、内股をトーイン、がに股をトーアウトと呼ぶ。

アライメントの調整には、トー角以外は偏心キングピンやアライメントアジャスター機構が備わっていなければならない。各社の上級シャシーには、ほぼアライメントアジャスターが標準装備となっている。ただし、このアライメントアジャスターの多くは、キャスター角とキャンバー角が同時に変化していくものが多い。

リアトレッドに期待されることは重心位置から接地面までの距離と角度を変化させることによるグリップとトラクションのバランス変化だ。

わかりやすく大原則のみを挙げれば、リアトレッドが狭ければトラクション重視、トレッドが広い場合はグリップ重視と考えることができる。

さらには前後バランスも考えなければならない。

これらをバランスさせるためには、外的要因であるタイヤ自体のグリップ、路面のグリップレベルなどを考慮しなければならない。一般的には路面のグリップレベルがいい場合（好天、路面グリップ高い等）は路面でグリップが稼げるため、トレッドは「フロント＝狭い、リア＝広い」で、十分なグリップを生かしてスピードと荷重移動を発生させ曲げる、加速するように、ウェットなどグリップレベルが低い場合は「フロント＝広め、リア＝狭め」で低速でもカートの姿勢を変えやすく、かつトラクションもかけやすいようにセットする。

この基礎原理をベースに、それぞれのコースの特性や路面状況などに応じて、最適解を探っていくのが前後トレッドのセッティングだ。

【車高・シート高】

リアトレッドと同じように、重心位置と接地面の距離、角度を変えることでカートの動きを変えようとするのが、車高とシート位置の変更だ。

ただし、リアトレッドが基本的にはリアタイヤへの影響に限られるのに対し、これらは前後タイヤへ影響を及ぼすことになる。

現代のカートは、前後バラバラに車高を変えることができる。極端にいじろうとすれば、4輪全て車高を異なる数値にすることもできるのだが、それは現実的なセットとはいえないだろう。

車高でいえば、前下がりにするか後ろ下がりにするか、平行のまま上下させるさせるかといった選択肢がある。

前後とも同じように上げ下げした場合、グリップとトラクションも同じように変化していくことになるが、前下がり、後ろ下がりと前後で異なる車高とした場合、荷重が前に移動しやすくなるか、後ろに移動しやすくなるかに違いが生まれ、コーナリングのきっかけを重視するのか、立ち上がりの加速を重視するのかといった選択ともなる。

車高の調整は比較的簡単なため、天候の変化に合わせて変えていくことも多いが、これがシート位置となるとちょっと面倒だ。

カートの場合、シート位置はまずはメーカー推奨位置に取り付けることが多い。シート位置＝ドライバーの着座位置＝重心位置となるため、どこに重心を置くのがいいのか、テストで得られた結果を重視するからだ。そこから、コースレイアウトやドライバーの体型、乗り方などに合わせ、各所をセットしていっても今ひとつうまくいかなかない時、そのカートの根本を変える一つの手段としてシート位置の変更が有効となる。シート位置の変更は、「○㎜後ろに」とか「○㎜倒して」といった感じで行われるが、そのたびにシートには固定用のボルト穴が開けられることとなる。近接して多くのボルト穴が空いているシートは、その穴の分だけセッティングに悩んできたとも言える。

【エア圧】

トレッドと並びシャシーセットの常套手段となっているのが、エア圧のセットだ。これは、直接タイヤに働きかけようというセッティングメニューとなる。

カートはコースやヒートにもよるが10〜15周ほどの連続走行を繰り返す事が多い。その周回の中で、いつタイヤグリップのピークを持ってくるかが、エア圧セッティングの役割だ。

エア圧は、走行を繰り返しタイヤ内部の空気が温められれば、空気は膨張するため内側からタイヤを路面に押し付けることとなり、グリップをあげる効果を生み出す。ただし、路面に強く押し付けられたタイヤ表面は、路面との摩擦により発熱を継続していくため、いつしか設定温度を越えてしまい、逆にグリップ低下を招いてしまう。このグリップが高まり後に低下するという現象を、どのタイミングで発生させるか。それを考え、タイヤが冷えているときにどれだけの空気を充填しておくのか。これは、まさに積み上げたデータがあってこそ初めて、最適解を導き出すことができるセッティングでもあるのだ。

シャシーセットには他にもパーツの交換によって得られる効果もある。代表的なところではリアシャフト、フロアパネル、シートといったパーツを硬さの異なるものと交換すること、取り付け方法を工夫することで、細かい調整から大きな変更までが可能なのだ。それは、いろいろと試していくしかない。

エア圧とグリップ

タイヤに関するセッティングといえば、タイヤ内部にどれだけのエア（空気）を充填するかというエア圧だ。

エア圧を高めると、タイヤ内部から押す力も強くなり、タイヤ自体の剛性が高まるとともに、トレッド（接地）面が路面に強く押しつけられることとなる。強く押しつけられれば、その分摩擦熱も多くなり、トレッド表面の発熱が促されグリップが上がる。その熱が、さらに内部のエアに伝わりエアの温度が上がって膨張。よりトレッドは強く押しつけられる。

そのため、グリップが走行直後に上がりやすく、初期グリップが高くなる。その一方、グリップ維持には限りがあるため、早くグリップが上昇すれば、そのグリップが失われる（ベストなエア圧やタイヤ作動温度から外れていく）のも早くなる。

逆に、低いエア圧で走り始めると、タイヤ表面の発熱にも時間がかかるため、なかなかグリップが上昇しない（作動温度までタイヤ表面が温まらない）。しかし、グリップが落ちるのも相対的に遅いタイミングとなるため、走行終盤までタイヤグリップを持たせることができる。

この特性をうまく生かすと、レース時に序盤に高いグリップを得て逃げるか、終盤にグリップを得て追い上げるかといった作戦に活かすことができる。

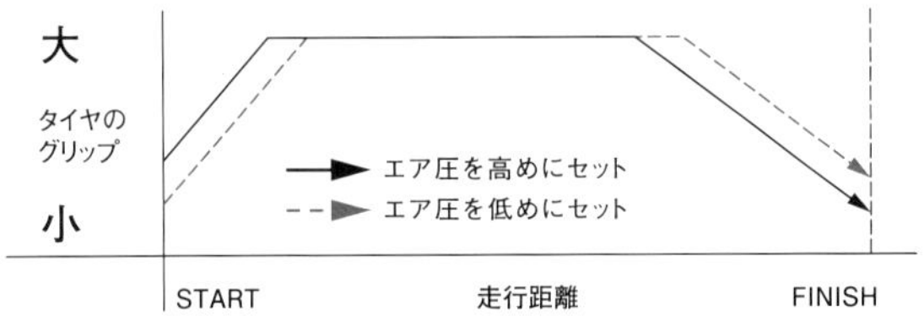

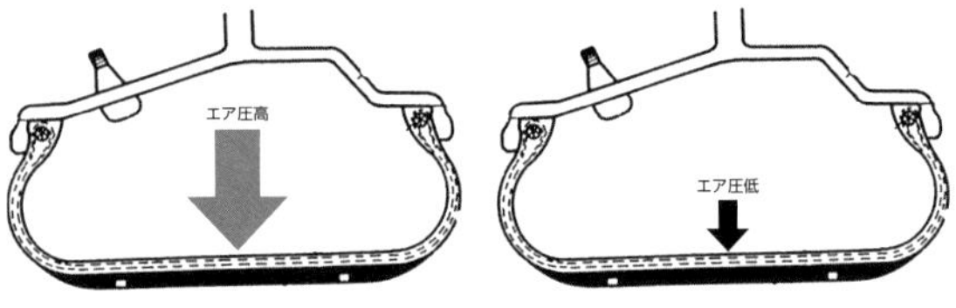

動力系

【ギア比】

動力系のセッティングで最もポピュラーなのが、ギア比の変更だ。ギア比とはエンジン側のフロント（ドライブ）ギアとシャフト側のリア（ドリブン）ギアの歯数のさ、比率のことだ。

日本で主流となっているダイレクトモデルのカートは、いわゆる1枚ギアでミッションを持たないためギア比の調整といえば主にドリブンスプロケットの交換で調整することとなる。

一般にはギア比を大きくするとコーナーからの立ち上がりが良くなるものの、最高速は伸びず、ギア比を小さくすると立ち上がりは鈍くなるが最高速は伸びる、となる。

ギア比の設定は、コースの平均速度を参考にする事が多いが、標準的なセッティングは使用しているエンジンを告げてコーススタッフに尋ねてしまうのが手っ取り早い。その標準から、前後1〜2枚分変更してみて、その効果を記録しておくといいだろう。

ギア比セッティングの効果

ギア比の変更はエンジンパワーをいかに使うかを変化させる。

ギア比を小さくすると最高速が伸び、ギア比を大きくするとコーナーからの立ち上がりが良くなる。カートの場合、走行中にギアチェンジができるわけではないので、1枚ギアでコース全体をカバーする最適なギア比を見つけなければならない。

ただし、ギア比もギア単独で考えるのではなく、タイヤのグリップやキャブレターのセッティングとも関わってくることは覚えておこう。

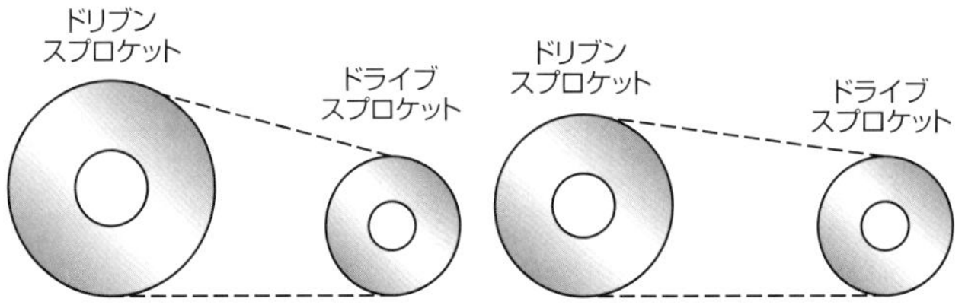

ドリブンスプロケットを大きくする		
最高速	→	遅くなる
加速	→	鋭くなる

ドリブンスプロケットを小さくする		
最高速	→	速くなる
加速	→	鈍くなる

【給排気系】

給排気系では、キャブレターのジェットの調整と、排気側のエキゾーストジョイントの長さがメニューとなる。

キャブレターは、走行中にも調整が可能。ノズルを回転させることで燃料の供給量を変化させることができ、それによりエンジンの出力、熱ダレなどを調整することができるのだ。キャブレターの調整は、一夜漬けでなんとかなるものではなく、経験が必要とされる。そのため、最近では上級クラスを中心にドライバーにはいじらせないといった風潮も強くなってきた。ただし、いじれないよりはいじれたほうが有利になることも間違いなく、実際に弄ってみたらどう変化が生まれるのかは体感したほうがいいだろう。

排気系は、マフラー一体式のエキゾーストが登場以来、あまり調整する余地がなくなっている。ただし、KTエンジンなどまだ調整可能なメジャーエンジンもあるので、こちらもどういった変化は生じるか、体感してみるといい。

カート用語の基礎知識

カートやレースにまつわる専門用語。日常会話には出てこない言葉もたくさんあって、知らないと戸惑ってしまうことも……。でも、人にも聞けないし……。

そんなあなたも、ここにある用語をマスターすれば、今日からカート&モータースポーツ通。周りに一目置かれるかも !?

あ行

【アース】　電気の接地回路。カートやクルマでは一般の送電のようにプラス・マイナスの2線式とは別に、車体を電気回路として配線を簡略化、単線で済ませるようにできている。

【アール（R）】　半径（radius）を表す記号。50Rとあれば、半径50mのコーナーを示す。また「アールをつける」などと角の丸みのことも言う。

【合図旗】　コースを走るドライバーに指示、命令を伝える旗。信号旗、フラッグ。

【アイドリング】　エンジンをかけていてアクセル操作のない空転状態。

【アイドルニードル】　エンジンの低回転域を調整する気化器の操作部品。

【アウト】　外側の意。コースや規定線（ライン）、区域（エリア）から外れること。コースアウト、ピットアウトなどと使われる。

【アウト イン アウト】　コーナー通過の代表的なライン取りのこと。コーナーのアウト（外）側からイン（内側）を目指して外側に抜ける。これによりコーナー半径を大きく取れ、コーナリングスピードの低下が防げる。

【アクスル】　車輪が装着される回転軸のこと。アクスル・シャフトとも言い、カートでは後輪を装着するリア・シャフトを指す。シャフトとはいうが中空のパイプ（鋼管）で、その径と肉厚がシャシー剛性に関わる。レースでは使用できる径のサイズが規制される。

【アクセル】　アクセレーター（加速器）の略。一般的にはアクセルペダルを指す。このペダルを踏み込むとキャブレターのスロットルバルブが開き、エンジンに燃料が多く送られ、回転が高まり、出力が増し、スピードが速まる。カートではスロットルペダルと言うこともある。

【アジャスト】　調整、調節のこと。シートやペダル位置、車高、タイヤ空気圧、ステアリング切れ角、ウエイト量。さらにはブレーキの踏みしろや操作具合、あそびなど、調整、調節の可能な部分に手を加えること。

【アッカーマン（ジャントウ式）】　前輪の舵取り装置で、ナックルアームという関節機構を発明したイギリス人の名。さらにナックルアームの働きを、アウト側よりもイン側の旋回角度を大きくできるよう改良したのがフランス人ジャントウで、これによりコーナリングでは常にイン側の車輪が大きく舵取りされるようになり、スムーズに旋回できるようになった。

【圧縮比】　エンジンのシリンダー内にあるピストンが最下位（下死点）にあるとき＝シリンダー容積+燃焼室容積とピストンが最上位（上死点）＝燃焼室の容積のみとなるときの比率。エンジンはガソリンと空気の混合気を圧縮、点火・爆発（燃焼）させて動力を発生する。圧縮比が高ければ熱効率が高まり出力を上げられるが、高圧縮が過ぎると正規の点火前に混合気自体が自己発火する異常燃焼が生じ、重大故障がおきてしまう。

【アッセンブリー】　部品、装置などのセット、組み立て品、組み立て部品一式のこと。略してアッシー（Ass'y）とも言う。

【アライメント】　整列。調整されていること。フロントホイールアライメントといえば、前輪繰舵のステアリング特性の三大要素、キャスター、キャンバー、トーの角度を整えること。

【アルミ】　アルミニウム合金の略称。目的別に様々なアルミ合金素材があるが、一様に加工性に優れ、丈夫で、軽く、仕上げがきれいにできることが材質的な大きな特徴。

【アンダーステア】　ステアとは舵をとること。コーナリングの舵取りで狙ったラインより外側にふくらむステア特性のこと。したがってハンドルは更に切り込んでいくことになるが、カートでは後輪タイヤのグリップ力より前輪タイヤのグリップ力が弱いと前輪に滑りが生じ、結果的にステアリングを切ってもその通りに曲がっていかなくなることがままある。

【アンダーパネル】　フレーム前半部の下に装着される床板。アクセル、ブレーキのペダル操作の足置き場であるが、アルミやカーボンファイバーなど素材の違いや、段付きなどの加工、装着の仕方、締め付け具合などでシャシー剛性を調整する部材にもなっている。

【アンチノック性】　ノッキングという異常燃焼の起こしにくさのこと。レギュラーガソリンよりハイオクの方がアンチノック性が高く、高圧縮比エンジン向きで、レース用に適する。

【イエローライン】　⑴スタートラインから手前25m地点にコースを横断してひかれる黄色線。パイロンを置いて目印とした代用が多いが、目的はローリングスタート時、このラインを超えるまでは加速してはならないという表示。⑵ピットロード出口と入口部分にコース測端に沿ってひかれる黄色線。これをカットしてコースイン、ピットインすることは危険行為としてペナルティーが科せられる。

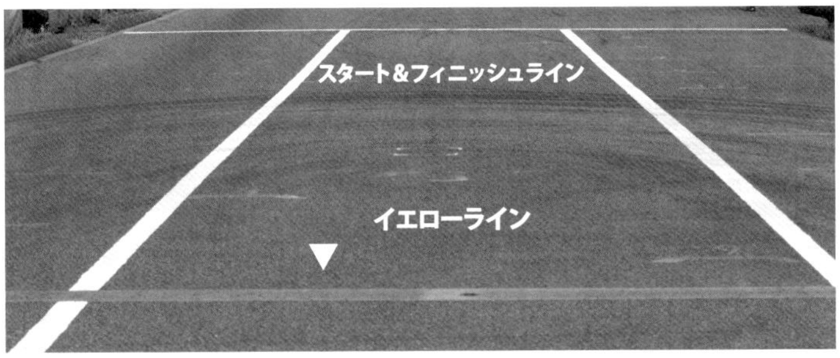

写真手前に引かれているのがイエローライン。奥に見えるのがスタート&フィニッシュのコントロールライン。ローリングスタートでは、手前のイエローラインを超えるまで加速できない。

【息つき】 加速途中に見られる回転不調のこと。アクセルペダルを踏んで気化器のスロットルを開けていながら瞬間的にエンジンの回転が途切れる症状。エンジンが冷えていてアクセル操作に回転がついてこない現象は単なる暖機不良。息つきとは言わない。

【イグニションコイル】 イグニションはエンジン点火の意。コイルは電磁誘導で電圧を高めるもの。マグネトー(ジェネレーター)で発電された低電圧電流は点火コイルの働きで1万ボルト以上に大きく増幅され、点火プラグの電極部でスパークを発生させ、混合気の着火が行われる。

【イナーシャ】 慣性。例えば回転し続けようとする物理的な特性。慣性力は重量物ほど大きくレスポンスは鈍くなる。

【イン】 内側の意。ある地域に入ること。コースイン、ピットイン。コーナーでインをつく、など。

【インシュレーター】 隔てるもの。キャブレターとエンジンの間に挟んでエンジン部の熱を遮断するパーツ。

【インターミディエイト】 中間の、という意味の言葉。タイヤでインターミディエイトといえばドライ用、ウエット用の中間的なもので、オールウエザー(全天候型)タイヤを指す。

【インテーク】 取り入れ。注入。中に入れること。インテークサイレンサーといえば吸気消音器。キャブレターが空気を吸い込む際の吸気音を低減させるもので、レースでは必備。

【インリフト】 コーナリング時の後輪内側の浮き上がりのこと。カートは駆動輪の後輪左右が同軸に装着、常に同回転であるため、内側のタイヤを滑らすか、浮き上がらせて3輪走行としないとスムーズに曲がれない。浮き上がらせのきっかけはコーナリング時のステアリングやブレーキングの操作でつくりだす。

【ウエイト】 おもり。レース規則で定められる最低重量を満足させるために付ける。また上位入賞者には規定のオモリ搭載を義務付けるウエイトハンデ制もあり、いろいろな重さの鉛のオモリがつくられ販売されている。

【ウエス】 掃除用に使う布切れ。ウエィス(waste)が本当の名前。

【ウエット】 降雨などでコースが濡れている状態。または雨用=レインタイヤの意。レースでは主催者の判断でレインタイヤ装着の義務づけがある。

【エアクリーナーエレメント】 エレメントとは要素や成分を指すが、この場合は(空気の)濾過材。スポンジや紙が使われる。CIK公認吸気ボックス(サイレンサー)は簡単なエレメント付きとなる。

【エアゲージ】 タイヤ空気圧を測る計器。目盛り盤は指針が読みとりやすい大型のものが最上。エア圧を調整するためにはエア抜きバルブがついたものが必須。またエア圧の測定は必ず同じ計器で行ない、とくに走行後の測定は瞬時に次々に行っていく。測定中に他のタイヤの温度が下がってはエア圧が変わってしまうからだ。精密機械ゆえにショックを与えぬよう取扱いには注意する必要がある。

【エア抜き】 タイヤのエア圧調整にもエア抜きはあるが、とくにエア抜きと言う場合は、ブレーキの油圧経路やエンジンの冷却水路などに発生した気泡(エア)を抜き取る作業を指す。気泡がクッションとなって圧力の伝達が行われなくなるからで、エア抜きはきちんと徹底されなければならない。

【エアロダイナミクス】 空気力学。大気中を高速で動く物体には空気が壁となる力が働く。この壁の力をいかに小さくし、また活用するか、自動車のデザイン設計などでは大きな課題だ。

【エイ(A)型変形】 フレーム構成の一形式。メインパイプの前半部、燃料タンク部位置辺りでフロントエンド中心に向けて曲げ(絞り)ていき、A文字形状となる構成がA型フレーム。今は過去の設計とされるが、そのA型となる曲げをフロント左右に開く逆絞りをつけたものがA型変形のフレーム構成。絞ったところから開くことで別名1点絞りともいわれる。形状からすればまさにX字形だが、もともとはA型の派生という経過があることからA型変形なのである。A型変形は後述のX型とともに現在のフレーム設計の主役をなすものとなっている。

A 型変形

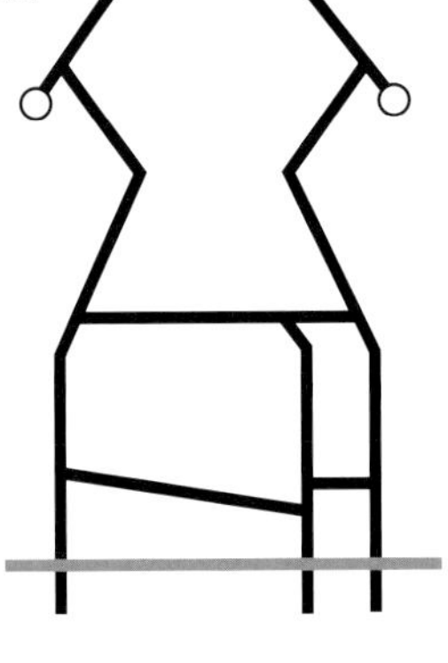
もともとはアルファベットの「A」に似た形状を持っていたパイプワークを、フロント部分の取り回しを変え進化させたフレームワークがA型変形。絞り部分は、一度絞られた後、並行部分を持たずにリアに向かって広げられる。絞り部分が1か所となるため、やや高い剛性を確保することができ、高負荷のかかるコースに向くと言われている。

【エキスパンションチャンバー】 (排気の)膨張管。2サイクルエンジンが主流のカートでは、この排気膨張管の役割が大きい。というのは排気を押し出しながら流出した一部の新気ガスを排気膨張の背圧によってシリンダー内に戻せるからで、こうしたことからエンジンパワーの特性にも深く関わる重要なパーツとなっている。膨張管といっても中は空洞のチャンバー(室)ではなく、後半部には排気消音のための隔壁がある。それによりカートではマフラーというのが一般的だ。また後端部の排気出口の蓋となる部分をサイレンサーと呼んでいる。米語と英語の違いで、両方とも意味は消音器。

【エキゾースト】 排気。排出。

【SLタイヤ】 SLKC制定のタイヤの総称。レースにおけるイコールコンディションとコスト低減を図るために設定された製品で、レースクラスに合わせた一定のコンパウンドでタイヤ性能と耐久性をバランスさせているのが特徴。SL基準の一部は世界基準にもなっている。国内のSLレースではドライ用のSL-J、SL-FD、SL07。ウエット用のSL03、SL94、SL-W2、オールウエザーのSL98などがあり、クローズド格式から地方選手権レースまで幅広く使われている。SLに続く数字は設定年度を表している。

【エックス(X)型】 前項のA型変形とともにフレーム構成の主流を成す一形式。フレーム前半中央部で曲げられた左右のメインパイプが一部分並行して前方に向かい、そこからフロントエンドに向けて開いていくタイプ。この

X 型

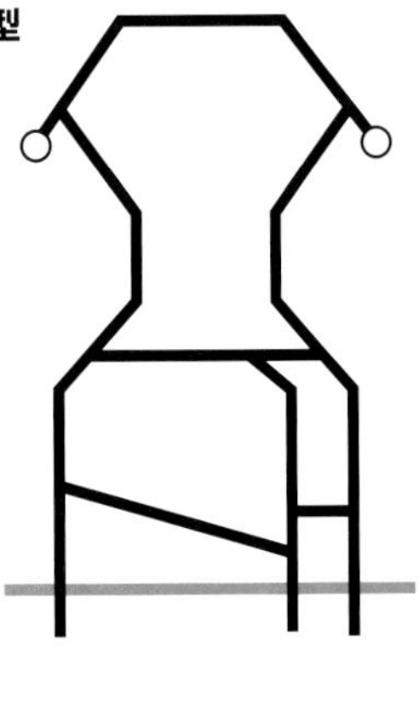
フレームセンター部の絞り部分が左右並行になっているのが特徴。もっとも、最近では厳密には並行ではなく、緩やかにリアに向かって広げたり、逆に絞ることで独自のドライビング特性を与えているモデルも増えている。フロントセクション、リアセクションが別々の動きをできるため、カートに非常に適したレイアウトと考えられている。

曲げの形状で走行性を決めつけるフレームのしなり特性が発揮される。なぜならばサスペンション機能のないカートではフレームのしなりがサスペンションの役割を担っているからだ。ただしパイプの材質や太さ(径)、肉厚、メインパイプを結ぶクロスメンバーの配置など様々の要素がからみ一概に形状から適否は決めつけられない。

【エンジン】 発動機、機関。カートの動力源となるエンジンはガソリンと空気の混合気を燃料として吸入、圧縮、爆発、排気の出力発生のサイクルをピストン1往復(2ストローク)、または2往復(4ストローク)で発揮するものとが使われている。

【遠心式クラッチ】 カートで多用されているクラッチ型式の一つで、エンジン回転による遠心力の大小を使って自動的に動力を伝達、遮断する方式のクラッチ。自動遠心式クラッチ。

【エンジンストール(エンスト)】 運転中のエンジンが意図せず止まってしまうこと。エンストの語源とされているが、操作ミスなど人為的な原因でエンジンを止めさせてしまうエンストとは意味合いが異なる。

【エンジンブラケット】 エンジンユニットをフレームに固定するための上下一対の台座のこと。上側はクランクケースに装着され、フレームメンバーを挟んで下側からの台座をボルト締めしてエンジンをフレームに固定させる。このブラケット位置を前後に移動させてチェーン調整を行う。

【エンジンブレーキ】 エンジンの圧縮行程を抵抗としてエンジン側からスピードにブレーキをかける(スピードを下げる)こと。走行中にアクセルを戻せばエンジンの回転は下がり、それに連れて走行スピードがおちてくる。それはエンジンの回転とスピードとの釣り合いがとれず、エンジンの圧縮行程が抵抗となってくるからだ。これがエンジンブレーキ。エンジンにブレーキ装置があるわけではない。変速機付きカートでは、ギアダウンすることによって更に積極的に強力なスピードダウンが得られるが、そのギアにおけるエンジン回転の許容範囲を超えるようなギアダウンは設計限度を超える過回転となって、エンジンを破壊させることになってしまう。

【エンジンブロー】 エンジン・ブロークン、即ちエンジン破壊をいう。使用に耐え得ない致命的な故障を指す。

【エンジンレーシング】 いわゆる空ぶかし。エンジンの高速空転のこと。回転の吹け上がりを見たりする高速の空ぶかしは、危険防止のためパドック内では禁止。必ず指定の場所で行わなければならない。

【エントラント】 ドライバーやメカニックなどレース参加者全体のこと。またはレース参加者の代表者。

【エントリー】 レースやイベントなどへの参加申し込みのこと。参加申込み金をエントリーフィという。

【オイル】 いわゆる油(あぶら)。その働きは潤滑、冷却、密封、洗浄、防錆などまことに重要。エンジンオイルには鉱物系、植物系があるが、現在はもっぱら各種オイルをベースとして長所を組み合わせた化学合成オイルが主流。また、それらには使用目的に合わせて各種の添加剤が調合され、さらに性能の向上が図られる。2サイクルエンジンの潤滑は燃料のガソリンにオイルを混合して行うが、いかに均一に泡を立てずに混合されるかが重要。

【オイル上がり】 4サイクルエンジンで、エンジンオイルが燃焼室に混入すること。ピストンリングやシリンダーが摩耗し、ピストンの運動でシリンダー壁にかき上げられたオイルを落としきれずにオイル上がりが生じる。

【オイル下がり】 4サイクルエンジンで、吸・排気バルブのバルブガイドが摩耗したり、バルブステムのシールが劣化、エンジンオイルが燃焼室に混入してくること。

【オイルシール】 オイル洩れの防止材。ゴム、樹脂、金属、フェルトなど様々な材質なものがあり、目的別に専用のものがある。原則再使用しない。

【オーガナイザー】 レースやイベントの主催者、その運営組織体。

【オーバー】 過ぎること。スピードオーバーなどある限度を越えること。

【オーバーステア】 コーナリングが意図したラインより内側に切り込んでしまうステア(舵取り)特性。カートでは前輪にくらべ後輪のグリップ力が弱いと後輪が外側に滑り、ステアリングを切った以上にカートが内側へと曲がり込むことがめずらしくない。その使いこなしは重要なドライビングテクニックの一つにもなる。

【オーバーテーク】 前車に追いつき、追い越すこと。パッシング。

【オーバーヒート】 過熱。過熱状態のこと。過酷な使用や冷却の不具合で適温を超えること。空冷エンジンの高速空転や水冷エンジンの冷却水不足。クラッチの滑り、過度なブレーキ使用など、過熱状況は各部で起こり得る。

【オーバーホール】 故障などトラブルに関係なく、使用によって低下してきた本来の機能、性能を回復させるために行う分解整備作業のこと。分解、洗浄、点検、修理、交換、組立、調整、テストがその内容。エンジンだけとは限らない。略号はＯＨ。

【オーバーレブ】 過回転。レブはレボリューション＝回転の略。エンジンの許容回転数を超えてしまうこと。エンジンの過回転は破損につながる。

【オープニングラップ】 レースがスタートした最初の周回。性能や技量の差が大きく現れぬことで混乱が生じやすく、注目される周回でもある。

【オープンクラス】 カートに特別な制約のないレースクラスのこと。しかし何から何までオープン(自由)ということではなく、フレームやタイヤ銘柄はフリーだが、エンジンはワンメイクという条件付きでおこなわれる例が多い。ＳＬオープンクラスなどがこれに当たる。

【オクタン価】 ガソリンのアンチノック性を示す指標がオクタン価。日本工業規格(ＪＩＳ)により、96以上のものをハイオクタン、89以上のものをレギュラーガソリンと定めている。しかし実際に販売されているものは競争が激しく、ハイオクで１００、レギュラーで90以上と高オクタン価にある。

【押しがけ】 エンジン始動方法の一つ。クラッチを持たず、エンジン回転

エンジン構成図

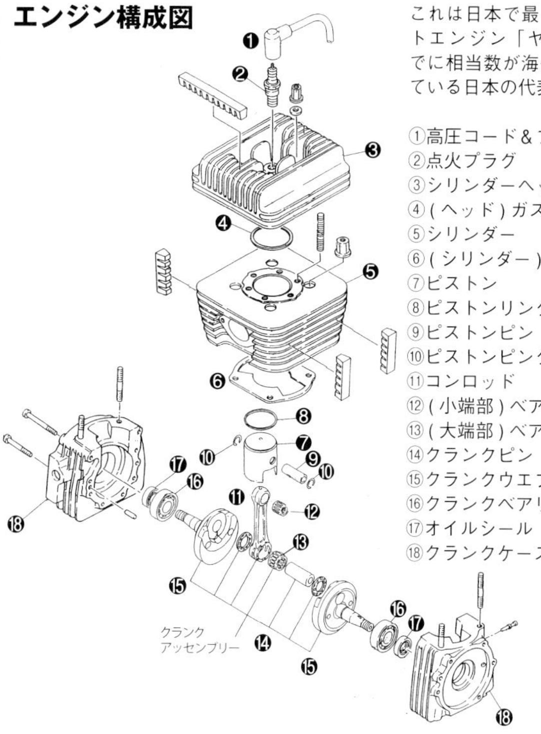

これは日本で最もポピュラーなカートエンジン「ヤマハKT100S」。すでに相当数が海外にもリリースされている日本の代表製品。

①高圧コード＆プラグキャップ
②点火プラグ
③シリンダーヘッド
④(ヘッド)ガスケット
⑤シリンダー
⑥(シリンダー)ガスケット
⑦ピストン
⑧ピストンリング
⑨ピストンピン
⑩ピストンピンクリップ
⑪コンロッド
⑫(小端部)ベアリング
⑬(大端部)ベアリング
⑭クランクピン
⑮クランクウエブ
⑯クランクベアリング
⑰オイルシール
⑱クランクケース

と後輪駆動を直結（ダイレクト）としたカートの始動方法。カートを押し出すことで後輪からチェーンを介してエンジン（クランクシャフト）を回すという、本来の動きとは逆の力の伝達でエンジンを回転、始動させる。うまく掛からないと大変な労力が強いられる。

【オフィシャル】 公式、公認の、という意味。そこからレースやイベント開催、運営にたずさわる役員を指す。

【オプション】 購入者の希望によって特別に用意される装備品の総称。

【オルタネーター】 交流発電機のこと。直流発電機はダイナモ。

か行

【カート】 もっとも簡潔な構造の四輪車。扱いが簡単ながら極めて奥深い運転技量が学べることからレーシングマシンとして発展し、モータースポーツ界でカートといえばレーシングカートを指すようになった。そのカートの原型は１９５６年アメリカ・カリフォルニアのレーシングカーデザイナーによって作られた。カートをKartと綴るのはアメリカで市販に成功したGo Kart（商標名）に由来し、手押し車の cartと区別するための造語。程なくヨーロッパに伝えられたカートは各国で製作されるようになって急速に進化、モータースポーツの一翼を担うようになった。日本には'50年代後期に駐留米軍によって持ち込まれ、'72年にＪＡＦがカートレースを統括するまでに普及した。'73年、ヤマハ発動機が生産に着手、ＳＬＫＣ主宰によるＳＬレースが全国的に開催されるにおよんで普及に拍車がかかり、日本初の国際レース「ジャパンカートグランプリ」も挙行、今日のカート界の基盤を構築した。カートには専用のコースを走るスプリントカートのほか自動車レースのサーキットを走るスーパーカートがあり、国際間で各種の選手権レースが行われている。ほかに幼児童対象のキッズカート、手ぶらで乗れるレンタルカート、4サイクルエンジン主体のスポーツカートなど種々のカテゴリーがある。

【カートコース】 カートレースが行われる周回（サーキット）路。国内公認で全格式のレースが開催される最高ランクのコースは、最長（全長）１６００m、最大直線長（メインストレート）１７０m、最大幅員12m、縦勾配最大５%、横勾配内側に最大10%等々の規約がある。さらには開催レースの格式によりコーナー（カーブ）の数、最小半径などが決められている。こうしたことから、カートコースは右に左に多くのコーナーが設定されるわけで、コース全域を見渡せるのも大きな特徴。

【カートスタンド】 カートを載せる台車。カーターの必需品。トランスポーターへの積み込み積み下ろしからカートの整備台、パドック内やコース内からの移動、回収などカートを動かすところはすべてカートスタンドに載せて行われる。アルミ製角パイプの折り畳み式が一般的で、小物載せの棚付きや空気入りタイヤ装着の脚輪など各種のタイプがある。ショップやコース施設用にはカートを立て置きとするスタンドもある。トロリーともいう。

【カウンター（ステア）】 反対の、逆のという意味を示す言葉。エンジンとは逆に回転して振動防止を図るのはカウンターバランサー。ドライビングでカウンターを当てるといえば横滑りしたカートの横滑り方向にハンドルを切って滑りを止め、態勢をととのえること。曲がる方向と逆にハンドルを切ることから逆ハン、当て舵ともいう。

【火炎伝播】 燃焼室の混合気が点火プラグのスパークによって着火され、その炎が燃え広がっていくこと。燃焼速度は秒速３００mにも達する。

【格式】 グレード。レース格式を指す。ＪＡＦの定めでは国際格式を頂点に6つのレース格式がある。

【荷重移動】 加速、減速、制動、コーナリングなど、重心の移動にともなう前後左右4本のタイヤにかかる荷重変化のこと。車台サスペンションのないカートでは、この荷重変化をどう吸収し、どう活用していくか、ドライビングの重要なポイントとされている。

【ガスケット】 接合面にはさむ金属板。気密、水密を保つためのもの。液体や紙、プラスチック、ゴム材のものは本来はパッキンという。

【カテゴリー】 範疇ということ。レースの種類、区分、車両規定などによる分類で使われる。しばしばクラス分けと同義語に使われるがそれは誤用。例えば選手権のカテゴリーで全日本戦、地方戦があり、そのカテゴリー内でのクラス分けとなる。

【カデット】 末っ子という意味のクラス名。明確な年齢分けはないが、主として12歳以下の小学校高学年児を対象としたレースやライセンス区分。

【カラー】 継ぎ輪。短い筒状の金具のこと。ベアリングカラーなど。

【完走】 レースでは1位がゴール後2分以内にゴールラインを自力で通過し、その時点で1位の1／2以上の周回（レース距離）を走っていれば完走となる。カートを押してのゴールは今は認められない。

【ギア比】 噛み合うギアの歯数比。チェーンを介していても同じ。減速比もあれば、増速比もある。

【気化器】 →キャブレター。

【キッズ】 ちびっこという英語。と言うことで小学校低学年から幼稚園年長組までの幼児童を指す呼称として定着している。キッズレースとはそうしたカデット未満の低年齢層を対象としたカテゴリーの総称。

【キャスター】 キャスター角の略。前輪の舵取りを支える軸（キングピン）は前輪の直進性およびハンドルを切ったときの復元性を図って前後方向に傾斜されている。垂線に対するその傾斜角がキャスターで、ステアの重要ポイント。

【キャビテーション】 安定した性能発揮のさまたげになる気泡、泡立ちのこと。オイルや冷却水など、流体の流れの向き変える個所などに生じる渦や、よそからの熱気を受けて泡立ちが生じ、支障を起こす。

【キャブレター】 気化器のこと。一般的には略してキャブとも呼ばれる。エンジンに吸引される空気にガソリンを吸い出させ、霧化状態の混合気をつくりだすための装置。その働きからすれば霧化器である。ガソリンの噴出は、吸気通路を絞って（ベンチュリー）負圧を生じさせて吸い出す。その出口をジェットといい、これに針弁を指して径の大きさをコントロール、空気との混合割合を変えていく。カートの気化器ではその混合割合を高速側のみドライバーが任意に操作できるのが一般的な特徴。その目的はスピードを高めるために混合気を薄めて（空気を多くして）燃焼速度を速めたり、燃料のオイル混合ガソリンを多くして潤滑性を高め、エンジンを内部から冷やしたりするために用いる。エンジン操作の重要なポイントとなるものである。

【キャリパー】 ディスク式ブレーキのディスク（円板）を両面から挟む主要装置。油圧で作動され、後車軸と一体で回転するディスクを挟みつけて制動する。キッズカートではワイヤーで作動させる機械式もある。

【キャンバー角】 前輪左右を前方から見て上開き、または下開きになっている角度のこと。カートでは目視で分かるほどの角度ではないが、キャスター角との連携で繰向特性を決めるシャシーセットの重要なポイント。

【吸気ボックス】 キャブレターの空気吸い込み口に装着される大型の空洞の筒のこと。インテーク（吸気）サイレンサー、吸気消音器、ノイズボックスなど様々な呼び名がある。最近はいろいろな形のものが出回っているが、空気取り入れ口の口径は車両規則で規制されている必備の部品。当初はエンジンの吸気音を低減させるためであったが、雨天の場合は水除けにも効果があることから任意に取付られていた。しかしキャブレターの吸気口を進行方向に装着するものがあり、そうしたものでは過給効果が生じて性能上の公平性が損なわれるとあって、その防止のために吸気ボックスは必備となった。

【キングピン】 前輪の向きを左右に

操るナックルアームを保持する軸。ピンとはいうが実際はボルトで、垂線に対してリア側に傾斜されて装着されている。これがキングピン角度と呼ばれるもので、これによりキャスター角度が設定されるステアリング設計の重要ポイント。最近ではキングピン保持部に偏芯軸受けを組み込み、キングピン角度を任意に変えられるようにしているものがめずらしくない。

【空燃比（くうねんひ）】 エンジンに吸入される空気と燃料の重量比。理論的にはガソリン1の重量に対し空気が約15の重量比で完全燃焼となる。しかしこれはあくまで机上の計算。実際は気温や気圧の違い、始動時、加速時などの運転状況など、その時々の使用条件で一定したものはなく、空燃比は13対1もあれば18対1もあるというように重量比は大きく変わる。それにしても燃焼には重さのないような空気をいかに多量に必要とするかが分かる。

【空冷式（エンジン）】 最もポピュラーなカートエンジンの冷却方式。エンジンの冷却を走行風に受けもたせるもので自然空冷式ともいわれる。冷却効率を高めるためにシリンダー、シリンダーヘッドにはフィンがつけられ、冷却面積が広げられている。また強制空冷式といって、シリンダー構成部分全体をカバーで覆い、エンジンの回転と直結したファンを回転させて冷却風を当てるようにしたものもある。カートでは80cc以下の小排気量エンジンや、スポーツカート用4サイクルエンジンで採用されている。

【クォリファイ】 公式予選のこと。クォリファイング・プラクティスといえば、レースで行われるタイムアタック方式。規定時間内は何周でもアタックできるが、コースインは1度のみに限定。途中でピットに戻っての再走は許されない。

【クラック】 ヒビ割れ、亀裂のこと。カートのフレームは走行中に様々な外力を受け、とくに応力の集中しやすい結合部にはヒビ割れが生じやすい。カートは走行終了毎にきれいに清掃するのが当然の作業とされているが、これは隅々までチェックの目を行き届かせてクラック発生の有無を確かめるための作業でもある。クラックの補修は溶接となるが絶対的な対策ではない。

【クラッシュ】 激しい衝突。また衝突でマシンが壊れること。カート対カートに限らず単独事故でも使う。

【クラッチ】 エンジンの動力を駆動輪（カートでは後輪）に伝えたり切ったりする装置。カートではクラッチをもたないダイレクト駆動方式と自動遠心式クラッチを採用しているものとがある。またスーパーカートなど変速機を備えたものは、本来バイク用のエンジンを転用していることから円板の多板式クラッチとなって手動操作となる。湿式、乾式とがある。

【クランク】 クランクシャフトアッセンブリーの略称。クランクはピストンに連結して往復運動するコンロッドの動きを回転運動に変えるエンジンの最重要組み立て部品。左右のクランクウェブ（ジャーナルともいう）はプレス圧入で結合されるクランクピンにより一体化される。カートの場合はこのクランクピンにコンロッド大端部が通されている。したがってクランクピン

ウォルブロー製 フロートレスキャブレターの機能図

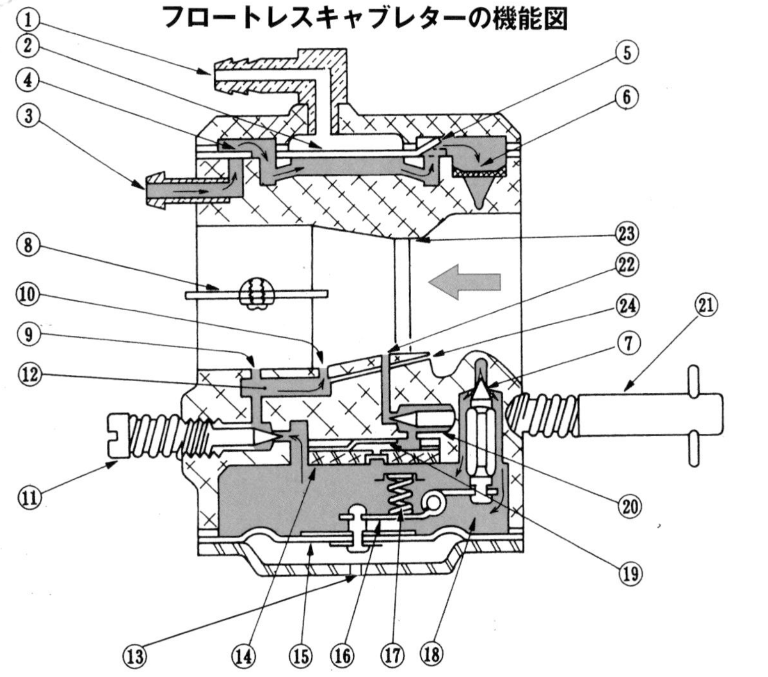

スプリントカート用エンジンのキャブレターといえばフロートレスが主流。振動や横Gにも液面変化がなく、安定した混合気の供給がしやすいからだ。

燃料タンクからの燃料吸引はクランクケースの正負圧を受けて脈動するキャブレター上部のダイヤフラムポンプが行い、吸引された燃料は噴出量をコントロールする燃料供給チャンバーに送られ、空気通路を絞ったベンチュリー作用の流速によって、運転に見合った混合気がエンジンへと吸引されていく。

参考図は各部の配置を分かりやすく示しめすために展開したもので、実際は⑪ローニードルと㉑ハイニードルは横並びにある。

①インパルス(脈動波)受け口
②ダイヤフラムポンプ
③燃料受け口
④インレットバルブ
⑤アウトレットバルブ
⑥インレットスクリーン
⑦インレットニードルバルブ
⑧スロットルバルブ
⑨ファーストアイドルポート
⑩セカンドアイドルポート
⑪ロー(アイドル)ニードル
⑫アイドルポート
⑬ベントキャップ
⑭サーキットプレート
⑮メタリングダイヤフラム
⑯メタリングレバー
⑰レバースプリング
⑱メタリングチャンバー
⑲サーキットチェックバルブ
⑳ノズルウエル
㉑ハイスピードニードル
㉒メインノズル
㉓ベンチュリー
㉔エアブリードホール

自動遠心式クラッチの動力伝達経路

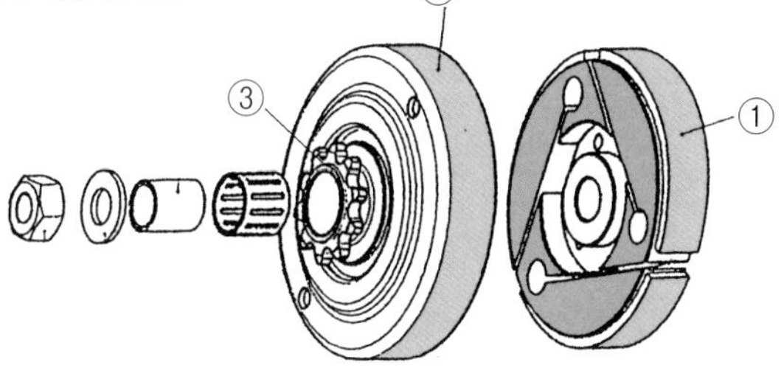

①外周に摩擦材が貼られた単胴式のクラッチシュー。これがクランクと一体となって回転し、遠心力の高まりでスリット部分が開かれ、外周部が②クラッチドラムの内側に圧着されて動力が伝わる。クラッチドラム外側には③スプロケットが装着されており、動力はチェーンを介して後輪へと伝わるわけで、エンジン回転が低速になって遠心力が弱まれば、単胴体のバネ力がまさってドラムとの圧着は解かれ、動力は遮断される仕組みだ。

やコンロッドに不調があっても専門店でないと分解できない。出力はクランクケースの軸受けに支えられる左右どちらかのクランクウェブ中心の軸（クランクシャフト）から取り出され、ドライブスプロケットやクラッチはこの出力軸に装着され、反対側の軸にはマグネトーなど発電機が装着される。

【クランプ】　かなわ状の締め金具。

【クリアラップ】　タイムアタックで他車の存在に影響されぬ状況の周回。

【グリッド】　枠のこと。スターティンググリッドの略。カートレースでは2列縦隊でスタートするが、その並ぶ順番を示す枠位置。なんらかの事情で不出走者があっても枠順を詰めて並ぶことはできない。

【クリッピングポイント】　コーナー通過のラインで最もイン側に接する地点のこと。クリップ、クリッピング。CPとも記される。このポイント以降がコーナー脱出、加速区間となる。

【グリップ力】　タイヤが路面をとらえる性能。グリップ力の差は加速、制動、コーナリングなど走行性能に大きく影響し、ラップタイムを左右する。

【グルーブドタイヤ】　溝付きタイヤのこと。SL入門者クラスには、F1に似せて溝付きとしたYRA-1タイヤがあったが、スリックという溝や刻みのないタイヤの方が接地面積は大きくグリップ力はまさる。

【グレード】　品質や格式の等級。

【グレーニング】　タイヤの初期に生じるささくれ状の摩耗のこと。

【クレーム】　製品の機能、品質に対する保証の要求。苦情の申し入れ。

【クレデンシャル】　資格や組織の証明書。レースでは組織、運営、役員などの関係者はオフィシャルとなり、参加者のエントラントはドライバー、メカニック、ヘルパーなど。協賛はサービス、ほかに報道のプレスなどがあり、その役割を示すクレデンシャルが用意される。それによって会場、施設内への出入りも規制される。

【クローズド格式】　レース格式の一つ。閉ざされたという意味から、この格式のレース参戦者は関係者内などに限定される。またはそうしたレースを指す。いわばクラブマンレース。日本最多のSLレースはSLメンバーに限る代表的なクローズド格式である。

【クロスメンバー】　フレーム左右の前後方向にあるメインパイプを横方向でつなぐ部材。強度、剛性を高めるためのもの。構成の手法で強度や剛性の特性が追及される。

【クロモリ】　クロームモリブデン鋼の略。軽量・高強度の部材として鉄にクロームとモリブデンを混合して精製される。フレームに用いられるのはクロームモリブデン鋼の鋼管である。

【ケミカル】　化学製品のこと。そうした意味合いで、ドライブチェーン用のスプレー式潤滑剤やパーツクリーナー、ワックスなど、メンテナンス用品の総称となっている。

【減速比】　受動（ドリブン）歯車の歯数を駆動（ドライブ）歯車の歯数で除した数値。例えばエンジン側10歯、後輪受動側90歯であれば90÷10で、減速比は9となる。この数値が零より小さければ増速比となる。なお歯数の読みは丁（ちょう）、枚で数えられ、英語の歯（tooth）からTでの表記もある。

【コーナー】　サーキットコースの曲線部分を指す。曲がり角が色々とあった一般道路をコースとした名ごり。いずれにせよコーナー通過の走行ラインは曲線（カーブ）となるわけだが、その走行はコーナリングと表現される。

【コーナーウェイト】　四輪各タイヤが受け持つ荷重のこと。その合計が車両重量。前後左右のウェイトがアンバランスであると走行性能は大きく影響されるので、ドライバー位置も重要。

【コーナーワーク】　コーナリングに対する一連の運転操作のこと。コーナーワークが良い、など。

【コーナリングフォース】　フォースはチカラ。コーナー走行の遠心力に対するタイヤのグリップ力のこと。この釣り合いが取れないとカートはスライドし、スリップ、スピンしたりする。タイヤのグリップ力が増すほどにコーナリング速度はアップされるわけで、シャシーセットのネライはそのために行われる作業でもある。

【高圧コード】　コードとは絶縁被覆された電線。マグネトーからの発電を点火コイルで高圧化、その高圧電流を点火プラグに導く電線。点火の電圧は時には2万ボルト以上にも達するので厚く絶縁被覆されているが、わずかなひび割れがあっても漏電する。うっかりふれるとピリッとくるが、電流が小さいので体に別状はない。プラグキャップとの連結部はゆるみの有無を確認する要チェック個所だ。

【公式通知】　レース主催者がレース参加者に伝えなければならない重要事項を記した書面。当初の規定の変更や追加事項、レース経過や結果を示すリザルトなど、参加者全員に対して通達される通知で、発行には通し番号がつけられ、告知事項の新旧を示す。同じ告知事項では番号の大きいほうが最新の通知で、その告知が有効となる。会場においては発行のつど主催者側からアナウンスされ、レース開催期間中はインフォメーションボードなど所定の場所に貼り出される。公式通知の発行後はレース参加者はすべて了承とみなされる。

【剛性】　フレームなどの構造物に外部から力が加わったときの変形のしにくさ。曲げやねじれ、ズレなど、ゆがまない性質をいう。クッション装置をもたないカートでは、フレームはじめシャシー構成のパーツの組み合わせで剛性を調節し、タイヤの路面追随性を高めて走行性能を向上させる。なお剛性と強度とは別のもの。壊れにくさを表すのが強度である。紙は弱い素材だが、箱状になれば、強度はなくとも簡単につぶれない。それが剛性である。

【高張力鋼管】　使用目的に合わせ引っ張り強度をつよくした部材の鋼管。強度があるぶん軽くできる。

【公認】　組織管理下で認められ、格付けされたもの。公認はレースそのものからコース施設はじめ団体組織、車両、機材、部品、用品、用具など幅広い対象があり、それぞれに設けられた規格、基準等を満足した証とされる。またレース規定などにより資格の取得や使用を義務づけられたりする。公認をくだす組織としては国際的にはCIK／FIAがあり、国内的にはJAFとSLKCがある。

【国際格式】　レース格式で、最上位の格式。日本では10年5月に開催20周年を迎えた「ワールドカップ」および併催の「アジア・パシフィック選手権」が国際格式として開催されていた。国際格式は、国際カート競技規則に基づきCIK／FIA承認のもとに開催されるもので、国際格式レースへのエントリーはCIK／FIAに加盟する統括団体（日本ではJAF）が発給する国際ライセンスを必要とし、さらに所属の統括団体に承認されなければ参加は認められない。国際レースでは、この下に準国際の格式がある。

【国内格式】　JAF発給の競技者ライセンスを必要とする国内レース最上位の格式。全日本選手権シリーズがこれにあたる。この下に準国内格式、制限付、クローズド格式がある。

【コリドー】　廊下、回廊。カートでは2列縦隊を整えるため、スタートライン手前にひかれた白線による規制を指す。国際格式レースでは、スタートまではコリドー内にとどまらなければならず、白線を踏む、はみ出すといった行為にはペナルティが科せられる。国内レースでも、適用される場合がある。

【混合ガソリン（燃料）】　燃料のガソリンにエンジン潤滑のオイルを混合したもの。ガソリンとオイルの一般的な混合比率はおよそ15対1から25対1の範囲にあり、エンジンの状態やコース特性、気温、天候、ドライバー技量などを勘案してオイル混合比率を調節する。（オイルが）濃すぎれば燃焼が不利となり、薄すぎるとオイルの供給不足でエンジンを焼き付かせるおそれがある。

【混合気】　空気と燃料のガソリンを混合した気体。単にガスともいう。この混合をつかさどるのが気化器。空気と燃料の混合割合は実際の走行状況と運転状況により様々な比率になる。

【コントロールタワー】 タワーはいわば代名詞。カートコースの場合は2階建てが一般的。ただしコース全域が見渡せなければならない。ここには競技長、技術委員長、計時委員長、コース委員長、審査委員、事務局長など、レース運営をつかさどる責任者が詰めていて、レースの公平、安全、進行を見極め、必要な指示を発する。計時担当やマイクミキサー（アナウンサー）などが入っている例も多い。

【コントロールライン】 周回の基準線。コースを横断してひかれる白線で通常はスタート&フィニッシュ（ゴール）ラインとなるが、これが別々に分けられているコースもある。

【コンパウンド】 タイヤ踏面（トレッド）の硬軟度を決めるゴム材の配合のこと。コンパウンドが固ければ耐久性は高いが、路面を捉えるグリップ力は低く、軟らかければグリップ力はあがるが摩耗が早く寿命は短くなる。

【コンプリートカート】 走り出せる装備がすべて整えられているカートのこと。カートは、レースクラスによってエンジンをはじめフレーム、ホイール、タイヤ、シートなど、構成部品の使用に制約があり、通常は出走クラスに見合った構成部品を単体で購入して仕上げていく。そうしたカートに対するのがコンプリートカートと称される完成車で、構成部品単体を購入して完成させるよりも安価となる。そうした完成車対象のレースクラスが用意されていることはいうまでもない。

【コンペティション】 競技、すなわちレースのこと。レース用の〜。

【コンロッド】 コネクティングロッドの略。ピストンとクランク軸を結ぶ連接棒で、ピストンの往復動をクランクに伝える。ピストンにつながる部分を小端(しょうたん)部=スモールエンド、クランク側を大端(だいたん)部=ビッグエンドと言う。

さ行

【サーキット】 回路。レースのための周回路、その施設を指す。カートレースの走路も周回路だが、カート主体だけに「カートコース」と言い、自動車レースが行われる施設の「サーキット」と区分けされるのが通例。ただしカートコースの施設名ではサーキットを名のるところは多い。

【サーキットカート】 自動車レース用のサーキットコースでレースを行うカート、またはそのレースを指す。2サイクル125ccエンジン+自動遠心式クラッチ付きのSK3、変速機付き2サイクルを用いた125cc、4サイクル250ccなどを使用するSK1、SK2、4サイクル汎用エンジンを使用するSK4とサーキットカートは多彩。125ccエンジン以上の変速機付きで自動車レースにおとらぬ高速でバトルを展開するマシンを特にスーパーカートと言う。シャシー全体をフルカバードとしたタイプが多く見受けられるのが特徴。

【サークリップ】 ばね輪。止め金。

【最高出力】 （エンジンなどが）出し得る最大の動力。一般的にはクランク軸で測定される。後輪に伝えられる出力は伝達途中で消費されるロスがあり、軸出力より小さくなる。

【最低重量】 これより軽くてはいけないというレース規則で決めたカート+ドライバーの総重量規制。レース後の計測で不足があれば失格となる。

【サイド バイ サイド】 互いのサイドボックスが触れあうばかりの横並び走行の状況。接近戦。

【サイドボックス】 安全性確保のため、フレーム左右のバンパーに装着された長方形の箱のこと。しかし'03年に形状規制が廃止されたことから箱形とはかけ離れた様々なデザイン形状の製品が装備されてきている。

【サイレンサー】 英語で言う消音器。米語のマフラーと同義語。

【サルフェーション】 バッテリー極板の劣化現象。放電状態のままや電解液不足などによる化学反応で極板が白色化、充電はきかず再生はできない。

【ジー（G）】 重力加速度の単位、グラビティの頭文字。横G、加速G、減速Gなど走行状態で様々。

【シーケンシャルシフト】 変速機操作が前後作動のI型で、押し引き直線の操作となるギアチェンジ方式。I型シフトは左右への動作がなく、コーナリング時に強烈なGを受けても確実に素早くシフトできるためのもの。

【シート調節】 カートの中でもっとも重たいモノがドライバー自身。それだけにシート位置、高低の設定はシャシーセットの重要なポイントとなる。

【シェイクダウン】 新しく組み立てたマシンの初走行。いわば試運転。

【シケイン】 走行スピードを抑える目的で意図的に設ける障害個所。急コーナー設置のセクションなど。

【シム】 薄い金属板のスペーサー。

【車検】 車両検査の略。レースでは前車検、後車検、再車検などがある。使用されるマシンおよびドライバーの装身具などが規定の規則に合致し、安全性が満足されているかどうかを調べるのが前車検。そのあと各ヒート終了毎に行われるのが後車検で、この時は主に重量チェックが主体となる。再車検は決勝レース入賞車に対して行われるもので、マシン全体のほかエンジンなど主要部を分解して提示し、規則に適正であるか否かが検査される。不備や不正が発覚した場合は車検失格となり、成績は取り消される。なお前車検通過のマシンはエンジンやタイヤなど規定の主要部品が封印され、交換できなくなる。また車検に合格した以降の走りで、ドライバーの発汗などで最低重量が満たされなくなると失格となる。夏季には注意が必要だ。

【ジャーナル】 ベアリングやメタルなど軸受けに支えられる軸。クランクウエブの別名はクランクジャーナル。

【車高調整】 カートの前部、後部の高さを変えること。これにより重心位置が調整されてタイヤのトラクションを高め、より機能的な走行性が求められる。前部はホイール装着のナックル部上下のスペサーで、後部はアクスルシャフトを支えるベアリングホルダーの取り付け位置で変える。ただし後部調整はできないものもある。

【シャシー】 一般的にはボディを架装せずに走行できる状態にあるものをシャシーというが、カートではコンプリートカート（完成車）から原則エンジンとタイヤを除いた状態にあるものがシャシーとなる。メーカーやモデルによってはシート、ホイール、ステアリング、サイドボックスを除いたものもある。シンプルなものではフレームにフロアパネル、アクスルシャフトしか装備されていないものもある。なぜそうなのか。それはレースでは出走クラスによって色々とシャシー構成の主要部品に規制があり、メーカー装着のものが必ずしも使えるとは限らないからだ。あとはクラス規定にあった部品をひとつずつ購入して仕上げる。またシャシーはよくフレームと混同されて使われるが、フレームは車体の枠組、骨格のこと。英語の綴りはchassis で、表記はシャシーが正解。車台。

【ジャバラ】 漢字で表せば蛇腹。排気管とマフラーとをつなぐパイプをいう。もともとは鋼板をコイル状に巻きあげて、切りやすくしたものだが、その形状が蛇腹に似ていたからだ。この長短で排気脈動が変わり、エンジン特性を変えられる重要部品。

【小端】 コンロッドがピストンピンを介してピストンと連結する部分。スモールエンドとも言う。ローラーベアリングが挿入されている。

【信号旗】 レース、練習走行を問わずコースを走るドライバーに合図、指示、命令を伝えるフラッグ（旗）。スタートの国旗、レース終了のチェッカー旗、危険・徐行の黄旗、レース中止の赤旗など信号旗は13旗がある（114ページ参照）。原則的にスタートでは信号灯を使うが、日章旗を補助的に使用することも多い。

【審査委員会】 レースにおける規則違反や疑義などを裁定する機関。運営組織や競技役員からは独立して構成され、第三者の立場として裁定を下す。

【水冷式（エンジン）】 一般的な自動車エンジンと同様に、冷却水を循環させて冷却する方式のこと。冷却水は規定で真水に限定され、羽根車ポンプで循環されながらラジエターで放熱される。エンジンが一様に冷やされることで熱的な性能低下が防げる。

【スキッシュ】 シリンダーヘッドとピストンが合わさるピストンヘッド周辺のすき間。シリンダー内から燃焼室へと押し込まれる（圧縮）混合気は最終的にこのすき間を巡って押し出され渦をつくり、燃焼を促進させる。ただし、このスキッシュエリアでの圧縮に耐えられず自己発火するとスキッシュエリア全体を溶かす高温の異常爆発となり、ピストンを溶かしたり、エンジンを破壊したりする。

【スクレーパー】 削り刃工具。排気口に付着したカーボンを丁寧に削りだすようなときに使う。

【スタビライザー】 応力を受けてよじれたり傾く車体の度合いを調節する安定装置。車体の前部、後部、左サイドなどにトーションバー（ねじり棒）やパイプを橋渡しに両端部を締め付けて装着する。装着個所、締め付けの強弱でシャシー剛性をドライバー好みに調節し、コーナリング特性を最適なものとする。上級モデルのフレームでは必須の部材となっている。

【スタビリティー】 安定した走り具合のこと。高速走行時の駆動力、制動力など総合的な走行の安定性をいう。

【スタンディングスタート】 スターティンググリッドにカートを静止させた状態からスタートする方式のこと。変速機を備えるスーパーカートや一部のクラッチ付きカートで行われている。

【ステアリング】 舵取りシステムの総称。ステアには操縦する、舵をとるという意味がある。通常のハンドル、またはステアリングホイールという。

【スティック】 固着して動かないこと。カーボンの付着で、ピストンリングがピストンに固着するなど。

【スティント】 耐久やチームレースなど、複数のドライバーが関わるレースでの走行分担、持ち分をいう。

【ストール】 失速。不意にエンジンが停止すること。

【ストック】 既製の、市販のという意味合いから、カートレースのクラス区分においては市販状態のままの無改造のクラスを示す。ストックレース。

【ストローク】 行き来する長さ、行程のこと。ピストンストロークといえばピストンの行き来する距離。

【スネル規格】 アメリカのスネル記念財団が認定するヘルメットの安全規格。世界で最も厳しいと評価されている規格で、5年ごとに見直される。

【スピン】 くるっと回ること。ブレーキングやステアリングの操作ミスでカートのコントロールを失い、回転した状態。単なる横滑りはスライド。

【スプリント（レース）】 カートレースの種別のひとつで、時間では60分以内、レース走行距離では60㎞以内のレースのこと。選手権シリーズなど国内レースの殆どがスプリントレースである。耐久レースは基準以上のもの。

【スプロケット】 略してスプロケとも言う。チェーンがかけられて働く歯車のこと。エンジン側に装着されて回す方がドライブスプロケットで、後車軸に装着されて回される方がドリブンスプロケットとなる。チェーンを介していても歯数比は変わらない。同じ歯車だが、歯と歯が噛み合って作動するものはギアとなる。

【スモールエンド】 コンロッド小端。

【スライド】 コーナリング中などでタイヤのグリップ力を越えてカートが横（外側）に滑ること。リアから先に滑るのがテールスライド。スライドでスピンが誘発されたりする。

【スラッジ】 ガソリンやオイルが熱分解や酸化するなど変質してできる堆積物。燃焼室や吸・排気バルブ、ピストンリング、排気系などに多く付着しトラブル発生の原因となる。

【スリックタイヤ】 ドライ路面で最大のグリップ力を発揮するようトレッドパターンをなくし、接地面積を大きく確保したレース専用タイヤ。トレッド面が平滑で排水性がなく、ウエット路面では使えない。

【スリップストリーム】 スリップストリーミングのこと。高速走行中の前車の後ろにできる低圧気流。後続車がここに入ると空気抵抗が避けられるほか、前車の背後に生じる負圧で吸い込まれ、スピードの維持が容易になる。その余力を使って一気に前車を追い抜く走法を意味する。しかし、空気抵抗が少なくなって車体を押さえつけるダウンフォースが弱められたり、ブレーキやラジエターなどの冷却不足となるマイナスもあり、そう長くはつづけられない。スリップストリーム脱出の際には空気のカベに急激にぶつかり挙動がくずされることもある。「スリップがきく」などと、サーキットカートレースで多用される走法だ。

【スロットル】 スロットルの語源はスロート。気管に通じるノドのこと。その意からエンジンに通じるキャブレターのノド＝吸入口の開閉部をいう。吸入口開閉を受けもつのがスロットルバルブで、薄い円盤弁を回転させて行うバタフライ式と、円筒形または長方形ピストンをスライドさせる方式がある。いずれもアクセルペダルにつながれたケーブルで作動し、エンジンに吸入される空気量をコントロールする。この作動からアクセルペダルをスロットルペダルともいう。

【スワール】 渦巻き。2サイクルエンジンの掃気を含め、シリンダー内への燃料吸入には渦を発生させるよう方向づけている。混合気の攪拌を図って燃焼効率を高めるためのものだ。

【制限付き】 レース格式の一つ。カート、または参加者の資格をＪＡＦライセンス所持者に限定（制限）するレースの格式。

【世界選手権】 カートレース最高峰の選手権のこと。'64年から始まり、長く一戦のみでマン・マシンのチャンピオンを競う方式だったが、'11年からヨーロッパ、日本を転戦する全5戦20ヒートでのシリーズ戦となった。その後縮小され、14年から再び一大会のみの開催となった。対象クラスはＯＫ、ＯＫジュニア、ＫＺの3クラスとなっている。

【切削】 切ったり削ったりすること。車両規則ではとくにエンジン部品について禁止されている切削事項が多い。

【セッション】 期間。ある区切りのこと。午後のセッションは～など。

【セッティング】 より速く走れるように各部を調整（セット）すること。エンジン関係ではキャブレター、エキゾーストなどの吸・排気系、シャシー関係ではトレッド、車高、タイヤ空気圧、ギア比などが主要な項目。

【セット】 (1)整える、調整する。(2)組揃え。工具などを取り揃えた組。

【セミファイナル】 セミは準の意。ファイナルは最終。すなわち決勝の前に行われるレース。主に国際格式レースで行われるもので、決勝レース進出のスタート順位がこの結果で決められる。

【セル】 セルフスターター（自己始動機）の略。セル付エンジンとはバッテリーを電源としたモーターでエンジンを回転させ始動する方式のもの。カートレース最高峰の世界選手権戦およびワールドカップ戦は'07年からセル付き１２５ccエンジンの採用となり、セル付きエンジンが主流となってセル付限定レースも行われている。

【全日本選手権】 国内選手権の最高峰のレース。'73年から開催されてきており、現在は1大会2戦開催のＯＫクラスと、東西地域に分かれて開催されるＦＳ１２５クラスのシリーズ戦がある。

【掃気】 2サイクルエンジンの吸気作用の一環。シリンダー内に残る燃焼後の廃ガスを排気口へと押し出し、新しい混合気の充填を行う2サイクルエンジン特有の作用。新気で廃気を掃き出し、入れ替わるということで掃気の名がある。

た行

【ターボバイザー】 ヘルメットのひさし前面に走行風で回転する風車（かざぐるま）を装着、この回転で雨水を吹き飛ばす器具の商品名。視界を妨げぬよう風車は透明、または淡黄色の樹脂製。雨天時は必備とされる用具だ。

【耐久レース】 レース時間が60分を

超える、またはレース走行距離が60㎞を超えるレースのこと。それ以下のものはスプリントレースという。

【タイスケ】 タイムスケジュールの略。レースやイベントなどにおける開催項目の順序と実施の時間割。

【大端】 コンロッドがクランクピンと結合する重要部分、ビッグエンド。結合はクランクピンを挟むように半月型でボルト締めの分解型もあるが、カートエンジンのコンロッドは大端部に挿入されるローラーベアリングと共にプレスでピンが圧入される非分解型。

【タイトコーナー】 タイトとは小さいということ。角度の小さいコーナー、急カーブのことをいう。

【ダイナモ】 （直流）発電機のこと。ダイナモメーターといえばエンジンの出力を測る動力計。

【タイムトライアル】 カートレース独特のタイムアタックの方法で、1～5台ずつ順次コースインし、1～2周の規定周回数でタイムアタックする。その結果の順位で予選グリッドが決定される。略してTTと表示される。最近では、あまり行われない方式となっている。

【タイヤ】 カートのタイヤはバイアス構造のチューブレスと決められている。バイアス構造とはクロスプライといって内部コードが左右斜めに交差されているもので、軽量で高剛性であるのが特徴。またカートタイヤは前後輪それぞれ専用サイズで、ドライ（乾燥路面）用、ウエット（雨天路面）用、オールウエザー（全天候型）の3タイプがあり、レースクラスによってタイヤ銘柄とグレードが指定される。

【ダイヤフラム】 膜。仕切りの膜。仕切り膜を押し引き（脈動）させてポンプ作動させているのがキャブレターに使われているダイヤフラムポンプで、この働きにより燃料を吸い込み、送りだす作動を行っている。

【タイラップ】 プラチック製の締め具、結束バンド。ワイヤーなどを束ねたりする。閉じ部分には逆歯形の噛み合いがあっていったん締めると弛まぬようにできている。様々な使われ方に対応して長短各種がある。

【ダイレクト駆動】 エンジンから後輪への動力伝達が直結されている駆動方式。中間に動力を断接するクラッチをもたないためにエンジンをかけたままカートを停止させておくことはできない。それゆえカートの停止は即エンジンの停止となる。エンジンの始動はカートを押し出す押しがけで行う。

【隊列復帰禁止区間】 ローリングスタートのフォーメーションラップの際、何らかの理由により集団から遅れた選手が自己のグリッドポジションに戻るのを禁止する区間。多くのコースでコース後半の設定ポイントからスターティングラインまでが指定される。

【タイロッド】 ステアリングハンドルの操作をナックルアームに伝え、前輪を操向するロッド。このロッドの長さ調整で前輪の前開き（トーイン）を調整していく。

【ダウンフォース】 フォースは力。シャシーを下方に押しつけ、タイヤグリップを高める（気流の）チカラ。

【タペット】 4サイクルエンジンの吸・排気バルブ開閉作動で、カムとの接触部分。カムとの間隙をタペットクリアランスという。

【たれる】 タレる、垂れると記される。エンジンやタイヤなどの性能変化を図示的にイメージ、時間経過や発熱で性能曲線から落ちてきた（下がってきた）状況にあること。熱ダレ。

【鍛造】 金属を熱し、プレスなどで圧力をかけて成型する製法。とくに強度が必要とされるクランクウエブなどが鍛造品。溶かした金属を鋳型に入れて成型するのが鋳造品。

【チェーンライン】 エンジン側ドライブスプロケットと後輪駆動のドリブンスプロケットを結ぶチェーンのライン整合度を意味して使われる。このラインが少しでも曲がっていると回転抵抗が生じ、パワーも失われれば、摩擦熱から潤滑油が蒸発、チェーン外れやチェーン切れがおきてくる。

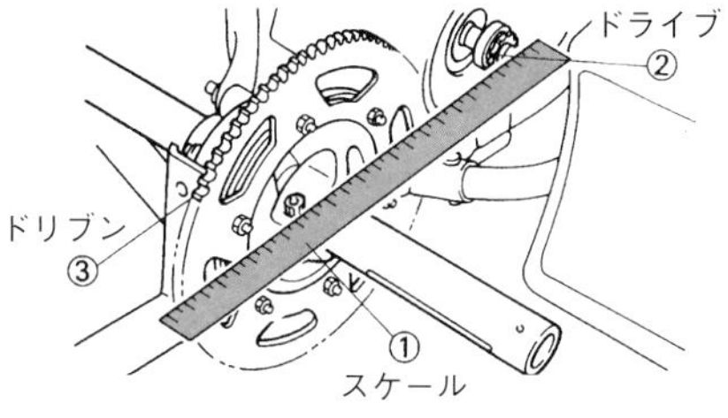

ドライブチェーンの整列

ドライブチェーンの回転スピードは相当な高速となる。それだけにストレスも大きくラインの整列は絶対の条件。前後のスプロケット側面に金属製スケールをあてがって曲がりの有無をチェックする。

ドライブチェーンの回転スピードは相当な高速で駆動する。それだけにストレスも大きくラインの整列は絶対の条件。前後のスプロケット側面に金属製スケールをあてがって曲がりの有無をチェックする。

【地方選手権】 準国内格式のシリーズ戦。かつてはJAFの支部別に8ブロックに分けて行われてきたが、'04年度から全日本選手権戦と同様に東西地域に分けて行われ、全日本選手権と併催される開催もあれば、コース単独、あるいは複数のコースを巡るシリーズが新設された。

【チャンバー】 工作物内の室の意。気化器の混合室をミキシングチャンバーというように、本来は本体の内部に作られる室のことだが、カートでは2サイクルエンジンに装着されるマフラーすなわち排気膨張管＝エキスパンションチャンバーを指して言う場合が多い。排気膨張管内には消音効果を上げるための隔壁板でつくられる室もあるが、膨張管全体を一つの室とし、効果的な排気脈動をつくりだす機能部品としているからだ。つまり排気に引き出される新しい混合気を脈動効果で燃焼室に押し戻し、吸気の充填効率を高める役目を受けもっている。そのため凹みや亀裂があってはならず、何かとメンテナンスの対象とされている。

【チャンピオン】 選手権レースの勝者、選手権者。選手権シリーズで最高得点をあげた者が得る栄誉。チャンピオンシップは選手権の意。

【チューニング】 楽器の調律からきている言葉で、性能向上を目的に行われる諸作業。チューニングエンジンというが、エンジンに限らない。

【チョーキング】 吸気ボックスの空気取り入れ口を手でふさぎ、キャブレターへの吸入空気量を制限、阻止すること。これにより意図的に燃料分の濃い混合気をシリンダー内に送り込むことができ、エンジンの冷却をシリンダー内部から促したり、オイル不足による焼き付きを防ぐ。

【ツー（2）（ストローク）サイクル】 ピストンが1往復、即ちシリンダー内を行って戻る2行程（ストローク）で燃料の、吸入・圧縮・爆発・排気の出力発生サイクルが行われるエンジン。2ストロークサイクルエンジンはカートの主流エンジンである。

【データロガー】 走行中の様々なデータを測定、記録、解析する機器のこと。カートでは加減速、車速、アクセル操作、ステア切り角、横G、エンジン温度など、センサー次第で幾つもの項目を測定、シャシーのセッティングやドライビングの分析に役立てる。

【テーパー】 先細り形状のこと。

【テールスライド】 カートのテールエンド（後部）が流されること。

【テール トゥ ノーズ】 前を走るカートの後端（尾）と、後ろのカートの先端（鼻）が接触するかのような超接近戦を表す言葉。どちらかと言えば後ろの方が勝っているが、抜くまでに至らない。逆にいえば前が巧みなブロックで抜かせない。そんな状況。

【ディスク式ブレーキ】 駆動軸のアクスルや前輪の車軸に装着されて回転するディスク（円板）をキャリパーで両側から締め付けて制動するブレーキ。キャリパーはブレーキペダルと連動で油圧作動される。ディスクは外気にさらされる装着なので冷却性にすぐれ、安定した制動力が得られる。スーパーカートでは早くか

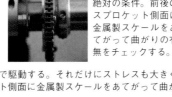

ら前輪にもブレーキを装着、都合3ブレーキとするのが一般的だが、スプリントカートでも最近は3ブレーキ方式が普及しつつある。

【ディビジョン】 部門ということ。規定の出走枠よりエントリーが多い場合、成績順にディビジョン1、ディビジョン2と分けて選抜したり、予選落ちした選手によるもう一つの決勝レースをディビジョン2レースとして開催したりする。

【ディフューザー】 放散機、散布機。サーキットカートのシャシー構成で、下面の後端を跳ね上げた形とするもの。車体下面の空気を勢いよく放出させることから、こう名付けられた。空力学上からダウンフォースを稼ぎだす。

【ディレイ】 遅れ。ラップタイムやレースタイムで、トップタイムからの遅れを表すときに使われる。

【デトネーション】 燃焼の異常な爆発的現象。極端な高温と音速をはるかに超える火炎伝播の発生が衝撃的な圧力波をともない、燃焼室周辺と接するピストン部材を溶かし、あるいは破壊したりする。高圧縮比エンジンの過激な使用、過熱状態で供給される燃料のオクタン価不適など、原因は様々な要素がある。いずれにせよエンジンには致命的なダメージをおよぼされる。

【点火時期】 燃焼室内の混合気に点火するタイミングのこと。爆発となる火炎伝播のタイムラグを見極め、ピストン上昇の最大圧縮時前に点火し、それが燃え広がり、もっとも爆発力が高い時点とピストンが降下する時点を同調させる。点火が早過ぎる爆発では上昇中のピストンの頭を押さえつけることになってエンジン損傷のノッキングが生じ、点火が遅過ぎればピストンが下降してからの爆発となって、いずれも折角の出力の最大が引き出せない。

【点火プラグ】 高圧電気のスパーク火花で燃焼室内の混合気に着火させる電装部材、スパークプラグ。電極部は燃焼室内の爆発時には50気圧、2000℃にもさらされながら1秒間に200回以上の火花を飛ばす。手の中に入る小さな機能部品だが想像以上に重要な仕事を果たしているもので、エンジン特性、性能に合わせて本体温度、すなわち混合気にさらされる電極部を焼き切る熱特性が異なる色々なタイプがある。

【テンションスプリング】 引っ張りバネ。カートではマフラーを支えている巻バネが代表的。

マフラー脱落を防ぐため、二重三重に張られたテンションスプリング。

【トーイン】 トーはつま先。前輪を前方向に内向きにして直進性を高めるフロントアライメントのポイント。タイロッドの長短で調整する。

【トーションバー】 一般的にはねじれ棒。カートでは、フレームの剛性調節のために装着するもので、その目的はコーナリング特性の向上。バー（棒）を橋渡しにフレームの必要個所に装着し、両端を固定してよじれ具合を調節するわけだが、その装着の締め付け度合いも剛性調節に深く関ってくる。バータイプでは中央部分を角状にしてねじり角度を見定めやすくしたものもあるが、パイプ形状のものが一般的。フレーム各部に複数での装着もある。

【当該年度年齢】 レース参加資格の年齢の見極め方で、その年に参加資格の年齢になれば、その年の初めから参加資格が得られることを意味する。12月31日生まれは実質1年早く資格が得られることになる。当該学年も同様に4月の進級で参加資格になればその年の始まりから参加資格が得られる。

【ドライバビリティ】 運転のしやすさ。操縦性の快適さ。

【トラクション】 路面を蹴りだすタイヤの駆動能力のこと。エンジンにパワーがあってもトラクションがかからなければタイヤは空転し、カートを前に押し出し、前には進めない。

【トラック】 陸上競技でいうトラック競技と同様に競技場の走路、コースのこと。

【トランスポンダー】 電磁信号を受けて送り返す送受信機。カートに装着してラップタイムやレースタイムなどを自動計測する必備の機器。レース時には主催者側から貸与される。

2(ストローク)サイクルエンジンの代表的な吸気方法

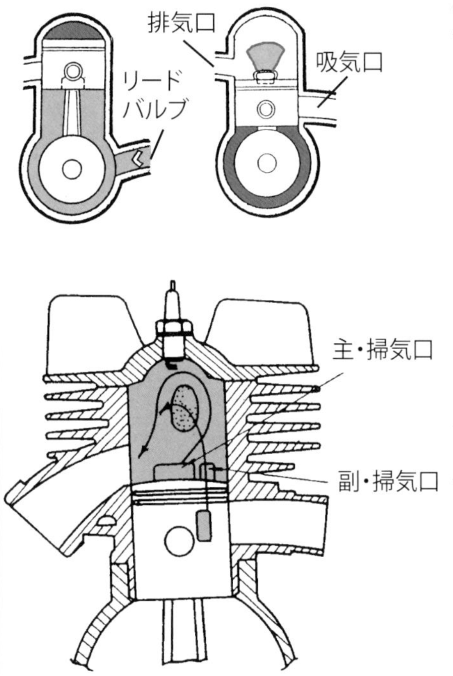

①ピストンバルブ式
②リードバルブ式

2サイクルエンジンはシリンダー内をピストンが1往復すること(行って戻る2ストローク)で、燃料の吸入、圧縮、爆発、排気の出力発生のサイクルを行う。そのためピストンの上と下で2つの作動を行っている。ピストンの上昇で上は圧縮の時、下はクランクケース内の負圧により混合気が吸入される（上左図）。それゆえ4サイクルエンジンのような独立したバルブ機構はもたない。

上級クラスで用いられているのがリードバルブ式で、圧力差で作動するリード(板)バルブを用いて吸入効率をアップさせているものだ。

上右と下図は2サイクルエンジン特有の掃気作用の働き。クランクケース内に吸入された混合気は、ピストンの下降で圧縮(予圧)され、シリンダー内の掃気口が開くと勢いよくシリンダー内に入り込み、爆発・燃焼が終わった燃焼済みガスを排気口から押し出して次の圧縮、点火・爆発に備える。図のピストン奥の主・副の掃気口は実際は手前にもあり、いずれの吸気方式でも掃気口と排気口はシリンダーに開口されていて、その開閉はピストン作動の胴部でおこなわれる。

点火プラグの熱特性

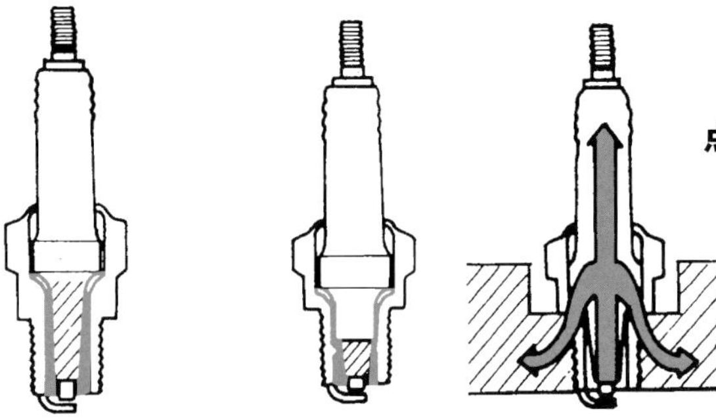

燃焼室にさらされる電極部をきれいに守るため、燃焼ガスを焼き切る温度をいかに保つかというのが点火プラグの熱特性。電極部は高熱型エンジン用ほど空間が浅く、熱こもりがないようにできている。つまり冷え型(コールドタイプ)で、逆は焼け型(ホットタイプ)と言う。電極部の焼け具合は混合気の適否やエンジンの稼働状況を示す判断材料にもなる。

【トランスミッション】 変速機。略してミッション。変速機付きカートはミッションカートとも言う。

【トランポ】 トランスポーターの略。カートや補修パーツ、工具など一式を積み込んで運ぶクルマ。着替えや休息場所にも使いやすいワンボックスタイプが人気。

【トルク】 回転力。駆動輪を回すチカラの強さ。1キログラムエフメートル(kg f-m)のトルクとは1メートルの腕の先に1キログラムの力がかかることの意。(エフはフォース、力を示す表示)。ただしトルクの単位は'93年施行の新計量法表示によりニュートンメートル(N-m)で示され、1N-mは約0・1kg f-mに相当する。このトルクに毎分回転数を掛ければ馬力となる。

【トルクレンチ】 ボルトやナットの締め付け力が示されたり、規定の締め付け力にセットして締め付けられるようにした工具のこと。

【トレッド】 (1)左右両輪のタイヤ踏面の中心から中心の寸法。トレッドを広げたり、狭めたりする測定基準。(2)タイヤの踏面。トレッドパターン。

な行

【ナックル】 折れ曲がるような動きで作動する継ぎ手(ジョイント)。前輪の向きを変えるステアリングナックルが代表的。このナックルに前輪が装着される軸はナックルアーム、ナックルスピンドルと言う。

【慣らし】 各部の動きをなじませること。カートエンジンの慣らしは、低速、中速、高速の順に回転数、走行時間、休憩時間を規制した運転で仕上げられ、2時間程度で終了となる。

【ニードル】 針、針状の部品。気化器フロート室で燃料レベルを調節するニードルバルブ(針弁)。ノズル(噴出孔)に挿入されて噴出量を調節するジェットニードルなど。

【ヌードフレーム】 フレーム(素の)本体。フレーム枠組構成だけのもの。

【熱価】 点火プラグの熱特性。プラグ自体の構造で熱を逃しやすい冷え型から、その逆の焼け型まで各種の熱価がある。エンジンの熱特性に点火プラグの作動温度が合わないと電極部が溶けだしたり、混合気を焼き切れず不完全燃焼でカーボンが付着、あるいは湿ってしまって失火、エンジン本来の性能が引き出せず回転ストップとなる。

【ネックガード】 ヘルメット下の首部にまく防具。適度の厚さでクッション性を備え、激しいコーナリングや急加速、急減速、あるいは予期せぬクラッシュなど、走行中にかかる様々なGから頭部を支え、むち打ち現象などを防止する。幼児童カーターには必備とされ、Gが大きいサーキットカートでは成人も常用している。

【ノーマル】 正常、正規。無改造。市販された状態にあるままのもの。

【ノイズボックス】 吸気ボックスの別称。キャブレター吸気口に装着される空気取り入れの箱。

【ノズル】 キャブレターでの燃料など、流体を噴出する小穴の総称。

【ノッキング】 点火時期に合わない異常燃焼。上昇するピストンが爆発で叩かれ、首が振られることでシリンダー壁を叩くなど異音が発生する。ノッキングは混合気がうすかったり、燃焼室内にカーボン堆積があると自然発火を誘引しやすく、ピストンを熔かしたり、破壊してしまうことにつながる。

は行

【パークフェルメ】 コース施設内に設置される特別な管理区域。タイヤやエンジンの保管、配布、入賞車の再車検を受けるために集められる場所。関係者以外は立ち入り厳禁となる区域。

【バイアスタイヤ】 タイヤの骨格を形づくるコードが回転方向に対して斜めに交互に配列された構造のタイヤ。カートのすべてのタイヤでもある。これに対してコードが横方向に放射状に配列されるのがラジアルタイヤ。それに比べると全体的にソフトで、コントロール性がよい。しかし変形量が多くタイヤ発熱量も多くなる。それだけにタイヤコントロールが勝負に関わってくる。そうしたシビアな面がカートの存在を大きなものとしている。

【排気量】 シリンダー内をピストンが移動する容積。算出はシリンダー内径1/2(半径)の2乗×円周率3・14×ピストン行程÷10の3乗(=1000で立方体cc)。これに気筒数を掛ければ総排気量となる。

【ハイグリップタイヤ】 グリップ力を最高度に求めたタイヤ。国内では全日本選手権レースにおいてのみ使用できる。ただし性能は高いが、原則1ヒートと耐久性は短く、価格もまた高価で、たやすく手には入らない。

【バイザー】 ヘルメット部品のスクリーン。ひさし。最近は濃い色のものが好まれ、表情はつかみがたい。

【ハイテンションスチールパイプ】 高張力鋼管のこと。カートフレームの重要部材。その高張力だが、一般のマイルド鋼約30kgに対して80kgという強さをいう。80kgのハイテンといえば1平方mmあたりの引っ張り強度が80kgに相当する抗張力を示す。

【ハイドロプレーニング】 ウエット状況の高速走行で、タイヤと路面の間に生じる水の膜を排除できない現象。水膜によりタイヤが路面から浮いた状況で、ハンドリングやブレーキが効かずにスリップ、スピンを起こす。

【パッキン】 接続部の気密、水密を保つための挟み物。紙、ゴム、樹脂、金属のほか液体もある。

【パッシング】 前車をパス、追い抜くこと。

【パッド】 すき間の当てもの。ブレーキパッドは目的が異なる当てもの。

【パドック】 出走車の整備や待機するための場所。屋根がない所ではテントを張って備える。レースに際しては主催者から場所指定される。

【ハブ】 回転体と軸を結合する部品。ホイールハブ、リアスプロケットハブ、ブレーキディスクハブがカートで使われているハブである。

【馬力】 単位時間あたりの仕事量を表す単位。1HP(ホースパワー)はイギリス馬力。1PSはドイツ語プフェルデシュテルケで、フランス(メートル)馬力。1PSとは75kgの重さの物を1秒間に1m引き上げる仕事の量こと。つまり馬力とはトルクに時間の推移を加えたもので、トルク×毎分回転数で算出される。これにより同じトルク数値でも回転数が高いエンジンのほうが高出力となり、スピードが出せることになる。なお1HPは1・014PSとHP単位の方が大きい。なお'93年施行の新計量法表示により1PSは0・7350キロワット(kW)と表示される。

【パワートレーン】 エンジンから駆動輪にいたる動力伝達経路。

【パワーバンド】 エンジンが最も効率よく力を発揮できる回転域のこと。一般的にはエンジンの最大トルク発生回転から最高出力発生回転の間。変速機付きカートでは重要項目となる。

【ハンドリング】 操縦。操縦すること。クルマでいわれるハンドルはステアリングハンドルの略で舵取り。

【ヒート】 レースでは1回戦、1ラウンドという意味合いの言葉。予選ヒート、決勝ヒートなどとレース構成の一区切りずつを示して使われる。デッドヒートは本来同着のようなゴール直前の激しい競り合いをいうが、今は激しい戦いの意に変わっている。オーバーヒートは過熱、過度の興奮を示す。

【ビードストッパー】 急加速や急ブレーキ、急コーナリングなどでホイールとタイヤがズレないようタイヤの耳を押さえつける留め具。ホイールからネジを突き出し押さえる。

【ピストンバルブ式(2サイクル)】 2サイクルエンジンの吸気制御の一型式。シリンダーにあけられた吸気口をピストンの往復動で開閉する方式。このほかにはリードバルブ式、ロータリーディスクバルブ式吸気方式がある。

【ビッグエンド】 →コンロッド

【ピッチング】 加速や減速のときにカートの前後が上下する動き。

【ピット】 コース走行に備え、あるいはレース中に何か不具合があったカートの応急的な補修を行う場所。レースでは主催者から場所指定される。

【ピットクルー】 ピットでの作業要員。レース時はドライバーと同様に登録、保険が必要で、人数制限もある。

【ピットスタート】 何らかのトラブルでスターティンググリッドに着けなかった場合の救済スタート方法。ピットロードで待機し、正規にスタートした最後尾のカートがピットロード出口地点を通過してからスタートする。スプリントカートでは採用されていない。

【ピットロード】 ピットからコースへ、コースからピットに入る走路。

【ピン】 ピンといえばピストンリング回り止めの留め針（ノックピン）が代表的だが、実際は中空シャフトのピストンピンもあれば、ピン（針）とはほど遠いプレス圧入の軸となるクランクピンもある。かんぬきもピンである。

【ファステストラップ】 コース一周の最速のタイムのこと。時速と併せて表示される。タイムトライアルはまさにファステストラップの競り合い。予選、決勝と、それぞれにファステストラップはあるわけだが、決勝以外は参考データ。過去最速であればコースレコードとして記録される。決勝では序盤、中盤、終盤、どの周回で最速が記録されたかでエンジンのポテンシャルが見極められる。また優勝者がファステストラップを出すとは限らない。決勝のファステストラップはドライバー名入りでレース記録として残される。

【フィニッシュライン】 レース周回の終了位置を示す線。通常はスタートラインでもあるコントロールラインのこと。当該ヒートの規定周回を終えた時点で、トップを走行している車両にこの線上でチェッカーフラッグが振られ、そのレース（ヒート）の終了が示される。決勝線＝ゴールライン。

【フェアリング】 覆いのこと。それも単なるカバーの類ではなく、流線形のようにできている空力に関係するようなもの。カウリングと同義語で使われている。フロントフェアリング。

【フォー（4）（ストローク）サイクル】 ピストンが2往復、即ち行って戻るが2回の4行程（ストローク）で燃料の①吸入・②圧縮・③爆発・④排気の出力発生サイクルを行うエンジン。4サイクルエンジンは吸・排気バルブの設定でエンジン種別はいろいろあるが、サーキットカートの主流エンジンとしてはシリンダーヘッドに配置した吸気、排気口のバルブをそれぞれ独立したカム機構で開閉するＤＯＨＣ（ダブルオーバーヘッドバルブカムシャフト）式が主流である。

【フォーミュラ】 規格。レース用車両の区分を示す規格のこと。スプリントカートではＫＦクラスを最上位としてＦＳ１２５、ＦＰなど、様々なクラス分けがあり、サーキットカート部門のスーパーカートでも規格が緩やかなＳＫ１、シビアなＳＫ２などがある。自動車レース最高位のＦ１（エフワン）はフォーミュラ1の略称。

【フォーメーションラップ】 決勝スタートに備えてコースインした各車がスターティンググリッド順に隊列を整え、スタートに備える周回のこと。

【吹け】 エンジン高速回転に対するレスポンス。吹け上がりとはエンジン回転の上昇の具合を指し、吹けがいいなどと使う。

ローリングスタートでは、2列縦隊に隊列を整え、スタートラインへ向かう。先頭の2台には隊列を整える義務があり、適切なペースコントロールが要求される。

【ブッシュ】 可動部品の連結部に用いられる緩衝材。強化合成ゴム製のほか、結合部に挿入する金属製もある。

【プッシング】 前を走るカートに接近しての走行で、後ろからの接触、押すこと。その行為が故意とみなされるとプッシングした後車にはペナルティが科せられる。

【フライホイール】 はずみ車。エンジン回転の回転速度差を吸収し、より滑らかな回転とするもの。クランクウェブには回転バランスを保つために肉抜き加工も施されれば、マグネトーのローターやクラッチドラムなども一種の回転オモリとなる。重さが多いと加速、減速のレスポンスは鈍くなる。

【プラクティス】 本来は決勝レースに備えての公式練習を指すが、公式予選を含めて使われることもある。タイム計時方式となるサーキットカートでは公式練習が公式予選ともなり、プラクティスと呼ばれる。

【プラグ】 栓。点火プラグを点火栓というようにプラグは穴を埋める栓のことだが、大体が点火プラグの代名詞として使われている。

【フラットスポット】 タイヤ接地面の平面変形。タイヤをロックさせるブレーキングで生じる部分摩耗。フラットスポットができると回転バランスがくずれ、走行振動の発生源となる。

【フランジ】 （円周に張りだす円盤状の）つば。

【ブリーフィング】 レースに備えてその日の注意、確認事項を手短に伝える集会。カートではドライバーズミーティング、略してドラミとも言う。レース当日の朝に行われるのが通例で、レース参加者、特にドライバーの出席が義務づけられる。というのも参加者全員が共通の認識を持つためで、疑問点などがあれば明解にされる。

【フリクション】 摩擦抵抗のこと。

【フルード】 油圧ブレーキに用いられる圧力伝達のための液体。沸点が高く氷点も低い温度変化に強い液体で、その対応温度域を示すのがＤＯＴ規格。寒期にブレーキ液が凍ったり、過酷の使用で液が沸騰してしまう不都合なことのないよう用いる。ただしこの液、吸湿性が高く、また塗料を溶かすので取り扱いには注意を要する。

【ブリスター】 火ぶくれ、水ぶくれということから、タイヤ発熱によるタイヤ表面に生じるコブをいう。

【フレーム】 パイプ部材で構成されるカートの基本骨格。車両規則により部材は全て磁鋼管、すなわち磁石がつく鉄のパイプと決められている。部材の組み方でX型、A型変形、それらのベースモデルなどがある。

【フロアパネル】 →アンダーパネル

【ブロック】 立ちはだかること。後続車に抜かれないために早めにコーナーのイン側につくなど、相手の走行ラインをふさぐこと。ただしブロック行為（ブロッキング）が故意と見なされるとペナルティーが科せられる。

【フロントロー】 ローは列。そこからスターティンググリッド最前列のことを言う。つまり1、2番の位置。

【ベーパーロック】 油圧経路内にエアが混入して油圧が作動しないこと。ブレーキの酷使で液が過熱、それにより気泡が発生すれば、気泡がクッションとなってペダルを踏んでもフカフカしてブレーキが効かなくなる。

【ベアリング】 軸受け。回転したり摺動したりする軸を支え、動きを円滑にするもの。平ら（プレーン、メタル）、玉（ボール）、コロ（ローラー）など各種がある。カートで3ベアリング方式といえばアクスルシャフト支持のベアリング数が3個であることを示す。

【ヘキサゴンボルト】 6角ボルト。

【ベクトル】速度や力など、その量の大きさ、方向性などを表す言葉。シャシーセットなどで「ベクトルは合っている」などという場合は、セットの方向性を表わしての表現。

【ヘッド】 エンジン用語で使われる場合はシリンダーヘッドの意。4サイクルエンジンのヘッドには性能の要めとなる吸・排気バルブの駆動機構があれば、2サイクルエンジンではヘッド内側は燃焼室であり、カーボンの堆積や焼け具合を見るなど、ヘッドはそうした総称としてよく使われる。

【ペナルティー】 規則違反に科せられる罰則のこと。ＪＡＦ国内カート競技規則では、訓戒、罰金、タイム加算（周回数減算）、出場停止（失格）、資格停止、資格取消まで、違反の軽重により6段階があり、罰金は重複して科せられるとある。

【ベンチュリー】 キャブレターの吸気路内で、一部分だけ狭められたところ。通路が絞られることでその部分の流速が高まり圧力が低下する。それで燃料が吸い出され霧化が促進される。

【ベンチレーテッドディスク】 2枚のブレーキディスクをある間隔を置いて重ね合わせ、その間を通気させることで冷却効果を高めたディスク。そうしたディスクを備えたブレーキ装置のこと。制動時の機能低下（フェード現象）がおきにくく、それだけ過酷な使用にも耐えられる高級なブレーキ仕様。

【ホーニング】 とぎ上げ作業。シリンダーをボーリングしたバイト（旋盤）の目をとる油砥石による研磨加工。

【ボーリング】 円筒や穴の内側を切削加工すること。中ぐり。一般的にはシリンダーの偏摩耗や焼き付きなどの摩滅、傷痕部分を修復するための切削加工を指す。この削り直しは次に使用するピストンサイズに合わせて行われ、削り（バイト）目を平滑にするためのホーニングとのセットとなる。

【ポールシッター】 ポールポジションを獲得した選手のこと。ローリングスタートの場合、2位以下の隊列を整える義務を負わされる。つまりローリング全体のスピードコントロールを受けもたされるわけだが、ただ走ればいいというわけにはいかない。だらだらと引きつれていては後続車のスピードがゆるく、エンジンをかぶらせてしまうことになれば、速すぎれば車間がばらばらとなって隊列が整わない。PPはラップ中いつでもスタートできるスターターとの呼吸合わせが可能で、その優位性は大きなメリットといえる。

【ポールポジション】 スターティンググリッドの最前列、第1コーナーに向かって有利となるポジション。コースによってイン側、アウト側は分かれる。また国際レースでは該当ドライバーがイン、アウトを選択できる。その前のヒート（予選ではTT、決勝では予選総合）で最上位の選手に与えられる。略してPPと表される。

【ボア】 内径。シリンダーボアといえばシリンダーの内径。

【ホイール】 車輪。カートのホイールはスポーク型もリムと一体型で分割は出来ない。アルミ合金製とマグネシウム合金製（マグホイール）があり、タイヤと合わせた剛性が走行性能に微妙な変化をおよぼす。ホイールの回転バランスが取れてないと異常振動が発生し、タイヤが偏摩耗する。

【ボス】 何か取り付けるための仲介パーツ。ステアリングボス。

【ポディウム】 表彰台。原則、上位3位までがこの台上で表彰を受ける。

【ボディワーク】 車両規則にしたがってカート全体を仕上げていく諸作業の総称。

【ポテンシャル】 潜在能力。

【ホモロゲーション】 承認。定められた規約に適したものであるかどうかを審査し、認定すること。略してホモロゲ。カートではエンジンはじめフレーム、タイヤなど、主要部品のほか装身具についても一定の規約があり、新規のものはもとより形状進化にあっても3年ごとに行われるホモロゲーションを受けなければならない。認定は国際的にはCIKが、国内ではJAFによって行われ、レーシングスーツなど経時変化のあるものは有効期間も定められ、縫いつけのタグで表示される。

ま行

【マーキング】 印しをつけること。レースで、エンジン、マフラー、タイヤなど主要部品の使用が制限される場合は、車検時にペイントなどで印をつけ、以後、交換できない目印にする。

【マーシャル】 レースやイベントの進行係。保安員。コースマーシャル。

【マグネシウム】 金属元素の一つ。アルミニウムより軽量で強いが、素材的に高価である。カートではマグネシウム合金製ホイールが代表的な製品。マグネシウムは酸化によわく、空気に触れぬよう製品は塗装で保護される。

【マグネトー】 磁石発電機。マグネトージェネレーターの略。エンジン点火の電源。マグネットと言えば磁石。

【増し締め】 ボルト・ナット、ネジなどを締め直すこと。クッション装置のないカートでは振動で結合部にゆるみが生じやすく、決してゆるがすことができない大切な基本作業。

【マシン】 機械。広義には乗り物も意味し、とくにレーシング用を指していう。マシン調整などレーシングカートの別称としても使われている。

【マスターシリンダー】 圧力を起こす親シリンダー。カートでは油圧式ブレーキにマスターシリンダーがある。

【マニホールド】 多岐管。枝分かれした管のこと。本来は多気筒エンジンでの吸気、排気の多岐管を指すが、カートでは単気筒エンジンながらキャブレターをエンジンに装着するジョイントやスペーサー、ガスケットにマニホールドの名をつけていたりする。

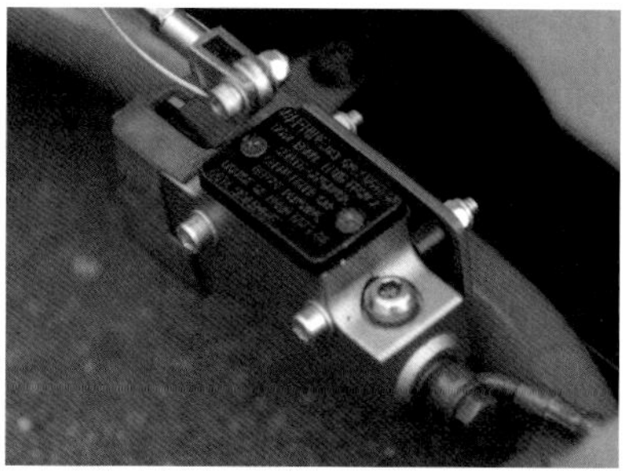

ブレーキの油圧を発生させる箱状のパーツ、マスターシリンダー。シャシー左サイドに搭載される小さなパーツだ。

【マフラー】 排気消音器の米語。排気の爆発音を低減し、性能の向上も図られる。形状は様々だが、要は排気の膨張、音波共鳴、干渉、吸収、冷却を考慮し、隔壁板などを内蔵する。カートでいうマフラーは排気膨張管（エキスパンションチャンバー）としての機能が重視され、複雑な構造物は組み込まれていない。単にチャンバーとも略されて使われる。またマフラー排出口の蓋となる部分をサイレンサーといって区別している。サイレンサーは英国語でいう消音器。

【マン マシン】 人と機械。この両者の技量が試され、競われるモータースポーツを形容していう複合語。

【ミキシングタンク】 混合燃料調合用につくられた樹脂製のタンク。燃料のガソリンと潤滑用のオイルを個別に計量、注入、希望の混合比で調合が可能なカーター必携の備品。様々な商品名で各種のものがホームショップなどで販売されている。

【ミキシングチャンバー】 （ガソリンと空気を混ぜる）気化器の混合室。

【ミッション】 トランスミッションの略で変速機、ギアボックスのこと。エンジン回転を変速（減速だけでなくオーバードライブの増速もあるので変速）、すなわちトルクを変換し、出力を効率的に後輪に伝える働きを行う。この変速機を装備したカートをミッションカート、とくにサーキット専用の高出力、高速型のカートをスーパーカートと呼び、カートコース用のミッションカートと区別している。

【ミュー】 摩擦係数。とくにタイヤのくいつき。ミューが低いといえば滑りやすいこと。

【メータリング】 計量すること。

【メインパイプ】 フレームを構成するパイプ部材で、左右両サイドにあって骨格を形づくる主要パイプのこと。これをつなぐのがクロスメンバー。

【メカニック】 整備士。メンテナンスをする人。カートではドライバーが兼任している例も多い。似て非なる作業で開発があるが、これは技術者の分野で、エンジニアという。

【メタル】 金属。平軸受け＝プレーンメタルの略。軸受け用合金をいう。

【面取り】 組み付けで面が揃わない部分や角ばったところを均一に削ったりヤスリをかけて滑らかにすること。エンジンの慣らしやホーニング作業はまさに面取り作業である。

【メンバー】 (1)部員。(2)部材。メインフレームをつなぐ横方向に組まれるパイプをクロスメンバーといい、フロント、センター、リアメンバー、サイドメンバーなどがある。

【モディファイ】 本来は修正するという意味だが、レースの世界では改造することを意味する。

や行

【焼き付き】 回転、摺動、接触などの摩擦面が冷却や潤滑不良により過熱すると、潤滑オイルの油膜が切れるなどして金属同士が直接接触となり、摩擦熱から溶け、凝着（ぎょうちゃく）してしまう。エンジンの焼き付きとはピストンとシリンダーが溶けてかじり合い傷つくことで、さらに重度になると完全に凝着してしまう。こうなるとシリンダーに固着してピストンは動かず、コンロッドがピストンを突き破ることになる。コンロッドは曲がり、破壊されたピストンの破片がクランクケース内に落ち、クランクシャフトも損傷。エンジン全損となる。エンジンに限らず変速機のギア、クラッチやブレーキの焼き付きもある。

【油圧】 オイルやフルード（液体）などを媒体にして伝達する圧力。量の不足や液体の劣化、ポンプ作動の具合など、定期的なメンテナンスが重要。

【有効ポイント】 シリーズ戦の得点計算方式の一つ。得点集計を全戦とせず、一定の参戦数を決めてポイント計算する方式。ポイント抽出は参戦数の中から成績の良かった順に累計する。全7戦、有効ポイント4戦とあればベスト4の得点でシリーズを競う。

【横G（ジィー）】 コーナリングにおける遠心力。外側に向けてかかる力だが、加速、減速などの前後もある。

【予選ヒート】 決勝レースのスターティンググリッドを決めるための選抜方式。もちろん決勝進出は出走規定数内にとどめられる。

ら行

【ライセンス】 レース参加の資格証明証。ドライバーの競技者ライセンスのほかレース運営側には作業別に様々なオフィシャルライセンスがある。

【ラップタイム】 ラップは周回。その1周の所要時間がラップタイム。レースでの最速ラップタイムはファステストラップ（ＦＬ）、またはベストラップ（ＢＬ）と言い、特別に評価されてリザルトに記録される。

【ラバーグリップ】 コースでの走行台数が多く激しさを増すにつれ、コーナリングなどで削られたタイヤのゴムが次第に路面に付着していく。いわゆるブラックマークで、この部分に乗るとタイヤ本来のグリップ力に大きな変化をおよぼす。それがラバーグリップで、シャシーセッティングはもとよりドライビングにも大きく影響し、レース成績も左右されることになる。

【ランキング】 順位。シリーズ戦における獲得ポイントによる順位づけ。

【リーク】 洩れ。点火系の漏電。

【リードバルブ式（2サイクル）】 2サイクルエンジンの吸気方式の一つ。楽器のリード（舌）のような板状バルブを山形に配置したバルブ装置を吸気口に置き、ピストンの上昇でクランクケース内が負圧になると吸い込みの力で板バルブが開いて吸気、ピストンの降下でクランクケース内の圧力が高まると板バルブが押し戻されて閉じる方式。機械的な力を使わず、吸気の逆流（吹き返し）を防ぎ、吸気効率の向上から性能アップが図られる。吸気口がクランクケース側にセットされるものをケースリードとも言うが、これはリードバルブを吸気管に置いた旧タイプと区別して言った名ごり。リードバルブ吸気式2サイクルエンジンの性能値は高く、全日本選手権など上級クラスのレースで使われている。

【リアシャフト】 後輪がセットされるアクスルシャフトのこと。ドリブンスプロケットやブレーキディスクも装着される車軸。カートでは外径30〜50㎜の鋼管が使われ、軸受けのベアリング数と共にフレーム剛性にも関与している重要な部材である。

【リキッド】 液体。

【リコイルスターター】 遠心式クッチ付きエンジンの始動装置。自動巻き戻し式のワイヤーやロープを引っ張ってクランクを回し、起動させる。

【リザルト】 結果。ＴＴ、予選、決勝のレース結果、結果表。リザルツ。

【リストリクター】 制限するという意味のリストリクトから名づけられている部品のこと。同じエンジンを使いながら出力を制限するとき、吸排気系いずれか、もしくは両方に取り付けて燃料供給量を絞ったり排気抵抗を生じさせ、出力を制限する。その部品がリストリクター。

【リタイア】 マシン不調や走行中のトラブルなどで中途でレースをやめること。棄権。

【リブプロテクター】 リブは肋骨。ろっ骨の防護当て。カートの横Gはつよく、シートのヘリでろっ骨を痛めることもあり、それの防具。

【リブレ】 語源の自由なという意味合いから、競技規則ではどのカテゴリー、クラスにも当てはまらない「その他の車両」を言う。それがフォーミュラリブレ。略してリブレ。リブレ仕様などと使い、サーキットカートのうちスーパーカートがそれに相当する。

【レーシングスーツ】 ドライバーに装着が義務付けられる上下一体長袖のワンピース着衣。ヘルメット、グローブ、シューズと共にドライバーの正装となるもので、安全上からも必備。

【レインタイヤ】 降雨など、コースが濡れている状態で使用される専用のタイヤ。排水を考慮したトレッドパターンと、低温から十分なグリップ力を発揮する柔らかいコンパウンドや構造が採用されている。ウエットタイヤの呼び名もある。

【レギュラー】 通常の、標準の、普通のという意。レギュラーガソリン。

【レギュレーション】 規定、規制というほかに取り締まりという意味があり、レース界では競技規則を指す。

【レコードライン】 最速のラップタイムが出せる走行ライン。常に一定しているというわけでなく、車両性能により、またその日の路面コンディションにより微妙に相違する。

【レスポンス】 レスポンスがいいなどと操作に対する応答、反応、敏速性のこと。エンジンやハンドリング、ブレーキングの評価でよく使われる。

【レッドゾーン】 サーキットカートでは必備のエンジン回転計（タコメーター）で、赤く塗られて示される限界回転数の領域のこと。

【レブ】 レボリューション＝回転、回転運動の略。レブ特性などと使う。

【ロータリーディスクバルブ式（2サイクル）】 クランクケース側面に置いた吸気口をクランク軸直結のロータリーディスク（回転板）で開閉する2サイクルエンジンのこと。これによりピストンの動きと切り離した吸気タイミングが設定でき、効果的な吸気効率が得られる。カートでは最高の性能値が得られる2サイクルエンジンとして最上位に置かれたが、リードバルブ式吸気の発達で今は過去のものとなっている。

【ローリングスタート】 助走方式のスタート。出走グリッド順のかたちで周回し、隊列が整ったところでスターターがスタートの合図をおくる。ただしスタートライン手前20ｍのイエローラインを通過するまで加速することはできない。

わ行

【ワークス】 プライベート（私的）に対する製作所（ワークス＝メーカー）組織という意味合いでチーム体制や規模の違いを表す。ワークス仕様など、製品や部品について特別な仕上げも意味する。ファクトリー（工場）は同義語。

【ワイヤー】 針金。鋼線。

【ワッシャ】 座金。プレーン（平）座金に対して締め付けに反発するよう切り欠きを設けてよじれにバネ効果をもたせたスプリングワッシャもある。

【ワンメイクレース】 出走するカートを特定したレース。たとえばエンジン、タイヤ、フレーム（シャシー）など使用できる銘柄、型式を1種類に限定して行われる。カートの性能差をなくし、純粋にドライバーのテクニックを競う目的で実施される。入門者向けのクラスではコンプリートカートを指定して行われることが多い。

KART COURSE COMPLETE GUIDE 2025

**ロングストレートが爽快なコース、
連続コーナーの手強いコース、
ロケーション抜群なコース.etc
そんな個性豊かなカートコースで
カートライフを満喫しよう!**

JAF（一般社団法人日本自動車連盟）公認のコース

JKLA（日本カートランド協会）加盟コース

スポーツランドSUGO《すごう》国際《こくさい》西《にし》コース

CIK公認

JAF公認

JKLA加盟

1975年のオープンから49年目。リフレッシュした路面が最高の走りを約束する

昨年、好評だったサマーフェスタは今年も8月に開催する

イベントカレンダー2024

◎SLカートミーティング SUGOカートレースシリーズ
Rd.1 3/31 Rd.2 6/2 Rd.3 7/7
Rd.4 9/29 Rd.5 11/3 Rd.6 11/24
■開催クラス
YAMAHAカデットオープン/YAMAHA TIAジュニア/TIA/YAMAHA SSジュニア/SS/スーパーSS/SUGO FDオープン/Senior MAX/ジュニア（JAF）/ジュニアカデット（JAF）
◎地方選手権SUGOシリーズ
Rd.1 3/31 Rd.2 6/2 Rd.3 7/7
Rd.4 9/29 Rd.5 11/3 Rd.6 11/24
◎JAF全日本カート選手権　ジュニアカート選手権　6/15-16
※FS-125/FP-3/ジュニア/カデット Rd.3&4　EV部門 Rd.2
◎SLサマーフェスティバル 2024 SUGO　8/24～25

コースDATA

〒989-1301　宮城県柴田郡村田町菅生6-1
TEL. 0224-83-3116　FAX. 0224-83-5545
対応ライセンス：JAF・SLO会員
休 不定休
営 9:00～17:00
車 東北自動車道・菅生スマートIC(ETC車載器を搭載した車長12mまでの車種のみ通行可能。車長12mを超える車両は村田ICへ）より約5分

付帯設備：レ ★ 自 コ 席 シ ＋ JK

レーシングカート走行料金	一般	SSCM会員
平日（1時間）	1,800円	1,000円
土日・祝日（1時間）	2,700円	1,500円

■レンタルカート料金
10分間・4,000円（一般）／2,000円（SSCM会員）

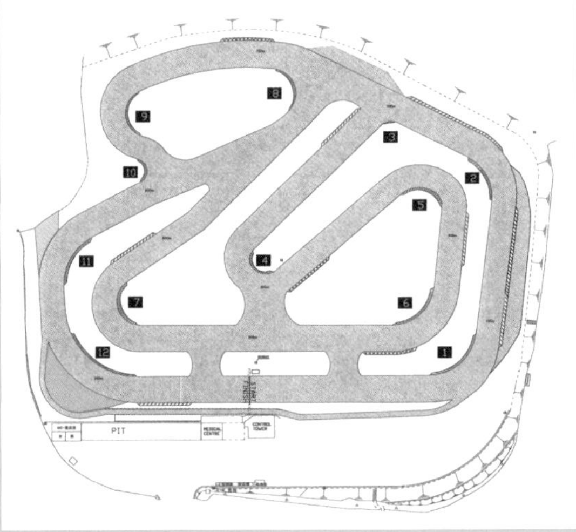

全長：984m／幅員：9～9.5m／最大直線長：106m／フルグリッド数：34台

■攻略ポイント
①4コーナーヘアピン進入時はハードブレーキでアウト・イン・アウトが基本。クリップは気持ち手前に設定。②9-10コーナーは9の進入時に強めのブレーキからアウト・イン・インとし、9と10のクリップ同士をつなぐイメージのラインで行こう。

15年振りにコース改修!
コースレコード更新にも期待

東北地方最大の総合モータースポーツ施設「スポーツランドSUGO」内にある多目的コース。カート以外にも、ミニバイクやモタード、ジムカーナ等の走行が可能だ。

今日まで数多くのカートレースを開催している長い歴史を持ち、SL全国大会の指定コースでもあったことから、西地域に所属する選手にも馴染み深いことだろう。

2009年には元全日本カートドライバーで、当時の最高峰クラスFSAクラスを二連覇した片岡龍也氏監修のもと、大型リニューアル工事が行われている。それまではRがきついテクニカルなレイアウトだったが、リニューアル後はストレート区間を延長した中高速メインのコースへとブラッシュアップされた。

さらに今年は15年振りに路面の舗装改修を施工したことから、コースレコードの更新も期待されている。様々なレースが開催され、昨年好評だったサマフェスも引き続き「SLサマーフェスティバル2024SUGO」として行われる。アクセスに関しては令和5年3月に東北道菅生スマートICが開通したことで、ETC装着車には大幅な時間短縮となっている。

雨竜サーキット

JKLA加盟

全長：700m／幅員：6～7m／最大直線長：135m
付帯設備：レ 自 コ 席 ＋
〒078-2636 北海道雨竜郡雨竜町第6町内
TEL. 0125-78-3839
旭川カートサービス　TEL. 0166-53-6683
冬期
9:00～16:30
1日・5,000円

北見富士カートサーキット

全長：500m／幅員：8～10m／最大直線長：120m
付帯設備：レ ＋
〒091-0163　北海道北見市留辺蘂町滝の湯117-8
TEL. 0157-45-3036
RACING KART SERVICE ZERO TEL. 0157-24-9120
冬期
9:00～18:00
1日・3,000円

フェスティカサーキット栃木《とちぎ》

地形を活かしたコースレイアウトが特徴でカートコースには珍しい高低差がつけられている。各コーナーには独特のバンクが付いているが、これはドライビングテクニックを磨くために非常に効果的だ。練習を重ねていけばドライバーに必須の技術が自然と大きくレベルアップしていくはず

レンタルカート耐久レースでも使用するスタンダードタイプのビレルN35をはじめ、上級者向けのハイパワー4stエンジンを搭載したMOJO Sports等、レンタルカートの種類も充実する

フェスティカ 参考ギア比一覧

YAMAHA KT100S	
カデット	10×78～81
SS	10×83～84
FD	10×84～85

※サイズは全て219

コースDATA

〒328-0066　栃木県栃木市柏倉町1275-1
TEL. 0282-25-1500　FAX. 0282-25-1512
対応ライセンス ：JAF・SLO会員
休 火曜日・年末年始　営 9:00～16:00（平日・祝日）/8:30～日没（土日）
（17時以降も営業の場合アリ）
※冬季は日没まで（17:00以降もショップは営業。17時以降のコース貸切は3月～9月下旬まで。要問）
車 東北自動車道・栃木ICを下車し出口を左折。最初の信号を左折し、突き当たったところを左折。高速の高架をくぐり抜けT字路を右折。再び高速の高架をくぐり、皆川中学校から200m先の交差点を右折（皆川城GC方向）。そこから道なりに約5km進むと右側にコース入り口。

付帯設備：レ ★ 自 コ 席 更衣室 シ 貸カートガレージ ✚ レストラン WiFi ¥ JK
各種クレジットカードOK

平日	レーシングカート走行料金		土日祝日	レーシングカート走行料金	
	会員	一般		会員	一般
半日	4,000円	5,500円	半日	4,500円	6,000円
1日	5,000円	6,500円	1日（8:30-15:30）	5,500円	7,000円

※走行時間帯は季節によって変わることがあります。ご了承ください。

レンタルカート走行料金	N35	MOJOスポーツ
1回（平日8分間）	2,500円	3,500円
1時間フリー（平日）	6,000円	10,000円

※土日料金あり。

イベントカレンダー2024

◎SLカートミーティング「フェスティカサーキット栃木シリーズ」（全5戦）
Rd.1 3/24　Rd.2 5/26　Rd.3 8/11　Rd.4 9/29　Rd.5 12/3
■開催クラス
YAMAHA Cadet OPEN/FD マスターズ/YAMAHA SS/
YAMAHA Super SS/YAMAHA SSレジェンド

コース設備の充実度 MAX!
バンクの付いたコーナーも凄い !!

勾配の付いた６つのテクニカルコーナーで構成されるフェスティカサーキット栃木。そのレイアウトはアップダウンの効いたメリハリのあるもので、ドライバーに走る楽しみを与えてくれるだろう。

各コーナーに付けられたバンクだが、コーナリングの途中から傾斜が変化するポイントもあって、他コースではなかなか見ない個性的なスタイルだ。そのメリットは絶大で、繰り返し練習をしていけば確実なブレーキングと正確無比なステアリング操作を自然と身に付けることができると評判。

クラブハウス内にはシャワールームやシャワートイレ、オートメーション化された立体ガレージ、メンテナンススペース等、充実の設備を誇る。

レンタルカートのラインナップも豊富で定番のビレルN35からワンランク上の性能を持つMOJOスポーツカート、そして小学生から乗車可能なキッズカートをレンタル可能。

コース周辺にはラーメンからステーキまで幅広いカテゴリーが揃ったグルメスポットや、リーズナブルな料金で入浴ができる日帰り温泉などもあるため、アフターカートも充実すること間違いなしだ。

JAF 公認

JKLA 加盟

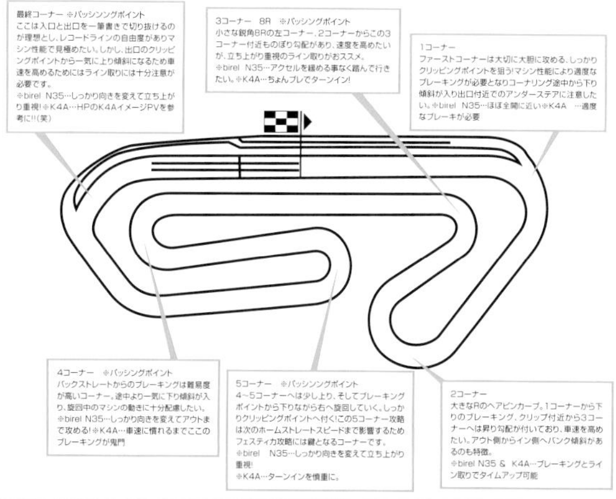

全長：628m ／幅員：8m ／最大直線長：120m ／フルグリッド数：24 台

■攻略ポイント
5コーナーはタイムアップのキーポイント。レースではパッシングポイントとなるため戦略的にも重要だ。ブレーキングポイントが下り勾配にあり、コーナー自体も鋭い傾斜がつくことに注意しよう。手前4から5までの間隔が短く、4コーナーが左なので、左から右への切り返しとなる。4をしっかりとクリアしないとアプローチが乱れるだろう。まずはしっかりと方向を定め、そしてブレーキングではリアがスライドしないように。傾斜がキツいのでブレーキ操作はある程度、しっかりと踏力をあてて、間合いを合わせてターンインする。

南幌リバーサイドカートランド

JAF 公認　JKLA 加盟

全長：727m ／幅員：8m ／最大直線長：120m
付帯設備：レ 自 コ 席 貸カートガレージ ✚
〒069-0200　北海道空知郡南幌町南15線西夕張川河川敷地内
TEL. 090-8900-7160
問 南幌カートスポーツクラブ事務局（レース等の問い合わせ）
TEL. 090-8900-7160
休 冬期
営 9:00～17:00
料 1日・4,000円（町民は2,000円）

カートコースの豆知識

コースの脇にあります
廃油処理場

カートの燃料はオイルとガソリンを混ぜた混合ガソリンなので、オイルを混ぜてしまった場合は1回使い切りが基本。余った燃料は廃油処理場に廃棄する。排水路が農業用水に直結するコースもあるので、絶対に廃油処理場以外で廃棄しないこと!

レ レンタルカート　★ナイター照明　自 自動計測装置　コ コンプレッサー　席 観客席　更衣室　シ シャワー室　貸カートガレージ　✚救護室　レストラン

モビリティリゾートもてぎ 北《きた》ショートコース

国内最高峰のシリーズ戦として名高い全日本選手権開催コース。今季は４月に開幕戦が行われた

オリジナルシリーズの「もてぎカートレース」では様々なクラスが用意され今季は全６戦にわたって開催されている

JAF 公認

JKLA 加盟

イベントカレンダー2024

◎もてぎカートレース（全6戦）
Rd.1 3/17　Rd.2 5/12　Rd.3 6/30
Rd.4 7/28　Rd.5 9/15　Rd.6 10/27
■開催クラス
FS-125 X30/FS-125Junior X30Jr/Senior MAX/MAX Masters
MAX Lights（Senior Lights / Masters Lights）/Junior MAX
スーパーリード/YAMAHA SS/YAMAHAスーパーSS/
YAMAHAカデットオープン
◎オートバックスGPR KARTING SERIES　4/20-21
※JAF全日本OK部門/FS-125 Rd.1&2 ジュニア選手権 Rd.1&2
◎2024年第48回SLカートミーティング全国大会　11/16-17
◎もてぎKART耐久フェスティバル“K-TAI”　8/4（ロードコース）

コースDATA

〒321-3597　栃木県芳賀郡茂木町桧山120-1
TEL. 0285-64-0200　FAX. 0285-64-0209
対応ライセンス：MCoM（モビリティリゾートもてぎ走行会員）
SMSC（鈴鹿サーキット走行会員）・JAF・SLO
休 営 についてはホームページ、もしくはTELにて
東京方面からは常磐自動車道・水戸ICで下車して左折後、すぐに加倉井交差点を右折して52号線へ。しばらく道なりに進み51号線との交差点を左折して道なりに進む（案内看板が随所にあり）。※ETC装着車の場合は水戸北スマートICから下車するルートがオススメ
付帯設備：レ ★ 自 コ 席 シ ✚ ¥ JK

走行料金（平日）		
時間	MCoM/SMSC 会員	一般
半日	5,500 円	9,000 円
1日	9,000 円	14,000 円

※ MCoM・SMSC 会員以外の方は別途「MS 共済会会費」3,000 円が必要です。

リズム感を大切に
直線的なラインを狙って
ハイパワーカートはコースアウトに注意して

全長：982m ／幅員：8 ～ 14m ／最大直線長：142m ／フルグリッド数：34 台

パンチの効いたコースレイアウト!
高速セクションからインフィールドが熱い!!

様々なアクティビティを楽しめるモビリティリゾートもてぎ内にあるコース。多くのドライバーから非常にフラットな路面で走りやすいと好評で、パドックも大きく余裕ある造りとなっており施設も充実している。

そのレイアウトは２本のストレートを基軸に、大小様々な複合テクニカルコーナーをインフィールドに配置しており、1周982mの大型サーキットとなっている。エスケープゾーンも広く確保されるので、ギリギリを攻めたバトル中でも安全マージンをしっかりと取ることができるだろう。

ハイスピードセクションと中低速メインのコーナーがバランスが良くまとめられており、単純に走っているだけでも楽しいコースとなっている。

国内最高峰の全日本選手権を開催するコースとしても知られ、レギュラーシリーズは「もてぎカートレース」を用意。こちらは年間６戦、様々なクラスが用意された人気レースで、トップクラスともなれば全日本に匹敵するレースが繰り広げられる。

攻略ポイントの基本はグリップ走行。ロスなくスムーズな立ち上がりと丁寧なライン取りを心掛けたい。コーナーではクリップに付けて縁石に確実にタイヤを乗せることが有効だ。

S字コーナー

■攻略ポイント
ドライバーの技量差が最も出るのはＳ字コーナーだ。ここでは２個目３個目の連続コーナーでスピードを稼ぎたいので、１つめのコーナー立ち上がりを縁石いっぱい左に寄せる下準備が大事。２つ目３つ目のコーナーは、それぞれのクリップ同士を繋いだ直線的なラインを意識。１つめのコーナーよりも２つ目３つ目を素早く抜けることを優先しよう。

新協和カートランド

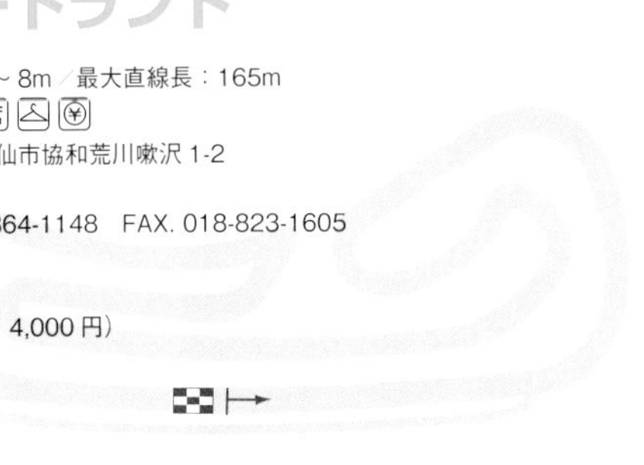

全長：764m ／幅員：6 ～ 8m ／最大直線長：165m
付帯設備：レ 自 コ 席 ¥
〒 019-2412　秋田県大仙市協和荒川嗽沢 1-2
TEL. 018-893-5066
秋田事務所　TEL. 018-864-1148　FAX. 018-823-1605
休 12 ～ 3 月中旬
営 9:00 ～ 17:00
料 1 日・5,000 円（半日 4,000 円）

カートランドARK

JKLA 加盟

全長：650m ／幅員：6 ～ 10m ／最大直線長：130m
付帯設備：レ コ 席
〒 078-1411　北海道上川郡愛別町金富３区
TEL. 090-1384-6755
問 ウィズレーシング　TEL. 0166-85-3881
休 月曜日（祝日の場合は火曜日）・冬期
営 9:00 ～ 15:00
料 4,000 円

WiFi　¥売店　JK月刊「ジャパンカート」誌取り扱い

茨城県
潮来市

クイック潮来《いたこ》

レーシングもレンタルも充実したコースとなっている

全長700mのなかにバランス良くコーナーが設置されたレイアウトを持つ

レンタルカートは人気のsodiカートを導入している

コースDATA

〒311-2402　茨城県潮来市大生804-352
TEL. 0299-66-1725　FAX. 0299-66-5151　対応ライセンス：不問
https://919.ms/itako/
休 木曜日、年末年始　営 9:00～17:00（季節変動あり）
車 東関東自動車道終点の潮来ICで下車。料金所通過後、左方向へ進み、突き当たりの信号を右折。さらに次の信号を左折。国道51号線を越え、築地団地入口交差点を右折。イタコカントリークラブを目指して、道なりに進み、イタコカントリークラブを通過後、最初の十字路を左折。約1.5km進むと左側に入口看板

付帯設備：レ ★ 自 コ 席 シ ✚ WiFi ¥ JK

走行料金	
時間	料金
午前（9:00-12:00）	3,500円
午後（13:00-16:30）	4,000円
全日（9:00-16:30）	5,500円

■レンタルカート料金
7分間・2,200円（土日祝日は2,500円）

イベントカレンダー2024

◎IMSP SPEED GAMES 2024（レーシング＆レンタル）
Rd.1 2/18　Rd.2 3/24　Rd.3 6/2　Rd.4 8/11
Rd.5 9/29　Rd.6 12/15
◎クイック潮来 2時間耐久レース
Rd.1 1/28　Rd.2 3/10　Rd.3 5/12　Rd.4 7/21
Rd.5 9/15　Rd.6 11/17
◎ウィークデーカップ（平日火曜日）
Rd.1 3/12　Rd.2 5/7　Rd.3 7/9　Rd.4 9/3　Rd.5 11/26
◎ファンカートキッズチャレンジ
Rd.1 2/18　Rd.2 3/24　Rd.3 5/26　Rd.4 8/11
Rd.5 9/29　Rd.6 12/15

茨城を代表するカートコース、クイック潮来でカートを遊び尽くす !!

国内２番目の大きさを誇る湖、霞ヶ浦のほど近くにあるコースで、2023年まではITAKOモータースポーツパークとして長年、営業を続けていたが、2024年からレンタルゴーカートコース、クイックグループの運営するレーシングカートコースとして刷新した。

レーシングカート、レンタルカート、どちらのカテゴリーにおいても、いつでも走行可能となっており、サーキットライセンス等も不要なので、最も気軽にカートを楽しむことができるコースとなっている。

レースはレーシング、レンタル共にバラエティ豊かなシリーズ戦を用意。まず、レンタルカートだが、ワールドワイドに展開される本格レースイベント、SWS（ソディワールドシリーズ）を開催。レーシングカートレースではIMSP SPEEDGAMESをメインに、土日に休みが取れない人には嬉しい平日開催のウィークデーレース等々、月ごとにイベントが行われる。その他、キッズカートレースやファンカートキッズチャレンジも開催、子どもの育成にも力を入れている。

JKLA 加盟

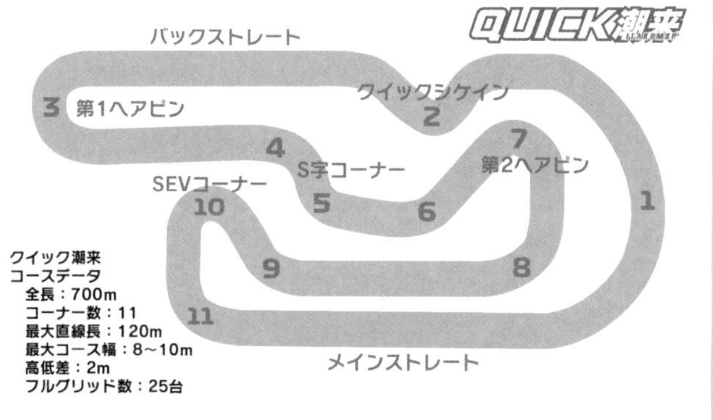

全長：700m ／幅員：8～10m ／最大直線長：120m ／フルグリッド数：25台

■攻略ポイント
潮来で重視したいのは2コーナーとSEVコーナー。ホームストレートが下り勾配となるため、2コーナー進入直前付近が最高速度に達するポイント。ハイスピードでRもキツいため、目線を遠くに向けてブレーキは強く短く、しっかりカートの向きを変えることが重要となる。続くバックストレートが登り勾配となるので、ここでもたつけば第2ヘアピンのパッシングが活かせない。SEVコーナーは縁石に乗せながら短いブレーキングが必要。縁石に乗せてもバタつかない独特のラインを見極める。

カートソレイユ最上川

JAF 加盟　JKLA 加盟

全長：1063m ／幅員：8～10m ／最大直線長：170m
付帯設備：レ 自 コ 席 ¥
〒999-7723　山形県東田川郡庄内町大字連枝字新割3
TEL. 0234-42-2282　FAX. 0234-28-8242
休 火・水・木曜日
営 9:00～17:00
料 4,100円（町民は2,600円）

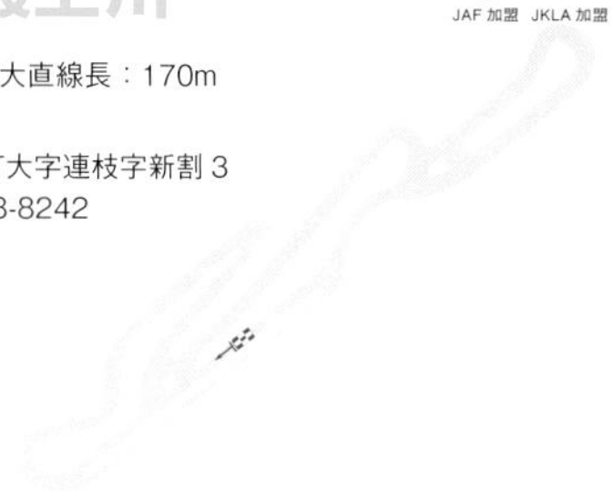

カートコースの豆知識

走行中に確認できれば初心者卒業
電光掲示板

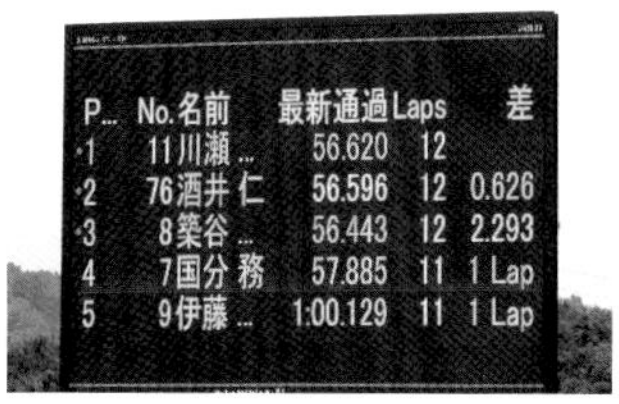

トランスポンダーから発信された信号をもとにラップタイムや上位の順位、周回数等をまとめて表示する掲示板。基本的にカートにはメーター類がないので、レース時はもちろん、練習走行の際にもドライバーが自身の走りを判断するための重要な情報源としている。

レ レンタルカート　★ナイター照明　自 自動計測装置　コ コンプレッサー　席 観客席　更衣室　シ シャワー室　貸カートガレージ　✚救護室　レストラン

クイック羽生《はにゅう》

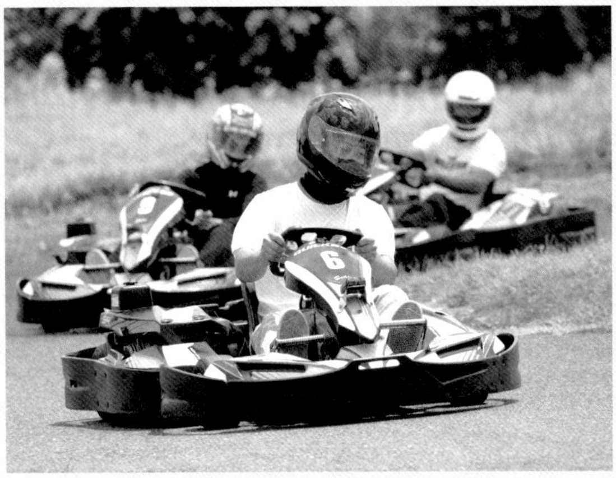
レンタルカートは世界トップシェアを誇るSODIカートのSR5を採用

ジュニアカートからキッズカートまで幅広い年齢層でレンタルが可能となっている

サタデーナイトGPは気軽にバトルを楽しめるファンレース的イベントで人気

四半世紀にわたって地域に根ざした レンタルカート専用コース

今年で開業25周年を迎えるレンタルゴーカートコースの老舗コース。その奥深いテクニカルなレイアウトは多くのファンから攻略のしがいがあると愛されており、またカートに必要な様々なドライビングテクニックの研鑽ができると高い評価を得てもいる。

大人はもちろん、ジュニアやキッズ世代のカート普及にも力を入れていることでも知られ、毎週末にカートに乗るのが初めての子どもを対象としたカートスクール「ファンカートキッズミーティング」を開講、子供たちにカートの楽しさを提供している。

店内にはショップが設けられており、レーシングギア全般の取り扱いから、本格的なレース出場を目指す人に向けた装備品（ヘルメット、グローブ、プロテクター等）も用意されているので、レンタルカートからさらに上を目指す人のサポートも万全だ。

イベントとしては昨年2023年から始まった誰でも出場が可能なレースイベント「サタデーナイトGP」が人気。そのイベント名の通り、毎週土曜日の夕方から行われるファン重視型イベントなので、誰もが気軽に参加出来るのが特徴となっている。毎週末には多くのレンタルカーター達が日頃、体験できないモータースポーツ独自の非日常のなかに身を投じ、楽しくも迫力あるレースバトルを繰り広げている。

コースDATA

〒348-0043 埼玉県羽生市桑崎275-1
TEL.048-560-3636　FAX.048-560-3606
https://919.ms/hanyu/
休 毎週木曜日、年末年始
営 10:00～17:00（季節変動あり）
車 東北自動車道羽生インターチェンジより約15分。
付帯設備：レ ★ 自 コ 席 シ WiFi JK

走行料金		
カート	時間	料金
SODI SR5	7分	2,200円
SODI LR5		2,200円
SODI 二人乗り		3,300円

イベントカレンダー2024

◎サタデーナイトGP
毎週土曜日　16:30～
◎ゴーカートはじめて体験教室
毎週土、日曜日　11:00～
※お客様感謝デー　クイックの日
毎月9,19,29日は走行料が最大半額！

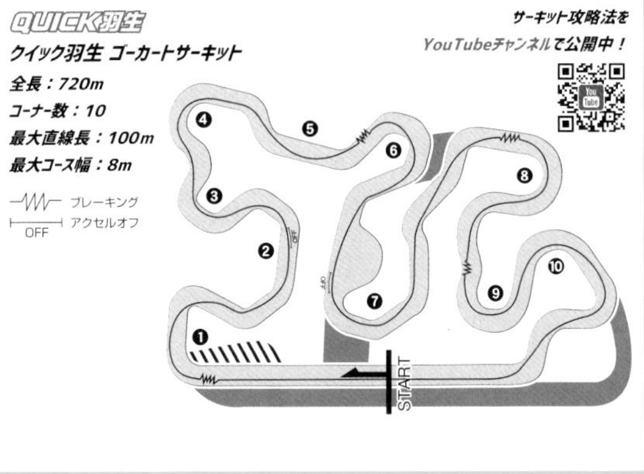

全長：720m／最大幅員：8m／最大直線長：100m／カート数：24台

榛名モータースポーツランド

JAF公認　JKLA加盟

全長：900m／幅員：8～9m／最大直線長：135m
付帯設備：レ 自 コ 席
〒370-3502　群馬県北群馬郡榛東村山子田2205
TEL. 0279-54-8199　FAX. 0279-55-9001
休 不定休
営 9:00～16:30
料 1日・5,600円（土日祝日は6,000円）

井頭モーターパーク

JKLA加盟

全長：620m／幅員：8～10m／最大直線長：120m
付帯設備：レ 自 コ 席 JK
〒321-4415　栃木県真岡市下篭谷468-2
TEL. 0285-80-5440　FAX. 0285-80-5441
休 月曜日（該当日が祝祭日の場合は翌営業日）
営 9:00～17:00
※レンタルカートコースは10：00～21：00
料 1日・5,500円（SLO保険加入者4,500円）

千葉県
茂原市

茂《も》原《ばら》ツインサーキット

カート走行がメインとなるのが西コースだ。関東地方では珍しい右回りのコースで、レイアウトも4タイプに変化していく

西コースは平成元年にオープン、続いて平成12年に東コース(左)が新設された

東コースは四輪やフォーミュラカーの走行にも対応する大型サーキットとなっている

イベントカレンダー2024

◎ SL MOBARA WEST CUP（西コース）
Rd.1 2/25（B） Rd.2 4/7(D) Rd.3 6/9(D)
Rd.4 8/4(D) Rd.5 10/13(A) Rd.6 12/1(B)
※括弧内はレイアウトのタイプとなります(全4タイプ)
■開催クラス
YAMAHAカデットオープン（SL対象）/YAMHA-SSジュニア(SL対象）/YAMAHA-SS（YAMAHA-SS オープン）(SL対象）/YAMAHA スーパーSS(SL対象)/YAMAHA-レジェンド（SL対象）MAX茂原ライツ/REED JET/MAXXIS KT-チャレンジ(KT100使用クラス SD/SC/SEC、各エンジンの使用が可能）

体力向上にも効果抜群!
レース毎に変化するレイアウトも魅力!!

その始まりは土建業を営んでいた二輪好きのオーナーが2年の月日をかけて手作りで仕上げたサーキット。そして日進月歩で進化をとげていき、やがては四輪走行も可能な東コース、カート&ミニバイク用の西コースという2つのコースを併せ持つ現在のスタイルとなった。

カート走行メインの西コースは2本のストレートを挟み、左右にテクニカルコーナーを配置。これは基本テクニックが学びやすい構造と好評で、とくにセッティングにおいては変更後の効果が分かりやすく発現する。

体力面のキツさは国内トップクラスだ。有識者曰くここで鍛えれば国内どのコースに行っても体力的な不安がなくなるほど。常にGが掛かるためドライバーが息をつけるのはホームストレートとバックストレートのみとなる。

レースはラウンドごとにABCD 4タイプの異なるレイアウトからピックアップされるシステム。全戦にプロカートショップがブースを出店していて、カートショップに所属しないドライバーも不安なくレースを楽しめるだろう。

JAF 公認

JKLA 加盟

コースDATA

〒297-0044　千葉県茂原市台田640
TEL.0475-25-4433　FAX.0475-25-4442
対応ライセンス：JAF・SLO会員（西コースは不問）
休 無休　営 9:00～16:00
車 圏央道（首都圏中央連絡自動車道）「茂原長南IC」を下車、約7km。
付帯設備：レ ★ 自 コ 席 更衣室 シ 貸カートガレージ ✚ レストラン WiFi ¥ JK

走行料金（西コース）		
時間	平日	土日・祝日
半日	3,500 円	4,500 円
1日	4,000 円	5,000 円

※毎週【月～金】はバイクとの交互走行日

走行料金（東コース）		
時間	カート占有日	カート／四輪
午前	4,000 円	4,000 円
午後	6,000 円	4,000 円
1日	8,000 円	7,000 円

※東西コースフリーパス：9,000 円

■レンタルカート料金
10 分・2,500 円～（西コースのみ）
※（12:00 ～ 13:00 ／ 16:00 ～日没）平日は随時受付中。

〈東コース〉全長：1,270m／幅員：10～14m／最大直線長：170m／フルグリッド数：34台

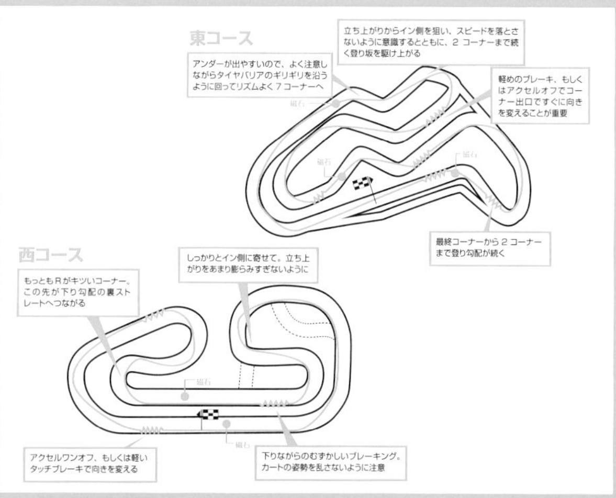
東コース
立ち上がりからイン側を狙い、スピードを落とさないように意識するとともに、2 コーナーまで続く登り坂を駆け上がる
アンダーが出やすいので、よく注意しながらタイヤバリアのギリギリを沿うように回ってリズムよく7コーナーへ
軽めのブレーキ、もしくはアクセルオフでコーナー出口ですぐに向きを変えることが重要
最終コーナーから 2 コーナーまで登り勾配が続く
西コース
しっかりとイン側に寄せて。立ち上がりをあまり膨らみすぎないように
もっともRがキツいコーナー。この先が下り勾配の裏ストレートへつながる
アクセルワンオフ、もしくは軽いタッチブレーキで向きを変える
下りながらのむずかしいブレーキング。カートの姿勢を乱さないように注意

〈西コース〉全長：680m／幅員：8～10m／最大直線長：130m／フルグリッド数：26台

4コーナー

■攻略ポイント
最も重要となるのは4コーナーからホームストレートまでの区間だ。ここでのタイムが速い選手はレースにも強いといわれる。ちなみにパッシングはブレーキが必要な部分は基本的にすべて行けるので、小さいわりには抜くポイントが多い。4コーナーではクリップを少し奥目に取ること。ここの縁石は入り口が高いため乗せないようにする。ただしクリップから先の部分なら乗せてもOKだ。立ち上がりはすぐに5が来るためセンター寄りのラインを目安に。

本庄サーキット

JAF 公認　JKLA 加盟

全長：1,118m ／幅員：12 ～ 15m ／最大直線長：260m
付帯設備：レ 自 コ 席 ✚ レストラン
〒 367-0224　埼玉県本庄市児玉町高柳 883
TEL.0495-72-9611
休 木曜日
営 8:00 ～ 17:00
料 ※四輪走行がメインとなるため、
カート走行は TEL. もしくは
ホームページで日程を要確認

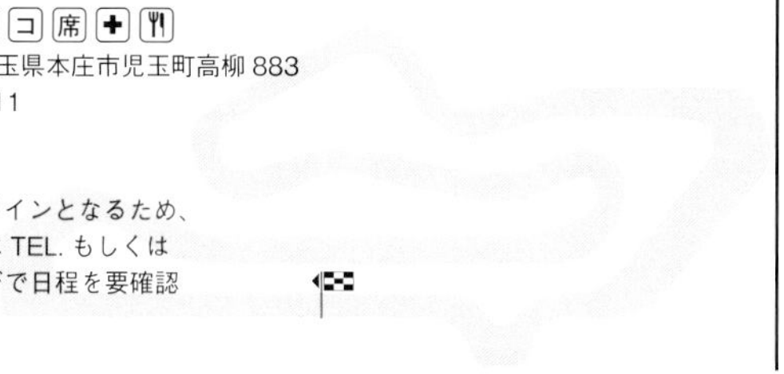

ISK 前橋店（レンタル専用）

全長：450m ／幅員：6 ～ 10m
付帯設備：レ ★ 自 席
〒 370-3574 群馬県前橋市清野町 6-3
TEL.027-289-2272
休 年中無休
営 11:00 ～ 21:00
料 5,000 円 (お試しパック）

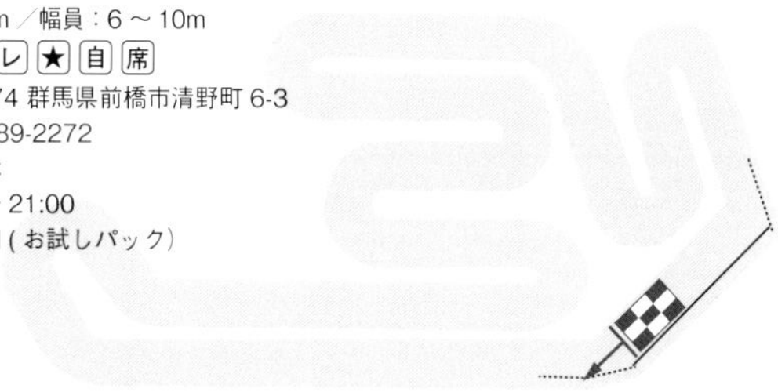

レ レンタルカート　★ ナイター照明　自 自動計測装置　コ コンプレッサー　席 観客席　更衣室　シ シャワー室　貸カートガレージ　✚ 救護室　レストラン

ハーバーサーキット木更津《きさらづ》店《てん》

小さな子供だって本格的なカートを手軽るに楽しちゃうミニコース、キッズレーサーランドが併設されているのでファミリーにもオススメ

レンタルカートは世界シェアNo.1のソディカートを豊富にラインナップ

買い物ついでのモータースポーツ!
イオンモールに併設された本格コースにGO!!

イオンモール木更津内に設置されたレンタルカート専用コース。多くの買い物客が集まるショッピングモールという場所柄、モータースポーツに普段、触れることが少ない人たちの利用も多く見られる最も身近なモータースポーツとなっている。

予約要らずで気軽にカート走行を体験できるほか、ヘルメットやグローブ等、必須となる装備品まですべて無料レンタル可能。文字通り、モールの買い物ついでに思いついたらいつでもカートに乗ることができるコースとなっている。

本コースの他、キッズレーサーランドも併設。こちらはミニコースとなっているので、4歳の子供から1人でカートに乗車することが可能(2歳以上は保護者同伴において2人乗り走行で対応可)。小さな子供のいるファミリーだって、家族みんなでカートを楽しめるコースとなっているのだ。

レンタルカートは人気のSODI製レンタルカートRT-8（大人用。15歳・身長145cm以上）と、LR-5（ジュニア用。7歳・身長120cm以上）を用意。他に2人乗りカートやキッズカートといったタイプもあり、多種多様なマシンを取り揃えている。

コース貸し切りや仲間内で手軽に本格的なレースを楽しめるグループレースプランも充実するので、カートを使ったレクリエーションにもオススメ。2024年6月より最新計測システムのAPEX TIMINGを導入、より正確な走行ログが提供されている。

コースDATA

〒292-0835　千葉県木更津市築地1番4 イオンモール木更津内
TEL.0438-53-8055　FAX0438-53-8056
休 年中無休
営 12:00～21:30（土日祝日は10時～21時30分※L.O.は30分前まで）
※冬季（1～2月）営業時間有 HP参照
車 東京方面から車で約1時間。館山自動車道「木更津南IC」富津岬君津市街方面出口より北西に約2km。大型無料駐車場完備。
付帯設備：レ ★ 自 コ 席 (ハンガー) シ (車) ＋ (食) WiFi ¥ JK

スポーツ走行（1回6分間）		
回数	大人	小中学生
1回券	2,500円	2,200円
3回券	6,500円	6,000円
5回券	9,500円	8,500円
8回券	13,000円	12,000円

※回数券は有効期限有り。※スタートパックはライセンス料金+3回券+フェイスマスクのセット

グループレース		
プラン名	練習兼予選	決勝
ミニGP	5分	8周
スプリントGP	10分	10周
ロングGP		15周
ハーバーGP		20周

※ハーバーGP 選べるオプション付き①ウエイトシステム使用 ②決勝5周追加

イベントカレンダー2024

◎HARBOR ENJOY CUP 2024
JUNIOR RACE(1日3レース)
1/14　2/18　3/17　4/21　6/9　7/14　8/17
9/15　10/13　11/16　12/7
◎HARBOR ENJOY CUP 2024 SPRINT&ENDURANCE
スプリント・耐久同日開催（スプリント1レース・耐久60分）
3/10　6/16　9/1

全長：430m／幅員：6～8m／最大直線長：133m／高低差：1.2m／カート数：24台

■攻略ポイント
最終コーナー進入時はアウト側目一杯にアプローチするのがポイント。青く塗装されたPITレーンまで寄せ、ブレーキはロックしないよう注意しながらのハードブレーキ、グリップ走行重視でリアを滑らせないことが大事だ。タイヤのスキール音は鳴らさない。そこまで攻めるとタイムダウンに繋がるぞ。

シティサーキット東京ベイ（レンタル専用）

JAF公認

全長：400m
付帯設備：レ ★ 自 席 (ハンガー)
〒135-0064 東京都江東区青海1丁目3-12
info@city-circuit.com
休 年中無休
営 12:00～20:00（平日）
料 1,500円（初心者4分）

サーキット秋ヶ瀬

JAF公認　JKLA加盟

全長：600m／幅員：7～10m／最大直線長：130m
付帯設備：レ 自 コ 席 (ハンガー) (車) ＋
〒338-0824　埼玉県さいたま市桜区上大久保1099
TEL. 048-855-7862　FAX. 048-854-8280
休 月曜（祝日を除く）走行スケジュールはHP参照
営 9:00～17:30（17:30はレンタルカート専用）
料 1日・6,600円

ハーバーサーキット幕張新都心店《まくはりしんとしんてん》

最新システムを導入したコース。国内では珍しい立体交差も備えている

小さな子供専用のキッズカートコースも併設しているので家族みんなでモータースポーツを楽ししめるのが嬉しい

コースDATA

〒261-0024　千葉県千葉市美浜区豊砂1-7
イオンモール幕張新都心アクティブモール隣接
TEL.043-441-3243　FAX.043-441-3246
営 12：00～21：30（土日祝日10：00～21：30）
※30 分前ラストオーダー
車 千葉方面からは東関東自動車道、湾岸千葉ICから10分。東京方面なら谷津船橋ICより約10分。JR 幕張豊砂駅からすぐ。

付帯設備：レ ★ 自 コ 席 更 シ 貸 ✚ 食 WiFi ¥ JK

スポーツ走行料金（1 回 6 分間）			
回数券	大人	小中学生	キッズカート
1回券	2,500 円	2,200 円	1,000 円
3回券	6,500円	6,000 円	-
5回券	9,500円	8,500 円	4,500 円
8回券	13,000円	12,000 円	-

※ライセンス発行料 500 円（キッズ含む。木更津店のライセンス保持者は登録不要）
※レーサーマスク 500 円（レンタルヘルメット使用者のみ購入）

グループレース		
	練習予選	決勝
ミニ GP	5 分	8 周
スプリント GP	10分	10 周
ロング GP	10分	15 周
ハーバー GP	10分	20 周

※ハーバー GP 選べるオプション付き①ウエイトシステム使用 ②決勝 5 周追加

ハーバーサーキット千葉がイオンモール幕張新都心店に移転、新規スタート!

国内初のインドアサーキットとして多くのユーザーに親しまれたハーバーサーキット千葉インドア店が、施設老朽化から 2023 年 5 月、惜しまれつつ閉店を迎えて約 1 年。ようやくその移転先が決まり、2024 年 5 月に新規オープンしたのがこのハーバーサーキット幕張新都心店だ。

場所は国内最大級のショッピングモール、イオンモール幕張新都心店の南平面駐車場跡地で、昨年 3 月に開業したばかりの JR 京葉線「幕張豊砂駅」からもすぐに位置する。湾岸習志野インターにも近い絶好のアクセス条件といえるだろう。

コースは全長 400 m超。旧ハーバーの象徴だった立体交差も備えるアウトドアコースで、ナイターも完備されるほか、最新レンタルカート計測システム APEX TIMING も導入されている。

コースレイアウトは組み合わせ次第で数十種類の変更を可能とするマルチコースなので飽きることなく楽しめる。全長 100 m超の国内最大級キッズ専用コースも完備、親子連れにもオススメだ。

カートは国内初導入の最新 SODI モデルとなり、大人用RT-10V2（15歳以上・身長 145㎝以上）、ジュニアカート LR-6（7歳以上・身長 120㎝以上）キッズカート（4歳以上 1 人乗り※ 2歳以上保護者同乗で2人乗り可）となっている。

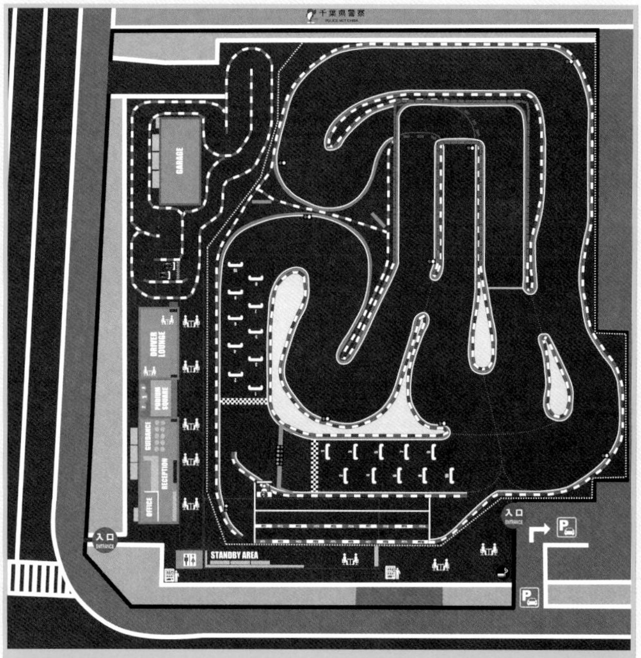

全長：410m ／幅員：6 ～ 9m ／最大直線長：70m ／フルグリッド数：12 台

スポーツランド長岡

全長：576m ／幅員：6 ～ 10m ／最大直線長：80m
付帯設備：レ コ 席 更 ✚ ¥
〒 940-2146　新潟県長岡市大積町 3 丁目字須田乙 1154
TEL. 0258-47-1881（FAX は同じ）
休 月曜日（祝日を除く）・冬期
営 9:30 ～ 17:00
料 ※要問（平日は予約が必要）

スピードパーク新潟

JAF 加盟　JKLA 加盟

全長：1,049m ／幅員：8 ～ 10m ／最大直線長：170m
付帯設備：レ 自 コ 席 ¥
〒 959-2600　新潟県胎内市松波 1013-36
TEL.0254-45-2900　FAX.0254-45-2910
休 水・木曜日（祝日を除く）
営 8:00 ～ 17:00
料 半日・4,000 円（会員は 3,000 円）

レ レンタルカート　★ ナイター照明　自 自動計測装置　コ コンプレッサー　席 観客席　更衣室　シ シャワー室　貸カートガレージ　✚ 救護室　レストラン

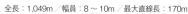

ネオ・スピードパーク

レーシング専用カートコースと同等以上のクオリティを持つレンタル専用のコース

月1～2回のペースで開催されるレースはレースアナも登場する本格的なイベントとなっている。使用するレンタルカートは個体差が少なく、常に安定した走りになるように日々、調整されている

大迫力のコークスクリューが自慢! レンタルカート専用スペシャルコース!!

都心からほど近いNSPは持ち込みカート不可のレンタルカート専用コースで、走行するにはコース独自のNSPライセンスが必要(要普通自動車免許)。なお、免許が無い方や小学生～高校生の未成年者は(身長150cm以上必要、保護者同伴)、JAFもしくはSLライセンス、または「JAFゴーカートライセンス」を所持すればNSPライセンスが発給される(ゴーカートライセンスはコースで取得可能。費用は1,000円。詳細はHPのMemberにて)。

ポイントアプリに登録すると1日1ポイントが加算、15ポイント貯めれば1走行分のチケットをプレゼントされるのでお得だ。その他にも週間(10日)ポイントランクが上位20位まで発表されるほか、年間ポイントランキング上位40位以内に入るとゴールド会員にランクアップする等(ゴールド会員は逆走がいつでも可能)、会員特典も豊富に用意されている。

斜面を活用した高低差の激しいレイアウトはインパクト大だ。とくに2コーナーからの複合コーナーは、逆バンク、順バンクが連続するコークスクリューのような大迫力走行を堪能できるだろう。

コースDATA

〒276-0004　千葉県八千代市島田台1167
TEL.047-457-0855
営 12:00～20:00(土日祝日10:00～20:00)
※営業時間は季節によって変動。詳しくはWeb参照
車 東関東自動車道千葉北ICを下車してから約20分。カーナビは千葉県船橋市鈴身町298にセットし「蓮蔵院」を目標に。
※カートの持ち込み走行は不可
付帯設備:レ ★ 自 コ 席 WiFi ¥ JK

スポーツ走行料金

時間	3分	6分	8分
平日 12:00-21:00	1,150円	1,250円	1,850円
土日・祝日 10:00-21:00	1,150円	1,450円	2,050円

スポーツ走行料金(回数券)

回数券6分(約10周)	平日	回数券6分(約10周)	土日・祝日
×3回券	3,650円	×3回券	4,100円
×4回券	4,550円	×4回券	5,100円
×5回券	5,450円	×5回券	6,100円
×6回券	6,350円	×6回券	7,100円

※走行には別途保険料(300円/1日)が必要。ただし1日の中で2回目以降の走行は不要。
※スポーツ走行時はスポーツ走行時間のスケジュールが空いている時間帯のみ可。
※スポーツ走行は先着順。コース貸切の場合は走行できないのでHPで要確認。

イベントカレンダー2024

◎NEO Sprint Race(全5戦)
Rd.1 3/24 Rd.2 5/26 Rd.3 7/28 Rd.4 9/29 Rd.5 11/24
◎NSP Freshman Race (全5戦)
Rd.1 2/11 Rd.2 4/14 Rd.3 6/16 Rd.4 10/13 Rd.5 12/8
◎DUNLOP CUP NSP 180minutes endurance race (全5戦)
Rd.1 4/28 Rd.2 6/23 Rd.3 8/25 Rd.4 10/27 Rd.5 12/22
◎NSP Freshman 120minutes endurance race (全5戦)
Rd.1 3/10 Rd.2 5/12 Rd.3 7/14 Rd.4 9/15 Rd.5 11/10
◎Weekday Cup Race (全7戦)
Rd.1 1/10 Rd.2 3/6 Rd.3 4/10 Rd.4 6/5 Rd.5 9/11
Rd.6 10/9 Rd.7 11/13

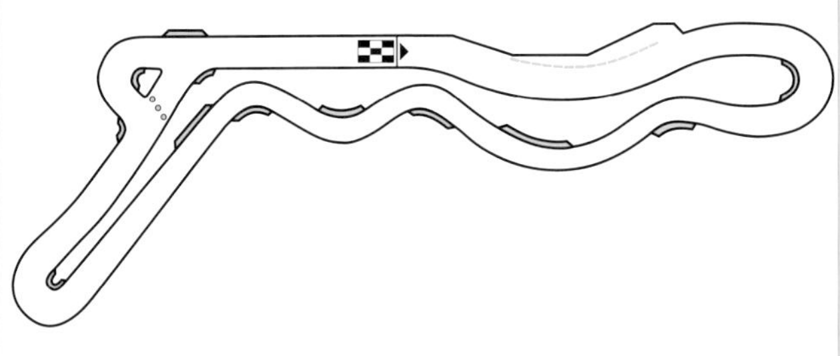

全長:526m/幅員:6～8m/最大直線長:190m/フルグリッド数:8台

■攻略ポイント
なるべく内側ラインで最短距離を重視するラインが基本。ポイントはS1～左高速までの一連の流れで、ここは奥に行くほどRがきつい。S2をミドル・イン・インでアプローチしてS3の進入幅を広く取る。S3のクリップは裏側狙い。ここのクリップを真ん中付近に取ると、S4でコースアウトする可能性が高いので要注意だ。S2とS3の切り返しが重要となる。S4から左高速までは基本的にナリで行けるが、クリップは真ん中あたり。立ち上がりは縁石をかすめるイメージで行こう。

カートコースの豆知識

お立ち台や表彰台とも呼ばれます

ポディウム

TT、予選、決勝と一日を通して全てのレースが終了したあと、一番最後に行われるイベントが表彰式だ。ここで決勝レース上位者が一堂に会し、参加者全員から称賛を浴びる。レースに参加するならば、1度は優勝してポディウムの中央に立ってみたいものだ。

サーキットあづみ野

全長:650m/幅員:7～10m/最大直線長:180m
付帯設備:レ 自 コ 席 ¥
〒399-8604　長野県北安曇郡池田町広津4108
TEL. 0261-62-0245(FAX は同じ)
休 不定休(平日予約制・冬期閉鎖有)
営 9:00～16:30
料 1日・6,300円(半日・4,200円)

千葉県
市原市

新東京《しんとうきょう》サーキット

賞金総額130万円を懸けた年明け早々のビッグレース、WinterCUPを始めとしたNTC CUP、Challenge CUP等のスプリントレースシリーズ戦や、SUPER耐久、レンタル耐久レース等のシリーズ戦に至るまで年間30レース以上のレースを開催。また、2024年も恒例の24時間耐久レースが予定されている。都心から最も近い本格カートサーキットということもあって企業貸切なども多く、全国的にも高いネームバリューを持つサーキットだ

併設のオートキャンプ場はSnow Peak社と提携しており「ギターも弾けるキャンプ場」として35,000坪の広大な敷地を確保。ギター、サックスなどアコースティック楽器を奏でつつ遊べるキャンプ場だ。東京都内から１時間弱の好アクセス。空きがあれば当日予約も可能（キャンセル料無料）

コースDATA

〒290-0256　千葉県市原市引田字上二本松249番地
TEL. 0436-36-3139　FAX. 0436-36-3314
対応ライセンス：不問
休 月曜日（祝・祭日の場合、火曜日）　営 8時30分～18時※走行時間9時～16時30分
車 東京方面からは湾岸道路か京葉道路で千葉方面へ。京葉道路・宮野木JCTから、館山、木更津方面へ進み市原ICで下車。大多喜・勝浦方面、右方向に進み、そのまま合流道路（看板有り）を直進約3Km。左手に“酒のディスカウントショップ”と右手に“房の駅”のある交差点を右折（看板有り）2つ目の信号を左折、約1.5kmほど直進で右手に案内看板が見えてくる。
付帯設備：レ ★ 自 コ 席 🧥 シ 🚗 ✚ 🍴 WiFi ¥ JK

走行料金

時間	会員	一般
午前走行(9:00-12:00)	5,200円	6,100円
午後走行(13:30-16:30)	5,200円	6,100円
1日走行	7,200円	8,300円
ジュニア走行（1日）	6,100円	

レンタルカート料金

時間	料金
30分間	8,100円
40分間	9,100円
50分間	10,100円

■サブ登録：2,400円/昼時間の初心者走行：2,400円
※別途、施設損壊補償料：500円　※会員はJAFまたはSLライセンスカードを受付時に提示。

イベントカレンダー2024

◎NTC CUP SERIES（全6戦）
Rd.1 3/3　Rd.2 4/28　Rd.3 6/23　Rd.4 7/21
Rd.5 9/22　Rd.6 11/10
◎Challenge CUP SERIES（全6戦）
Rd.1 2/11　Rd.2 4/14　Rd.3 6/2
Rd.4 8/18　Rd.5 10/20　Rd.6 12/8
◎SUPER耐久（全5戦）
Rd.1 3/23　Rd.2 5/25　Rd.3 8/24
Rd.4 10/5　Rd.5 11/23
◎レンタル耐久＆スプリントレース（全7戦）
Rd.1 3/9　Rd.2 4/21　Rd.3 6/8
Rd.4 7/13　Rd.5 9/7　Rd.6 10/26　Rd.7 12/21
◎JAF全日本カート選手権 ジュニアカート選手権5/18-19
※FS-125/FP-3/ジュニア/カデット　Rd.1&2
◎新東京サーキット24時間耐久Race 2024
8/10～8/11

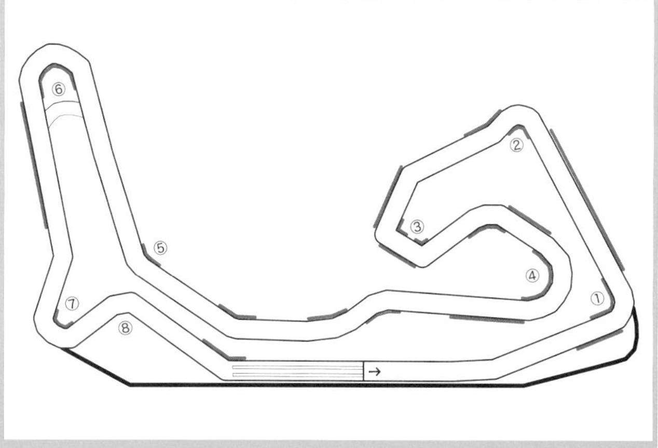

全長：1,076m／幅員：8～11.5m／フルグリッド数：34台

キャンプ場・カフェ&レストランを併設するレーシングカートコース!!

都内から１時間弱でアクセス可能なテクニカル＆ハイスピードコース。芸能人・人気YouTuberなども頻繁に利用することでもお馴染み。各シリーズ戦が充実していてスプリントは中～上級者向けのNTC CUPをはじめ、初～中級者向けChallenge CUPを年６戦開催。仲間で楽しめるレンタル耐久／スプリントレースや、５時間耐久レースのSUPER耐久シリーズも人気だ。併設したCafe&レストランはメニューが豊富で季節ごとの限定メニューもあり、遠方からレストラン目当ての来客があるという。2022年には「ギターも弾けるキャンプ場」としてオートキャンプ場がオープン、アコースティック楽器を奏でつつ、たき火を囲めるという他に類を見ないカートコースとなっている。

JAF公認

JKLA加盟

■攻略ポイント
左周りとなる前半セクションは連続の複合コーナーとなっているので、コーナーをセパレートで捉えるのは難しいだろう。とくに4コーナー立ち上がりは最高速に達するバックストレートへと直接つながっていくので、手前2～3コーナーにおけるスピードダウンの回避を考える必要がある。強いブレーキング操作が必要な後半セクションでは6コーナーのブレーキング競争と7コーナーのバトルによって勝敗が大きく左右されるはずだ。季節や状況によっても多様に変化してくる路面コンディションは、セッティングや走り方によって柔軟にブレーキングポイントやラインを変化させることが鍵となってくる。

美浜サーキット

JKLA加盟

●全長／1200m●幅員／10～15m●最大直線長／250m
付帯設備：レ 自 コ 席 🧥 🚗 ✚ 🍴
〒470-3235　愛知県知多郡美浜町大字野間字馬池16
TEL.0569-87-3003
休 無休（年末年始、設備点検日を除く）
営 8:00～21:00
料 1日・7,000円（会員は6,000円）

ISK 浜名湖店（レンタル専用）

全長：560m／幅員：6～10m／最大直線長：100m
付帯設備：レ ★ 自 席
〒431-1113 静岡県浜松市西区佐浜町5755-2
TEL.053-485-6001
休 年中無休
営 11:00～21:00
料 5,000円（お試しパック）

レ レンタルカート　★ナイター照明　自 自動計測装置　コ コンプレッサー　席 観客席　🧥 更衣室　シ シャワー室　🚗 貸カートガレージ　✚ 救護室　🍴 レストラン

U KART《ゆーかーと》 Circuit《さーきっと》 Tokyo《とうきょう》 Akiruno《あきるの》

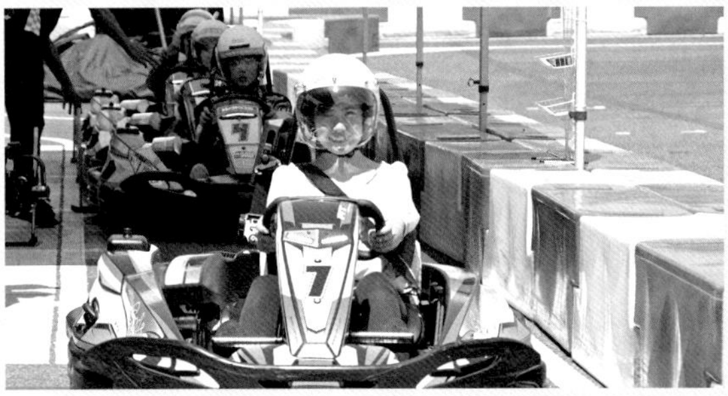

カートは遠隔操作でスピード調整される。技量に合わせた３グレードが用意されるほか、カップルやファミリーにオススメの２人乗りカート2DRIVE KARTもアリ（2DRIVEは４歳100cmから体験可能なカートで運転をスタッフにお任せすることもOK）

2021年4月10日にオープンしたレンタルカート専用コース

レースも盛んに開催。大人も子供も本格的なバトルが楽しめる

イベントカレンダー2024

◎ UKC-CUP '23-'24(スプリントレース）
Rd.1-2 10/1('23年)　Rd.3-4 12/24('23年)　Rd.5～7 2/11
Rd.8～10 4/20　Rd.11～13 6/1　Rd.14～16 8/17

◎ UKC-CUP(ジュニアレース）
Rd.5～7 1/21　Rd.8～10 2/25　Rd.11～13 3/24
Rd.14～16 4/14　Rd.17～19 5/12　Rd.20～22 6/23
Rd.23～25 7/28　Rd.26～28 8/25　Rd.29～31 9/22

◎ UKC-CUP(耐久レース）
Rd.1 3/3　Rd.2 5/25　Rd.3 7/7　Rd.4 9/14

コースDATA

〒197-0826　東京都あきる野市牛沼467-1
TEL.042-533-3456　FAX.042-533-3457
https://www.u-kartcircuit.com　各種SNSアカウント@u_kartcircuit
休 無休　営 11:00～21:00（土日祭日は10:00～）
車 圏央道（首都圏中央連絡自動車道）「あきる野IC」を下車、すぐ。
付帯設備：レ ★ 自 コ 席 シ ㊎ JK

走行料金		
	ビジター（ライセンス取得費600円）	メンバー（ライセンス取得費3,000円で１年有効。多く遊ぶ人におすすめ。家族割引有り→2,000円）
5分タイムアタック	3,300円	2,200円
3回券	-	6,000円
6回券	-	11,000円
使い切り6回券	-	8,800 円（当日のみ有効）
9回券	-	15,000円
スタートパック	-	11,000円

※スタートパックはメンバーライセンス + ４回分の走行券 + フェイスマスクのセット

グループパック 料金表		
	ビジター	メンバー
グループパックGPレース	7,000円	5,000円
グループパックPLUS	9,000円	6,500円
リベンジレース（追加で12LAP）	2,800円	1,700円

4名からレースを楽しめるプランでTT・レース・表彰式まで盛り上がります。
※PLUSは練習走行5分が追加になります。

圏央道・あきる野 I.C. からすぐ!
カートスクールも好評 !!

都内屈指の人気テーマパーク、東京サマーランド第３駐車場敷地に造られたレンタルカート専門のコースとなっている。カートは世界ナンバー１シェアを誇るソディカート（フランス製）のハイスペックモデルで、15 歳以上・身長 145㎝以上が対象の RT8、7 歳以上身長 120cm 以上の子供向けジュニアカート LR5 の２タイプを常備する。また２人乗りカートの 2DRIVE KART はカップルにもファミリーにもおすすめ（3,500 円 /5 分。※ビジターは 4,200 円）。

メンバーライセンスを取得すると、さらにお得な価格で乗車できるので常連になるならオススメ。腕を磨いてコース既定のタイムをクリアすると ROTAX MAX 搭載の特別車両が待っているのでぜひチャレンジしてほしい。また、カートショップ「スーパーチップス」主幹のカートスクールも開講しており、こちらはキャンセル待ちになるほど好評を博している。

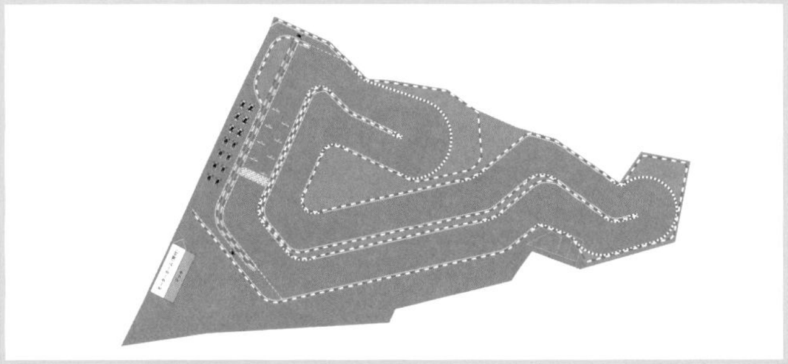

■攻略ポイント
裏ストレートからアプローチしていく〝コの字〟型の複合コーナーは最重要ポイント。このアプローチの成否がタイムの全てを決める、といっても過言ではなくその周のタイムに留まらず、次の周まで影響を及ぼす。進入ラインはコの字の1個目、2個目共にしっかりイン狙いで。2個目を曲がる途中の失速状態を利用して、速度＆マシンコントロールを意識しつつも最短距離を狙っていこう。

幸田サーキット YRP 桐山

●全長／ 1,085m ●幅員／ 10 ～ 14m ●最大直線長／ 140m
付帯設備：レ ★ 自 コ 席 シ ㊎
〒 444-0126　愛知県額田郡幸田町大字桐山字立岩 1-100
TEL.0564-62-7522
休 月曜（祝日の場合は火曜）
営 9:00 ～ 17:00（ナイターは 17:00 頃～ 22:00）
料 1 日・7,700 円（会員は 6,000 円）

カートコースの豆知識

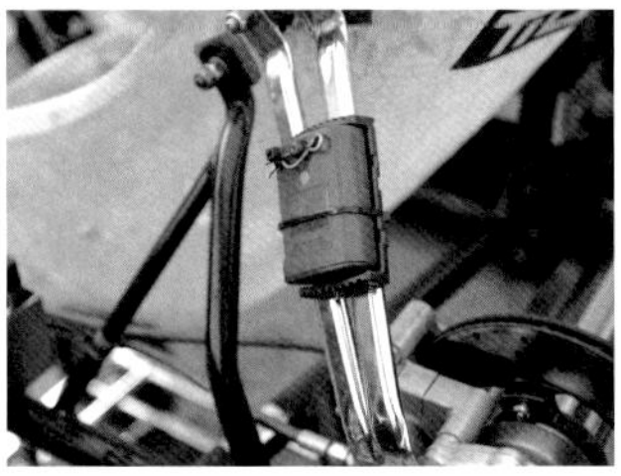

タイム計測に必要なアイテム
トランスポンダー

サーキットで貸し出されている小型の発信器をカートに装着することでラップタイムが計測できるようになる。精密機械なので落としたりしないように注意。また、走行が終わったら必ず返却しなければならない。

大井松田《おおいまつだ》カートランド

ショートコースとロングコースのふたつのレイアウトを併せ持つのが特徴の老舗コース。名物のWヘアピンはかなり手強い

コースDATA

〒259-0147　神奈川県足柄上郡中井町鴨沢456-2
TEL. 0465-81-2557　FAX. 0465-81-2888
※レンタルカートの問い合わせ :TEL.080-2241-7848(11時～17時)
対応ライセンス :JAF･SLO会員・コース
休 年末年始
営 9:00～17:00
車 東京方面からは東名高速・秦野中井ICを出て右折。信号2個目のガソリンスタンドを右折。3.5km直進し、突き当たりの『中井町役場入口』を右折。約2km先のトンネルを抜けてすぐ左折。
付帯設備 : レ ★ 自 コ 席 更 シ 貸 ✚ 🍴 WiFi ¥ JK

走行料金

時間	走行料	サブドライバー
午前(9:00-12:00)	3,300 円	1,100 円
午後(13:00-16:30)	4,800 円	
1日(午前&午後)	6,600 円	

※土日の 7:00-9:00 は 1,600 円 /1h　2,700 円 /2h
★平日の午前はバイク走行と交互走行になる場合があります。

レンタルカート走行料金

車種	ライセンス	料金
J4ジュニア	小4(135㎝)以上	2,200円
N35	不要	
T4L	レンタルC以上	
T4F	レンタルB以上	
KT100	レンタルA以上	

※走行時は、長袖、長ズボン、スニーカーおよびヘルメットの着用のこと。カートレース開催前日土曜日のレンタルは、12 時～ 13 時のみとなり、またジュニアカートスクール開催日 (夕方) は、レンタルとスクール交互走行。カートレース開催前日土曜日のレンタルは 12 時～ 13 時のみ。

イベントカレンダー2024

◎SL カートミーティング大井松田チャレンジカップ(全8戦)
Rd.1　1/7　Rd.2 2/11　Rd.3 4/14　Rd.4 6/2
Rd.5　7/21　Rd.6 9/1　Rd.7 10/20　Rd.8 12/8
◎大井松田レンタルフェスタ(全7戦)
第1回 3/3　第2回 4/21　第3回 5/19　第4回 6/23
第5回 8/4　第6回 9/22　第7回 11/3
◎SLライセンススクール日程
1/14・2/18・3/17・4/28・5/12・6/16・7/28
8/18・9/8・10/9・10/27・11/10

カート黎明期からある老舗コース 有名選手も多数、輩出!!

今年で46年目を迎える老舗サーキット。国内のカート黎明期からドライバーたちに走りの場を提供し続けており、その長い歴史の中には、土屋武士、立川祐路、横溝直輝、高星明誠、根本悠生といったビッグネームも含まれる。

レイアウトはダブルヘアピンが特徴のロングコースと、ダブルヘアピンをS字へ変更したショートコースの2パターン。なお、通常のメインコースはロングコースだ。

多く走る人には年間パスポート(18万7,000円税込)がおすすめ。パスポート所持者は午前中だけの走行でも、もっと走りたいから午後に延長したい時も、遅めの午前中にスタートして午後は早目に切り上げたい時でも、どんなシチュエーションだって走行料金を気にせず、スポーツ走行を楽しめるようになる。

レンタルカートは定番のビレルN35のほか、ライセンスのグレードを上げていけばレーシングカート(KT)も乗車可能。またイベントとしては、Myカート&レンタルカートで参加できる耐久レース、レンタルフェスタが定期的に開催されている。

"コースに来た限り、必ず楽しんでもらい満足して帰ってもらう"をモットーとしたキメ細かいサービスが提供されるため、リピーターも多く、ホスピタリティに優れたコースとなっている。

JAF 公認

JKLA 加盟

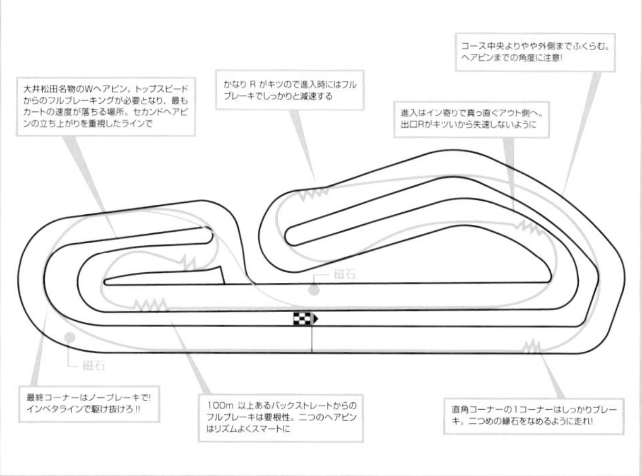

大井松田名物のWヘアピン。トップスピードからのフルブレーキングが必要となり、最もカートの速度が落ちる場所。セカンドヘアピンの立ち上がりを重視したラインで
かなり R がキツので進入時にはフルブレーキでしっかりと減速する
コース中央よりやや外側までふくらむ。ヘアピンまでの角度に注意!
進入はイン寄りで真っ直ぐアウト側へ。出口Rがキツいから失速しないように
磁石
磁石
最終コーナーはノーブレーキで! インベタラインで駆け抜けろ!!
100m 以上あるバックストレートからのフルブレーキは要根性。二つのヘアピンはリズムよくスマートに
直角コーナーの1コーナーはしっかりブレーキ。二つめの縁石をなめるように走れ!

全長 :612m(ロング)･535m(ショート)／幅員 :7～10m／最大直線長 :125m／フルグリッド数 :24台

ヘアピンコーナー

■攻略ポイント
Wヘアピン進入時のブレーキングはハードにかける分、回転数がパワーバンドから大きく外れることに。ここからいかに早くアクセルを踏めるかが重要となる。コーナーを過ぎてからでは間に合わないので、ブレーキをかけたらすぐにアクセルを踏みこみ、立ち上がりに比例して車速をのせること。低い速度から上手に立ち上がらせるアクセルワークが必要だ。Wヘアピンの2つ目はパッシングポイント。1つ目の立ち上がりで加速がうまくいっていれば真っ直ぐインへ飛びこむことが可能だ。

ISK イオンモール土岐店(レンタル専用)

全長：450m／最大直線長：80m
付帯設備 : レ ★ 自 席
〒 509-5122 岐阜県土岐市土岐津町土岐口 1372-1
TEL.0572-44-9900
休 休年中無休
営 11:00 ～ 21:00
料 5,000 円(お試しパック)

レインボースポーツカートコース

JAF 公認　JKLA 加盟

全長 : 710m／幅員 : 7.5 ～ 10m／最大直線長 : 115m／フルグリッド数 : 28 台
付帯設備 : レ ★ 自 コ 席 更 シ 貸 ✚ 🍴 ¥ JK
〒 511-0937　三重県桑名市志知 3918-1
TEL. 0594-31-5333　FAX.0594-32-3733
休 無休
営 9:00 ～ 22:00
料 1 日・7,500 円(会員は 6,500 円)

レ レンタルカート　★ ナイター照明　自 自動計測装置　コ コンプレッサー　席 観客席　更衣室　シ シャワー室　貸 貸カートガレージ　✚ 救護室　🍴 レストラン

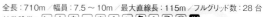

富士《ふじ》スピードウェイカートコース

富士スピードウェイのレーシングコースに模したレイアウトを持つ。レンタルカートや持ち込みカートの走行が可能だ。初心者でも安心して走れるショートコースも隣接している

2019年に駐車場の路面を流用していたコースからリニューアル、サーキット専用の舗装がされたことで非常にフラットで走りやすくなっている

コースDATA

〒410-1307　静岡県駿東郡小山町中日向694
TEL.0550-78-2255　対応ライセンス：不問
休 年中無休
営 10:00～17:00（または日没）
車 東名高速御殿場ICを降りたあと、国道138号線から246号線へと右折し、案内標識通りに進む。御殿場ICから約15分。
付帯設備：レ ★ 自 コ 席 シ ✚ WiFi ¥ JK

走行料金（持ち込み）		
時間	レーシングカート	キッズカート
1日	3,800 円	3,800 円

※一部日程は走行不可の日があるため要事前確認。

走行料金（レンタルカート）		
周回数	レンタルカート	タンデムカート
7 周	1,600 円（7 周）	2,200 円（7 周）

イベントカレンダー2024

◎KART de GO!（全5戦）
Rd.1 3/17　Rd.2 6/2　Rd.3 7/7
Rd.4 9/22　Rd.5 11/9

◎JAFオートテストシリーズ
第1回 2/25　第2回 4/13　第3回 5/11　第4回 6/30
第5回 10/5　第6回 12/14

本コースのデフォルメが可愛い富士S.W.のカートコース

スーパーGTやスーパーフォーミュラ等、国内最高峰の人気を誇るビッグレースや、カート最速と呼ばれるスーパーカートのシリーズ戦を開催する富士スピードウェイ内の常設カートコース。レイアウトは国際レーシングコースを忠実に再現したレーシングコースと、シンプルなレイアウトのショートコースという２タイプが用意されている。

ユーザー本意のイベントが豊富に開催されるのが特徴で、カートレースの他にもミニバイクやモタード、変わったところではママチャリレース等が行われている。

レンタルカートは国内では珍しいPraga RTAが用意される。またカップルやファミリーにはヨーロッパのレンタルカート市場で高い評価を得ているタンデムカートもオススメ。身長145㎝以上なら誰でも乗車可能なうえに、路面がフラットでランオフエリアも広く確保されていることから安全に走行を楽しめるだろう。

マイカートの持ち込み走行はレーシングカート、キッズカート、スポーツカート、ミッションカート、スーパーカート、EVカート、HDX（ハンドドライブ車両）等、幅広く可能。ライセンスや運転資格は不要だが未成年者は付添いの親権者が走行ルールを熟知している必要がある。

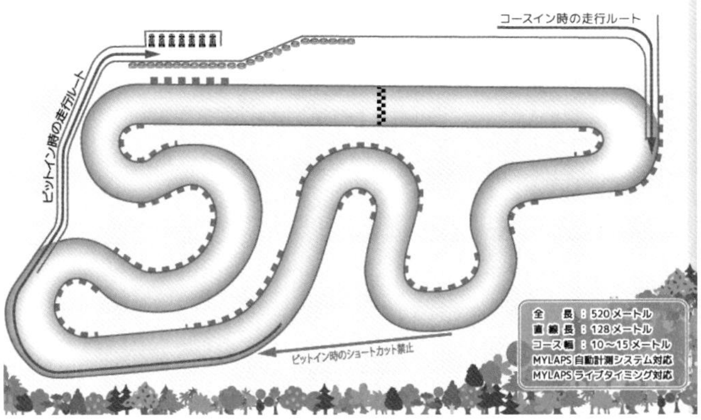

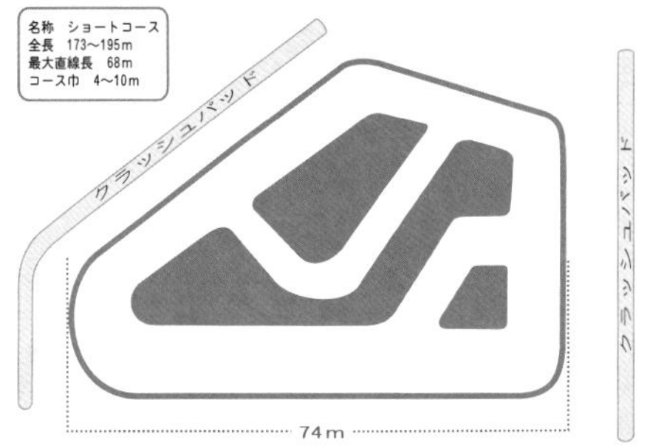

全長：520m／幅員：10～15m／最大直線長：130m／フルグリッド数：25台

JKLA 加盟

スポーツランド生駒

JKLA 加盟

全長：620m／幅員：8～9.5m／最大直線長：120m
付帯設備：レ ★ コ 席 ✚
〒 575-0014　大阪府四條畷市上田原 1139
TEL.0743-73-2484　FAX.0743-75-4775
休 月曜日（祝日を除く）
営 9:00～16:30(レンタルカートは雨天不可）
料 1 日・6,000 円（会員は 4,500 円）

ISK 奈良阪奈店（レンタル専用）

全長：520m／最大直線長：80m
付帯設備：レ ★ 自 席
〒 630-0212 奈良県生駒市辻町 480
TEL.0743-75-5757
休 年中無休
営 11:00～21:00
料 5,000 円（お試しパック）

APG《えーぴーじー》オートパラダイス御殿場《ごてんば》小山町《おやまちょう》大御神《おおみか》サーキット

JAF 公認

JKLA 加盟

APGのシリーズ戦はMAXとSLの二本柱で毎回、多くのドライバーが白熱のバトルを展開している

雄大な富士山を間近に感じながら走行できる抜群のロケーションも自慢

イベントカレンダー2024

◎SL APG RACE（全6戦）
Rd.1 2/4　Rd.2 4/7　Rd.3 6/16
Rd.4 8/11　Rd.5 10/6　Rd.6 12/1
◎MAX APG RACE（全5戦）
Rd.2 3/10　Rd.3 5/19　Rd.4 7/7
Rd.5 8/25　Rd.1 11/3（2025年シリーズ第1戦）
◎オートバックスGPR KARTING SERIES　9/7-8
※JAF全日本OK部門/FS-125 Rd.7&8 ジュニア選手権 Rd.7&8
◎2024 N35日本一決定戦　12/14-15
◎APG RKF
春の陣 4/13　初夏の陣 8/12

眼前には雄大な富士山
素晴らしいロケーションを持つコース!!

東西両地域から多くのカーターが走りに訪れるAPGオートパラダイス御殿場。場所柄、富士スピードウェイに近いこともあってかオフシーズンには某有名プロドライバーが練習走行代わりにカートを楽しむ姿も見られるという。

アクセスも抜群で、とくに新東名・新御殿場I.C.がコースすぐ側に設置されたことにより西地域からのアクセスがアップ。東地域からもETC搭載車なら東名高速・足柄スマートICを利用すれば、東名高速からわずか数分ほどでたどり着けるはずだ。

コースレイアウトはテクニカルとハイスピードの2タイプを設定。それぞれ1kmを越す全長を誇るので、高いポテンシャルを秘めたハイパフォーマンスカートを使っても、その走りを余すこと無く楽しめるだろう。

国内外の現存するコースの長所を取り入れて設計しており、手強くも面白いそのレイアウトは走るごとに新たな発見ができると、平日にも多くのドライバーが足繁く通っている。

コースDATA

〒410-1308　静岡県駿東郡小山町大御神922−8
TEL. 0550-88-8246　FAX. 0550-88-8377
対応ライセンス：JAF・SLO会員・コース
休 第1・第4木曜日およびレース翌日　営 9:00～16:30
車 東名高速・御殿場ICで下車。246号線を経て県道151号線に入り富士霊園方面へ。カーナビを利用する場合は下記のMAP-CODEを入力すると便利。MAP-CODE：434 081 374*44
付帯設備：レ ★ 自 コ 席 更衣室 シ 貸 ✚ 🍴 WiFi ¥ JK

走行料金		
時間	会員	一般
平日（1日走行のみ）	5,500円	6,500円
土日・祝日（1日）	7,500円	8,500円
9:00-12:00	4,500円	5,500円
13:00-16:30	5,500円	6,500円

■レンタルカート料金
7分（約4周）3,000円／11分（約9周）4,000円
15分（約12周）5,000円／二人乗りカート4,000円（7分間）

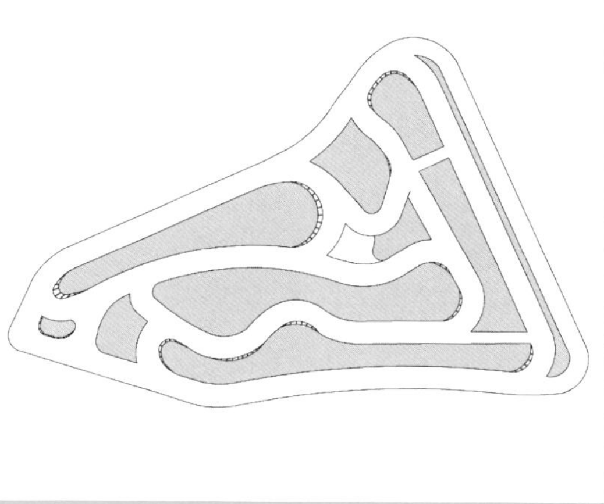

全長：1,050m（テクニカル）・1,003m（ハイスピード）／幅員：10～12m／最大直線長：130m／最大曲線：220m

堺カートランド

JAF 公認　JKLA 加盟

全長：667m／幅員：8～10.5m／最大直線長：100m
付帯設備：レ 自 コ 席 更衣室 シ 貸 ✚ 🍴 JK
〒590-0124　大阪府堺市畑1045
TEL.072-292-8519　FAX.072-292-8519
休 要問
営 9:00～17:00
料 1日・6,500円

ISK 大阪舞洲店（レンタル専用）

全長：450m／最大直線長：110m
付帯設備：レ ★ 自 席
〒554-0042 大阪市此花区北港緑地2丁目
TEL.06-6466-2022
休 年中無休
営 11:00～21:00（平日）
料 5,000円（お試しパック）

レ レンタルカート　★ ナイター照明　自 自動計測装置　コ コンプレッサー　席 観客席　更衣室　シ シャワー室　貸カートガレージ　✚ 救護室　🍴 レストラン

つま恋《ごい》リゾート彩《さい》の郷《さと》－つま恋《ごい》カートコース

一時期、閉鎖されていた名門コースが復活。あの感動を再び！

コースDATA

〒436-0011　静岡県掛川市満水2000
TEL.090-8866-6868　FAX.053-474-0077
営 9:00～16:30（フリー走行）　9:30～16:00（レンタルカート走行）
※フリー走行とレンタル走行は毎時30分ごとに交代となります。
※走行可能日はフォーメーションラップのホームページをご参照ください(http://f-lap.net/)
車 東名高速道掛川ICを降りて信号を右折（北ゲート方面へ）。一つめの信号を右折しJR線をくぐり抜けてすぐの県道37号線の信号を右折。しばらく線路沿いを走り、再びJR線をくぐって最初の信号、トンネル手前を右折する。菊川IC方面からは、県道37号線のトンネルを出てすぐを左折。
付帯設備：レ ★ 自 コ 席 シ ✚ ¥

走行料金

時間	走行料金	会員 (T) 料金
全日	7,000 円	6,000 円
午前・午後	4,500 円	4,000 円
追加ドライバー	2,000 円	1,500 円
計測ポンダー	1,000 円	500 円
駐車料金	500 円	

レンタルカート料金（シェア利用可・要予約）

MZ200（半日）	16,500 円
MZ200（50 分）	5,500 円
KT100（半日）	16,500 円

かつてはSL全国大会の開催コースとして多くの名勝負が繰り広げられてきた。パッシングポイントが豊富で攻略しがいのあるレイアウトは健在だ。ときには上級レベルのカーターですら手こずるという高い難易度を誇るという

イベントカレンダー2024

◎ 2024DUNLOP YAMAHA Enjoy&FLR CUP（全4戦）
Rd.1 4/7 (200分耐久） Rd.2 6/9 (200分耐久）
T-GP 7/28（Cadet Open/SS-J/SS/MZ） Rd.3 9/8 (200分耐久）
Rd.4 10/27 (300分耐久）
※エントリー費：41,800円/指定タイヤDUNLOP SL98（28,600円）
レンタルエントリーパック有り、年間エントリー割引有り

レース詳細は→http://f-lap.net/まで

あの名門コース再び！
耐久レースのシリーズ戦も人気!!

つま恋リゾート彩の郷内のカートコースで、全国的にも高いネームバリューを持ったコースとなっている。一時期、カート走行の取り扱いが終了していたが、地元のカートショップ、フォーメーションラップが対応することで再び走行が可能となった。

つま恋のレイアウトは一見、オーソドックスなタイプと見せておいて、後半セクションから始まる複合コーナーは非常に難度が高く、多くのドライバーがその攻略に苦労させらえる。また、コンディションの影響も大きく受けることで知られ、とくにドライとウェットでの差が激しい。天候次第では別コースのようにに激変するだろう。

レースは耐久レースのシリーズ戦が組まれている。なお、持ち込みのカート走行日は不定なので、詳細に関しては事前にフォーメーションラップのホームページで確認しておこう。

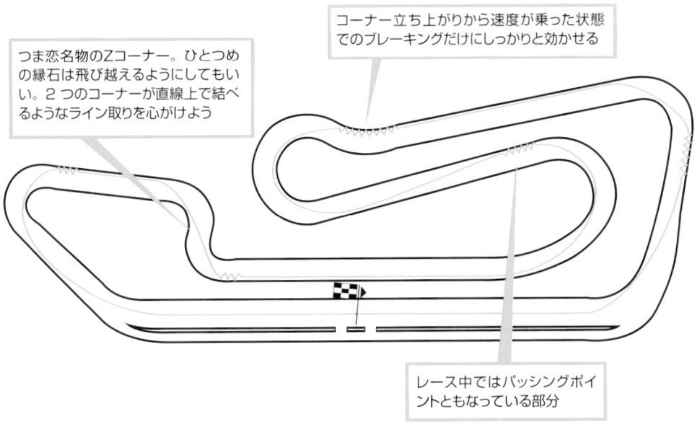
つま恋名物のZコーナー。ひとつめの縁石は飛び越えるようにしてもいい。2つのコーナーが直線上で結べるようなライン取りを心がけよう
コーナー立ち上がりから速度が乗った状態でのブレーキングだけにしっかりと効かせる
レース中ではパッシングポイントともなっている部分

全長：734m／幅員：8～10m／最大直線長：140m／フルグリッド数：28台

たからづかカートフィールド

JAF公認　JKLA加盟

全長：510m／幅員：7～8m／最大直線長：110m
付帯設備：レ ★ 自 コ 席 シ ✚ ¥
〒665-0848　兵庫県宝塚市川面字長尾山15-329
TEL. 0797-84-9113　FAX. 0797-87-0491
休 金曜日（祝日及びレース週は除く）
営 9:00～19:00【1月～2月は冬季特別営業時間】
料 1日・5,000円

カートコースの豆知識

いつでも気軽に
レンタルカート

カートコースはレンタルカート専用コース以外は持ち込みカート走行がメインとなるが、最近ではレンタルカートもかなり充実している。たいていは専用の時間帯が設けられるが、コースによっては時間を融通してくれることもある。

石《いし》野《の》サーキット

2017年2月に大規模改修工事で前面リニューアルが行われた。フラットな路面は走りやすく、いつでも快適なカート走行が楽しめる

レンタルカートの全国大会、SodiJapanCup全国大会も開催。レンタルカートにも注力している

ヤマハのMZ200エンジンを使用するMZクラスはファンレースとしても高い人気を誇る

イベントカレンダー2024

◎SL石野シリーズ（全7戦）
Rd.1 3/24　Rd.2 5/12　Rd.3 6/16　Rd.4 7/14
Rd.5 8/4　Rd.6 9/15　Rd.7 11/10
■開催クラス　Y-CADET OPEN/Y-SSS/Y-TIA Jr./PRD-A/Y-SS/MZシニア/Kids/MZチャレンジ/MZカデット
※エントリー期間：開催日の1ヵ月～1週間前まで
◎ヤマハダンロップ石野スポーツカートenjoy4H耐久
Rd.1 4/14　Rd.2 6/30　Rd.3 8/25　Rd.4 10/13
◎R-1 Sprint（レンタルカートレース）
Rd.1-2 3/31　Rd.3-4 4/28　Rd.5-6 6/2
Rd.7-8 7/28　Rd.9-10 9/8
◎SWS1時間耐久（レンタルカートレース）
Rd.1 3/31　Rd.2 4/28　Rd.3 6/2
Rd.4 7/28　Rd.5 9/8
◎SWS全国大会　10/19-20
◎MZ日本一決定戦　11/30-12/1

コースDATA

〒470-0329　愛知県豊田市石野町土橋264
TEL.0565-42-1718　FAX.0565-42-1752
対応ライセンス：JAF・SLO会員・コース
休 無休　営 9:00～22:00（日曜および冬期営業期間中は21:00まで。）
車 名古屋方面からは猿投グリーンロード「力石IC」から車で約5分。豊田方面では東海環状自動車道「豊田勘八IC」から約5分。三重方面なら伊勢湾岸自動車道「豊田東JCT」→東海環状自動車道「東海勘八IC」から約5分
付帯設備：[レ][★][自][コ][席][更衣室][シ][貸カートガレージ][+][レストラン][WiFi][JK] ※シャワーは女性専用完備

走行料金		
時間	平日	土日・祝日
午前（9:00-12:00）	4,100円	4,600円
午後（13:00-16:30）	5,100円	5,600円
1日（終日）	6,650円	7,650円

会員（新規入会：12,000円、更新：10,000円）になれば1,000円OFF

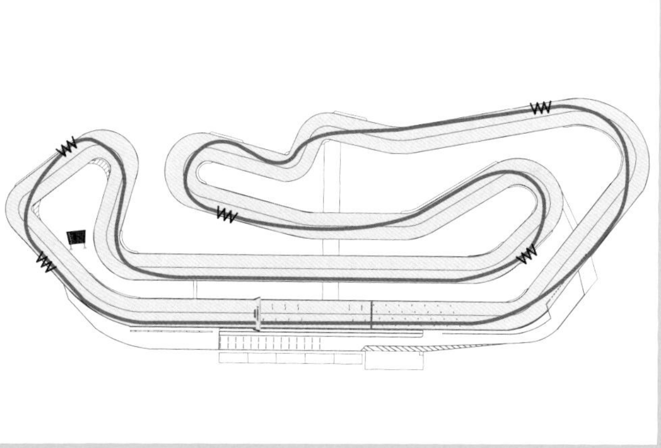

全長：780m ／ 幅員：8～10m ／ 最大直線長：140m ／ 勾配：1.6%

本格派もエンジョイ派もどちらも満足 フラット路面の疾走感はスペシャル級！

高速道路の舗装を行う専門業者が施工した特殊アスファルトの三層構造によって実現したハイクォリティな路面が素晴らしい。この高品質な素材と工法に加えて、2017年に行われたリニューアル工事を総仕上げとしたことで他に類を見ない完璧な路面が完成。

レンタルカートはSodiのSR5を揃えている。レンタルカート世界シェアナンバー1のSodi製だけに、扱いやすい乗り味で、初心者はもちろん、上級者も納得するオールマイティな性能を発揮する。広大な駐車場奥にはミニコースもあるので、小さな子供はこちらで電動キッズカートを楽しむことが出来る。

レースは定番のSLシリーズと、スポーツカート用エンジンのMZ200を搭載したMZシニアが人気。MZはオールレンタルで石野コースライセンスを所持すれば出場可能なファンレースだ。

■攻略ポイント
６コーナー立ち上がりのエスケープゾーンが拡幅され、その分最終コーナーアプローチが外側にオフセットされた。８コーナーはヘアピン形状に変更されたことで新たなパッシングポイントになる。その先にはクランク状のシケインを設け通過速度を抑制、６コーナーアウト側にも充分なエスケープゾーンが追加された。リニューアルにより全体的にテクニカル部分が強調されたデザインとなり、縁石も高低差が少ないフラットタイプになったことでコース幅を使った大胆な攻め方が可能となっている。

JKLA加盟

鳥取プレイランドサーキット

全長／500m（テクニカルコース）・400m（ハイスピードコース）●幅員／8～10m
付帯設備：[レ][自][コ][席][更衣室][シ][貸カートガレージ][+][レストラン][¥]
〒680-0211　鳥取県鳥取市国府町菅野（鳥取プレイランド跡地）
連 ENJOY KART CLUB
TEL.0857-53-4149
休 火曜（祝日を除く）
営 10:00～17:00
料 1日・3,500円（会員は3,000円）

キャピタルスポーツランド

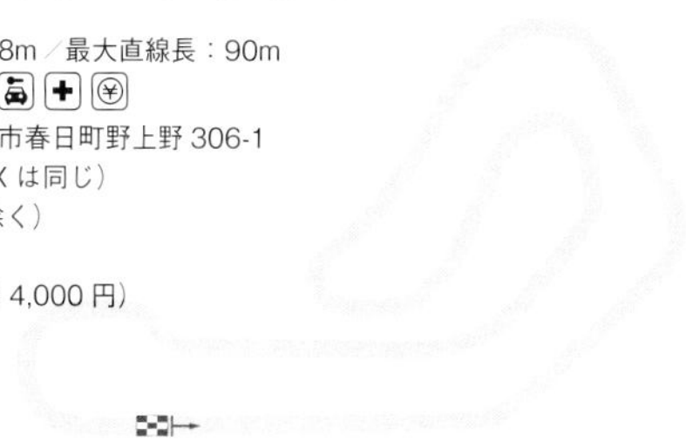

全長：500m／幅員：7～8m／最大直線長：90m
付帯設備：[レ][コ][席][更衣室][貸カートガレージ][+][¥]
〒669-4124　兵庫県丹波市春日町野上野306-1
TEL. 0795-74-0790（FAX は同じ）
休 火曜日（但し、祝日は除く）
営 9:00～17:00
料 1日・5,000円（会員は4,000円）

[レ]レンタルカート　[★]ナイター照明　[自]自動計測装置　[コ]コンプレッサー　[席]観客席　[更]更衣室　[シ]シャワー室　[貸]貸カートガレージ　[+]救護室　[レ]レストラン

のんほいサーキット

15歳以上かつ身長145cm以上の人が対象の大人用レンタルカートSodi「RT8」

小学2年生以上かつ120ｃm以上のお子様から大人まで乗車できるジュニアカートSodi「LR5」

小学2年生以上で身長120cm以上かつライセンスグレードAを持つ方が対象の電動カートSodi「LRX-EV」

タイムアタックや各種レース、親子イベントなども開催中。グループレースやコース貸切にも対応している

アミューズメント施設〝のんほいパーク〟内の遊園地エリアにあるレンタルカート専用コース。食事を楽しみながら間近で走行を観覧できるカフェ（ハーバーカフェ）も併設されている

イベントカレンダー2024

◎NONHOI ENJOY CUP 2024 SPRINT（1日3レース）
2/18　3/31　4/28　5/26　6/30　7/28　8/25
10/27　11/24　12/15

◎NONHOI ENJOY CUP 2024 ENDURANCE（60分）
3/3　4/7　6/9　9/8　11/17　12/15

のんほいパーク遊園地エリアにあるレンタルカート専用コース

〝のんほいパーク〟は、動物園や自然史博物館、植物園、遊園地といった様々なアミューズメントが揃う公園。その東側、遊園地エリアにあるレンタルカート専用コースが、のんほいサーキットだ。

コースレイアウトは地元、豊橋市出身の元F1ドライバー山本左近氏が監修、その絶妙なデザインは他に類を見ないと高い評価を得ている。

レンタルカートは世界トップシェアのSodiカートを採用。小学生2年生以上かつ120cm以上の人なら誰でも乗車できるジュニアカートも、ファミリー層からの人気が高い。また、1.5kwのモーターで走る次世代の電気カートも用意されている。

初心者でも安全に楽しめるスピードシステムをはじめ、2023年11月には最新計測器APEX TIMINGを設置、走行終了後、その結果がいつでもどこでもスマホで確認できる。その後、公式ホームページ上にランキングが掲載される楽しみのひとつだろう。規定タイムをクリアしていくと、レベルに応じてパワフルなカート走行の乗車が可能になるのも面白い。NONHOI ENJOY CUP　スプリント／耐久（Sodi World Series対象のレース）を利用すれば世界中のユーザーと競うことも可能だ。

コースDATA

〒441-3147　愛知県豊橋市大岩町字大穴1-238
TEL.0532-43-6201
㊡ 月曜・火曜（祝日の場合は営業）
㊒ 水～金曜日　13:00～21:00（最終受付20:30）
土日祝　　9:00～21:00（最終受付20:30）
国道1号線大岩町本郷（二川駅前「のんほいパーク歩道橋」）の交差点を南に1分。
※東門からの入園がオススメ。
付帯設備：レ ★ 自 コ 席 シ JK

走行料金		
1回券	5分間計測（約8～12LAP）	1,000円
11回券	シェア可能・有効期限なし	10,000円

■大人用カートは15歳以上かつ身長145cm以上、ジュニアカートは小学2年生以上かつ120cm以上のお子様から大人までが乗車できる（未成年者は保護者の同意書が必要）。
※上記利用料金以外に入園料が必要（車で来場の場合は要駐車料金）。詳しい入園料についてはのんほいパークHPをご覧ください。

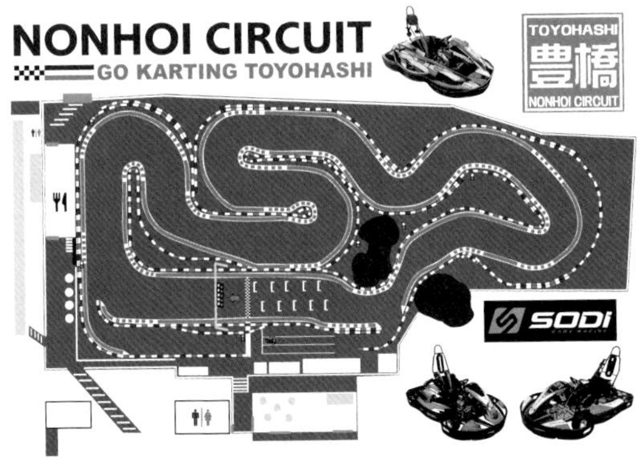

全長：400m／幅員：6～10m／最大直線長：60m／フルグリッド数：8台

世羅グリーンパーク弘楽園

JKLA加盟

全長：740m／幅員：8～10m／最大直線長：120m
付帯設備：レ ★ 自 コ 席 シ JK
〒722-1732　広島県世羅郡世羅町黒渕728
TEL. 0847-27-1755　FAX. 0847-27-1754
㊡ 火曜日（祝日は除く）
㊒ 9:00～17:00
㊕ 1枚：3,300円（一般は4,400円）
※チケット制

カートコースの豆知識

コーナリングで活用したい
縁石

紅白、もしくは青白模様等、派手なカラーリングがされた部分。コーナー周辺を中心にコースを縁取るように配置されている。縁石を利用したドライビングテクニックも数多くあり、レースや雨天時などでも活用される。

WiFi　売店　JK月刊「ジャパンカート」誌取り扱い

フェスティカサーキット瑞浪《みずなみ》

MAX チャレンジからローカルの SL カートミーティングまで、レースは幅広いカテゴリーをカバー。子どもたちのジュニアレースもハイレベルだ

レースでは 100 台を越すエントリーを集める超人気コース

イベントカレンダー2024

◎ROTAX MAX CHALLENGE (全5戦)
Rd.1&2 3/30-31　Rd.3&4 5/4-5　Rd.5 7/20-21
◎SL KART MEETING（全6戦）
Rd.1 3/10　Rd.2 4/14　Rd.3 6/2　Rd.4 7/7
Rd.5 8/18　Rd.6 11/3
◎ROTAX MAX FESTIVAL　8/31-9/1
◎ROTAX MAX Lights 日本一決定戦　10/6
◎ROTAX MAX 瑞浪市長杯　11/23-24
◎YAMAHA SS FINAL CUP　12/8
◎オートバックスGPR KARTING SERIES　6/8-9
※JAF全日本OK部門/FS-125 Rd.3&4 ジュニア選手権 Rd.3&4

コースDATA

〒509-6472　岐阜県瑞浪市釜戸町足股1064-118
TEL. 0572-63-3178　FAX. 0572-63-3179
対応ライセンス：JAF･SLO会員・コース
休 不定休
営 9:00～16:00（12:00～13:00/16:30～はレンタルカート走行）
車 東京方面からは中央高速・瑞浪ICで下車。サイエンスワールド方面へ向かい右折。吉見屋商店を左折して道なりに進みフェスティカ看板を右折して竜吟湖方面へ

付帯設備：レ ★ 自 コ 席 更 シ 貸 ✚ 🍴 WiFi ¥ JK

フェスティカ会員料金			
	時間	平日(月～金)	土日・祝
午前	9:00-12:00	4,000円	4,500円
午後	13:00-16:00	4,000円	4,500円
全日	9:00-16:00	5,500円	6,500円

※レンタルポンダー1台500円・サブドライバー登録1名1,000円

一般料金			
	時間	平日(月～金)	土日・祝
午前	9:00-12:00	5,000円	5,500円
午後	13:00-16:00	5,000円	5,500円
全日	9:00-16:00	6,500円	7,500円

※レンタルポンダー1台1,000円・サブドライバー登録1名1,500円

※冬季特別走行料金は廃止となりました。また休日の走行時間は8:30からとなります。

カデット料金		
走行ヒート数	時間	料金
1DAY（20 分走行×6 ヒート）	毎時40分～00分まで（12～13時は除く）	5,000円

レンタルカート料金（10分間）　※予約が必要です		
カート	平日	土日・祝日
4st.200cc	2,500円	3,000円
ROTAX MAX	4,000円	4,500円

国内で最もレース参加台数の多いサーキット! 最先端設備の導入、独自のレースフォーマットなど常に進化!!

数あるカートコースのなかでも群を抜くスピードタイプのロングコースで、平均スピードが高くなるそのコース特性から、ドライバーの安全性にも細心の配慮がされている。

また、最新設備をいち早く取り入れており、コーナー要所には高解像度のビデオカメラを設置、レースにおける際どい場面では撮影された動画を元にビデオ判定を行うほか、ベテラン有名選手を審査員に起用することで、機械と人によるダブルチェックを実現している。このシステムにより極めて公平なレース判断が行われているとドライバーからも好評だ。

ハード・ソフト共に世界トップレベルのコースを目標に、インターネットを活用したストリーム配信や動画配信を使ったレースのライブ中継など、早くから新しいアイデア、技術を取り入れているのも特徴。

レンタルカートも充実しており、12：00～13：00と16：30～17：00まではレンタルカート占有走行時間となる。マシンは初心者でも乗りやすいレンタルクラスから、よりレーシングカートに近い雰囲気を味わえるMAXノービスクラス等、豊富な車種を用意して各ドライバーのレベルに対応。さらに技術を上げることで戦闘力の高いカートのレンタルも可能となるぞ。

JKLA 加盟

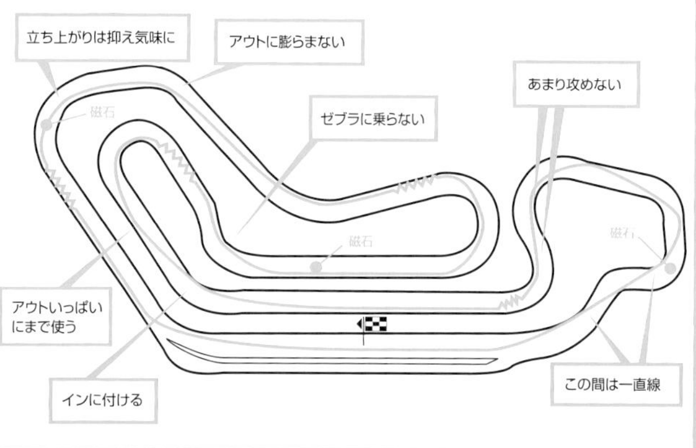

全長：1,177m ／幅員：9 ～ 11m ／最大直線長：145m ／フルグリッド数：34 台

■攻略ポイント
〝たこつぼ〟の愛称で知られる9コーナーがタイムアップの要。パッシングポイントとしても極めれば高いアドバンテージを得られるだろう。7コーナーをセンター寄りに立ち上がると、たこの進入時にアウトにいけないので車速を落とさないように曲げていく走りを意識。ブレーキは思っているよりも手前からで早めに向きをかえる。タイミング的には7を曲がったと思ったぐらい。ストロークは弱く長くだ。旋回中の縁石は乗せクリップは若干、奥目を意識しよう。

スポーツランド TAMADA

JKLA 加盟

全長：950m ／幅員：9m ／最大直線長：130m
付帯設備：レ 自 コ 席 シ 貸 ✚
〒 731-0202　広島県広島市安佐北区大林町 2137-2
TEL. 082-818-7198　FAX. 082-818-3949
休 火曜日（祝日は営業）
営 9:00 ～ 17:00
料 1 日・5,500 円（半日・3,850 円）

岡山国際サーキットMINIコース

JKLA 加盟

全長：600～900m ／幅員：8m ／最大直線長：150m
付帯設備：レ ★ 自 コ 席 貸 ¥
〒 701-2612　岡山県美作市滝宮 1210
TEL. 0868-74-3311
休 無休
営 9:00 ～ 17:00
料 要問

レ レンタルカート　★ ナイター照明　自 自動計測装置　コ コンプレッサー　席 観客席　更 更衣室　シ シャワー室　貸 貸カートガレージ　✚ 救護室　🍴 レストラン

鈴《すず》鹿《か》サーキット南《みなみ》コース

全長 1km を越す国内有数のビッグサーキット。海外にも高いネームバリューを持ち、多くのF1 ドライバーが若き日に来日してバトルを繰り広げてもいる

鈴鹿選手権シリーズや全日本選手権等、国内トップレベルの選手が集結するレースを多く開催、多数のエントリーを集める超人気コース

コースDATA

〒510-0295　三重県鈴鹿市稲生町7992
TEL. 059-378-3405
対応ライセンス：SMSCライセンス・MCoM（SMSCとの共通化が必要です）（レース時、特別スポーツ走行は除く）
休 臨時休業あり　営 10:00～16:00（走行日はコーススケジュールで確認）
車 鈴鹿ICを鈴鹿市内方面へ。27号線（神戸長沢線）を国道1号線方面へ。汲川原橋を渡り最初の信号を左折。平田中町の交差点を右折して道なりに直進。
付帯設備：レ ★ 自 コ 席 シ JK

走行料金	
時間	料金
半日	5,000 円
1日	10,000 円

※走行はスポーツ走行設定日のみ。
※走行スケジュールはホームページにて。

イベントカレンダー2024

◎鈴鹿選手権シリーズカートレース IN SUZUKA（全7戦）
Rd.1 3/3　Rd.2 4/28　Rd.3 5/26　Rd.4 6/23
Rd.5 8/11　Rd.6 9/22　Rd.7 12/1
◎オートバックスGPR KARTING SERIES　7/13-14
※JAF全日本OK部門/FS-125 Rd.5&6 ジュニア選手権 Rd.5&6
◎オートバックスGPR KARTING SERIES　10/12-13
※JAF全日本OK部門/FS-125 Rd.9&10 ジュニア選手権 Rd.9&10

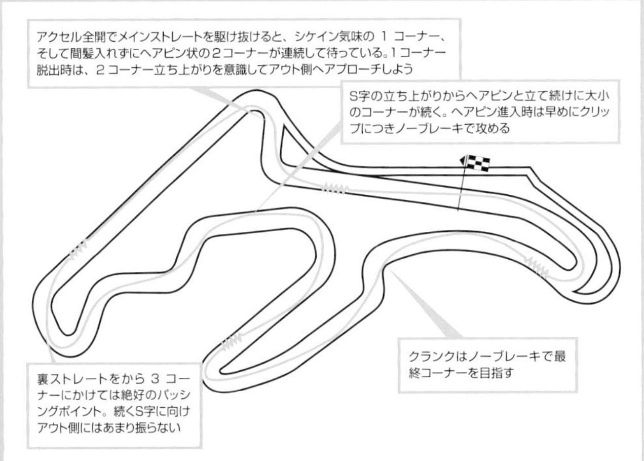
アクセル全開でメインストレートを駆け抜けると、シケイン気味の 1 コーナー、そして間髪入れずにヘアピン状の2コーナーが連続して待っている。1コーナー脱出時は、2 コーナー立ち上がりを意識してアウト側へアプローチしよう
S字の立ち上がりからヘアピンと立て続けに大小のコーナーが続く。ヘアピン進入時は早めにクリップにつきノーブレーキで攻める
裏ストレートをから 3 コーナーにかけては絶好のパッシングポイント。続くS字に向けアウト側にはあまり振らない
クランクはノーブレーキで最終コーナーを目指す

全長：1,264m ／幅員：10m ／最大直線長：190m ／フルグリッド数：34 台

あの鈴鹿でカート走行を楽しもう! 走り込むほどに夢中になるコース!!

国内はもちろん、国外のカート選手からも憧れの地とされる高いネームバリューを持ったカートコース。F1 世界選手権に参戦するトップドライバーの多くが、カート時代に南コースを走っている。

コースは全長 1km オーバーのロングコースで、そのレイアウトは 150m クラスのロングストレート 2 本とインフィールドに配置された S 字やヘアピンなど個性豊かな 12 のコーナーで構成されるハイスピード&テクニカルタイプだ。

2022 年には大規模なリニューアル工事が行われ、コース全面の再舗装やカーブストーンの補修、コースライン塗装、シャワートイレ化等、大きくリニューアルされた。

3コーナー

■攻略ポイント
鈴鹿攻略のポイントは、バックストレートエンドの3～4コーナー。その後にS字のリズムセクションが控えているため、ここをペースを落とさずにクリアしなければならない。3コーナーはバックストレートでのスピードを極力維持してアプローチする。3～4コーナー中間で、ラインに余裕を残しながらハードブレーキング&コンパクトに向きを変えて、S字へと向かうイメージだ。

JAF 公認

JKLA 加盟

カートコースの豆知識

夜は静かなカートで ナイター走行

ナイター走行はレンタルカート専用の時間帯で行われる。レーシングカートは騒音の問題で日没後は走るコトができないが、レンタルカートはエンジン音が小さいので大丈夫なのだ。ちなみに朝の早い時間も指定された時間以外でのエンジン始動はダメ。

カートピスタヒロシマ

JKLA 加盟

全長：630m ／幅員：/ ～ 10m ／最大直線長：130m
付帯設備：レ コ JK
〒 738-0205　広島県廿日市玖島 16
TEL. 090-9502-4021
休 月曜日（祝日は除く）
営 10:00 ～ 17:00（土日・祝 9:00 ～）
料 1 日・5,000 円

WiFi　売店　JK月刊「ジャパンカート」誌取り扱い

琵《び》琶《わ》湖《こ》スポーツランド

ハイパワーの AVANTI から MZ シニア、キッズカートに至るまで SL 琵琶湖シリーズの開催クラスはバラエティ豊かに用意されているのも魅力

ジュニアやキッズといった若年層のドライバー育成にも力を入れている。琵琶湖からカートを始めてフォーミュラにステップアップした選手も多い

イベントカレンダー2024

◎SL琵琶湖シリーズ（全12戦）
Rd.1&2 3/31　Rd.3&4 5/5　Rd.5&6 6/30
Rd.7&8 8/18　Rd.9&10 10/20　Rd.11&12 11/24

■開催クラス
ビギナー/キッズ/YAMAHAカデット
YAMAHA SS/AVANTI /MZシニア

コースDATA

〒520-0363　滋賀県大津市伊香立下龍華町673-1
TEL. 077-598-2888　FAX. 077-598-2783
走行資格：JAF・SLO会員かつSLOまたはBSL安全保険加入者
休 年末年始　営 9:00～16:30
車 名神高速・栗東IC下車し、分岐を右方向に向かい8号線へ。済生会病院前で本線に合流、辻交差点を左折して11号線より琵琶湖大橋を超えて、湖西道路の真野ICの高架をくぐり、「伊香立中西」の一つ先の三差路のダンロップ看板を右折。道なりに約２Kmでコースが見えてくる。
付帯設備：レ ★ 自 コ 席 シ ✚ ¥ JK

走行料金		
時間	平日	土日・祝日
午前	4,400 円	5,500 円
午後	4,400 円	5,500 円
1日	5,500 円	6,600 円

キッズ走行料金（レーシングコース）	
午前・午後	2,750 円
昼	2,200 円
半日＋昼	4,400 円
1 日	5,500 円

入会・年会費無料の会員登録が必要。※ガレージ保管は年間保証料要 11,000 円

琵琶湖近くの名門コース 多くの有名選手も輩出!!

滋賀県・琵琶湖大橋の西側に位置した一周960mのサーキット。雄大な琵琶湖を前に、さらには比良山地も眺望する素晴らしいロケーションを備えている。大津市内より15分足らず、名神高速・京都東インターチェンジより25分とアクセスの良さも魅力だ。

メインシリーズはSLレースとなるが、キッズカートレースも開催、未来のフォーミュラドライバーたちの育成にも力を注いでいる。未体験のキッズドライバーには、キッズカートライセンス取得のための専門スクールが用意され、３歳からカートをスタートできる体制が整っているのも特徴だ。

コースレイアウトは独特な形状を持つ。それゆえドライバーには高度なテクニックが要求されてくるという。それは周辺の関係者からは"琵琶湖をマスターすれば他コースのトップクラスにも充分、通用できるレベルに達する"と言われてもいる。

パドックは個性的なデザインで、コントロールタワーを中心に左右に伸びていき、２階部分には観客席を設置。こちらは見晴らしが良く、コース全体を把握できるのでレース観戦にも最適だろう。

JAF 公認

JKLA 加盟

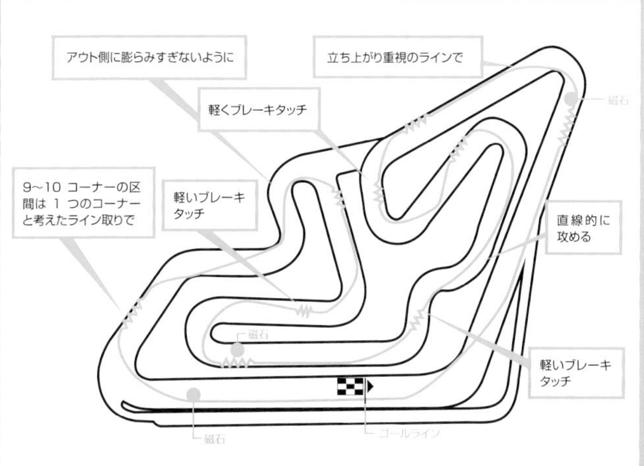
アウト側に膨らみすぎないように
立ち上がり重視のラインで
軽くブレーキタッチ
磁石
9～10 コーナーの区間は 1 つのコーナーと考えたライン取りで
軽いブレーキタッチ
直線的に攻める
磁石
軽いブレーキタッチ
磁石
ゴールライン

全長：960m／幅員：8～10m／最大直線長：130m／フルグリッド数：34 台

4コーナー

■攻略ポイント
レースでは４コーナーのパッシングを成功させると、続く５コーナーがＳ字となるため逆転されるリスクが少ないので狙い目となっている。順位を上げるためにも積極的に攻めて行きたい琵琶湖の重要ポイントだろう。ここでは進入時のブレーキングは向きを変えるための軽めのタッチ。ちなみに３コーナー進入時のブレーキも同様だ。クリップ周辺および立ち上がりの縁石は軽く乗せていくイメージで攻めていこう。

ナチュラ・サーキット

JKLA 加盟

全長：717m／幅員：8～9m／最大直線長：135m
付帯設備：レ ★ 自 コ 席 シ ✚ ¥ JK
〒 753-0101　山口県萩市大字佐々並 463-1
TEL. 0838-56-0100　FAX. 0838-56-5010
休 火曜日
営 9:00～18:00
料 1 日・5,240 円（会員は 4,800 円）

柳井スポーツランド

JKLA 加盟

全長：720m／幅員：8m／最大直線長：140m
付帯設備：レ コ ✚
〒 742-0201　山口県柳井市伊陸
TEL.0820-26-0555　FAX. 0820-26-0137
休 木曜日
営 10:00～17:00
料 1 日・5,500 円

レ レンタルカート　★ ナイター照明　自 自動計測装置　コ コンプレッサー　席 観客席　更衣室　シ シャワー室　貸カートガレージ　✚ 救護室　レストラン

神戸《こうべ》スポーツサーキット

ハイスピードセクションとテクニカルセクションが高いレベルで融合したレイアウトが特徴。レースではパッシングの応酬戦を頻繁に見られるだろう（写真は３コーナー立ち上がりのバックストレート）

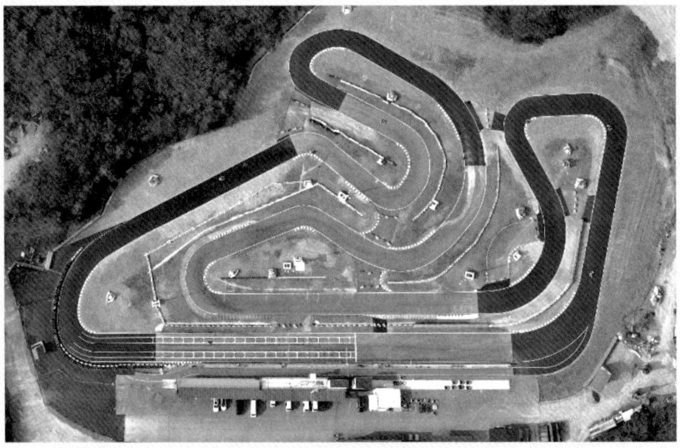

リニューアルでコーナーを緩やかなＲに変更したことから平均スピードがアップしている

コースDATA

〒651-2101　兵庫県神戸市西区伊川谷町布施畑917
TEL.078-974-1414　FAX078-974-1411
休 木曜日（振替の場合あり）
営 9:00～16:00（16～19時はレンタルカート専用）
車 阪神高速７号北神戸線・布施畑東ICより約1分
付帯設備：レ ★ 自 コ 席 (ハンガー) シ (車) ✚ (食) WiFi ¥ JK

走行料金		
	会員	一般
1日	6,500円	7,500円
半日	5,000円	6,000円

※バイク走行可能（会員やバイク走行については、HPを確認してください）

キッズカート走行料金		
	会員	一般
1日	4,500円	5,500円
半日	3,500円	4,500円

レンタルカート走行料金（N35）		
	会員	一般
1周（※）	170円	270円

※エントリー代：1,000円
※レンタルカート専用会員：入会金￥5,000（次年度更新料￥2,000）
詳しくはホームページをご確認下さい。

イベントカレンダー2024

◎2024年SL神戸シリーズ（全8戦）
Rd.1 3/10　Rd.2 4/14　Rd.3 6/2　Rd.4 6/30
Rd.5 8/4　Rd.6 9/15　Rd.7 10/20　Rd.8 12/15
◎2024年レンタルカートレース
FASTESTCUP＆TAERO3H
Rd.1 2/25　Rd.2 7/21　Rd.3 10/6　Rd.4 12/22
TAENUKE8H　5/12
TAENUKE6H（仮名）　9/1

'23年に大幅リニューアル敢行! ハイスピードバトルが映える!!

国内有数の大型カートコースとして知られる神戸スポーツサーキット。昨年は節目となる10周年を迎え、それを記念してリニューアル工事を行ったことで新たなサーキットとして生まれ変わった。

リニューアル後は1kmオーバーのロングコースとなったことで、パワフルなカートも余裕ある走りが楽しめるようになった。また、旧コースと比べて平均スピードでいえば約3km/h以上もアップしているハイピードタイプのレイアウトに変更されている。

従来のサービスには変わりなく、キッズカートはスクールも随時受付中（要電話連絡）だ。全くの未経験者でもステップを踏めば、必ずレースに出場できるまでのレベルへ達するだろう。

コース内にはプロカートショップのナガオカートが営業しているので破損や修理等のハプニング時も安心。高速I.C.からも好アクセスで、コース周辺には日帰り温泉等の施設も充実、アフターカートも万全だ。

全長：1045m／幅員：8～10m／最大直線長：172m／フルグリッド数：34台

■攻略ポイント
レイアウトが大きく変更されたのは１コーナー、２コーナーからのインフィールド、５～６コーナー、最終コーナーとなっており、全体的に平均スピードが高くなっている。とくに旧レイアウトではヘアピンだった２コーナー周辺は西地域にはあまり見ない形の連続コーナーに姿を変え、立ち上がりから先も緩やかなＲのついたコーナーとなっているため、バックストレートも繋がるスピードが高まるようになっている。

JAF 公認
JKLA 加盟

瀬戸内海サーキット

全長：750m／幅員：8～11m／最大直線長：140m
付帯設備：レ 自 コ 席 (ハンガー) シ (車) ✚ ¥
〒791-0526　愛媛県周桑郡丹原町田滝 396-2
TEL. 0898-68-3487　FAX. 0898-75-3652
休 金曜日（祝日を除く）
営 8:00～17:00（カートは 13:00～17:00））
料 1日・4000円（土日祝日は 5,000円）

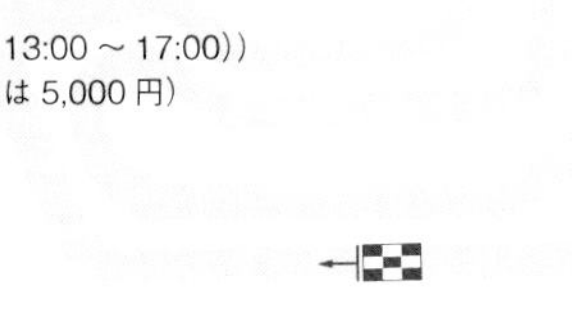

カートランド四国

JKLA 加盟

全長：668m／幅員：7～8m／最大直線長：100m
付帯設備：レ ★ 自 コ 席 (ハンガー) シ (車) ✚ (食) ¥
〒761-2204　香川県綾歌郡綾川町山田下 635 番地 7
TEL. 087-878-2952　FAX. 087-878-2989
問 カートショップケント　TEL. 087-878-2989
休 木曜日（祝日を除く）
営 9:00～17:00（平日）
料 4,000円

WiFi　¥売店　JK月刊「ジャパンカート」誌取り扱い

中山《なかやま》カートウェイ

ロングストレートからハイスピードでヘアピンへ入っていく前半セクション。
この爽快感は格別だ

全日本開催コースとしては国内最西端に位置する

コースDATA

〒709-0432　岡山県和気郡和気町大中山751
TEL.0869-93-2333　FAX.0869-93-2749
対応ライセンス：JAF・SLO会員・コース
(休) 年中無休　(営) 10:00～17:00
(車) 山陽自動車道・和気ICを降りてT字路を備前／国道2号線方面に右折。374号線を約500m進めば「中山サーキット」の看板が見えてくる。そこを左折すれば800mでコース入り口。

付帯設備：レ ★ 自 コ 席 更衣室 シ 貸カートガレージ ✚ レストラン WiFi ¥ JK

走行料金（一般）

時間	会員	ビジター
※午前（ 9:00-12:00） 午後（13:00-16:00）	4,000 円	6,000 円
1日	6,000 円	8,000 円

※キッズカートは 3,500 円

走行料金（ジュニア）

時間	会員	ビジター
午前（12:00-13:00）	1,500 円	2,500 円
午後（16:00-17:00）	2,000 円	3,000 円
午前＆午後	3,000 円	5,000 円

■レンタルカート料金
10分・2,000円 ※レースのない日曜祝日（12:00～13:00）

カートコースライセンス

	一般会員（12 歳～）	ジュニア会員（8 ～ 11 歳）
入会金	9,000 円	3,000 円
年会費	7,000 円	3,000 円

イベントカレンダー2024

◎中山カートチャンピオンレース
Max・X30チャレンジ・アイランドシリーズ（全7戦）
Rd.1 3/24　Rd.2 5/12　Rd.3 6/16
Rd.4 7/28　Rd.5 9/8　Rd.6 10/20 Rd.7 11/17
◎JAF全日本カート選手権 ジュニアカート選手権9/21-22
※FS-125/FP-3/ジュニア/カデットRd.5&6
◎クリスマスフェスティバル　12/15

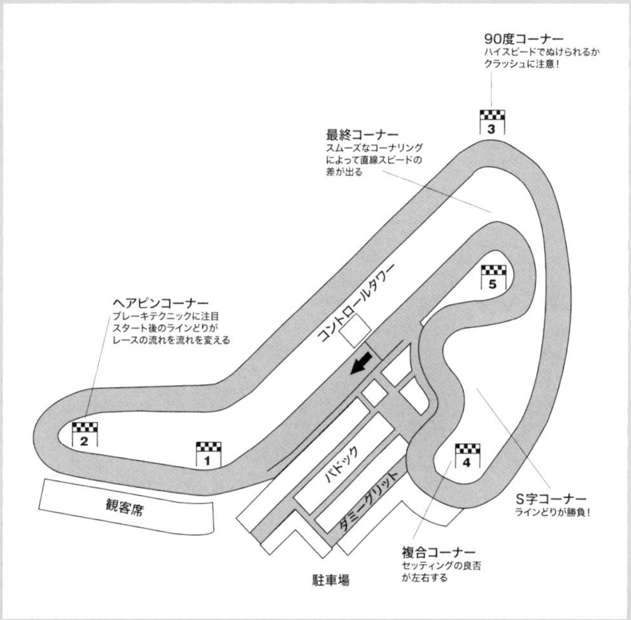

全長：740m／幅員：8～12m／最大直線長：140m／フルグリッド数：28 台

今年で54年周年を迎える、西地域モータースポーツ始まりの地

JAFがカートを統括した昭和45年に設立したサーキット。全国のなかでも、国内3番目の歴史を持つという老舗コースだ。オーナーのモータースポーツに対する熱意を動力に、当時の大臣に強く働きかけてコース開場に至ったという。それだけにオープン当日は多くの有名ドライバーがお祝いに駆けつけ、それから今日に至るまで西日本のモータースポーツ発展に大きく寄与している。

レギュラーレースは中山チャンピオンレース。また、全日本選手権は最西端に位置する開催コースとして選手たちにはお馴染みとなっている。

そのレイアウトは2本のストレートとヘアピン＆複合コーナーが中心。後半セクションにはハイスピード複合コーナーへアタックする繊細なアクセルワークが要求される難所となる。平均速度も高く、コーナリングスピードを落とさないように意識するのがポイント。カートコース奥には四輪専用の中山サーキットを併設し、四輪イベントが盛んに開催されている。

JAF 公認

JKLA 加盟

■攻略ポイント
パッシングポイントはハードブレーキが要求される2コーナーヘアピン。入り口でライバルと並びかけることに成功すれば良い流れをつかめるだろう。ラップタイム重視の場合なら、4コーナーから最終コーナーまでがキーポイントだ。このセクションタイムを向上させるかにより、そこから全体のタイムが大きく変わってくる。大事なのはリズム。ここをヘマすればスピードが伸びず、そのタイムロスは2コーナーにまで影響を残すためリズムよくクリアしていこう。

A-one サーキット

JAF 公認　JKLA 加盟

全長：420m／幅員：8～10m／最大直線長：110m／フルグリッド数：24 台
付帯設備：レ ★ 自 コ 席 更衣室 ✚ ¥
〒 818-0024　福岡県筑紫野市原田 1338
TEL.092-919-7186　FAX.092-919-7187
(休) 不定休
(営) 9:00～17:00（平日）／ 10:00～18:00（レンタルカート）
(料) 1 日・7,000 円

北九州カートウェイ

JKLA 加盟

全長：550m／幅員：7～9m／最大直線長：100m
付帯設備：レ 自 コ 席 貸カートガレージ ✚ ¥
〒 808-0123　福岡県北九州市若松区大字有毛 2296 番地
TEL. 093-741-2005　FAX. なし
(休) 木曜日（祝日を除く）・平日雨天時
(営) 8:30～17:00
(料) 1 日・6,500 円（会員は 6,000 円）

レ レンタルカート　★ ナイター照明　自 自動計測装置　コ コンプレッサー　席 観客席　更衣室　シ シャワー室　貸カートガレージ　✚ 救護室　レストラン

ソニックパーク安心院《あじむ》

JKLA 加盟

SONIC PARK AJIMU

1ヶ月以上かけて改修工事が行われ、フラットな路面が完成。走りの質が大幅に向上！

全長 1km オーバー。大きな高低差を持つ国内最大規模のサーキット

コースDATA

〒872-0507　大分県宇佐市安心院町木裳985-1（家族旅行村内）
TEL. 0978-44-0322　FAX. 0978-44-0367
対応ライセンス：JAF・SLO会員・コース
休 火曜日　営 9:00～17:00
車 東九州自動車道・安心院インターを下車し、信号を左折。2個目の信号（安心院支所前）を右折して、500mほど先の旅行村入り口信号を右折。家族旅行村内では、「カートコース」の案内あり。
付帯設備：レ ★ 自 コ 席 シ ✚ WiFi ¥ JK

走行料金（別途保険加入が必要）		
時間	メンバー（コースライセンス所持者）	ビジター（JAF/SL 所持者）
1日（9:00-17:00）	6,600円	8,800円
3時間	4,000円	5,500円
5時間	5,500円	7,700円

■利用料金はカート1台分のコース利用料金と消費税含む（上記料金のほかに1人1日300円の共済加入必須）。
■サブドライバー（1台のカートを2人以上で乗る時の追加ドライバー）もライセンスが必要です。
■ラップタイム計測有料(1日1,000円)。
■レンタルカートは10分2,200円～

イベントカレンダー2024

◎SLソニックパークシリーズ（全9戦）
Rd.1&2 4/21　Rd.3&4 6/9　Rd.5 8/4
Rd.6&7 9/15　Rd.8&9 11/24
◎S耐シリーズ2024（全5戦）
Rd.1 4/7　Rd.2 5/26　Rd.3 7/21
Rd.4 9/29　Rd.5 12/8
◎フレッシュマン耐久（全5戦）
Rd.1 4/28　Rd.2 6/16　Rd.3 8/18　Rd.4 10/6　Rd.5 12/15

2024年に路面をリニューアル！ 刷新された安心院の爽快感が凄い!!

2024年初頭に路面を全面改修、大幅なリニューアルを行ったソニックパーク安心院。この新しい路面の恩恵は素晴らしく、走りやすさはもちろんのこと、コーナーをクリアする爽快感からストレートのスピード感まで、あらゆる面において走りの質が向上した。

レギュラーレースはSLと耐久の二本柱。耐久は100分間に設定され、ハード過ぎず、だからといって物足りなさもなく、まさにちょうど良い時間配分だ。

レンタルカートは定番のビレルN35からスポーツカート、さらにレーシングカート（KT100SECエンジン搭載）までチョイス可。

乗り放題プランのほか、ビレル耐久等の参加型イベントも定期的に開催されており、レンタルカート派のドライバーも思い切り楽しめるコースだろう。なお、ちびっ子にも嬉しい6歳から乗車が出来るキッズカートも完備、小学生を対象としたキッズカートスクールも毎月3～4回のペースで開校している。

天然温泉やキャンプ等を楽しめる「家族旅行村安心院」内に設置されるので、ファミリー層にもにもオススメできるコースといえるだろう。

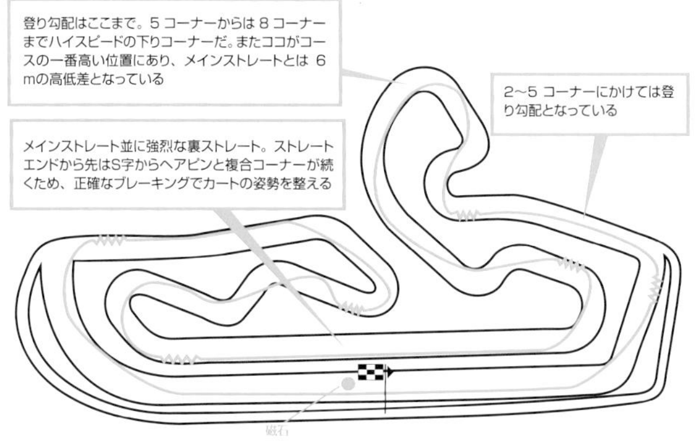
登り勾配はここまで。5コーナーからは8コーナーまでハイスピードの下りコーナーだ。またココがコースの一番高い位置にあり、メインストレートとは 6mの高低差となっている
2～5 コーナーにかけては登り勾配となっている
メインストレート並に強烈な裏ストレート。ストレートエンドから先はS字からヘアピンと複合コーナーが続くため、正確なブレーキングでカートの姿勢を整える
磁石

全長：1,080m／幅員：8～10m／最大直線長：170m
フルグリッド数：34台

中九州カートウェイ

JKLA 加盟

全長：746m／幅員：9m／最大直線長：135m
付帯設備：レ コ 席 ✚ JK
〒861-0522　熊本県山鹿市大字久原字深倉 4-20
TEL. 0968-43-6008（FAX 同じ）
休 火・水・木曜日（祭日除く）
営 11:00～16:00（土日祝は10時～）
料 1日・7,700円（会員は5,500円）
※土日祝日料金あり

大村湾サーキット

JKLA 加盟

全長：912m／幅員：8～10m／最大直線長：120m
付帯設備：レ ★ 自 コ 席 ✚ ¥
〒856-0011　長崎県大村市重井田町 650
TEL. 0957-55-4979　FAX. 0957-55-6871
休 木曜日（祝日を除く）
営 9:30～17:00
料 1日・7,000円（会員は6,000円）

WiFi　¥売店　JK月刊「ジャパンカート」誌取り扱い

レーシングカートに関する最新情報は ジャパンカート公式Web、

JK-Webをチェック!!

ジャパンカート公式Web【JK-Web】では、本誌の季刊刊行を受け、レースレポートや各種ニュース、トピックスの掲載を充実させています。

レースレポートは開催日から数日以内にアップ、各ニュースもタイムリーなタイミングでどこよりも早く正確な情報をお届けします。

また、各種SNSではさらに速報性を高めた情報発信を実施。カートに関する最新ニュースをお送りします。

JK-Web https://japankart.jp

最新情報は各SNSをチェック!!

X
@JAPANKART

FaceBook
@Japankart

Instagram
@JAPANKART

KART SHOP GUIDE 2025

JK レーシングカートの専門誌 月刊『JAPAN KART』取扱店

全国優良カートショップガイド

地域	ショップ名	代表者	住所
宮城	Super Racing Junkie!	田中 亮	仙台市若林区六丁の目南町9-38　庄子ビル1F-A
栃木	㈱フェスティカ	松堂 栄誠	栃木市柏倉町1275-1
栃木	レーシングサービス エッフェガーラ	加藤　真	河内郡上三川町上蒲生2029-12
栃木	BRIOLY RACING SUPPORT	植月 重行	真岡市西郷152-4
茨城	K.SPEED WIN	川口 慶大	竜ヶ崎市松が丘1-21-15
茨城	BEMAX	小野尾 司	稲敷市八筋川72-1
群馬	J TRICレーシング	渋沢 城治	伊勢崎市連取本町2-4　㈲ジュンブライト内
埼玉	SPS川口	中島 高広	志木市上宗岡2-13-12
埼玉	Racing Team YRHKS	坂入 良幸	川口市南幡ヶ谷5-17-17
千葉	KART MARKET	藤谷 宏和	千葉県長生郡白子町剃金2706-20-1
千葉	㈲チームオーガスト	清宮 光夫	千葉市稲毛区園生町487-3
千葉	レーシングファクトリー アオヤマ	青山　哲	船橋市宮本3-9-10
千葉	㈲玄　Racing Square GEN	安藤　玄	市原市神代232-1
千葉	FLAX MS	桜井 康寛	千葉市花見川区千種町349-1
千葉	レーシングカートサービスTKC	徳江 信泰	八千代市佐山1838-3
東京	WELLSTONE	石井 利久	江戸川区北篠崎2-14-16
東京	㈱シルクロードレーシングサービス	中里 清司	江戸川区瑞江2-25-4-1F
東京	ベアレーシング碑文谷ショールーム	田中 敏久	目黒区碑文谷5-25-9
東京	スーパーチップス	宇田川 英明	八王子市大楽寺町540-4
東京	FBレーシング　東京ドライビングラボ	草野 誠二	多摩市中沢2-8-6　タカムラビル1F
東京	アカサカレーシングサービス	小笠原 辰行	西多摩郡瑞穂町二本木山田台907-1
神奈川	ベアレーシングサービス神奈川	田中 敏久	川崎市幸区小倉5-29-18

地域	ショップ名	代表者	住所
静岡	高木プランニング御殿場ファクトリー	高木 虎之介	駿東郡小山町大御神922-8
静岡	APGガレージ Racing Square GEN	安藤　玄	駿東郡小山町大御神922-8
静岡	カートショップグレンブルー	塚本 幸男	富士市中野530-8
静岡	フォーメーションラップ	塚本 和史	浜松市中央区助信町24-30-505
愛知	レーシングサービスコンドウ	近藤 正巳	額田郡幸田町大字菱池字地蔵堂3
愛知	カートプラザひらの	平野 健太郎	春日井市柏原1-20-1
愛知	かあと小僧	築山　敬	名古屋市西区城西町155
愛知	カートショップ グローバル	小塚 健史	名古屋市天白区大坪1-207
愛知	カートショップぶるーと	高橋 和則	瀬戸市菱野町190
岐阜	ジナ・レーシング	堀井 智幸	岐阜市六条大溝2-15-9
石川	マイカーズ	山崎　学	金沢市高柳町1-14-1
三重	カートワークス・ヒグチ	樋口 信之	桑名市志知3918-1　レインボースポーツ内
三重	ハラダカートサービス	原田 正則	鈴鹿市住吉町7265-86
三重	トレンタクワトロ鈴鹿	大河原 一裕	鈴鹿市国府町7656-1　㈲エーワン内
三重	NEXT-ONE	東　浩也	伊勢市小木町須賀野635-1
滋賀	カートショップ　ナガハラ	永原 雅之	大津市伊香立下龍華町673-1
奈良	トレンタ　クワトロ	道上 佐堵史	天理市楢町128-2
兵庫	ナガオカート	長尾　貢	神戸市西区伊川谷町布施畑917
兵庫	ジェミニカート	古野 光夫	宝塚市米谷1-34-22
兵庫	㈱SOVLA	京竹 愛子	宝塚市大成町2-6-1F
岡山	チームミヨシ ㈱三好自動車内	三好 啓三	倉敷市下庄947-6
福岡	FIOREモータースポーツ	花田 賢吾	糟屋郡糟屋町仲原3-6-30
大分	㈲小川コンペテイション	小川 直己	大分市高松東1-1-40

アクティブカートクラブ・フェスティカ　JK　栃木県

TEL.0282-25-1500　**http://www.festika-circuit.com**

〒328-0066　栃木市柏倉町1275-1
代表者／松堂 栄誠・責任者／若田部 真宏
【Mail】festika.staff@gmail.com　【FAX】0282-25-1512
【営業】8:00～17:00（17:00以降も営業しています）
【休】　火曜日定休
チーム名／AKC・FESTIKA（550名）
ホームコース／フェスティカサーキット

スタッフ対応で、ビギナーからアスリートの方まで満足サポートを心がけています。カート本体はもちろん、用品、部品等全てのレーシングカートに関するアイテムをご提供しています。毎日、スポーツカートからレーシングカートのレンタルをスタンバイ！　カートにはいろいろな遊び方があり、お客様のライフスタイルにあわせてご提案いたします。是非一度、ご来場ください。

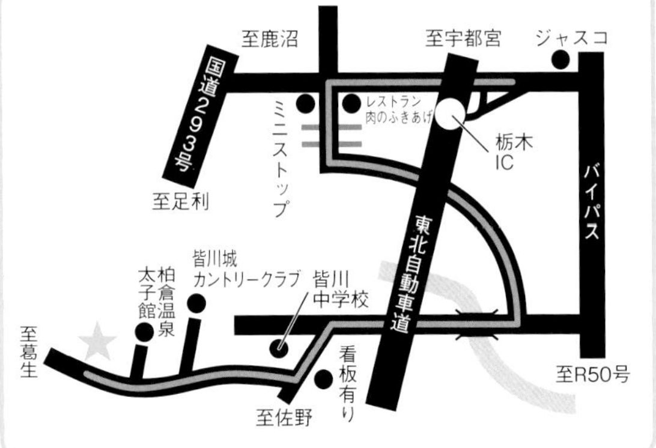

Super Racing Junkie!　宮城県

TEL.022-781-5412　**http://superracingjunkie.net**

〒984-0013　仙台市若林区六丁の目南町9-38　庄子ビル1F-A
代表者／田中　亮
【Mail】srj@mirror.ocn.ne.jp　【FAX】022-781-5413
【営業】13:30～21:00　【休】月曜日
チーム名／Super Racing Junkie!（30名）
ホームコース／SUGO国際西コース

「とにかくレース好き！」が集まっているSHOP&TEAMです。SLから全日本まで、本気かつ楽しくサポートします。
SUGO西コース内にガレージ完備、カート保管も安心。「レース中毒患者」募集中!!
遊び心もいっぱいの店ですので、お気軽にご来店ください。

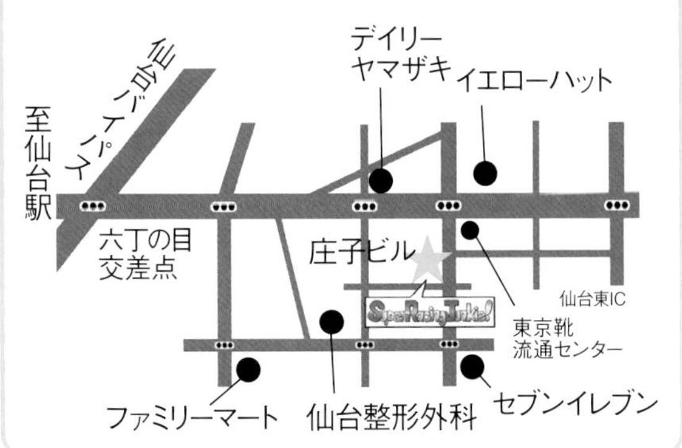

茨城県

K.SPEED WIN　川口カートエンジニアリング　JK

TEL.0297-62-5284　**http://www.geocities.jp/k_speed_official/**

〒301-0853　龍ケ崎市松ヶ丘1-21-15
代表者／川口 慶大　k_speed_official@ybb.ne.jp
【FAX】0297-62-5284　【営業】9：00～21:00
【休】 月曜日
チーム名／K.SPEED WIN（30名）
ホームコース／もてぎ北ショートコース

レースを中心に活動し、全日本、GPR、地方選手権、もてぎ選手権に力を入れています。エンジン、シャシー面では勝つために必要なメンテナンスを、一切妥協せず行っています。ドライビングの指導にも力を注いでおり、ドライバーと共に勝利を目指して頑張っております。

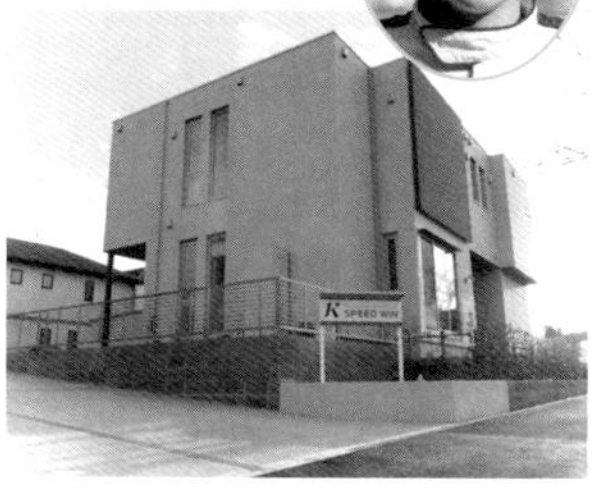

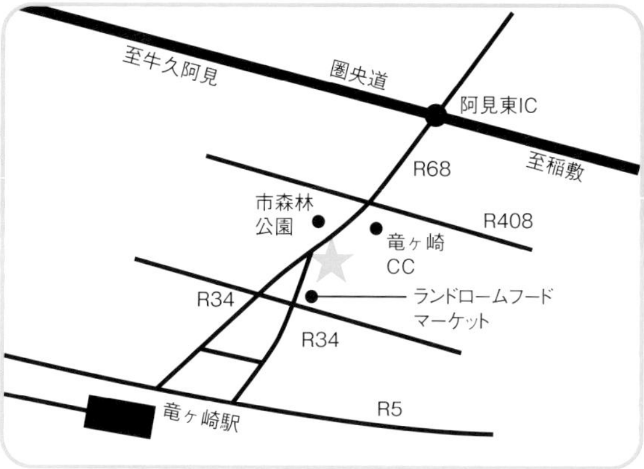

BEMAX レーシングカートサービス　JK

TEL.0299-77-5386　**http://www.bemaxracing.com**

〒300-0724　稲敷市八筋川72-1
代表者／国本 好廣　店長／小野尾 司
【Mail】kart@bemaxracing.com　【FAX】0299-77-5387
【営業】 10:00～19:00
【休】 水曜日、年末年始、サーキットサービス時
チーム名　BEMAX RACING（23名）
ホームコース　クイック潮来、もてぎ、茂原、新東京

クイック潮来まで車で15分！初心者から本格的にレース挑戦したい方まで、元ヤマハワークスドライバーのスタッフがお客様の目標やスタイルに合わせて、レンタルレーシングカート、ジュニアカートスクール、レースサポートなど、様々なサービスでカートライフを全力サポートいたします。2020年、21年、23年のSL全国大会SSクラス優勝など、チーム実績やサービス内容はホームページにてご確認ください。

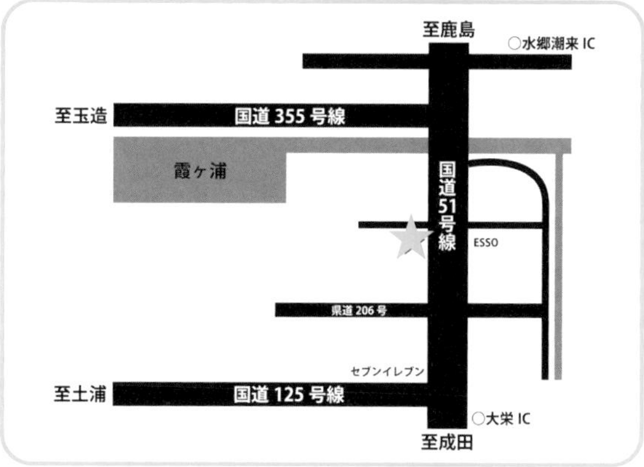

栃木県

レーシングサービス エッフェガーラ　JK

TEL.0285-55-2177　**http://www.effegara.com**

〒329-0617　河内郡上三川町上蒲生2029-12
代表者／加藤　真
【FAX】0285-55-2178 【Mail】info@effegara.com
【営業】10:00～20:00 【休】月曜日
チーム名／チームエッフェガーラ（99名）
ホームコース／もてぎ北ショートコース、
フェスティカサーキット

レーシングカートの事ならお任せください。
30数年の経験から得たノウハウと高い技術力でエンジンもシャーシも全て自社にてメンテナンス。
地元のレースから国際レースまで幅広くサポート！
安心してレーシングカートを楽しんでいただけるショップです。
初心者大歓迎！
お気軽にお問い合わせください。

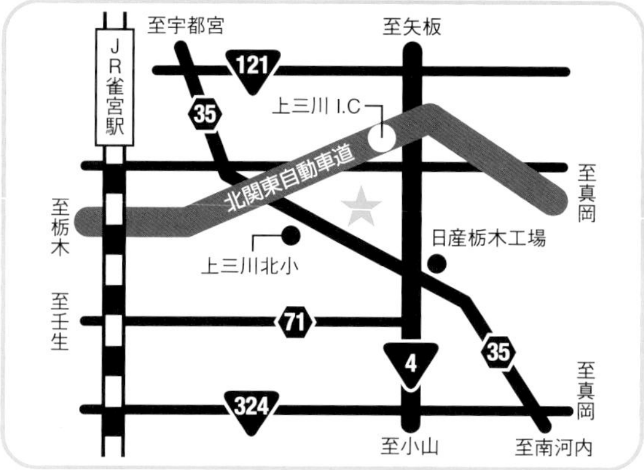

BRIOLY RACING SUPPORT

TEL.0285-85-8271　**http://www.brioly.jp**

〒321-4415　真岡市西郷152-4
代表者／植月重行
【Mail】brioly@orion.ocn.ne.jp 【FAX】0285-85-8272
【営業】9:00～19:00 【休】 サーキットサポート日
チーム名／全日本：LCT by Kosmic、
ローカル：ブライオリー RS
ホームコース／もてぎ北ショートコース、
フェスティカ栃木

全日本選手権を中心に活動し、若手ドライバー育成に力をいれています。
フレーム修正やエンジンオーバーホール等、カートに関わることなら全て何でもご相談ください。皆さまのご来店をお待ちしております。

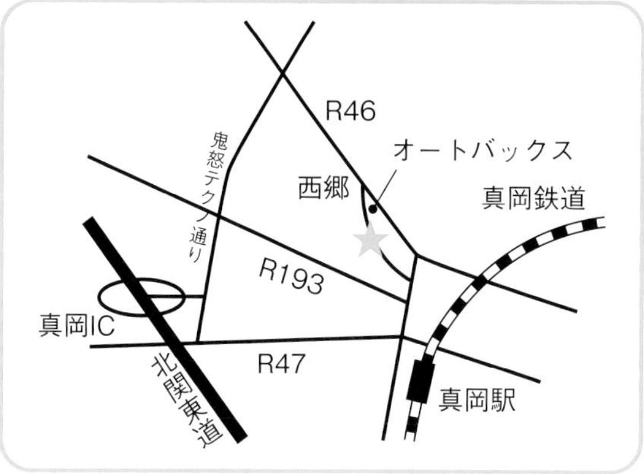

埼玉県

SPS川口

TEL.048-476-8900　http://www.wildkart.jp

〒353-0001　志木市上宗岡2-13-12
代表者／中島 高広
【Mail】manager@spskawaguchi.jp　【FAX】048-476-8955
【営業】11:00～19:00　【休】月曜日
チーム名／SPS川口（男85名、女5名＝90名）
ホームコース／サーキット秋ヶ瀬

「遊び」から「本気」まで、一人一人のカートライフをサポートします。
保管、運搬、メンテナンス、レンタルカート、ジュニアカート・4st・ミッションカートレンタルもお任せあれ!
チーム員は家族同然! アットホームなスタッフがあなたをお待ちしています。
2017年度サーキット秋ヶ瀬エントラント1位獲得!!
★SLOインストラクター在籍

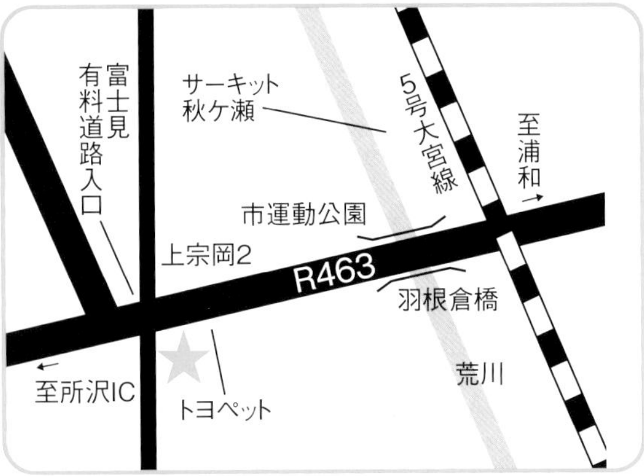

群馬県

J TRICレーシング

TEL.0270-26-0603　http://www.j-bright.jp

〒372-0817　伊勢崎市連取本町2-4
チーム代表／渋沢 城治・店長／渡部幸雄
【Mail】info@j-bright.com　【FAX】0270-26-0635
【営業】10:00～20:00　【休】レース日
チーム名／J TRICレーシング（70名）
ホームコース／ハルナMSL、もてぎ北ショートコース
新東京C、筑波C

一緒にサーキットに行こう!
中高年のこれからカーター・カムバックカーター＆レディース大募集! ハンドカートも大丈夫。キッズから大人まで、それぞれのスタイルを応援します。
レーシングカートコースやロードコースの競技サポート致します。
初心者向けの体験スクールや耐久用のレンタルパッケージもあり。お気軽に!
JAF登録クラブ　81003

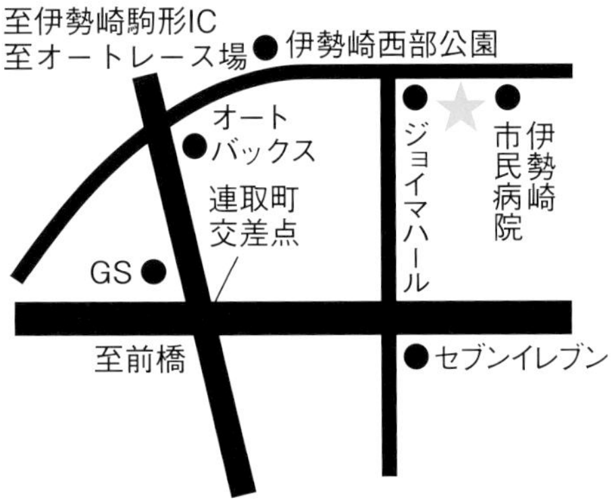

KART MARKET Dinky

TEL.0475-44-4201　https://kartmarket.raku-ru.jp

〒299-4203　千葉県長生郡白子町剃金2706-20-1
代表者／藤谷宏和
【Mail】kartmarket@nifty.com　【FAX】0475-44-4202
【営業】10:00～18:00　【休】日・月・火曜日
チーム名／Dinky
ホームコース／茂原ツインサーキット、新東京サーキット

カートを永く楽しんで頂ける様に、また、カートレースを真剣に取り組んで頂ける様に、貴方のお手伝いをしています。
エンジンメンテナンスは、大好評で各地で表彰台をゲットするなど大活躍です。
現在は、チーム活動はしていませんので、カートショップのない地域やチームに所属していない方々のお役に立てれば幸いです。
困ったことがありましたら、お気軽にお問い合わせください
…メール　kartmarket@nifty.com

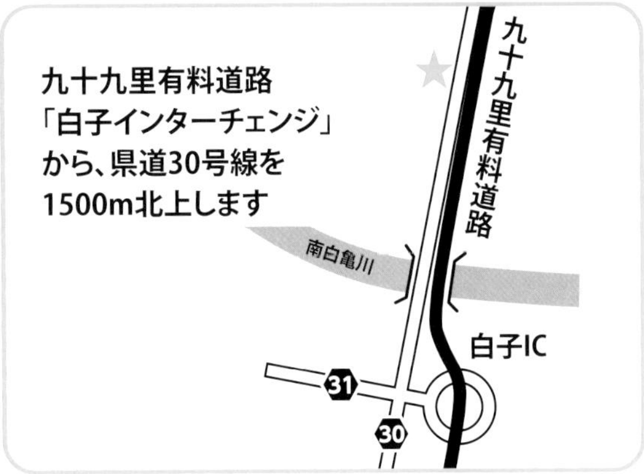

埼玉県

Racing Team YRHKS

TEL.048-475-9783　http://www.YR-HKS.com

〒334-0013　川口市南鳩ヶ谷5-17-17
代表者／坂入 良幸
【Mail】sakairi@yr-hks.com　【FAX】048-475-9784
【営業】10:00～19:00　【休】サーキット営業日は休み
チーム名／YRHKS（15名）
ホームコース／サーキット秋ヶ瀬

キッズ・ジュニアカートの専門ショップです。これから始めたい方、工具なんて使ったことがない方、大歓迎です。週末のサーキット走行を一緒に楽しみましょう。いつでもお気軽にご来店ください。

Powered by YRHKS Racing kart proshop

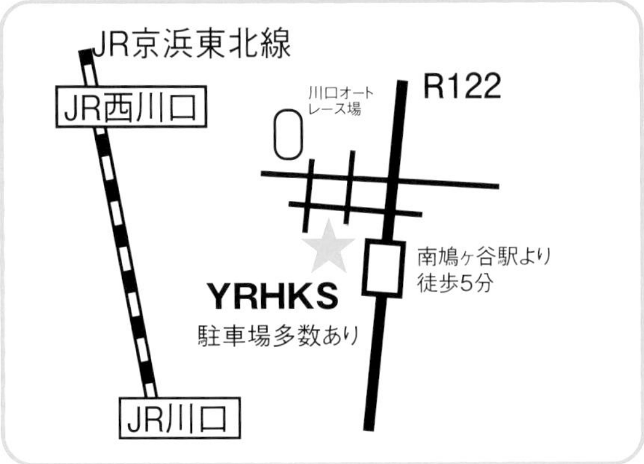

FLAX motor sports

TEL.043-307-7005　http://www.cjr.jp

〒262-0012 千葉市花見川区千種町349-1
代表者／桜井康寛
【FAX】043-307-7006　【営業】10:00～20:00
【休】　月曜及び第1･3･5火曜日
チーム名／FLAX motor sports（30名）
ホームコース／新東京サーキット、もてぎ北ショートコース

エンジョイから全日本選手権まで
幅広くサポートいたします。
各種エンジンO/H承ります。
チーム員は小学生からシニアまで
幅広い年齢層です。

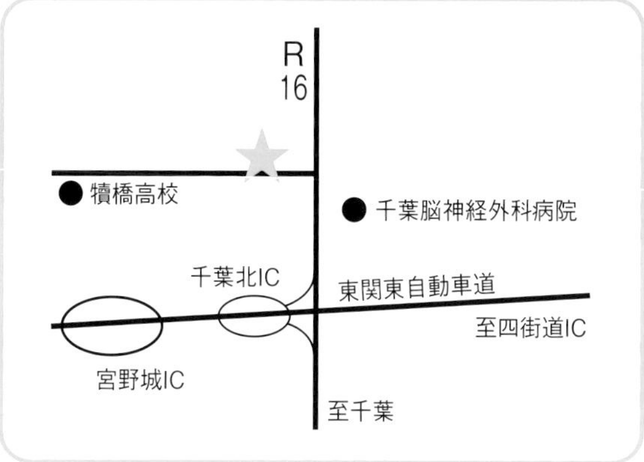

Racing Square GEN

TEL.0436-36-7999　http://www.rsgen.com

〒290-0258　市原市神代232-1
代表者／安藤　玄
【Mail】info@rsgen.com　【FAX】0436-36-7998
【営業】9:00～19:00
【休】月曜日（祝日の場合は火曜日）
チーム名／Racing Square GEN（200名）
ホームコース／新東京サーキット

当店は、新東京サーキットに一番近いショップです。まずは気軽に楽しめるレンタルカートで、体感200km/hのレーシングカートを体験してみては、いかがでしょうか。また、走行時の突然のマシントラブルにも、大型工場完備、スペアパーツの在庫も多数の当店にお任せ下さい。チーム員以外の方でも大歓迎です!!
http://www.facebook.com/rsgen/
http://ameblo.jp/rsgen/

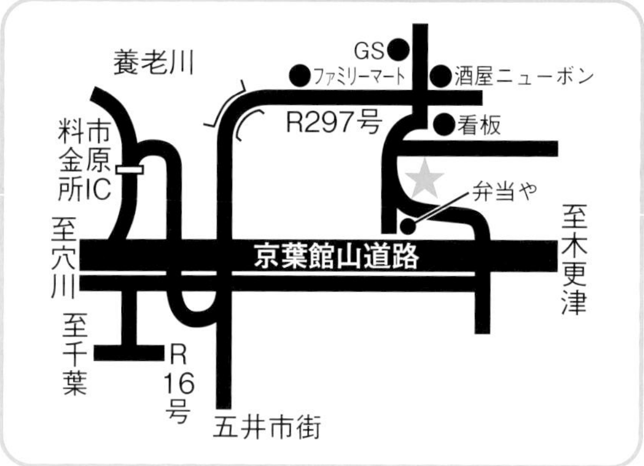

㈲チームオーガスト

TEL.043-255-6191　http://www.teamaugust.com

〒263-0051　千葉市稲毛区園生町487-3
代表者／清宮 光夫
【Mail】mail@teamaugust.com　【FAX】043-255-6180
【営業】11:00～20:00　【休】毎週月・火曜日
チーム名／Tオーガスト（100名）
ホームコース／新東京サーキット、
茂原ツインサーキット

ショップをはじめて30数年でシャシー、エンジンとも完璧なメンテナンス。レース、ガンガン派からエンジョイカート派までお手伝いいたします。
お気軽にお電話、メールをお待ちしております。

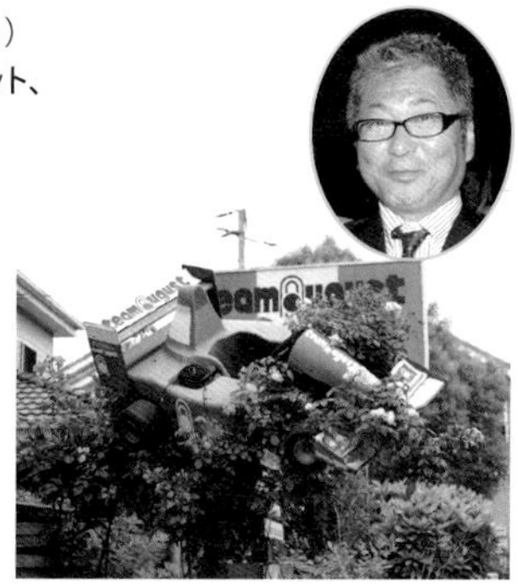

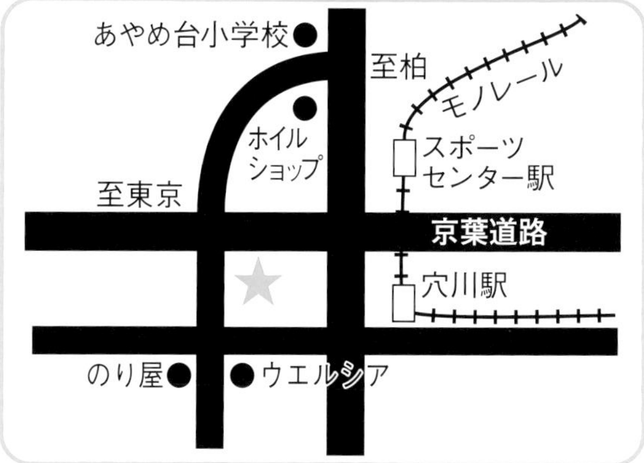

レーシングカートサービスTKC

TEL.047-409-9901　http://www.tkc-engine.com

〒276-0011　八千代市佐山1838-3
代表者／徳江信泰
【Mail】tkctokue@aol.com　【FAX】047-409-9902
【営業】10:00～19:00　【休】サーキットサービスの日
チーム名／チームTKC（36名）
ホームコース／クイック潮来、新東京サーキット、
茂原ツインサーキット他

レンタルカートから全日本まで、
あなたのスタイル、予算に合ったカートライフを提案いたします。
お気軽にご相談ください。

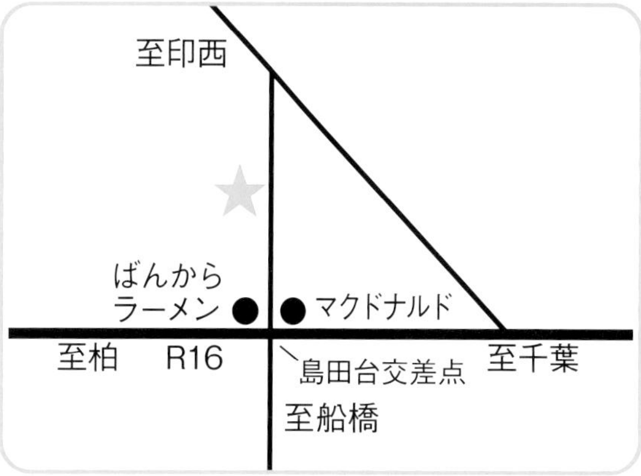

JK＝レーシングカートの専門誌 月刊『JAPAN KART』取扱店

東京都

WELLSTONE

TEL.03-3676-9640　http://www.wellstonekart.com/index.html

〒133-0053　江戸川区北篠崎2-14-16
代表者／石井 利久
【FAX】03-3676-9640　【営業】11：00～20：00
【休】月・火曜日
チーム名／WELLSTONE（20名）
ホームコース／新東京サーキット

モノの持つポテンシャルを引き出せてこそ、
その価値は生まれる。
それには知識力を必要とする。
「WELLSTONE」にはそれがある。

Racing KART tuned by WELLSTONE

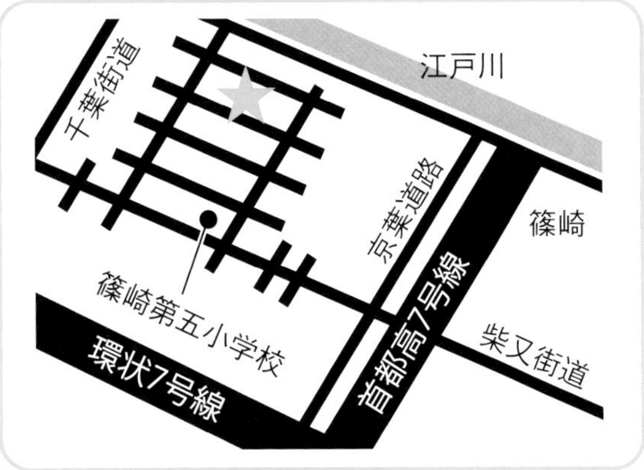

千葉県

レーシングファクトリー アオヤマ

TEL.047-432-4170　http://www.rf-aoyama.com

〒273-0003　船橋市宮本3-9-10
代表者／青山　哲
【FAX】047-432-4171　【営業】11：00～21：00
【休】月曜日
チーム名／RFアオヤマ（55名）
ホームコース／新東京サーキット、
茂原ツインサーキット

遊び方、楽しみ方をアドバイス致します。４ストからKT、125ccまでレンタルカートのラインナップも充実しています！　カートから４輪レースに出てみたいという「夢」もサポートしています。京葉花輪ICからすぐ。

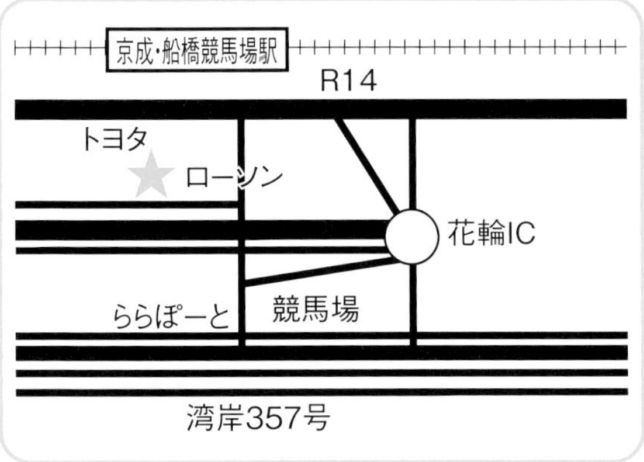

ベアレーシング碑文谷 ショールーム　JK

TEL.03-6452-4584　http://www.bear-racing.co.jp/

〒152－0003　目黒区碑文谷5-25-9　メゾン柿の木坂1F
代表者／田中 敏久
【Mail】info@bear-racing.co.jp　【FAX】03-6452－4594
【営業】　10：00～19：00　【休】月曜日
チーム名／ベアレーシングクラブ（150名）
ホームコース／日本全国のカートコース

有限会社ベアは、東京目黒区と神奈川県川崎市の２箇所に販売店舗［ベアレーシングサービス］を設けています。これからカートを始めたい、エンジンやシャシーのメンテナンスで困っている、部品を購入したい等々、お気軽にご来店ください。なお、レースサポートなどのため営業時間内でも不在の場合がありますので、ご来店前に電話でご確認ください。

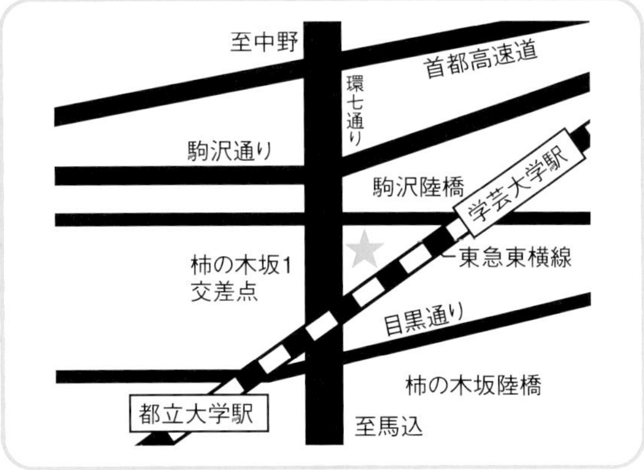

東京都

シルクロード・レーシングサービス　JK

TEL.03-5636-1150　http://www.silkroad-rs.co.jp

〒132-0011 江戸川区瑞江2-25-4-1F
代表者／中里 清司
【mail】silkroad@cameo.plala.or.jp　【FAX】03-5636-1151
【営業】10：00～19：00　【休】月曜日
チーム名／シルクロードRT
ホームコース／新東京サーキット

老若男女どなたでもカートに興味がある方、ご来店ください。
サーキットサービスも充実。カデット、ジュニア、SLから全日本まですべてのカテゴリーレースでサポートいたします。
COMER日本輸入代理店
DR KART日本輸入代理店
JEWCKOシート日本輸入代理店

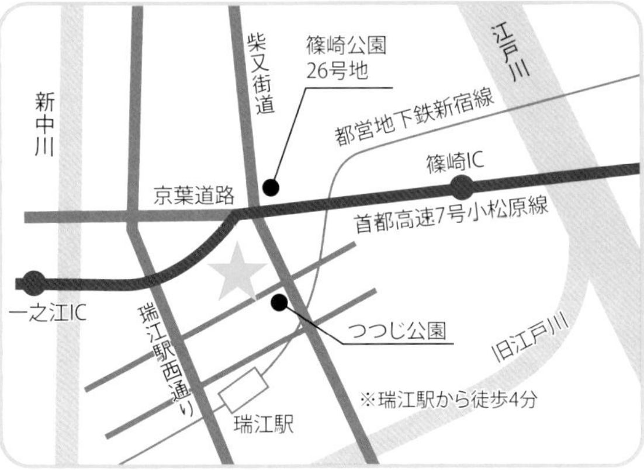

アカサカレーシングサービス

東京都

TEL.042-556-5432　http://www.akasakaracing.jp

〒190-1201　西多摩郡瑞穂町二本木907-1
代表者／小笠原 辰行
【Mail】racingkart@akasakaracing.jp　【FAX】042-556-5431
【営業】10:00～21:00　日・祝 12:00～21:00
【休】毎週月曜日及び第1・第3火曜日
チーム名／T赤坂（95名）
ホームコース／ハルナMSL、サーキット秋ヶ瀬、APG

「カートやパーツの取扱い」は、適正ですか？
当店ではレースや走行だけではなく、カート全般の取扱いからメンテ、修理、カスタム、メンタルまで幅広く行っています

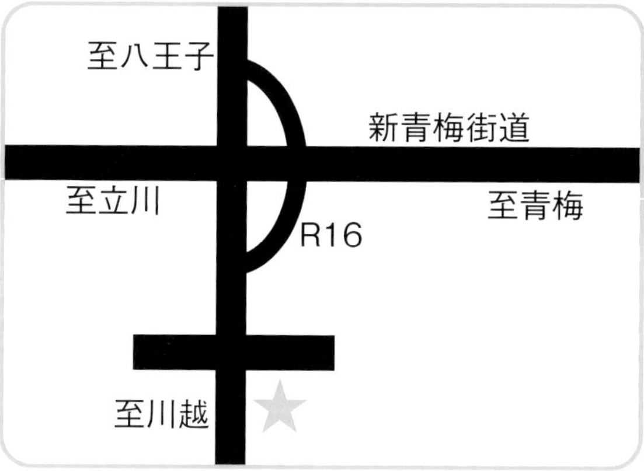

FBレーシング東京ドライビングラボ

東京都

TEL.042-444-0366　http://www.tokyo-dlabo.com

〒206-0036　多摩市中沢2-8-6 タカムラビル１F
代表者／草野誠二
【Mail】tdls@tokyo-dlabo.com　【FAX】042-444-0376
【営業】12:00～18:00　【休】月＆火曜日
チーム名／チームFBレーシング（男：28、女：2名）
ホームコース／サーキット秋ヶ瀬

キッズ＆ジュニアのカートスクールを開催しています。
EVカートによるスクールは、3歳から受講が出来ます。基本的にはエンジョイモータースポーツとして、楽しみながら学ぶことを中心に行っています。
詳しくはホームページをご参照ください。

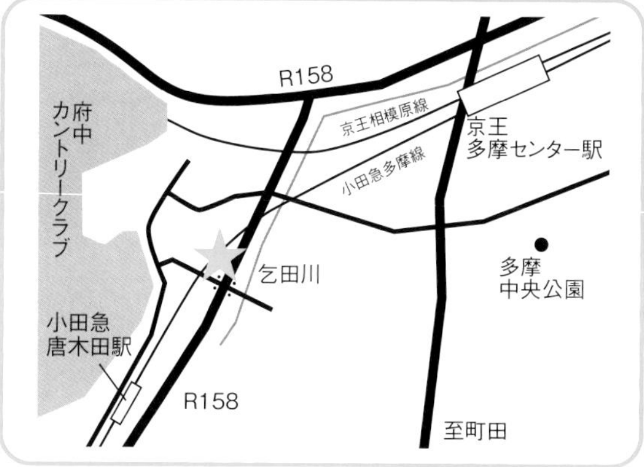

ベアレーシングサービス神奈川

神奈川県

TEL.044-587-9124　http://www.bear-racing.co.jp/

〒212-0054　川崎市幸区小倉5-29-18
代表者／田中 玲於奈　店長／柴田 勝美
【Mail】info@bear-racing.co.jp　【FAX】044-587-1888
【営業】10:00～19:00　【休】月曜日
チーム名／ベアレーシングクラブ
ホームコース／もてぎ北ショートコース、茂原TC、袖ヶ浦フォレストRW、新東京C、APG

広いスペースと豊富なパーツ、ヘルメット、レーシングスーツ等の品揃え。
カートを中心にステップアップのスーパーFJやFIA・F4、SFJのチームも併設。ショールームでデータロガー講習会も実施中です。
興味のある方は、ご連絡ください。

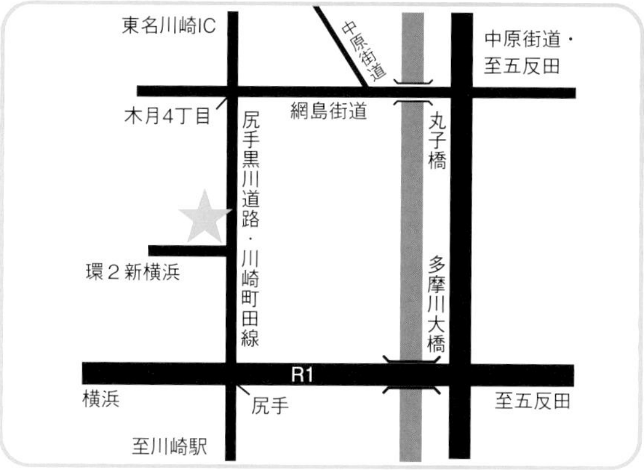

スーパーチップス

TEL.042-620-5025　http://www.super-chips.jp

〒193-0816 八王子市大楽寺町540-4
代表者／宇田川英明
【Mail】mail@super-chips.jp　【FAX】042-620-5026
【営業】11:00～20:00　【休】月曜日（休日の場合、翌日休み）
チーム名／スーパーチップス（30名）
ホームコース／榛名MSランド、新東京サーキット、オートパラダイス御殿場、U-KART-C

1991年全日本チャンピオン・宇田川英明が率いるチーム。これまでに多数のプロドライバーを輩出・育成するなど、スクールに定評がある。
当店の直営・U-KART CIRCUITにて、常時レーシングスクールを開催しています。始めるには、ぜひ当スクールを受講して頂けると安心です。
★オートパラダイス御殿場内にガレージあり。

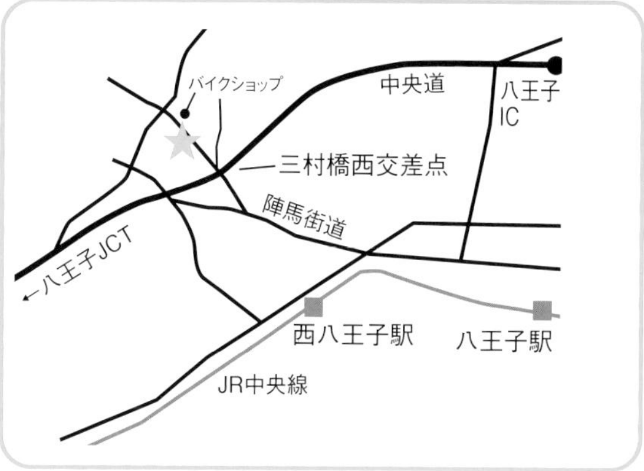

カートショップ グレンブルー (JK)

TEL.0545-35-4281　**http://www.grenblue.ne.jp**

〒417-0809　富士市中野530-8
代表者／塚本 幸男
【Mail】info@grenblue.ne.jp　【FAX】0545-35-4285
【営業】10:00～19:00　【休】火曜日
チーム名／グレンブルーRT（50名）
ホームコース／富士宮白糸スピードランド

元全日本ドライバーのお店です。07年は激戦のRMCクラス日本代表として世界戦にも参戦しました。ジュニアから全日本まで、幅広くサポートしています。ジュニアカートスクールも開催しています。富士宮白糸スピードランドにてレンタルカート営業中です。お気軽にご来店下さい。

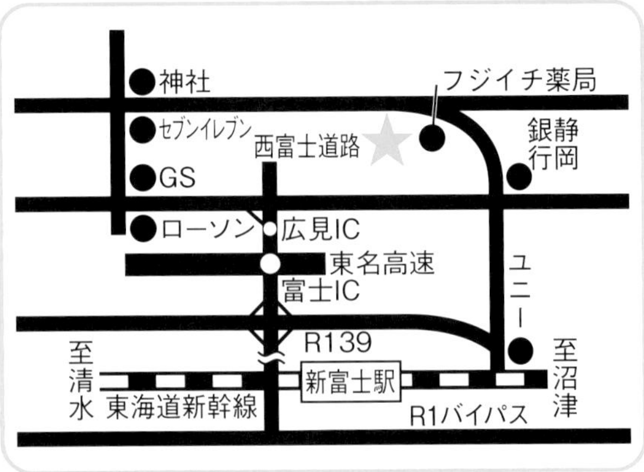

フォーメーション・ラップ

TEL.090-8866-6868　**https://f-lap.net**

〒430-0903　浜松市中央区助信町24-30-505
代表者／塚本和史（株式会社F・LAPコミュニケーションズ）
【Mail】f_lap@mac.com　【FAX】053-474-0077
【営業】10:00～17:30　【休】不定休
HAMAMATSU GARAGE　浜松市中央区大島町426-1
チーム名／FORMATION LAP Racing（FLR）
ホームコース／つま恋カートコース、石野サーキット、鈴鹿南コース

イエロー＆グリーンのチームカラーで大活躍のフォーメーションラップ。只今、チーム員大募集中！ キッズ・ジュニア、初心者から全日本まで幅広く応援いたします。当社運営中のつま恋カートコースで、レーシングカートを始めてみませんか。誰でも参戦できる4stカートの耐久レースも開催中。スクール、体験会も随時開催。大好評のレプリカヘルメットも制作受付中。
★SLOインストラクター在籍

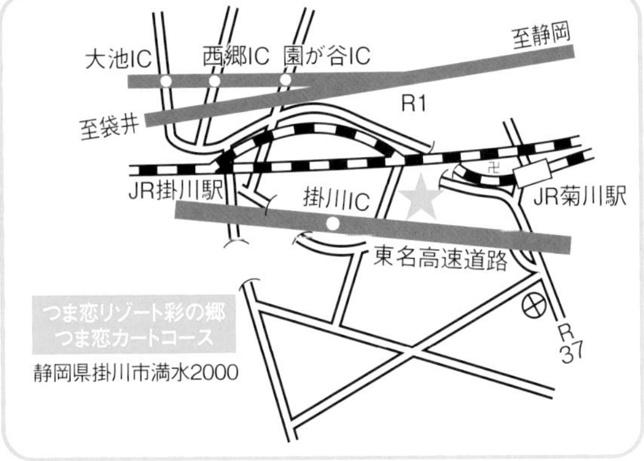

TAKAGI PLANNING

EXPRIT RACING KART

TEL.0550-78-7217　**http://takagi-planning.com**

〒410-1308 駿東郡小山町大御神922-8　APG内
代表者／高木虎之介　店長／高木一馬
【FAX】0550-78-7218　【休】不定休
ホームコース／オートパラダイス御殿場、
中井インターサーキット

店長
高木一馬

全日本選手権、高木虎之介Jrカートスクール、F4などの若手育成でカデット、ジュニアドライバーを育てています。
レースに勝つことを目標に、高木虎之介が指導いたします。
SLO公認インストラクターがお待ちしています。★SLOインストラクター在籍

APGガレージ Racing Square GEN (JK)

TEL.090-6521-0557　**http://www.rsgen.com**

〒410-0308　駿東郡小山町大御神922-8 APG内
代表者／安藤 玄　店長／高野 靖
【Mail】info@rsgen.com
【営業】8:30～18:30　【休】月曜日
チーム名／Racing Square GEN
ホームコース／オートパラダイス御殿場

店長
高野 靖

種類豊富なレンタルカートがあり、
慎重100cmから体験走行OK。
オートパラダイス御殿場サーキット内にあるショップなので、
様々なトラブルにも対応!!

愛知県

レーシングサービス コンドウ

TEL.0564-63-0840　https://www.rs-kondo.com/

〒444-0113　額田郡幸田町大字菱池字地蔵堂3
代表者／近藤 正巳
【Mail】webmaster@rs-kondo.com　【FAX】0564-63-1184
【営業】9:00～20:00　【休】火曜日
チーム名／T近藤R（40名）
ホームコース／フェスティカサーキット瑞浪

自分の人生の中で楽しめるものが見つかり、それがレーシングカートであれば、いつでもご相談下さい。あなたの希望に添えるカートライフのお手伝いをさせて頂きます。
お気軽にお越し下さい。
お待ちしております。
★ SLOインストラクター在籍

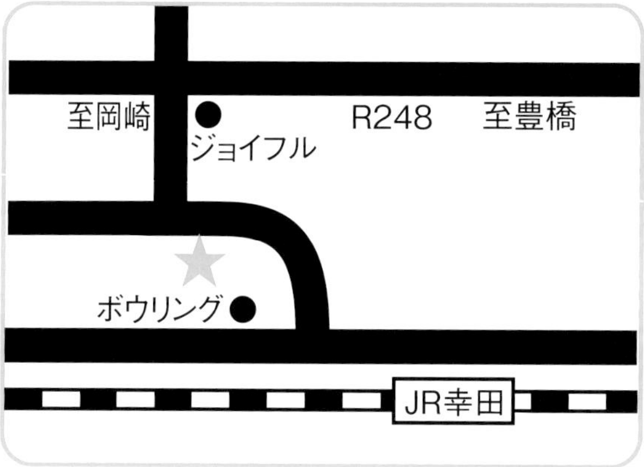

石川県

MY CARS（マイカーズ）

TEL.076-253-1155　http://www.mycars.co.jp

〒920-0355　金沢市稚日野町南257-1
代表者／山﨑　学
【Mail】kart@mycars.co.jp　【FAX】076-253-1156
【営業】9:00～21:00　【休】無休
チーム名／MY CARS（15名）
ホームコース／鈴鹿サーキット、おわら、タカスサーキット

MY CARSは、レーシングカートだけでなく、レンタルカートのイベント「走る天下一武道会」を開催しています。速く走りたい！レースで勝ちたい！仲間とワイワイ！走って気分爽快！それぞれの楽しみ方、全部応援します！

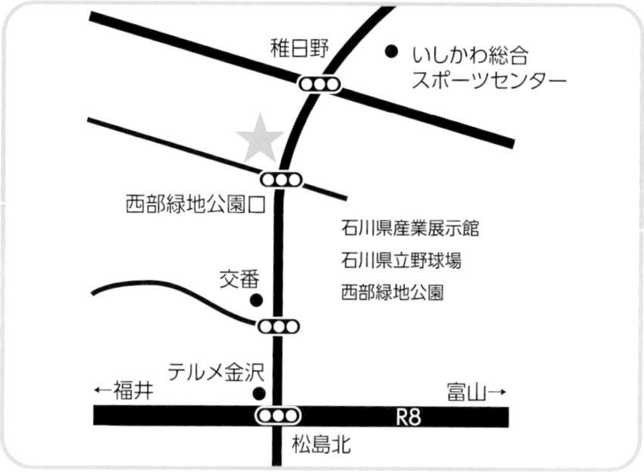

カートショップぶるーと

JK

TEL.0561-82-3510　http://www.blute.info/

〒489-0934　瀬戸市菱野町190
代表者／高橋 和則
【Mail】blute-kt@poplar.ocn.ne.jp　【FAX】0561-82-0816
【営業】10:00～20:00　【休】月曜日
チーム名／チームぶるーと(BLUTE)
ホームコース／FC瑞浪、石野サーキット

レジャー派、レース派、ジュニア大歓迎。オーナー自身も率先してカートに乗っていますので、貴方にあった楽しみ方を、経験と知識でサポート致します。試乗、ライセンス講習、ジュニアスクール随時受付中。エンジン、フレームメンテナンスお任せ下さい。
★ SLOインストラクター在籍

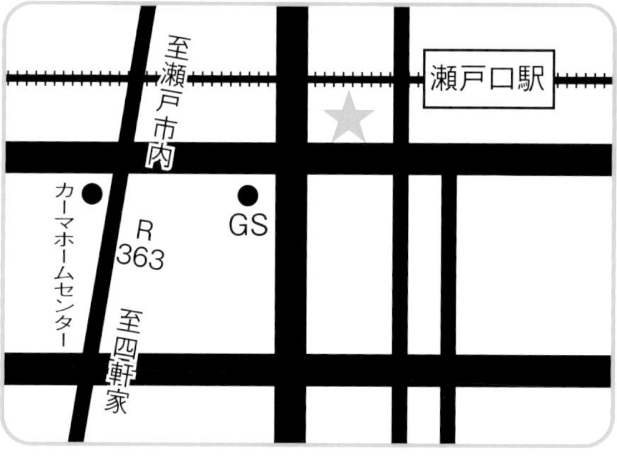

岐阜県

ジナ・レーシング

JK

TEL.058-272-7770　http://www.jina.co.jp

〒500-8357　岐阜市六条大溝2-15-9
代表者／堀井 智幸
【Mail】info@jina.co.jp　【FAX】058-272-7766
【営業】10:00～20:00　【休】月曜＆第2火曜日
チーム名／ジナRC（82名）
ホームコース／FC瑞浪、レインボーC、津保川KL

レジャー派からレース派の方まで幅広くサポートさせて頂きます。カートに乗ったことのない方、体験試乗会も開催中。お気軽にご来店下さい。その他、ライセンス講習会、レンタルカートも用意しております。
お気軽にお問い合わせ下さい。
★ SLOインストラクター在籍

JK＝レーシングカートの専門誌 月刊『JAPAN KART』取扱店

愛知県

かあと小僧 JK

TEL.052-504-4088　http://www.kartkozo.com

〒452-0841　名古屋市西区城西町155番地
代表者／築山　敬　FAX.052-504-4061
【営業】10:00～20:00　【休】火曜日
チーム名／Ash（アッシュ）（70名）
ホームコース／石野サーキット
フェスティカサーキット瑞浪
★SLOインストラクター在籍

SLレースを中心に、鈴鹿シリーズ、全日本等で幅広く活動。もちろんレースだけでなく、仲間で楽しくフリー走行派も応援します。末永くカートライフを楽しめるよう、あなたに合ったプランニングを致します。
試乗会、ライセンス講習会も常時受付中。お気軽にお問い合わせ下さい。
キッズ＆ジュニア、スポーツカートも頑張ってまーす。

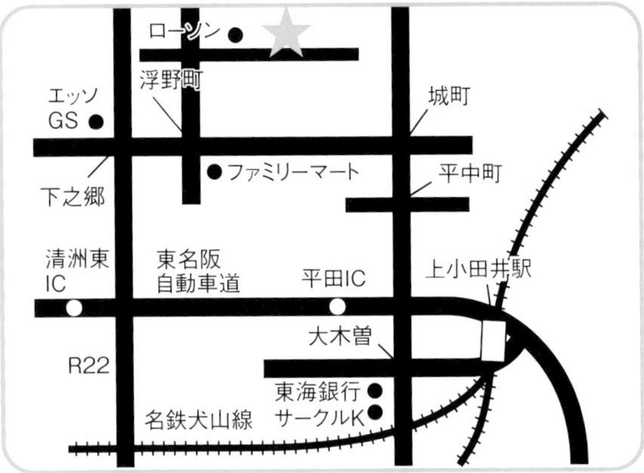

愛知県

カートプラザひらの

TEL.0568-32-5431　http://www.kart.co.jp/

〒486-0913　春日井市柏原町1-20-1
代表者／平野健太郎
【Mail】hirano@kart.co.jp　【FAX】0568-32-3735
【営業】10:00～18:00
※ご来店の際は、HPで営業日＆時間をご確認ください。
【休】月曜日
チーム名／Teamひらの
ホームコース／FC瑞浪、石野サーキット、鈴鹿サーキット南コース

創業44年のカートショップです。FC瑞浪を中心に活動しております。
小学生から成人の方、さらに70歳代のレジェンドまで幅広い年齢層のカート活動をバックアップしております。準備から走行サポート、レース後の片付けまで当店で行うカートパックを用意し、初心者にも力を入れております。
HPにはサーキットサービスの日程などもアップしておりますので、ぜひご覧ください。

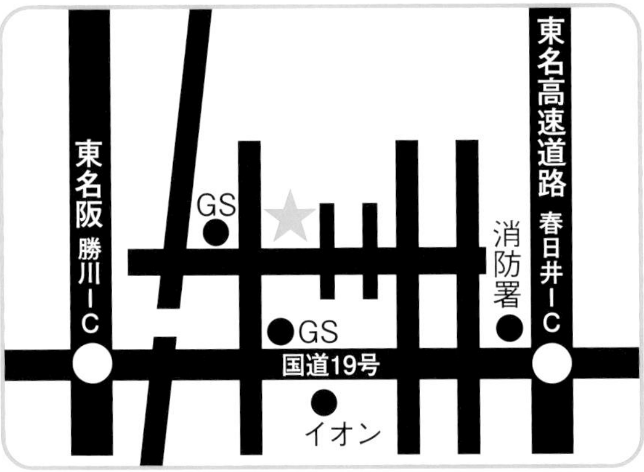

三重県

カートワークス・ヒグチ JK

TEL.0594-88-5611　http://www.kart-higuchi.jp

〒511-0937　桑名市志知3918-1　レインボースポーツ内
代表者／樋口 信之
【FAX】0594-88-5612　【Mail】info@kart-higuchi.jp
【営業】9:00～18:00　【休】不定休
チーム名／HIGUCHI RT（65名）
ホームコース／レインボースポーツ
携帯番号：080-2638-8778

レインボースポーツ内にあるショップです。コースに来た人は誰でも大歓迎！ レンタルに来た人も、ちょっと興味があるだけの人も、気軽に寄って下さい。本格カートのレンタルもあるので、ぜひ一度乗ってみて下さい。もちろんスポーツ走行の人も困ったこと何でもご相談ください。カート修理、パーツ注文、エンジンメンテナンスなども、すぐに対応致します。
気軽に声をかけてください。

カートショップ グローバル

TEL.052-834-1516　http://www.team-global.jp

〒468-0072　名古屋市天白区大坪1-207
代表者／小塚 健史
【Mail】info@team-global.jp　【FAX】052-834-1516
【営業】10:00～18:00　【休】火曜日
チーム名／チームグローバル（60名）
ホームコース／FC瑞浪、石野C、鈴鹿南

「遊べるカート屋さん」が我らグローバルのモットーです。メンバーの8割がホビーとして楽しくカートライフを満喫。レース活動の方はジュニア・キッズからSL全国大会、海外レースまで対応しています。保管場所のない方は、当店もしくはコースにてガレージ保管しております。

NEXT-ONE（ネクスト・ワン） JK

三重県

TEL.0596-36-6160　http://www.next-one.org/

〒516-0007　伊勢市小木町635-1
代表者／東　浩也
【Mail】mail@next-one.org　【FAX】0596-36-6150
【営業】10:00～20:00　【休】月曜日
チーム名／NEXT-ONE Racing（50名）
ホームコース／鈴鹿南コース、フェスティカサーキット瑞浪

気軽なレジャーからジュニア、シニア、レース参戦までカートの全てをお任せください。フレーム・パーツ等も豊富に取り揃えており、ライセンス取得・上級セッティング等も、お気軽にご相談下さい。24時間受付のインターネット・ショッピングもご利用下さい。ボルト1本から全国発送致します。
★SLOインストラクター在籍。

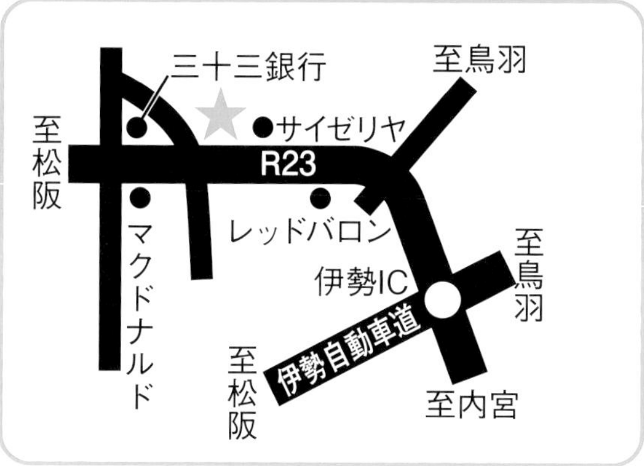

トレンタクワトロ鈴鹿 JK

三重県

TEL.059-379-1135　http://homepage3.nifty.com/raceaone/

〒513-0836　鈴鹿市国府町7656-1（A-ONE内）
代表者／大河原 一裕
【Mail】a-one@sweet.ocn.ne.jp　【FAX】059-370-1710
【営業】10:30～20:00　【休】月曜日
チーム名／トレンタクワトロ鈴鹿（30名）
ホームコース／鈴鹿南コース、モーターランド鈴鹿

楽しく、速く、親切を心がけ、ジュニアからエンジョイ派、レース派までホームコースでのサポートに力を入れています。4輪、フォーミュラへチャレンジされたい方は、FE、VITA、インテグラのレンタルも行っています。
お気軽にお電話下さい。お待ちしています。

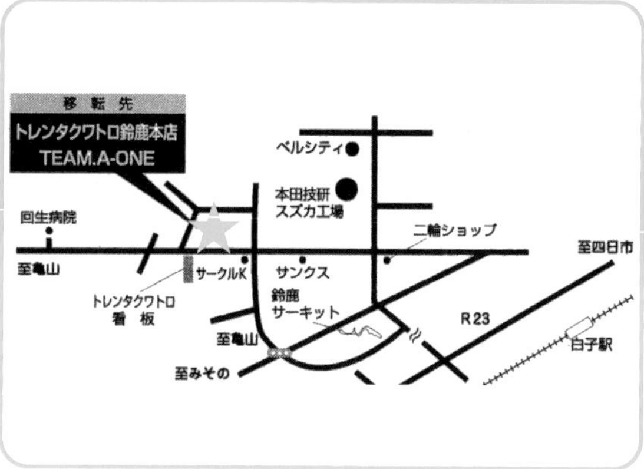

カートショップナガハラ JK

滋賀県

TEL.077-598-2700　http://www.crgjapan.com

〒520-0363　大津市伊香立下龍華町673-1
代表者／永原 雅之
【Mail】biwakosl@apricot.ocn.ne.jp　【FAX】077-598-2783
【営業】9:00～17:00　【休】年末年始
チーム名／KCナガハラ
ホームコース／琵琶湖スポーツランド

琵琶湖スポーツランド内のショップです。
品揃えは豊富です。すぐにメンテナンスも行え、どなたでもご利用、大歓迎です。
CRGの総輸入元ですので、CRGパーツならなんでもございます。
お気軽にお立ち寄り下さい。
★SLOインストラクター在籍

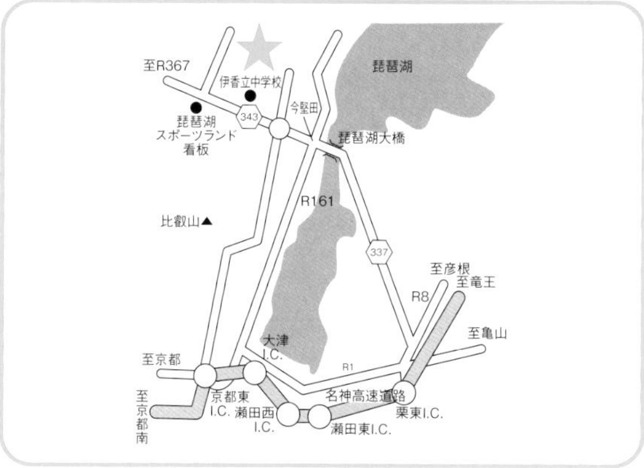

ハラダカートサービス JK

TEL.059-375-6856　http://www.haradakart.co.jp

〒513-0825　鈴鹿市住吉町7265-86
代表者／原田 正則　店長／原田 稔一
【Mail】info@haradakart.co.jp　【FAX】059-375-6834
【営業】10:00～20:00　【休】月曜・第2・4火曜日
チーム名／ハラダKC（110名）
ホームコース／モーターランド鈴鹿、鈴鹿南コース

店長
原田稔一

レーシングカートのことなら何でもOK。カートのことなら何でもお気軽にお問い合わせ下さい。新車、中古車、パーツ全てが割引価格。鈴鹿サーキット南コースから日本一近いショップです。
ご来店をお待ちしております。

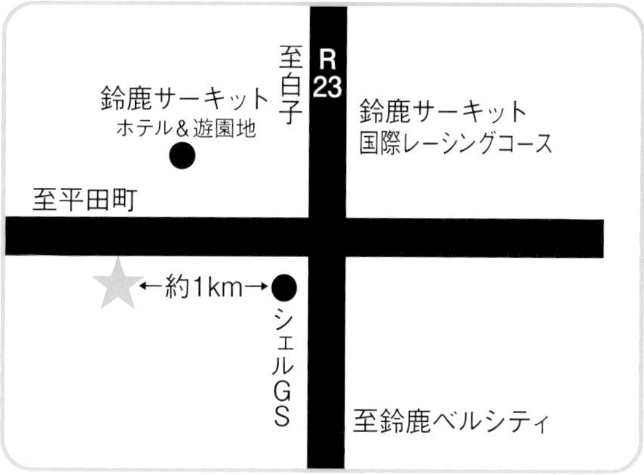

兵庫県

ナガオカート

Energy JK

TEL.078-974-1400 http://www2.osk.3web.ne.jp/~nagaokt/

〒651-2101 神戸市西区伊川谷町布施畑917
代表者／長尾 貢
【Mail】nagaokt@osk4.3web.ne.jp 【FAX】078-974-1411
【営業】9:00～19:00 【休】木曜日（祝日・年末年始を除く）
チーム名／チームナガオ（約100名）
ホームコース／神戸スポーツサーキット

カート専門店として長年の経験を生かし、ジュニアから全日本クラスのドライバーサポート体制も整っています。4歳からのキッズスクールも開催中。
キッズから125ccまでレンタルカートがあり、新車、中古車の取り扱いもあります。ガレージもありますので、トランポがなくても大丈夫です。お気軽にご来店ください。
★Energyの総輸入元です。
●神戸スポーツサーキットの敷地内にあります。
★SLOインストラクター在籍、ライセンス取得可能です。

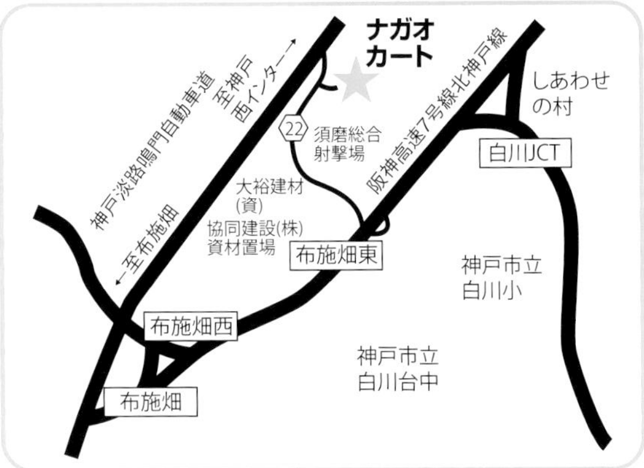

奈良県

トレンタ クワトロ

JK

TEL.0743-65-1001 http://www.trentaquattro.jp

〒632-0005 天理市楢町128-2
代表者／道上 佐堵史
【Mail】trenta@kcn.ne.jp 【FAX】0743-65-1331
【営業】10:00～20:00 【休】水曜日（レース日も休みの時あり）
チーム名／トレンタクワトロ奈良（50名）
ホームコース／フェスティカサーキット瑞浪、鈴鹿サーキット南コース

キャリア49年のカート専門ショップとして豊富な経験で、ジュニアから上級まであらゆることに対応できます。毎月、瑞浪・鈴鹿のコースサービスを行っております。チーム員は10歳から60歳代まで年齢も幅広く活躍中。レンタルカート有り、ガレージ有り。ライセンス取得可。

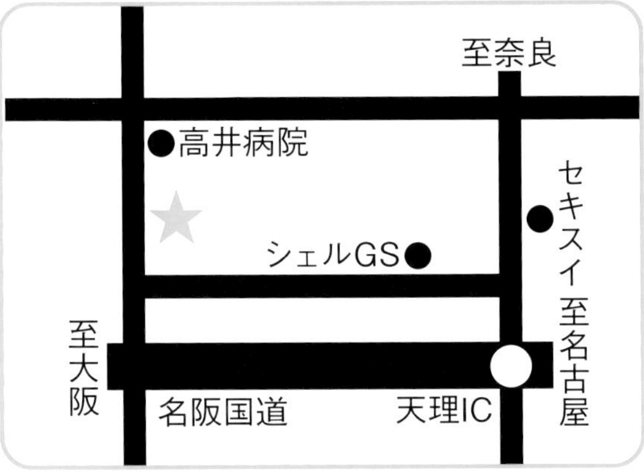

APspeed with SOVLA

TEL.0797-80-7877 http://kart.sovla.co.jp/about/

〒665-0055 宝塚市大成町8-9
代表者／京竹愛子
【mail】kyotake@sovla.jp 【FAX】0797-80-7878
【営業】11:00～20:00 【休】不定休
チーム名／ apspeed with SOVLA、Rosa Drago CORSE（6名）
ホームコース／フェスティカサーキット瑞浪

当ショップは、国内だけでなく海外でのレース活動をカートからフォーミュラまで幅広くサポートしております。
店内にはシミュレーターを設置しており、チーム員のスキルアップに利用していただけます。

兵庫県

ジェミニカート

TEL.0797-81-1868

〒665-0831 宝塚市米谷1-34-22
代表者／古野 光夫
【FAX】0797-81-1868 【営業】11:00～21:00
【休】月曜日
チーム名／ジェミニ
ホームコース／たからづかカートフィールド、猪名川サーキット
神戸スポーツサーキット

走りに自信のない方、
ある方を問わずに、
レーシングカートを
楽しめるように
お手伝いいたします。
お気軽にご来店ください。
お待ちしております。

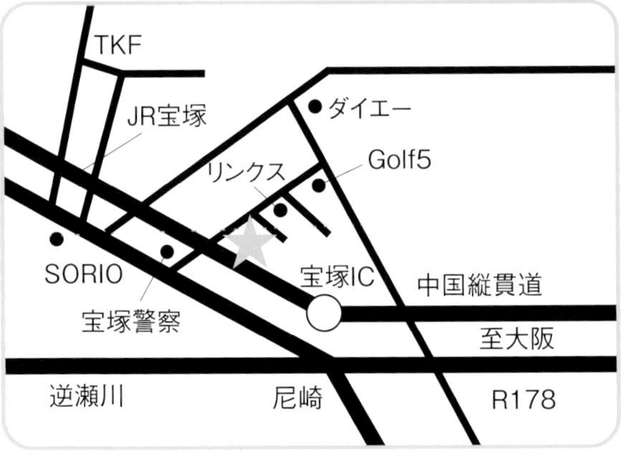

㈲小川コンペティション

大分県

TEL.097-551-0811

〒870-0916　大分市高松東1-1-40
代表者／小川 直己　スタッフ／小川 直哉
【携帯】090-7440-5085　【FAX】097-551-6157　【営業】9:00〜19:00
【休】日・祝祭日（休日サーキットサービス有り）
チーム名／小川ＲＴ（50名）
ホームコース／ソニックパーク安心院、オートポリス

元全日本ドライバー・SL全国大会チャンピオンがドライビング＆セッティングを指導。キッズ・ジュニア・シニア・障がい者・全日本カテゴリーまでサポートします。オートポリスの広いコースではスーパーカート等をサポートします。またソニックパーク安心院にカートガレージ有り。

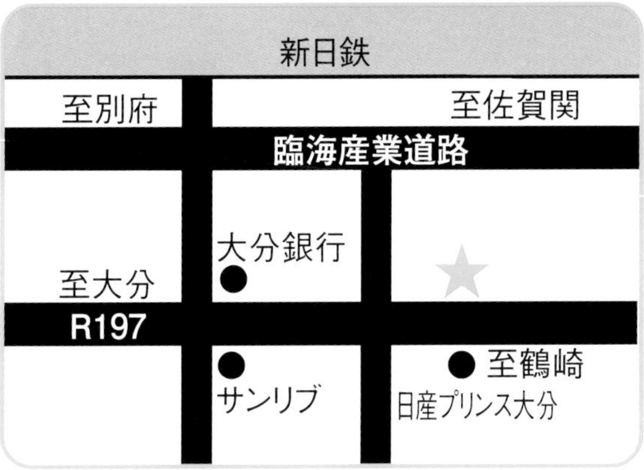

チームミヨシ

岡山県

TEL.086-462-0708　http://www.k2.dion.ne.jp/_miyosahij

〒701-0112　倉敷市下庄947-6
代表者／三好 啓三
【FAX】086-462-0732　【営業】9:00〜20:00
【休】月曜日
チーム名／チームミヨシ
ホームコース／中山サーキット

活気のあるチームです!!
どこにも負けない楽しいチームです。
新店舗になり設備等も充実しています。
どのようなトラブル＆アクシデントでも対応できるようサービスいたします。

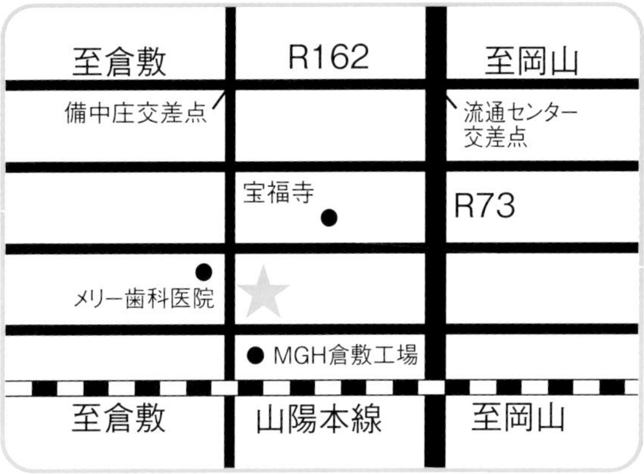

FIORE モータースポーツ

JK

福岡県

TEL.092-931-7570　http://www.fiore-ms.com/

〒811-2304　糟屋郡粕屋町仲原3-6-30
代表者／花田 賢吾
【Mail】fiore@fiore-ms.com　FAXも同じ
【営業】11:00〜21:00　【休】火曜日
チーム名／FIORE.MS（60名）
ホームコース／中九州KW

初心者大歓迎!!　レーシングカートは男女問わずジュニアから大人まで楽しめます。現役ドライバー兼メカニックの店長が、ドライビングからメンテナンスまで丁寧に指導します。スポーツ走行を楽しむエンジョイ派から勝負にこだわるレース派・全日本選手権まで幅広く活動しています。お気軽にお電話＆ご来店ください。

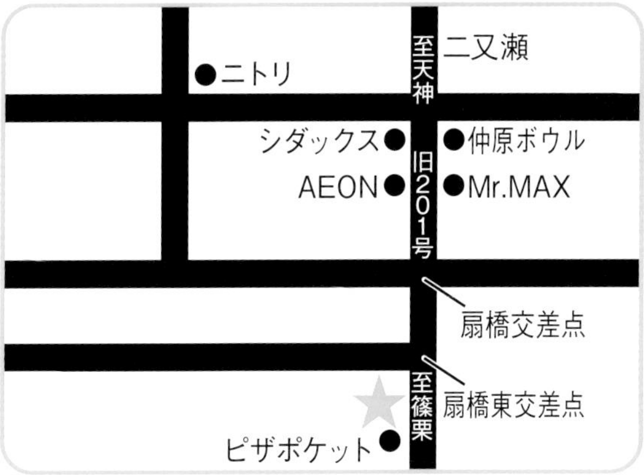

★印：月刊「JAPAN KART」取扱店

県名	ショップ名	代表者	郵便番号	住所	TEL
	KBF WEST	岡地 友成	483-8342	江南市松竹町上野30	0587-50-7027
岐阜	カートショップフロック	森　敏基	501-3306	加茂郡富加町大山525	0574-54-1458
	チームレゴリス	大岩 敬澄	501-6121	岐阜市柳津町佐波3-87-1E	058-215-8931
富山	ハヤカワレーシングサービス	早川 悦朗	930-0871	富山市下野497	0764-44-4663
	RSナカツチ	中土 和徳	930-0916	富山市向新庄町7-2-12	076-451-0255
	カートショップ　T.S.R	島　武司	936-0857	滑川市下梅沢467-21	0764-76-0470
	Funny Kid's	飯村 達志	939-2187	婦負郡細入村猪谷1537	0764-84-1415
三重	ハリーレーシング	大宅 晴郎	519-0106	亀山市みどり町34-1	0595-97-3272
	カートプラザ・ダンディー	杉本 正行	515-2112	松阪市曽原町302-7	059-856-4394
	MOMOX KART RACING	白桃 逸雄	513-0824	鈴鹿市道伯町2147-19	059-324-6315
滋賀	HRS	服部 弘光	525-0054	草津市東矢倉1-1-14	077-566-2550
大阪	★ テクニカル・サービス・ハシモト	橋本 協一	537-0025	大阪市東成区中道3-5-16	06-6974-2571
	Yレーシングファクトリー	吉澤 宏幸	547-0016	大阪市平野区長吉長原2丁目2-18	06-6705-7793
	ONE POINT	山地 慎介	559-0005	大阪市住之江区西住之江2-16-1	06-6606-8748
	ARファクトリー	横山　淳	578-0955	東大阪市横枕南2-23	072-968-0020
	㈲ヒーローズ	後藤 弘祐	564-0043	吹田市南吹田1−11−19	06-6381-8811
	大阪カートエンジニアリング	岩井 一義	570-0045	守口市南寺方中通3-7-8	06-6998-9722
	堺レーシング	金石 正美	590-0122	堺市南区釜室34	0722-91-7087
京都	カートショップ シナジーリンクス	澤田 一成	607-8482	京都市山科区北花山大林町83-6	075-595-0268
	ケイズガレージ	河合 健一	603-8823	京都市北区西賀茂榿ノ木町9-5	075-492-5564
	カキエレーシングチーム	垣江 俊男	610-1113	京都市西京区大枝南福西町1-4-36	075-754-7807
	N.A.CRUE（エヌ・エー クルー）	葛原 祥宏	615-0052	京都市右京区西院清水町75-2	075-321-1344
	カートガレーヂ・ぴぃたぁぱん	山下 正浩	615-8033	京都市西京区下津林東大般若町27-1	075-381-7402
	カートサービスハタ	畑　克則	610-1153	京都市西京区大原野南春日町800	075-925-7005
	ベリッシモ	山田 芳一	612-8497	京都市伏見区下鳥羽北円面田町5	075-605-6808
	ZION	西林 数貴	613-0023	久世郡久御山町野村村東372-1	075-888-0615
	F's　CLUB	奥野 美加枝	619-0241	相楽郡精華町祝園水車21-1	0774-95-3442
奈良	Sfida	西嶋 和彦	630-8453	奈良市西九条2-6-10	0742-93-3325
	FeG CRAFT	河野 哲治	632-0102	奈良市上深川町810	090-3864-3726
	WIZARD	岡田 春行	639-1043	大和郡山市西田中町320-1	0743-55-5146
和歌山	河西モータース	和田 多博	640-8401	和歌山市福島693	073-455-0807
	M TECH SPORTS	森　幸秀	649-6258	那賀郡岩出町山980-2-1201	0736-61-0927
	カートガレージ　クラッシュメイト	上田 司朗	649-7206	伊都郡高野口町向島21	0736-43-0654
兵庫	カートプロショップKIKI	谷岡 幸治	657-0043	神戸市灘区大石東町6-1-28	078-882-4779
	HEROES1048style	柴山 俊哉	661-0047	尼崎市西昆陽1-1-7-102	090-7764-0885
	TIGRE	安本 剛志	651-2108	神戸市西区伊川谷町前開340-10	078-219-2541
	MSK.G	高畠 康一	662-0871	西宮市愛岩山11-43	0798-74-1105

県名	ショップ名	代表者	郵便番号	住所	TEL
	ふぁんRacing	柴　叔伯	665-0835	宝塚市旭町1-17-1	0797-81-5854
	SOVLA	京竹 健吾	665-0055	宝塚市大成町2-6-1F	0797-80-7877
	WRT	渡辺　亮	673-0402	三木市加佐341-3	090-9625-0113
	AUTO ADVISER M1	森田　徹	669-5123	朝来市山東町一品142-1	079-670-7050
	コルサ・カートサービス	深津 賢一	672-8046	姫路市飾磨区都倉2-130	079-231-5581
	チームスピリッツ	田原 芳広	670-0975	姫路市中地南町143	079-243-3601
	㈲うんつく カートパーツセンター	濱本 規敬	675-0113	加古川市平岡町中野162-5	079-440-5332
鳥取	㈱ADTカートショップ	福井 俊雄	680-0905	鳥取市賀露町西2丁目2813	0857-28-2032
	エンジョイカートクラブ	山根 孝広	680-1145	鳥取市西円通寺8番地 鳥取プレイランドサーキット内	0857-53-4149
島根	カートショップ ゲームオン	渡部 弘志	690-0011	松江市東津田町1108	0852-27-6203
岡山	OKAYAMAチャレンジカート	今宮　真	701-2612	美作市瀧宮1210 岡山国際サーキット内	0868-74-0041
	KARTIS TEAM ひなせ	岸本　真	701-3204	和気郡日生町日生1241-3	0869-72-3911
	レーシングカートショップACT	福井 広明	703-8264	岡山市倉富137-3	086-277-7617
広島	KRS	河上 信一	721-0952	福山市曙町6-18-16	0849-53-9966
	RS-チャンピオン	前岡 洋治	728-0017	三次市南畑敷町145-4	0824-62-1408
	モーターキッズヒラヤマ	平山 政記	733-0035	広島市西区南観音3丁目7-17	082-294-3728
	カートショップ ドリームクエスト	佐々木 克行	738-0222	甘日市市津田3063	0829-72-2818
山口	山陽レーシング	山本 信行	747-0836	防府市植松1313-1	0835-29-2254
	プロリッサモータースポーツ下関	木村 将之	750-0032	下関関西町10-9	0832-35-3185
	スクエアスポーツクラブ	松村 信夫	753-0011	山口市大字宮野下662-4	0839-32-4955
香川	カートショップ・ケント	森本 卓明	761-2204	綾歌郡綾川町山田下643	0878-78-2952
徳島	カートショップ　エスカルゴ	原内　徳	771-0371	鳴門市北灘町櫛木64-1	0886-88-2358
	カートショップキタハラ	北原 克仁	779-3407	麻植郡山川町字宮地224	0883-43-2857
高知	エスカルゴ（土佐レーシング）	蒲原 章雄	780-8037	高知市城山町16	0888-32-0025
	市川モータース	市川 隆章	786-0007	高岡郡窪川町古市3-14	0880-22-0337
福岡	レーシングカートショップ ゼスト	青山 雅人	808-0123	北九州市若松区大字有毛字鹿見2296	093-742-0800
	カートスポルト BRAVO!	箕野 由大	802-0832	北九州市小倉南区下石田2-11-13-103	093-964-0255
	レーシングサポートAST	鶴田 和宏	811-1114	福岡市早良区椎原1188-5	092-872-8616
	スリーケイパ	渡邉 寛毅	818-0066	筑紫野市永岡948-1　パラディー内	092-921-9775
	プロリッサ・モータースポーツ	吉永 正之	816-0912	大野城市御笠川5-9-16	092-504-3132
	★ C.O.B-KART	松永 真二	830-0071	久留米市安武町武島181-6	0942-48-1174
佐賀	マニアックガレージ	近藤 信之	849-0111	三養基郡北茂安町白壁2462-12	0942-89-1121
長崎	カートショップm&m	中嶋 マリ子	856-0011	大村市重井田町650	0957-55-4979
熊本	★ ㈲STAFF	大林 樹修	861-0500	山鹿市桜町346	0968-43-6008
	カートショップTTR	徳永 貴大	862-0972	熊本市新大江1-9-24	096-371-6228
	ジアスモータースポーツ	森山 隆之	869-4203	八代郡鏡町大字内田683	0965-52-5399
宮崎	カートショップヤマモト	山本 春吉	880-0842	宮崎市青葉町83-1	0985-23-3471

2025年度　続・カートショップリスト

県名	ショップ名	代表者	郵便番号	住所	TEL
北海道	レーシングショップスカラ	川原田 紀一	001-0931	札幌市北区新川西1条7丁目4-21	011-769-8856
	D·REALIZE（ディー・リアライズ）	坂本 勇次	059-0025	登別市大和町1-2-10	0143-85-2201
	YSP札幌南 エリス有限会社	長島 忍	064-0928	札幌市中央区南28条西11-1-1	011-563-6021
	ノースポイント	前田 光久	065-0027	札幌市東区北27条東22丁目3-2	011-782-2800
	旭川カートサービス	寺崎 功	071-8134	北海道旭川市末広四条五丁目6-9	0166-53-6683
	ハヤシモータープロジェクト	林 光春	089-0554	中川郡幕別町札内みずほ町326-45	0155-55-4747
岩手	ネダ レーシング ユニオン	根田 善弘	020-0833	盛岡市西見前17-6	019-637-5246
	スポーツショップ浅沼	浅沼 利夫	025-0034	花巻市南諏訪町20-3	0198-21-3482
青森	阿部モーター商会	阿部 賀信	031-0081	八戸市柏崎5-3-26	0178-22-3649
秋田	プリモコルセモータースポーツ	河野 崇	010-1429	秋田市山手台2-13-13	090-2024-1489
宮城	オートレジャーショップ ANNY	石山 亨知	981-0902	仙台市青葉区北根1-15-7	022-718-7601
	プロオートレーシング	菊田 貞一郎	983-0841	仙台市宮城野区原町3-1-43 ハナジャパン第1ビル1F	090-6253-8063
	松永モータース	松永 馨	984-0837	仙台市若林区日辺字沖田東95	022-349-8035
	Kart Racing Service DAI	我妻 大	989-0701	刈田郡蔵王町宮字海道堀添16	0224-32-2773
山形	YSP酒田	五十嵐 博	998-0852	酒田市こがね町2-1-16	023-423-3232
	ファーストレーシング	伊藤 二男	999-0142	東置賜郡川西町大字堀金619-3	0238-42-6108
福島	㈲ガレージ ハマツ	浜津 弘	963-0725	郡山市田村町金屋字荻ノ久保12	0249-56-2890
茨城	レーヴカートサービス	大久保 弘之	300-2435	つくばみらい市筒戸1810-6	0267-34-1700
	㈱水戸コミネオートセンター	笹沼 隆	310-0055	水戸市袴塚1-5-43	029-231-2536
	MARS RACING FACTORY	加藤 正気	312-0052	ひたちなか市東石川3-14-3	029-275-1782
	レーシングサービス神野	神野 幸和	300-0121	かすみがうらし市宍倉828	029-897-1212
	カシマレーシング	保立秀男	314-0027	鹿島市大字佐田311	0299-83-7428
群馬	オビカート	小尾 達夫	370-0064	高崎市芝塚町196	027-322-4849
	カートメカニック嶋岡	嶋岡 親男	372-0821	伊勢崎市阿弥大寺町333-1	0270-26-4971
埼玉	チームウルフ	佐々木 常治	332-0005	川口市新井町27-14	048-223-0300
	レーシングカートサービスMONDIAL	松田 秀和	338-0824	さいたま市桜区大字上大久保1061-1	048-851-5755
	㈱ガレージC	伊勢田 尚輝	338-0835	さいたま市桜区道場2-13-8	048-826-6886
	SHOUT	新妻 若木	340-0816	八潮市中央3-22-3	0489-97-8823
	KAZO RACING	吉田 佳正	347-0031	加須市南町14-3	0480-61-3566
	NOBLE Motorsport	高梨 具雄	362-0001	上尾市上1250-1	090-1100-1978
	SAYAMA RACING	長沢 孝	350-1335	狭山市柏原2839	0429-54-7076
	㈲アルデックス・ジャパン	秋山 昌夫	359-1122	所沢市寿町20-15	042-925-8584
	TRDデルタ	大沢 宏幸	360-0804	熊谷市大字代12-1	0485-21-7880
千葉	K's FACTORY	川崎 勉	260-0808	千葉市中央区星久喜町883-1	043-209-1707
	★ SAN MARINO	山根 利世	290-0255	市原市光風台4-193	0436-36-2929
	GARAGE K-POINT	江尻 謙一	270-2221	松戸市紙敷522-3	047-391-1135
	レーシングカートショップMORI	森 徳次	272-0121	市川市末広2-1-6-103	047-397-5287
	ティアラレーシングサービス	明石 通雄	284-0012	四街道市物井1537-9	043-421-5222
	アルゴレーシングサービス	長嶋 哲也	289-1107	八街市八街は25-3	043-443-7013
	レーシングカートショップライズ	中村 嘉之	290-0063	市原市旭五所19-7	0436-40-3012
	コジマプレーンファクトリー新東京店	布川 正弘	290-0266	市原市海保2332-1	0436-36-2219
	タツカートメカニカ	加藤 達男	297-0044	茂原市台田640 茂原ツインサーキット内	0475-26-0030
東京	ファクトリークラモチ	倉持 満	114-0032	北区中十条3-20-5	03-3908-6341
	JRS翔（本店ファクトリー）	直井 嗣則	143-0027	大田区中馬込3-24-7	03-3771-3779
	RACING KART SHOP WINDY	武藤 益通	154-0017	世田谷区世田谷2-30-3 桜ビル1F	03-3429-8183
	武蔵野カートレーシングサービス	中森 忠秋	190-0034	立川市西砂町4-6-2	0425-31-3216
神奈川	チームクニ	藤本 邦彦	229-0015	相模原市南区下溝1115 エーデルワイスコイズミB1	042-715-9777
	テクニカルサービスショップ モンズ	門脇 晃	233-0012	横浜市港南区上永谷2-22-2	045-845-1799
	スーパーバーム企画	熊坂 昇平	243-0308	愛甲郡愛川町三増858-4	046-281-2925
	杉山カートショップ	杉山 和夫	257-0000	秦野市掘西31	0463-87-2016
	★ ガレージ茶畑	藤本 保彦	258-0019	足柄上郡大井町金子1843	0465-83-4702
	ガレージ美帆	山口 哲司	259-1307	秦野市横野338	0463-75-4936
新潟	RTシャイニング	板井 三七一	950-1325	西蒲原郡中之口村大字東小吉12番地	025-375-5590
長野	㈲TRUTH	小林 千春	385-0021	佐久市長土呂547-1	0267-68-7107
	ラウディレーシングファクトリー	中村 将章	381-0037	長野市西和田1-34-1	026-263-7737
	松本レーシング・カートサービス	寺島 正俊	390-0312	松本市岡田松岡116-3	0263-46-4412
	スギヤマレーシングナガノ	原 由雄	392-0131	諏訪市湖南4036-12	0266-53-9968
	南信パーツ商会	後藤 龍夫	395-0056	飯田市大通り1-28	0265-22-3864
	アクトレーシング	宮下 久徳	399-0014	松本市平田東3-30-3	0263-57-0309
山梨	レーシングラボ アステック	網野 裕介	400-0812	甲府市和戸町699-1	055-231-1171
	泉モータース	塚原 和人	400-0858	甲府市相生1-2-24	055-222-3605
	カートサービスアオキ山梨	久保田 政孝	409-1303	甲州市勝沼町小佐手812-4 久保田モータース 内	0553-33-8378
	㈲花輪	大久保 弘	409-3611	西八代郡市川三郷町大塚1872-1	055-288-1932
静岡	レーシングカートショップ·MRS	森下 滋範	410-1308	駿東郡小山町大御神922-8 APG内	0550-78-6868
	ガレージ茶畑·APG店	杉山 和正	410-1308	駿東郡小山町大御神922-8 APG内	0550-75-5211
	㈲増田スピード	増田 二三四	425-0066	焼津市大島1679-2	054-656-0277
	Tech Miyazawa	宮澤 久克	432-8021	浜松市中央区佐鳴台4-22-5	053-522-8800
	EXPRESS（エクスプレス）	村松 純治	433-8126	浜松市中央区泉3-1-26	053-473-6108
愛知	ベローチェモータースポーツ	岡本 康裕	440-0838	豊橋市三ノ輪町3-89-4 三ノ輪ビル1F-5	0532-35-6555
	21stレーシング	兵藤 勝	446-0036	安城市小堤町4-4	0566-76-2425
	アクアショットレーシングクラブ	加藤 孝佐	471-0805	刈谷市丸田町1-52-1	0566-95-2884
	21st RACING Nagoya	浅井 美ツ彦	468-0002	名古屋市天白区焼山2-1511	056-804-2325
	Buzz International Factory	長谷川 謙一	463-0025	名古屋市守山区元郷2-1309	052-725-8336
	㈲ファリーナ	朝日 誠	474-0027	大府市追分町3-348	0562-46-8907

Kart Race Data Files レーシングカート資料館

Hall of Fame カートレース歴代チャンピオンリスト

国際レース、全日本選手権ともに長い歴史を誇るカートレース。その歴史をふりかえれば、きら星のごとくスタードライバーの名前が並ぶ。カートをステップにフォーミュラに進んだ者、カートレースの歴史に不倒の記録を打ち立てた者……。そんな勇者達の名前がここにある。

世界選手権 World Championship

カートレース最高峰タイトルとして1964年にスタート。半世紀近い歴史を誇る。開催方式や開催クラスなど様々な変遷があったが、現在はOKクラス、OKジュニアクラス、さらにミッション付きのKZクラスにタイトルがかけられている。

World Championship（1964 ～ 1980）

Year	1位	2位	3位
1964	G・サラ(Guido SALA)／I[TECNO／PARILLA]	U・キャンセリエリ(Ugo CAMCELLIERI)／I	O・コンスタンチーニ(Oscar CONSTANTINI)／I
1964	G・サラ(Guido SALA)／I[TECNO／PARILLA]	U・キャンセリエリ(Ugo CAMCELLIERI)／I	O・コンスタンチーニ(Oscar CONSTANTINI)／I
1966	M・S・ラガネリィ(M.Susy RAGANELLI)／I[TECONO／PARILLA]	L・イングストーム(L.ENGSTORM)／S	R・ピーターソン(Ronnie PETERSON)／S
1967	E・ロッシ(Edgardo ROSSI)／CH[BIREL／PARILLA]	F・ゴールドステイン(Francois GORLDSTEIN)／B	G・ペルニゴッティ(Giulio PERNIGOTTI)／I
1968	T・ネルソン(Thomas NILSON)／S[ROBARDIE／BM]	G・ペルニゴッティ(Giulio PERNIGOTTI)／I	M・アレン(Mike.ALLEN)／GB
1969	F・ゴールドステイン(Francois GORLDSTEIN)／B[ROBARDIE／BM]	M・アレン(Mike.ALLEN)／GB	G・フレッチャー(G.FLETCHER)／GB
1970	F・ゴールドステイン(Francois GORLDSTEIN)／B[ROBARDIE／PARILLA]	D・フェリス(David FERRIS)／GB[BARLOTTI／BM]	C・H・ピータース(C.Heinz PETERS)／D
1971	F・ゴールドステイン(Francois GORLDSTEIN)／B[TAIFUN／PARILLA]	C・H・ピータース(C.H.PETERS)／D[TAIFUN／KOMET]	M・アレン(Mike ALLEN)／GB[SPRINT／KOMET]
1972	F・ゴールドステイン(Francois GORLDSTEIN)／B[TAIFUN／PARILLA]	H・ブランホファー(Heil BRANDHOFER)／D	M・スティード(Mark STEEDS)／GB
1973	T・フラートン(Terry FULLERTON)／GB[BIREL／KOMET]	E・ヘーゼンブッフ(Erik HEGENBUCH)／CH	C・H・ピータース(C.Heinz PETERS)／D
1974	R・パトレーゼ(Riccardo PATRESE)／I[BIREL／KOMET]	E・チーバー(Eddie CHEEVER)／I	F・ゴールドステイン(Francois GORLDSTEIN)／B
1975	F・ゴールドステイン(Francois GORLDSTEIN)／B[BM／BM]	E・デ・アンジェリス(Elio De ANGELIS)／I	A・ラーネ(Alan.LANE)／GB
1976	F・ロベリィ(Felice ROVELLI)／I[BM／BM]	L・ラーソン(Leif LARSSON)／S	M・ブット(Martin BOTT)／D
1977	F・ロベリィ(Felice ROVELLI)／I[BM／BM]	M・アレン(Mike ALLEN)／GB[DEAVINSON／SIRIO／BS]	L・ラーソン(Lars LARSSON)／S[SIRIO／SIRIO／BS]
1978	L・スピード(Lake SPEED)／USA[BIREL／PARILLA／BS]	T・ゾーゼル(Toni ZOSERL)／A[BIREL／PARILLA／BS]	L・フォースマン(Lars FORSMAN)／S[BIREL／PARILLA／BS]
1979	P・コーエン(Peter KOENE)／NL[DAP／DAP／DL]	A・セナ(Ayrton SENNA)／BR[DAP／DAP／BS]	H・シューマン(Harm SCHURMAN)／NL[DINO／PARILLA／BS]
1980	P・デブリン(Peter De BRUIJN)／NL[HUTLESS／PARILLA／BS]	A・セナ(Ayrton SENNA)／BR[DAP／DAP／DL]	T・フラートン(Terry FULLERTON)／GB[DAP／DAP／BS]

World Championship Formula-K（1981 ～ 1992）

1981	M・ウィルソン(Mike WILSON)／I[BIREL／KOMET／DL]	L・フォースマン(Lars FORSMAN)／S[BIREL／KOMET／DL]	R・メルグラッティ(Ruggero MELGRATI)／I[BIREL／KOMET／DL]
1982	M・ウィルソン(Mike WILSON)／I[BIREL／KOMET／DL]	L・フォースマン(Lars FORSMAN)／S[BIREL／KOMET／DL]	T・ダニエルソン(Thomas DANIELSSON)／S[KALI／PCR／BS]
1983	M・ウィルソン(Mike WILSON)／I[BIREL／KOMET／DL]	L・フォースマン(Lars FORSMAN)／S[BIREL／KOMET／DL]	M・ブリナー(Marc BOULINEAU)／F[BIREL／KOMET／DL]
1984	J・ハッセ(Jorn HAASE)／I[KALI／KOMET／DL]	G・ブガッティ(Giuseppe BUGATTI)／I[BIREL／KOMET／BS]	L・フォースマン(Lars FORSMAN)／S[BIREL／KOMET／DL]
1985	M・ウィルソン(Mike WILSON)／I[KALI／KOMET／DL]	G・ブガッティ(Giuseppe BUGATTI)／I[HUTLESS／KOMET／BS]	J・ハッセ(Jorn HAASE)／I[HUTLESS／KOMET／DL]
1986	A・リバス(Augusto RIBAS)／BR[BIREL／KOMET／BS]	K・クロジャー(K.KROEGER)／USA[-／KOMET／DL]	J・ケネディー(K.KENNEDY)／USA[-／KOMET／DL]
1987	G・シモーニ(Giampiero SIMONI)／I[PCR／PCR／BS]	T・クリステンセン(Tom KRISTENSEN)／DK[KALI／KOMET／VG]	M・メディアーニ(Maurizio MEDIANI)／I[TECNO／KOMET／BS]
1988	M・ウィルソン(Mike WILSON)／I[KALI／KOMET／DL]	G・シモーニ(Giampiero SIMONI)／I[PCR／PCR／BS]	M・メディアーニ(Maurizio MEDIANI)／I[PCR／PCR／VG]
1989	M・ウィルソン(Mike WILSON)／I[KALI／KOMET／DL]	F・デ・シモーネ(Fabrizio De SIMONE)／I[BIREL／KOMET／BS]	M・グーセン(M.GOOSSENS)／B[TECNO／KOMET／BS]
1990	J・マグネッセン(Jan MAGNUSSEN)／DK[KALI／ROTAX／BS]	F・デ・シモーネ(Fabrizio DeSIMONE)／I[BIREL／ATOMIK／DL]	A・コリュビュー(Alain CORBIAU)／B[TONYKART／ROTAX／BS]
1991	J・トゥルーリ(Jarno TRULLI)／I[ALLKART／PARILLA／DL]	M・オルシニ(Massimiliano ORSINI)／I[TONYKART／ROTAX／BS]	T・クリステンセン(Tom KRISTENSEN)／DK[CRG／ROTAX／BS]
1992	D・ロッシ(Danilo ROSSI)／I[CRG／ROTAX／DL]	A・マネッティ(Alessandro MANETTI)／I[KALI／ROTAX／BS]	M・ブスリンガー(M.BUSSLINGER)／CH[BIREL／SIRIO／VG]

World Championship Formula Super-A（1993 ～ 2000）

1993	N・ジャンニベルティ(Nicola GIANNIBERTI)／I[HAASE／ROTAX／DL]	J・トゥルーリ(Jarno TRULLI)／I[TONYKART／ROTAX／BS]	M・オルシニ(Massimiliano ORSINI)／I[TONYKART／ROTAX／BS]
1994	A・マネッティ(Alessandro MANETTI)／I[CRG／ROTAX／VG]	G・デ・ニース(G.De.NIES)／B[TECNO／ROTAX／VG]	D・パリラ(Daniele PARILLA)／I[HUTLESS／ITALSISTEM／VG]
1995	M・オルシニ(Massimiliano ORSINI)／I[HUTLESS／ITALSISTEM／BS]	D・フォレ(Davide FORE)／I[TONYKART／VORTEX／BS]	J・ミズリエビッチ(Johnny MISLIJEVIC)／S[TONYKART／VORTEX／BS]
1996	J・ミズリエビッチ(Johnny MISLIJEVIC)／S[TONYKART／VORTEX／BS]	松谷　隆郎(Takao MATSUYA)／J[HAASE／TITAN／BS]	A・マネッティ(AlessandroMANETTI)／I[CRG／CRG／BS]
1997	D・ロッシ(Danilo ROSSI)／I[CRG／CRG／DL]	A・マネッティ(Alessandro MANETTI)／I[CRG／CRG／BS]	G・パンタノ(Giorgio PANTANO)／I[BIESSE／ROTAX／BS]
1998	D・フォレ(Davide FORE)／I[TONYKART／VORTEX／BS]	M・オルシニ(Massimiliano ORSINI)／I[HUTLESS／ITALSISTEM／BS]	S・チェセッティ(Sauro CESETTI)／I[TONYKART／VORTEX／BS]
1999	D・ロッシ(Danilo ROSSI)／I[CRG／CRG／DL]	R・クインタレッリ(Ronnie QUINTARELLI)／I[TONYKART／VORTEX／BS]	G・パンタノ(Giorgio PANTANO)／I[TRULLI／VORTEX／BS]
2000	D・フォレ(Davide FORE)／I[TONYKART／VORTEX／BS]	F・ペレラ(Franck PERERA)／F[TONYKART／VORTEX／BS]	H・コバライネン(Heikki KOVALAINEN)／FIN[TONYKART／VORTEX／BS]

World Championship Formula-A 1988（1988 ～ 2000 ／ 2003 ～ 2006）

1988	E・コラード(E.COLLARD)／F[KALI／ROTAX／DL]	F・デ・シモーネ(F.De SIMONE)／I[BIREL／ROTAX／DL]	E・コバート(E.COUBARD)／F[DINO／ROTAX／BS]
1989	G・ムンクホルム(G.MUNKHOLM)／DK[PCR／ATOMIK／BS]	M・オルシニ(M.ORSINI)／I[BIREL／ROTAX／BS]	M・ヘーゼマン(M.HEZEMANS)／NL[BIREL／ROTAX／BS]
1990	D・ロッシ(D.ROSSI)／I[KALI／ROTAX／DL]	X・ポムドゥ(X.POMPIDOU)／F[KALO／ATOMIK／DL]	G・デ・ロレンジ(G.De LORENZI)／I[BIREL／ROTAX／VG]
1991	A・マネッティ(A.MANETTI)／I[TONYKART／ROTAX／BS]	G・スミス(G.SMITH)／GB[CRG／ROTAX／BS]	J・C・バルボーサ(J.C.BARBOSA)／P[MERLIN／ATOMIK／BS]
1992	N・ジャンニベルティ(N.GIANNIBERTI)／I[TONYKART／ROTAX／VG]	N・オルセン(N.OLSEN)／DK[KALI／ROTAX／VG]	A・キャンディラッキ(A.CANDIRACCI)／I[BIESSE／FOX／VG]
1993	D・テリアン(D.TERRIEN)／F[SODIKART／ROTAX／VG]	G・デ・ニース(G.De.NIES)／B[TECNO／ROTAX／VG]	R・バータネン(R.VIRTANEN)／SF[TONYKART／ROTAX／VG]
1994	M・バリンデッリ(M.BARINDELLI)／I[HAASE／ROTAX／VG]	山西　康司(K.YAMANISHI)／J[MARLIN／ITALSISTEM／VG]	F・ブリン(F.BLIN)／F[TONYKART／ITALSISTEM／VG]
1995	F・G・フラガス(F.G.FRAGUAS)／BR[TONYKART／ITALSISTEM／BS]	J・バトン(J.BUTTON)／GB[TECNO／ROTAX／BS]	K・リマタイネン(K.LIMATAINEN)／SF[HUTLESS／ROTAX／BS]
1996	J・C・ラビエール(J.C.RAVIER)／F[TONYKART／VORTEX／BS]	N・キーサ(N.KIESA)／DK[TONYKART／VORTEX／VG]	T・ピチャー(T.PICHLER)／I[CRG／CRG／DL]
1997	J・コートニー(J.COURTNEY)／AUS[TONYKART／VORTEX／BS]	松浦　孝亮(K.MATSUURA)／J[BIESSE／ROTAX／BS]	G・レナクス(G.RENAUX)／F[PCR／PCR／BS]
1998	R・カラパトソ(R.CARRAPATOSO)／BRTONYKART／VORTEX／BS]	M・スピノッツィ(M.SPINOZZI)／I[TONYKART／VORTEX／BS]	A・ニカストロ(A.NICASTRO)／BR[HUTLESS／ITALSISTEM／BS]
1999	F・ペレラ(F.PERERA)／F[TONYKART／VORTEX／BS]	F・シュミッツ(F.SCHMITZ)／NL[KOSMIC／ROTAX／BS]	N・ヴァン・デ・ポール(N.VAN DER POL)／NL[TONYKART／VORTEX／BS]
2000	C・ブラウン(C.BROWN)／GB[TOPKART／PARILLA／BS]	C・ピッチオーネ(C.PICCIONE)／MC[TOPKART／COMER／BS]	L・デュバル(L.DUVAL)／F[TONYKART／VORTEX／BS]
2003	W・G・カニンガム(Wade Grant CUNNINGHAM)／NZ[CRG／MAXTER／BS]	A・コズリンスキー(Arnaud KOZLINSKI)／F[SODIKART／TM／BS]	B・ハンリー(Ben HANLEY)／GB[MARANELLO／MAXTER／BS]
2004	D・フォレ(Davide FORE)／I[TONYKART／VORTEX／BS]	A・コズリンスキー(Aanaud KOZLINSKI)／F[SODIKART／TM／BS]	B・ランマース(Bas LAMMERS)／NL[SWISSHUTLESS／VORTEX／BS]
2005	O・オークス(Oliver OAKES)／GB[GILLARD／PARILLA／BS]	J・ランカスター(Jon LANCASTER)／GB[BIREL／TM／BS]	D・フォレ(Davide FORE)／I[TONYKART／VORTEX／BS]
2006	D・フォレ(Davide FORE)／I[TONYKART／VORTEX／BS]	M・クリステンセン(Michael CHRISTENSEN)／DK[GILLARD／PARILLA／BS]	S・チェセッティ(Sauro CESETTI)／I[BIREL／TM／BS]

Formula Super-A World Championship Series（2001 ～ 2002）

2001	V・リウッツィ(Vitantonio LIUZZI)／I[CRG／MAXTER／BS]	S・チェセッティ(Sauro CESETTI)／I[KOSMIC／VORTEX／BS]	D・フォレ(Davide FORE)／I[TONYKART／VORTEX／BS]
2002	G・ヴァンデガード(Giedo VAN DE GARDE)／NL[CRG／MAXTER／BS]	R・クインタレッリ(Ronnie QUINTARELLI)／I[BIREL／TM／BS]	D・フォレ(Davide FORE)／I[TONYKART／VORTEX／BS]

World Championship KF1（2007 ～ 2008）／ SKF（2009）

Year	1位	2位	3位
2007	M・アーディゴ(Marco ARDIGO)／I[TONYKART／VORTEX／BS]	G・キャッツ(Garry CATT)／GB[TONYKART／VORTEX／BS]	N・ボリングトフ(Nikolaj BOLLINGTOFT)／DK[KOSMIC／VORTEX／BS]
2008	M・アーディゴ(Marco ARDIGO)／I[TONYKART／VORTEX／BS]	L・トマン(Libor TOMAN)／CZ[BIREL／IAME／BS]	G・キャッツ(Garry CATT)／GB[TONYKART／VORTEX／BS]
2009	A・コズリンスキー (Aanaud KOZLINSKI)／F[CRG／MAXTER／BS]	A・ヴァノ(Aaro Vainia)／FIN[MARANELLO／MAXTER／BS]	B・ハンリー (Ben Hanley)／GB[MARANELLO／MAXTER／BS]

World Championship KF2（2010）

Year	1位	2位	3位
2010	N.デ・ヴリース(Nyck De Vries) ／NL[ZANARDI／IAME／DL]	J.キャンベライン(Jordan Chamberlain) ／GB[TONYKART／TM／DL]	N.M.マドセン(Nicolaj Moller Madsen) ／DK[ENERGY／TM／DL]

World Championship Series KF1（2011 ～ 2013）/ KF（2014 ～ 2015）

Year	1位	2位	3位
2011	N.デ・ヴリース(Nyck De Vries) ／NL[ZANARDI／IAME／BS]	A.アルボン(Alexander Albon) ／GB[INTREPID／TM/BS]	F.カンポネスキ(Flavio Camponeschi) ／I[TONYKART／VORTEX／BS]
2012	F.カンポネスキ(Flavio Camponeschi) /I[TONYKART/VORTEX/BS]	T.ジョイナー (Tom Joyner) /GB[LH/BMB/BS]	F.ティエネ(FELICE TIENE) /I[CRG/BMB/BS]
2013	T.ジョイナー(TomJoyner) /GB[ZANARDI/TM/VG]	B.ハンリー(BenHanley) /GB[ART GP/TM/VG]	M.フェルスタッペン(MaxVerstappen) /NL[CRG/TM/VG]
2014	L.ノリス(Lando Norris) /GB[FA-KART/VORTEX/DL]	N.マズピン(NikitaMazepin) /RUS[TONYKART/VORTEX/DL]	J.ダーバラ(JehanDaruvala) /IND[FA-KART/VORTEX/DL]
2015	K.バズ(Karol Basz)/POL[KOSMIC/VORTEX/VG]	J.レノックスラム(Jordon Lennox-Lamb)/GBR[BirelART/PARILLA/VG]	N.ニールセン(Nicklas Nielsen)/DNK[TONYKART/VORTEX/VG]

<U18>World Championship（2010 ～ 2012）

Year	1位	2位	3位
2010	J.デニス(Jake Dennis) ／GB[TOPKART／WKE／DL]	M.コッカ(Matias Koykka) ／FIN[MARANELLO／WKE／DL]	A.ストリング(Adam Stirling) ／GB[INTREPID／WKE／DL]
2011	M.グラハム(Matthew Graham) ／GB[ZANADR／WKE／LC]	P.オヴァスカ(Pyry Ovaska) ／FIN[MARANELLO／WKE／LC]	A.ヒューベルト(Anthoine Hubert) ／F[SODI／WKE／LC]
2012	H.G.イーストホープ(Henry G.Easthope) /GB[SODI/WKE/LC]	C.ルクレール(Charles Leclerc) /MCO[ART/WKE/LC]	A.ヒューベルト(Anthoine Hubert) /F[SODI/WKE/LC]

World Championship KF-JUNIOR（2013 ～ 2015）

Year	1位	2位	3位
2013	A.ロランディ (AlessioLorandi) /I[TONYKART/IAME/LeCont]	L.プルチーニ(LeonardoPulcini) /I[TONYKART/VORTEX/LeCont]	R.シュマルツマン(RobertShwartzman) /RUS[TONYKART/TM/LeCont]
2014	E.アフメッド(Enaam Ahmed) /GBR[FA-KART/VORTEX/VG]	M.ジュニア(Mick Junior) /DEU[TONYKART/VORTEX/VG]	M.バイツ(MauricoBaiz) /VEN[KOSMIC/PARILLA/VG]
2015	L.サージャント(Logan Sargeant)/USA[FA-KART/VORTEX/LeCONT]	C.ノヴァラク(Clement Novalak)/FRA[TONYKART/VORTEX/LeCONT]	C.コレット(Caio Collet)/BRA[KOSMIC/VORTEX/LeCONT]

World Championship OK（2016 ～）

Year	1位	2位	3位
2016	P.ヒルブランド(Pedro Hiltbrand)/ESP[CRG/PARILLA/VG]	K.バズ(Karol Basz)/POL[KOSMIC/VORTEX/VG]	F.ティエネ(Felice Tiene)/ITA[CRG/PARILLA/VG]
2017	D.ケイリー (Danny Keirle)/GBR[ZANARDI/PARILLA/LeConte]	D.V.アヘンホ(David Vidales Ajenjo)/ESP[TONYKART/VORTEX/LeConte	J.バルタネン(Juho Vaitanen)/FIN[KOSMIC/VORTEX/LeConte]
2018	L.トラビサヌット(Lorenzo Travisanutto)/ITA[KR/PARILLA/BS]	H.ヤンカー(Hannes Janker)/DEU[KR/PARILLA/BS]	L.コルッチオ(Luigi Coluccio)/ITA[BirelART/TM/BS]
2019	L.トラビサヌット(Lorenzo Travisanutto)/ITA[KR/PARILLA/LeCont]	T.バーナード(Taylor Barnard)/GBR[KR/IAME/LeCont]	H.トンプソン(Harry Thompson)/GBR[FA-KART/VORTEX/LeCOnt]
2020	C.ブラッドショー(Callum Bradshaw)/GBR[TONYKART/VORTEX/LeCont]	J.　ターニー(Joe Turney)/GBR[TONYKART/VORTEX/LeCont]	P.ヒルブランド(Pedro Hiltbrand)/ESP[TONYKART/VORTEX/LeCont]
2021	T.タポネン(Tuukka Taponen)/FIN[TONYKART/VORTEX/MG]	L.コルッチオ(Luigi Coluccio)/ITA[KOSMIC/VORTEX/MG]	A.リンドブランド(Arvid Lindbland)/GBR[KR/IAME/MG]
2022	M.モルガット(Matheus Morgatto/BRA[KR/IAME/MG]	T.タポネン(Tuukka Taponen/FIN[TONYKART/VORTEX/MG]	O.ペデルソン(Oscar Pederson)/SWE[TONYKART/VORTEX/MG]
2023	K.クトゥスコフ(Kirill Kutskov)[KR/IAME/MG]	R.ランマース(Rene Lammers)NLD[Parolin/TM/MG]	中村ベルタ起庵(Kean Nakamura-Berta)JPN[KR/IAME/MG]

World Championship OK-J（2016 ～）

Year	1位	2位	3位
2016	V.マーティンス(Victor Martins)/FRA[KOSMIC/PARILLA/VG]	D.Vアヘンジョ(David Vidales Ajenjo)/ESP[TONYKART/VORTEX/VG]	T.ポーチェア(Theo Pourchaire)/FRA[KOSMIC/VORTEX/VG]
2017	D.パターソン(Dexter Patterson)/GBR[EXPRIT/TM/VG]	C.ルルハム(Christopher Lulham)/GBR[EXPRIT/TM/VG]	H.トンプソン(Harry Thompson)/GBR[FA-KART/VORTEX/VG]
2018	V.ベルナール(Victor Bernier)/FRA[KOSMIC/PARILLA/VG]	G.ミニ(Gabriele Mini')/ITA[PAROLIN/IAME/VG]	G.ボルトレト(Gabriel Bortoleto)/BRA[CRG/TM/VG]
2019	T.テンブリンク(Thomas Ten Brinke)NLD[FA-JART/VORTEX/VG]	R.チャベス・カマラ(Rafael Chaves Camara)BRA[EXPRIT/TM/VG]	K.　シクネイルス(Kajus Siksnelis)LTU[TONYKART/VORTEX/VG]
2020	F.スレーター(Freddie Slater)/GBR[KOSMIC/VORTEX/MG]	T.タポネン(Tuukka Taponen)/FIN[TONYKART/VORTEX/MG]	H.バーゴネ(Harry Burgoyne)/GBR[KR/IAME/MG]
2021	中村紀庵(Kean Nalkamura Berta)/JPN[EXPRIT/TM/MG]	F.スレーター(Freddie Slater)/GBR[KOSMIC/VORTEX/MG]	A.カヴァルキン(Anatoly Khavalkin)/RAF[PAROLIN/TM/MG]
2022	E.タニンヴァニクスル(Enzo Tarnvanichkul)/ESP[TOMNYKART/VORTEX/VG]	A.ハイジ(Adamu Hideg)/HUN[SODI/TM/VG]	J.フィゾロスキ(Jan.Przyowski)/POL[TONYKART/VORTEZ/VG]
2023	D.ファンランゲンドンク(Dries Van Langendonk)BEL[EXPRIT/TM/VG]	C.コストーヤ(Christian Costoya)ESP[Parolin/TM/VG]	S.リンドブロム(Scott kin Lindblom)SWE[TONYKART/Vortex/VG]

ワールドカップ
World Cup

1991 年に新設された世界選手権と並ぶ世界最高峰タイトルの一つ。最高峰クラスは、 タイトル創設以来、鈴鹿サーキット国際南コースで開催されてきたが、世界選手権シリーズ化に伴い廃止。その後 KF 2やミッション付きカテゴリーでタイトルがかけられたことも有るが、 現在はタイトルが凍結されている。

World cup for Formula Super-A（1991 ～ 2000）

Year	1位	2位	3位
1991	D・クレバレス(Donny CREVELS)／NL[TACNO／ROTAX／BS]	D・ロッシ(Danilo ROSSI)／I[CRG／ROTAX／DL]	李　好彦(Y.LEE)／J[YAMAHA／ROTAX／BS]
1992	D・ロッシ(Danilo ROSSI)／I[CRG／ROTAX／DL]	M・リタブリス(Milton RYTTARBRIS)／S[BIREL／PARILLA／VG]	C・ヘルベルグ(Charlotte HELLBERG)／S[HUTLESS／ROTAX／BS]
1993	N・ジャンニベルティ(Nicola GIANNIBERTI)／I[HAASE／ROTAX／DL]	G・フィジケラ(Giancarlo FISICHELLA)／I[PCR／PCR／BS]	J・トゥルーリ(Jarno TRULLI)／I[TONYKART／ROTAX／BS]
1994	J・トゥルーリ(Jarno TRULLI)／I[TONYKART／ROTAX／BS]	A・マネッティ(Alessandro MANETTI)／I[CRG／ROTAX／BS]	N・マッジオ(Natale MAGGIO)／I[TONYKART／ROTAX／DL]
1995	J・トゥルーリ(Jarno TRULLI)／I[TONYKART／VORTEX／BS]	松谷　隆郎(T.MATSUYA)／J[HAASE／TITAN／BS]	津田　浩次(K.TSUDA)J[HAASE／TITAN／BS]
1996	M・オルシニ(Massimiliano ORSINI)／I[HUTLESS／ITALSISTEM／BS]	C・バリストレリ(Cesare BALISTRERI)／I[BIREL／ROTAX／BS]	G・ベッジオ(Gianluca BEGGIO)／I[BIESSE／ROTAX／BS]
1997	佐野　和志(K.SANO)J[ITALCORSE／ITALSISTEM／BS]	G・ベッジオ(Gianluca BEGGIO)／I[BIREL／ROTAX／BS]	李　好彦(Y.LEE)／J[ITALCORSE／ITALSISTEM／BS]
1998	松谷　隆郎(T.MATSUYA)／J[YAMAHA／ROTAX／DL]	G・パンタノ(Giorgio PANTANO)／I[KOSMIC／VORTEX／BS]	C・バリストレリ(Cesare BALISTRERI)／I[TIBIKART／PARILLA／BS]
1999	V・リウッツィ(Vitantonio LIUZZI)／I[CRG／CRG／BS]	E・ガンドルフィ(Ennio GANDOLFI)／I[BRM／ITALSISTEM／BS]	佐野　和志(K.SANO)／J[ITALCORSE／ITALSISTEM／BS]
2000	D・フォレ(Davide FORE)／I[TONYKART／VORTEX／BS]	V・リウッツィ(Vitantonio LIUZZI)／I[CRG／MAXTER／BS]	C・バリストレリ(esare .BALISTRERI)／I[ITALCORSE／ITALSISTEM／BS]

World cup for Formula-A（1991 ～ 2000 ／ 2002 ／ 2006）

1991	D・スミス(Daryll SMITH)／AUSPCR／PCR／VG]	金子　雄一(Y.KANEKO)／J [CRG／ROTAX／DL]	D・アンドレ(Dider ANDRE)／F[TECNNO／ROTAX／DL]
1992	A・フェデモンテ(Albert PEDEMONTE)／I[KALI／ROTAX／DL]	A・ベリッキ(Andrea BELICCHI)／I[TONYKART／ROTAX／BS]	道上　龍(R.MICHIGAMI)／J[HAASE／KILT／BS]
1993	P・モロ(Paolo MORO)／I[KALI／ITALSISTEM／VG]	L・コーシオ(Luca CAUSIO)／I[BIESSE／FOX／VG]	大脇　照男(T.OI IWAKI)／J[KALI／ITALSISTEM／DL]
1994	L・カサーザ(Luca CASAZZA)／I[CRG／ROTAX／VG[	D・フォレ(Davide FORE)／I[TONYKART／ROTAX／VG]	J・デグートゥ(Julien DEGOUTE)／F[BIESSE／FOX／VG]
1995	D・フェルドン(Daniel WHELDON)／GB[FULLERTON／ROTAX／BS]	佐藤　雅洋(M.SATOH)／J[TONYKART／ROTAX／DL]	F・G・フラガス(Filho G.FRAGUAS)／BR[TONYKART／ITALSISTEM／BS]
1996	M・パブロビック(Milos PAVLOVIC)／I[BIREL／ROTAX／BS]	G・パンタノ(Giorgio PANTANO)／I[CRG／CRG／BS]	J・バトン(Jenson BUTTON)／GB[TECNO／ROTAX／BS]
1997	松浦　孝亮(K.MATSUURA)／J[BIESSE／ROTAX／BS]	J・コートニー(James COURTNEY)／AUS[TONYKART／VORTEX／BS]	R・アンティヌッチ(Richard ANTINCC)／I[RAKAMA／PARILLA／BS]
1998		No　Race	
1999	J・ポンシェ(Julien PONCELET)／F[HUTLESS／ITALSISTEM／BS]	A・ドス・サントス(Augusto DOS SANTOS)／BR[CRG／CRG／BS]	F・ペレラ(Franch PERERA)／F[TONYKART／VORTEX／BS]
2000	L・ハミルトン(Lewis HAMILTON)／GB[CRG／IAME／BS]	C・ピッチオーネ(Clivio PICCIONE)／MC[TOPKART／COMER／BS]	C・ブラウン(Colin BROWN)／GB[TOPKART／PARILLA／BS]
2001		開催なし	
2002	J・ダンブローシオ(Jerome D'Ambrosio)／B[BIREL／TM／BS]	D・ガジャネッシ(Dvide Gaggianesi)／I[BIREL／PARILLA／VG]	S・ガット(Salvatore Gatto)／I[BIREL／TM／BS]
2006	A・コズリンスキー(A.KOZLINSKI)／F[INTREPID／TM／BS]	J・ビアンキ(J.BIANCHI)／F[MARANELLO／PARILLA／BS]	R・クリストゥドール(R.CHRISTODOULOU)／GB[FA KART／VORTEX／BS]

World Cup for KF1（2007 ～ 2008） ／ Super KF（2009 ～ 2010）

2007	M・アーディゴ(Marco ARDIGO) ／I[TONYKART／VORTEX／BS]	服部竜也(T.HATTORI) ／J[BIREL／IAME／BS]	G・キャッツ(Garry CATT) ／GB[TONYKART／VORTEX／BS]
2008	D・フォレ(Davide Fore) ／I[MARANELLO／MAXTER／BS]	L・トマン(Libor TOMAN) ／CZ[BIREL／IAME／BS]	S・チェセッティ (Sauro Cesetti) ／I[BIREL／TM／BS]
2009	Y・デ・ブラバンダー (Yannick De BRABANDER) ／B[INTREPID／TM／BS]	M・ルノーディ (Manuel RENAUDI) ／F[GILLARD／IAME／BS]	A・コズリンスキー (A.KOZLINSKI) ／F[CRG／MAXTER／BS]
2010	O.ロウランド(Oliver Rowland) ／GB[ZANARDI／IAME／BS]	清原章太(S.KIYOHARA) ／J[TONYKART／VORTEX／BS]	N.デ・ヴリース(Nyck De Vries) ／NL[ZANARDI／IAME／BS]

World Cup for KF2（2007 ～ 2008/2011）

2007	M・リアル(Michael RYALL)／B[BIREL／TM／DL]	S・ジェンキンス(Scott JENKINS)／GB[INTREPID／IAME／DL]	F・カンポネスキ(Flavio CAMPONESCHI)／I[FA KART／VORTEX／DL]
2008	O・ロウランド(Oliver Rowland)／GB[TONYKART／VORTEX／DL]	Z・グローマン(Zdenek Groman)／CK[MARANELLO／PARILLA／DL]	L・レグオン(Loic Reguillon)F[SODI／PARILLA／DL]
2011	L.スピネッリ(Loris Spinelli) /I[TONYKART/VORTEX/VG]	C.ソレンセン(Christian Sorensen) /DNK[TONYKART/VORTEX/VG]	A.M.ジオビナッツィ (Antonio Maria Giovinazzi) /I[PCR/IAME/VG]

アジア・パシフィック選手権
Asia Pacific Championship

環太平洋地域を中心とした地域選手権の一つ。ワールドカップ／世界選手権鈴鹿と同時開催されることが多いため、ヨーロッパの若手選手も数多く出場。アジアのドライバーにとっては本場のドライバーを闘う貴重なレースとなっている。2013年は鈴鹿開催のみとなり、2014年は開催が見送られた。

Asia Pacific Championship ICA（1991 ～ 2006）

Year	1位	2位	3位
1991	鈴木　慶祐(K.SUZUKI)／J[HAASE／ROTAX／BS]	井ノロ一登(K.INOKUCHI)／J[DAP／ROTAX／BS]	清水　剛(G.SHIMIZU)／J[CRG／ROTAX／DL]
1992	荻原　正好(M.OGIWARA)／J [TECNO／PARILLA／BS]	西宮　圭一(K.NISIMIYA)／J[HAASE／KILT／BS]	安岡　桂男(K.YASUOKA)／J[RAKAMA／PARILLA／BS]
1993	B・ホーストマン(B.HORSTMAN)／AUS[KALI／PARILLA／VG]	谷本　圭太(K.TANIMOTO)／J[ALLKART／ATOMIK／DL]	脇阪　寿一(J.WAKISAKA)／J[MAC／SIRIO／DL]
1994	脇阪　寿一(J.WAKISAKA)／J[CRG／SIRIO／BS]	須崎　善文(Y.SUZAKI)／J[TONYKART／ROTAX／BS]	高本　純(J.TAKAMOTO)／J[CRG／ROTAX／DL]
1995	上原　三義(M.UEHARA)／J[CRG／PARILLA／DL]	福田　良(R.FUKUDA)／J[YAMAHA／PCR／DL]	落合　智一(T.OCHIAI)／J[CRG／SIRIO／BS]
1996	松田　次生(T.MATSUDA)／J[KALI／ITALSISTEM／BS]	清水　陽一(Y.SHIMIZU)／J[GOLDKART／ITALSISTEM／DL]	片岡　龍也(T.KATAOKA)／J[CRG／ROTAX／DL]
1997	伊藤　泰久(Y.ITOH)／J[BIREL／ITALSISTEM／DL]	川田　亘(W.KAWADA)／J[TECNO／IAME／DL]	長屋　宏和(H.NAGAYA)／J[ITALCORSE／ROTAX／BS]
1998	井上　寛之(H.INOUE)／J[BIREL／ITALSISTEM／DL]	黒田　信介(S.KURODA)／J[TONYKART／ITALSISTEM／BS]	鵜飼　龍太(R.UKAI)／J[CRG／CRG／DL]
1999	柴田　裕紀(Y.SHIBATA)／J[ALPHA／IAME／BS]	今田　尚吾(S.IMADA)／J[BIREL／ROTAX／DL]	M・マクファデン(M.MCFADYEN)／AUSTOPKART／COMER／BS]
2000	安岡　秀徒(H.YASUOKA)／J[YAMAHA／ITALSISTEM／BS]	宮森　理(O.MIYAMORI)／J[BRM／ITALSISTEM／BS]	J・リニウク(J.HRYNIUK)／AUS[HAASE／ITALSISTEM／BS]
2001	W・G・カニンガム(W.G.CUNNINGHAM)／NZ[CRG／MAXTER／BS]	小林可夢偉(K.KOBAYASHI)／J[YAMAHA／ITALSISTEM／BS]	佐藤　崇志(T.SOTOH)／J[BIREL／ITALSISTEM／BS]
2002	小口祐二郎(Y.KOGUCHI)／J[YAMAHA／TM／DL]	M・パトリッツィ(M.PATRIZI)／AUS[BIREL／PARILLA／DL]	増田　定臣(S.MASUDA)／J[PCR／PCR／DL]
2003	木村　一眞(K.KIMURA)／J[MARANELLO／MAXTER／DL]	M・カニンガム(M.CUNNINGHAM)／NZ[CRG／MAXTER／DL]	G・ポール(G.POWLES)／AUS[TRULLI／PARILLA／BS]
2004	山本　龍司(R.YAMAMOTO)／F[CRG／MAXTER／DL]	中山　友貴(Y.NAKAYAMA)／J[BIREL／TM／DL]	佐藤　公哉(K.SATOH)／J[VANSPEED／TM／DL]
2005	石井　一也(K.ISHII)／J[BIREL／TM／DL]	J・アグエスアリ(J.ALGUERSUARI)／E[INTREPID／TM／DL]	井口　卓人(T.IGUCHI)／J[VANSPEED／PARILLA／DL]
2006	M・ウイットマン(M.WITTMAN)／D[BIREL／TM／DL]	K・メタス(K.METERS)／CZ[MARANELLO／PARILLA／DL]	M・トゥルラブ(M.TRUELOVE)／GB[BIREL／TM／DL]

Asia Pacific Championship FA（2001 ～ 2005）

Year	1位	2位	3位
2001	安田　裕鏞(H.YASUDA)　／J [KOSMIC／VORTEX／BS]	D・フォレ(D.FORE)　／I [TONYKART／VORTEX／BS]	M・アスマー (M.ASMER)　／EE [TONYKART／VORTEX／BS]
2002	A・マネッティ (A.MANETTI)　／I [CRG／MAXTER／DL]	D・フォレ(D.FORE)　／I [TONYKART／VORTEX／BS]	S・チェセッティ (S.CESETTI)　／I [KOSMIC／VORTEX／BS]
2003	安田　裕鏞(H.YASUDA)　／J [INTREPID／TM／BS]	D・フォレ(D.FORE)　／I [TONYKART／VORTEX／BS]	B・ランマース(B.LAMMERS)　／NL [SWISSHUTLESS／VORTEX／BS]
2004	M・プローマン(M.PLOWMAN)　／GB [CRG／PARILLA／BS]	M・モリーナ(M.MOLINA)　／E [INTREPID／TM／BS]	梅垣　博至(H.UMEGAKI)　／J [BIREL／TM／BS]
2005	J・ビアンキ(J.BIANCHI)　／F [MARANELLO／PARILLA／BS]	J・ランカスター (J.LANCASTER)　／GB [BIREL／TM／BS]	S・チェセッティ (S.CESETTI)　／I [BIREL／TM／BS]

Asia Pacific Championship KF1（2007 ～ 2008／2011 ～）

2007	M・アーディゴ(Marco ARDIGO)／I[TONYKART／VORTEX／BS]	M・ライネ(M.LINE)／I[TONYKART／VORTEX／BS]	G・キャッツ(Garry CATT)／GB[TONYKART／VORTEX／BS]
2008	M・アーディゴ(Marco ARDIGO)／I[TONYKART／VORTEX／BS]	S・チェセッティ(Sauro CESETTI)／I[BIREL／PARILLA／BS]	M・レナウディ(M.Renaudie)／NL[GILLARD／PARILLA／BS]
2011	佐々木大樹(Daiki Sasaki) /J[BIREL/IAME/BS]	J.レノックスラム(Jordon Lennox-Lamb) /GBR[CRG/MAXTER/BS]	P.ヒルブラン(Pedro Hiltbrand) /ESP[KOSMIC/VORTEX/BS]

Asia Pacific Championship KF2（2007 ～ 2012）/ KF（2013）

2007	W・スティーブンス(Will STEVENS)／GB[TONYKART／VORTEX／DL]	G・パトロノ(Giacomo PATRONO)／I[BIREL／TM／DL]	J・タランコン(Javier TARANCON)／E[FA KART／VORTEX／DL]
2008	J・ハーベイ(Jack HARVEY)／GB[BIREL／IAME／BS]	G・パトロノ(Giacomo PATRONO)／I[BIREL／TM／DL]	G・ネロ(Giaguaro NERO)／I[MARANELLO／IAME／DL]
2009	F・ティエネ(Felice TIENE)　／I[KOSMIC／VORTEX／DL]	M・ベレッタ(Matteo BERETTA)　／I[TONYKART／VORTEX／DL]	G・パトロノ(Giacomo PATRONO)　／I[BIREL／TM／DL]
2010	藤波清斗(Kiyoto Fujinami) /J[CRG/MAXTER/BS]	I.ダゴスト(Ignazio D'Agosto) /I[TONYKART/VORTEX/DL]	M.ゲッティング(Michelle Gatting) /DK[CRG/MAXTER/DL]
2011	佐伯　新(Arata Saeki)／J[FA／VORTEX／BS]	M.クリンビーシルバー (Max Klinby-Silver)／DNK[BIREL／BMB／VG]	D.フィオラバンティ (Damiano Fioravanti)　／I[TONYKART／VORTEX／BS]
2012	N.ニールセン(Nicklan Nielsen) /DK[KOSMIC/VORTEX/BS]	D.フィオラバンティ (Damiano Fioravanti) /I[TONYKART/VORTEX/BS]	F.パネッタ(Federico Panetta) /ARG[TONYKART/VORTEX/BS]
2013	J.フォグ(JulienFong Wei Jie) /SGP[TONYKART/VORTEX/BS]	佐伯新(Arata Saeki) /J[FA-KART/VORTEX/BS]	笠井崇志(Takashi Kasai) /J[TONYKART/VORTEX/BS]

Asia Pacific Championship KF (2015)

2015	高橋悠之(Haruyuki Takahashi)/J[TONYKART/VORTEX/BS]	宮田莉朋(Ritomo Miyata)/J[EXPRIT/TM/DL]	朝日ターボ(Turbo Asahi)/J[EXPRIT/TM/DL]

ジャパンカートグランプリ
Japan Kart Grand Prix

1977年に日本と世界のカートレースの交流をはかり、日本のカートレースのレベルアップを目指し、国産メーカーでもあったヤマハ発動機が主導して始められた国際イベント。初期にはあのA・セナも出場していた。1999年を最後に終了したが、このイベントが果たした役割は高く評価されている。

Japan Kart Grandprix（1977 ～ 1999）

Year	1位	2位	3位
1977	トニー・ゾーゼル(T.ZOSERL)／A[BIREL／PARILLA／BS]	ハワード・ヒース(H.HEATH)／AUS[SIRIO／PARILLA／DL]	杉山　茂雄(S.SUGIYAMA)／J[YAMAHA／PARILLA／BS]
1978	トニー・ゾーゼル(T.ZOSERL)／A[BIREL／PARILLA／BS]	ハワード・ヒース(H.HEATH)／AUS[SIRIO／PARILLA／DL]	菅家　安智(Y.SUGAYA)／J[STAG／BM／BS]
1979	ラース・フォースマン(L.FORSMAN)／S[BIREL／PARILLA／BS]	マイク・ウィルソン(M.WILSON)／I[BIREL／PARILLA／BS]	杉山　茂雄(S.SUGIYAMA)／J[YAMAHA／YAMAHA／DL]
1980	マイク・ウィルソン(M.WILSON)／I[BIREL／PARILLA／BS]	ラース・フォースマン(L.FORSMAN)／S[BIREL／PARILLA／BS]	渡辺　達男(T.WATANABE)／J[BM／BM／BS]
1981	小島　義則(Y.KOJIMA)／J[SPEEDKART／PETLI／BS]	鈴木亜久里(A.SUZUKI)／J[YAMAHA／YAMAHA／BS]	棚田　昭(A.YANADA)／J[HUTLESS／PARILLA／BS]
1982	杉山　茂雄(S.SUGIYAMA)／J[YAMAHA／YAMAHA／DL]	浅井　延美(N.ASAI)／J[YAMAHA／YAMAHA／BS]	増田二三四(F.MASUDA)／J[BIREL／PARILLA／DL]
1983	杉山　茂雄(S.SUGIYAMA)／J[YAMAHA／YAMAHA／DL]	兵藤　勝(M.HYOUDOU)／J[BIREL／PARILLA／DL]	増田二三四(F.MASUDA)／J[BIREL／PARILLA／DL]
1984	ヨアン・ハッセ(J.HAASE)／I[KALI／KOMET／DL]	山中　淳(J.YAMAHAKA)／J[BIREL／KOMET／DL]	棚田　昭(A.YANADA)／J[BIREL／KOMET／DL]
1985	マイク・ウィルソン(M.WILSON)／I[KALI／KOMET／DL]	ジョセブ・ブガッティ(J.BUGATTI)[HUTLESS／KOMET／BS]	野田　優(M.NODA)／J[KALI／KOMET／DL]
1986	マイク・ウィルソン(M.WILSON)／I[KALI／KOMET／DL]	金石　勝智(K.KANEISHI)／J[KALI／KOMET／DL]	東阪　昇(N.HIGASHISAKA)／J[BIREL／KOMET／BS
1987	マイク・ウィルソン(M.WILSON)／I[BIREL／KOMET／DL]	山中　淳(J.YAMAHAKA)／J[BIREL／KOMET／BS]	野田　優(M.NODA)／J[KALI／KOMET／DL]
1988	佐野　和志(K.SANO)／J[BIREL／IAME／BS]	本山　哲(S.MOTOYAMA)／J[BIREL／IAME／BS]	野田　優(M.NODA)／J[KALI／IAME／DL]
1989	ヨス・フェルスタッペン(J.VERSTAPPEN)／NL[HUTLESS／ROTAX／DL]	アレン・コービエン(A.CORBIEAU)／B[TONYKART／ROTAX／BS]	酒井　浩(H.SAKAI)／J[KALI／ROTAX／DL]
1990	李　好彦(Y.LEE)／J[YAMAHA／ROTAX／BS]	ヤン・マグネッセン(J.MAGNUSSEN)／DK[CRG／ROTAX／DL]	大竹　時幸(T.OHTAKE)／J[DAP／ROTAX／DL]
1991	李　好彦(Y.LEE)／J[YAMAHA／ROTAX／BS]	ダニロ・ロッシ(D.ROSSI)／I[CRG／ROTAX／DL]	樋口　信之(N.HIGUCHI)／J[YAMAHA／ROTAX／DL]
1992	ダニロ・ロッシ(D.ROSSI)／I[KALI／ROTAX／DL]	樋口　信之(N.HIGUCHI)／J[YAMAHA／YAMAHA／DL]	マッシミリアーノ・オルシニ(M.ORSINI)／I[TONYKART／ROTAX／BS]
1993	ヤーノ・トゥルーリ(J.TRULLI)／I[TONYKART／ROTAX／BS]	ヤン・マグネッセン(J.MAGNUSSEN)／DK[TONYKART／ROTAX／BS]	松倉　輝明(T.MATSUKURA)／J[MERLIN／ITALSISTEM／BS]
1994	松谷　隆郎(T.MATSUYA)／J[HAASE／ROTAX／BS]	ソフィー・M・コーペン(S.M.KUMPEN)／DK[CRG／ROTAX／BS]	松浦　佑亮(Y.MATSUURA)／J[HAASE／ROTAX／BS]
1995	津田　浩次(K.TSUDA)／J[HAASE／TITAN／BS]	五十嵐勇大(Y.IGARASHI)／J[BIREL／ITALSISTEM／DL]	宮澤　久克(H.MIYAZAWA)／J[BIREL／ITALSISTEM／DL]
1996	アンドレア・ベリッキ(A.BELICCHI)／I[PCR／PCR／DL]	津田　浩次(K.TSUDA)／J[HAASE／TITAN／BS]	松谷　隆郎(T.MATSUYA)／J[HAASE／TITAN／BS]
1997	松浦　孝亮(K.MATSUURA)／J[BIESSE／ROTAX／BS]	松谷　隆郎(T.MATSUYA)／J[YAMAHA／ROTAX／DL]	松浦　佑亮(Y.MATSUURA)／J[BIESSE／ROTAX／BS]
1998	大竹　時幸(T.OHTAKE)[TONYKART／VORTEX／BS]	梅垣　博至(H.UMEGAKI)／J[BIREL／ROTAX／BS]	須崎　善文(Y.SUZAKI)／J[ALPHA／ROTAX／NS]
1999	斉藤　利治(T.SAITOH)／J[CRG／CRG／BS]	杉山　貴英(T.SUGIYAMA)／J[TONYKART／VORTEX／BS]	片岡　龍也(T.KATAOKA)／J[YAMAHA／ROTAX／BS]

ヨーロッパ選手権
European Championship

ヨーロッパ、主にベルギー、イタリア、フランス、スペインなどを舞台に開催された地域選手権。90年代はカートレース最高峰クラスのシリーズ戦として世界選手権、ワールドカップと並ぶ3台タイトルに数えられた。世界選手権のシリーズ化に伴い、最高峰クラスシリーズとしての役割を負え、現在はKF3やミッション付カテゴリーなどが開催されている。

European Championship FK&FSA（1982 ～ 2000）

Year	1位	2位	3位
1982	P･デブリン(P.de Bruijin)／NL	S･アンドスカー(S.Andskar)／S	L･フォースマン(L.Forsman)／S
1983	M･ウィルソン(M.Wilson)／I	M･ボット(M.Bott)／D	L･フォースマン(L.Forsman)／S
1984	M･ウィルソン(M.Wilson)／I	P･デブリン(P.de Bruijin)／NL	M･ボリニュー(M.Boulineau)／F
1985	M･ボット(M.Bott)／D	M･ウィルソン(M.Wilson)／I	R･ウェザーレイ(R.Weatherley)／GB
1986	Y･ミューラー(Y.Muller)／F	N･ヨハンソン(N.Jphansson)／S	J･ハッセ(J.Haase)／DK
1987	A･ザナルディ(A.Zanardi)／I	J･セントジュリアス(J.St-Guirons)／F	P･アダムス(P.Adams)／B
1988	F･ゲモ(F.Gemmo)／I	G･カザッゴ(G.Cazzago)／I	R･ウェザーレイ(R.Weatherley)／GB
1989	M･グーセンス(M.Goossens)／B	A･ボルドリーニ(A.Boldrini)／I	G･ベッジオ(G.Beggio)／I
1990	M･コーエン(M.Koene)／NL	G･パッチオーニ(G.Pacchioni)／I	W･エックマン(W.Eyckmans)／B
1991	M･オルシニ(M.Orsini)／I	G･フィジケラ(G.Fisichella)／I	J･トゥルーリ(J.Trulli)／I
1992	G･ベッジオ(G.Beggio)／I	M･リタブリス(M.Ryttabris)／S	A･マネッティ(A.Manetti)／I
1993	N･ジャンニベルティ(N.gianniberti)／I	G･ベッジオ(G.Beggio)／I	G･フィジケラ(G.Fisichella)／I
1994	J･トゥルーリ(J.Trulli)／I	J･ミズリエビック(J.Mislijevic)／S	N･ジャンニベルティ(N.gianniberti)／I
1995	M･オルシニ(M.Orsini)／I	A･マネッティ(A.Manetti)／I	J･トゥルーリ(J.Trulli)／I
1996	J･ミズリエビッチ(J.Mislijevic)／S	M･オルシニ(M.Orsini)／I	C･ヘルベルグ(C.Hellberg)／S
1997	J･バトン(j.button)／GB	D･フォレ(D.Fore)／I	J･ミズリエビック(J.Mislijevic)／S
1998	D･フォレ(D.Fore)／I	K･ライコネン(K.Raikkonen)／FIN	A･マネッティ(A.Manetti)／I
1999	G･パルミエリ(G.Palmieri)／I	S･チェセッティ(S.Cesetti)／I	V･リウッツィ(V.Liuzzi)／I
2000	M･シガース(M.Siegers)／NL	D･フォレ(D.Fore)／I	ベンヤミーニ(Benjamini)／NL

European Championship Formula-100&FA（1988 ～ 2006）

Year	1位	2位	3位
1988	G･ムンクホルム(G.Munkholm) /DK[PCR/PCR/VEGA]	E･コラード(E.Collard) /F[KALI/ROTAX/DL]	M･コーエン(M.Koene) /NL[TONYKART/ROTAX/VEGA]
1989	J･フェルスタッペン(J.Verstappen) /NL[SWISSHUTLESS/ROTAX/BS]	M･ヘーゼマン(M.Hezemans) /NL[BIREL/ROTAX/BS]	M･オルシニ(M.Orsini) /I[BIREL/ROTAX/VEGA]
1990	F･ベレッティ (F.Belletti) /I[ALLKART/IAME/DL]	J･E･ロフレン(J.E.Lofgren) /FIN[CRG-KALI/ATOMIKART/BS]	P･リデカー (P.Redeker) /NL[DINO/ROTAX/BS]
1991	A･マネッティ (A.Manetti) /I[TONYKART/ROTAX/BS]	G･マランドルッコ(G.Malandrucco) /I[CRG/ROTAX/DL]	G･スミス(G.Smith) /GB[CRG/ROTAX/BS]
1992	D･パリラ(D.Parilla) /I[MARI/ITALSISTEM/BS]	B･レンダース(B.Leinders) /B[TONYKART/ROTAX/BS]	P･アントネッリ(P.Antonelli) /I[PCR/PCR/DL]
1993	G･De･ニース(G.De.Nies) /B[TECNO/ROTAX/VEGA]	D･テリアン(D.Terrien) /B[SODIKART/ROTAX/VEGA]	O･フィオルッキ(O.Fiorucci) /F[MERLIN/ATK/VEGA]
1994	D･フォレ(D.Fore) /I[TONYKART/ROTAX/VEGA]	A･サラザン(A.Sarrazin) /F[TECNO/ROTAX/VEGA]	L･カサッザ(L.Casazza) /I[CRG/ROTAX/VEGA]
1995	G･パンタノ(G.Pantano) /I[CRG/ROTAX/BS]	G･フラガス(G.Fragus) /BR[TONYKART/ITALSISTEM/BS]	C･コンバース(C.Convers) /F[TECNO/ROTAX/VEGA]
1996	G･パンタノ(Giorgio PANTANO) /I[CRG/CRG/BS]	A･デビッドソン(A.Devidson) /GB[FULLERTON/ROTAX/BS]	S･マーラ(S.Marra) /I[RAKAMA/IAME/DL]
1997	A･ガルシア(A.Garcia) /E[MARI/ITALSISTEM/DL]	A･マリネット(A.Martinet) /FGOKART/IAME/DL]	A･ニカストロ(A.Nicastro) /BR[RAKAMA/IAME/DL]
1998	C･カンパニコ(C.Campanico) /P[CRG/CRG/BS]	F･アロンソ(F.Alonso) /E[RAKAMA/IAME/BS]	R･フーバウアー (R.Furtbauer) /A[ENERGY/ROTAX/BS]
1999	J･ポンシェ (Julien PONCELET) /F[HUTLESS/ITALSISTEM/BS]	B･ブルーメン(B.Vroomen) /B[TOPKART/COMER/BS]	P･ピレ(P.Pilet) /F[TONYKART/VORTEX/BS]
2000	L･ハミルトン(Lewis HAMILTON) /GB[CRG/IAME/BS]	N･ロズベルグ(N.Rosberg) /FIN[CRG/	M･アーディゴ(M.Ardigo) /I
2001	C･ヴァンダム(C.Van Dam) /NL[GILLARD/IAME/VEGA]	B･ハンリー (B.Hanley) /GB[MARANELLO/	B･ランマース(B.Lammers) /NL
2002	D･ヘンクメイヤー (D.Hemkemeyer) /D	H･サンデン(H.Sanden) /D	A･アブリュー (A.Abreu) /BR
2003	B･ランマース(B.Lammers) /NL[SWISSHUTLESS/VORTEX/BS]	D･フォレ(D.Fore) /I[TONYKART/VORTEX/BS]	T･ナイマン(T.Nyman) /FIN[GILLARD/IAME/BS]
2004	N･デブリン(N.de Bruijn) /NL[GILLARD/IAME/BS]	S･チェセッティ (S.Cesetti) /I[BIREL/TM/BS]	D･フォレ(D.Fore) /I[TONYKART/VORTEX/BS]
2005	M･アーディゴ(Marco ARDIGO) /I[TONYKART/VORTEX/BS]	S･チェセッティ (S.Cesetti) /I[BIREL/TM/BS]	J･ランカスター (J.Lancaster) /GB[BIREL/TM/BS]
2006	M･アーディゴ(Marco ARDIGO) /I[TONYKART/VORTEX/BS]	R･クリストドゥル(R.Christodoulou) /GB[FA-KART/VORTEX/BS]	A･コズリンスキー (A.Kozlinski) /F[INTREPID/TM/BS]

European Championship KF1（2007 ～ 2008）／ SKF（2009）

2007	M･アーディゴ(Marco ARDIGO)／I[TONYKART／VORTEX／BS]	G･キャッツ(Garry CATT)／GB[TONYKART／VORTEX／BS]	M･クリステンセン(Michael CHRISTENSEN)／DK[GILLARD／PARILLA／BS]
2008	M･アーディゴ(Marco ARDIGO)／I[TONYKART／VORTEX／BS]	A･コズリンスキー(Arnaud KOZLINSKI)／F[CRG／MAXTER／BS]	G･キャッツ(Garry CATT)／GB[TONYKART／VORTEX／BS]
2009	A･ヴァノ(Aaro Vainia) ／FIN[MARANELLO／MAXTER/BS]	M･レナウディ (Manuel Renaudie) ／F[GILLARD／PARILLA/BS]	S･プハッカ(Simo Puhakka) ／FIN[PCR／TM／BS]

European Championship KF（2013 ～ 2015）

2013	M.フェルスタッペン(MaxVerstappen) /I[CRG/TM/BS]	V.モナート(Valentin Moineault) /F[ART GP/TM/VG]	C.ソレンセン(Christian Sorensen) /DNK[TONYKART/VORTEX/VG]
2014	C.イロット(Callum Ilott) /GBR[ZANARDI/PARILLA/DL]	N.ニールセン(Nicklas Nielsen) /DNK[KOSMIC/VORTEX/DL]	L.ノリス(Lando Norris) /GB[FA-KART/VORTEX/DL]
2015	B.ハンリー(Ben Hanley)/GBR[CROCPROMOTION/TM/VG]	T.ジョイナー (Tom Joyner)/GBR[ZANARDI/TM/VG]	R.フェルスコール(Richard Verchhoor)/NLD[EXPRIT/VORTEX/VG]

European Championship KF-JUNIOR（2013 ～）

2013	L.ノリス(LandoNorris) /GB[FA-KART/VORTEX/LeCont]	D.ティックタム(Daniel Ticktum) /GB[FA-KART/VORTEX/LeCont]	M.ファンリーエン(MartijnVan Leeuwen) /NL[ZANARDI/TM/LeCont]
2014	E.アフメッド(Enaam Ahmed) /GBR[FA-KART/VORTEX/VG]	M.ジュニア(Mick Junior) /DEU[TONYKART/VORTEX/VG]	D.デフランチェスコ(Devlin Defrancesco) /USA[TONYKART/VORTEX/VG]
2015	C.ランドガード(Christian Lundgaard)/DNK[TONYKART/VORTEX/LeCONT]	P.マルトーン(Presley Martono)/IND[TONYKART/VORTEX/LeCONT]	K.ルーセンス(Kenny Roosens)/BEL[KOSMIC/PARILLA/LwCONT]

European Championship OK（2016 ～）

2016	P.ヒルブランド(Pedro Hiltbrand)/ESP[CRG/PARILLA/VG]	T.ジョイナー (Tom Joyner)/GBR[ZANARDI/PARILLA/VG]	K.バズ(Karol Basz)/POL[KOSMIC/VORTEX/VG]
2017	S.タオフィク(Sami Taoufik)/MAR[FA-KART/VORTEX/LeCont]	P.ブランセブ(Pavek Bulantsev)/RUS[TONYKART/VORTEX/LeCont]	L.トラビサヌート(Lorenzo Travisanutto)/ITA[ZANARDi/PARILLA/LeConte]
2018	H.ヤンカー (Hannes Janker)/DEU[KR/IAME/BS]	H.　トンプソン(Harry Thompson)/GBR[FA-KART/VORTEX/BS]	P.ヒルブランド(Pedro Hiltbrand)/ESP[CRG/TM/BS]
2019	L.トラビサヌット(Lorenzo Travisanutto)/ITA[KR/PARILLA/LeCont]	G.ミニ(Gabriele Mini)ITA[PAROLIN/TM/LeCont]	D.パターソン(Dexter Patterson)GBR[KR/PARILLA/LeCont]
2020	A.アントネッリ(Andrea Kimi Antonelli)/ITA[KR/IAME/LeCont]	T.バーナード(Taylor Barnard)/GBR[KR/IAME/LeCont]	J.ターニー(Joe Turney)/GBR[TONYKART/VORTEX/LeCont]
2021	A.アントネッリ(Andrea Kimi Antonelli)/ITA[KR/IAME/MG]	R.カマラ(Rafael Camara)/BRA[KR/IAME/MG]	A.リンドブランド(Arvid Lindbland)/GBR[KR/IAME/MG]
2022	中村紀庵(Kean Nalkamura Berta)/GB[KR/TM/MG]	A.ポウル(Alex Powell)･JAM[KR/IAME/MG]	J.ターニー(Joe Turney)/GBR[TONYKART/VORTEX/MG]
2023	R.ランマース(Rene Lammers)NLD[Parolin/TM/MG]	G.ゴメス(Gabriel Gomez)ITA[CRG/IAME/MG]	A.パウル(Alex Powell)JAM[KR/IAME/MG]

European Championship OK-J（2016 ～）

2016	F.ケネリー(Finlay Kenneally)/GBR[FA-KART/VORTEX/VG]	N.ワット(Noah Watt)/DNK[TONYKART/VORTEX/VG]	V.マルティンス(Victor Martins)/FRA[KOSMIC/PARILLA/VG]
2017	J.エドガー(Jonny Edgar)/GBR[EXPRIT/TM/VG]	H.トンプソン(Harry Thompson)/GBR[FA-KART/VORTEX/VG]	J.ドゥーハン(Jack Doohan)/AUS[FA-KART/VORTEX/VG]
2018	P.アーロン(Paul Aron)/EST[FA-KART/VORTEX/VG]	G.ミニ(Gabriele Mini')/ITA[PAROLIN/IAME/VG]	G.ボルトレト(Gabriel Bortoleto)/BRA[CRG/TM/VG]
2019	M.アマンド(Marcus Amand)FRA[KR/PARILLA/VG]	A.K.アントネリ(Andrea Kimi Antnelli)ITA[KR/PARILLA/VG]	T.テンブリンク(Thomas Ten Brinke)NLD[FA-JART/VORTEX/VG]
2020	U.ウゴシュク(Ugo Ugochukwu)/USA[KR/IAME/LeCont]	A.リンドブラド(Arvid Lindblad)/GBR[KR/IAME/LeCont]	T.タポネン(Tuukka Taponen)/FIN[TONYKART/VORTEX/LeCont]
2021	F.スレーター(Freddie Slater)/GBR[KOSMIC/VORTEX/MG]	M.フェレイラ(Matheus Ferreira)/BRA[KR/IAME/MG]	E.エックマン(Ean Eyckmans)/BEL[KOSMIC/VORTEX/MG]
2022	A.カハルキン(Anatholy Khavalkin)[Parolin/TM/VG]	J.フィゾロスキ(Jan.Przyowski)/POL[TONYKART/VORTEZ/VG]	N.タイ(Nathan Tye)/GBR[SODI/TM/VG]
2023	O.ボンダレフ(Oleksandr Bondarev)UKR[KR/IAME/VG]	T.ラマエカーズ(Thibaut Ramaekers)BEL[KR/IAME/VG]	I.マルティネゼ(Iacopo Martinese)ITA[KR/IAME/VG]

ロータックス マックス グランドファイナル
ROTAX MAX GRANDFINAL

オーストリアのエンジンメーカー、ロータックスがリリースするFR125MAXエンジンを使用したワンメイクレース。世界共通レギュレーションの下、各国並びにヨーロッパでシリーズ戦が行われ、その上位ランカーや各国代表選手が集い世界一を決める大会がグランドファイナルだ。プロフェッショナルなCIK選手権に対し、アマチュアの祭典のような雰囲気がある。

ROTAX MAX GRANDFINAL（2000～）

2000 PuertoRico	MAX category	Gavin Cronje/ZAF	Leeroy Poulter	William Yarwood
2001 Malaysia	MAX category	Claudio P-Musso/RSA	Scot Auld	Martin Pierce
2002 SouthAfrica	MAX category	Mark Cronje/RSA	Ian Parsons/GBR	Claudio P-Musso/RSA
	125 MAX Masters	高橋和則/JPN	Rob Kellock/ZAF	Jurg Schumacher/SWI
2003 Egypt	MAX category	Christiano Morgado/RSA	Riccardo Van Der Ende/NLD	Adrian Estasy/AUS
	JUNIOR category	Omar Martin/ESP	Bruno Serra/POR	Wiann Swart?RSA
2004 Spain	RM1 category	Wesleigh Orr/RSA	Cristiano Morgado/RSA	Tristram Oman/GBR
	JUNIOR category	Benjamin Salvatore/F	Adam Christodoulou/GBR	Earl Bamber/NZ
2005 Malaysia	RM1 category	Wesleigh Orr/RSA	Cristiano Morgado/RSA	Alexandre Engels/BEL
	MAX category	Luuk Glansdorp/NLD	Rama Danindro/IDN	Martin Pierce/GBR
	MAX Masters Class	Satya Rasa/IDN	Manolos Tzamariadakis/GRC	Pedro Loures/POR
	JUNIOR category	Kenneth Hildenbrand/EST	Daniel Chhellnegger/AUS	平峰一貴/JPN
2006 Portugal	DD2 category	Ben George/AUS	Michael Simpson/GBR	Marwan Al Tayer/UAE
	MAX category	Ricardo Romkema/NLD	Mike Joossens/NLD	Mikhail Mitrokhin/RUS
	MAX Masters Class	Luc Sauriol/CAN	Euripides Hatzistefanis/GRC	Esa Pekkanen/FIN
	JUNIOR category	Jorrit Pex/BEL	Jack Hawksworth/GBR	Daniel Schellnegger/A
2007 UAE	DD2 category	Pier Luc Ouellett /CAN	Morgan Riche/F	久保　誠/JPN
	MAX category	Christophe Adams/BEL	Olivier Fiorucci/F	Guy Pansart/F
	MAX Masters Class	Benjy Russell/GBR	Ricando Romkema/NLD	Mike Simpson/GBR
	JUNIOR category	Colin Davis/GBR	Jerome Bouequard/F	Luc Sauriol/CAN
2008 Italy	DD2 category	Leeroy Poulter/RSA	Pier-Luc Ouellette/CAN	Stuart Marsell/USA
	DD2 Masters	Dennis Kroes/NLD	Curtis Cooksey/USA	Maurits Knopjes/UAE
	MAX category	Ben Cooper/GBR	Chris Lock/GBR	Martin Pierce/IRL
	MAX Masters Class	Martin Pierce/IRL	Jerome Bouequard/F	Colin Davis/GBR
	JUNIOR category	Facundo Chapur/ARG	Kevin Korjus/EST	Paul Fourquemin/F
2009 Egypt	DD2 category	Caleb Williams/RSA	Ralph Odendaal/RSA	Cody Hodgson/GBR
	DD2 Masters	J.Perez Santander/ESP	Guy Pansart/F	Srogian Gosevits/GRC
	SENIOR MAX category	Luke Varley/GBR	Mario Vendla/ESP	Mathew Hamilton/NZ
	SENIOR MAX Masters Class	Christophe Adams/BEL	Jerome Bouequard/F	Pedro Loures/POR
	JUNIOR category	笹原右京/JPN	Matthew Parry/GBR	Edward Brand/GBR
2010 Italy	DD2 category	Daniel Morad/CAN	Maik Barten/BEL	Matthew Hamilton/NZ
	DD2 Masters	Scott Campbell/CAN	Dennis Kroes/NDL	Martin Victorsson/SWE
	MAX category	Caleb Williams/RSA	Joshua Hart/NZ	Ferenc Kancsar/A
	JUNIOR category	Martin Rump/EST	Jordi Van Moorsel/NLD	Joel Affolter/NLD
2011 UAE	DD2 category	Pier Luc Ouellett /CAN	Janson Pringle/AUS	George Vann/EST
	DD2 Masters	Cristiano Morgado/RSA	Danny Brand/BEL	Guillaume Berteaux/F
	MAX category	Ben Cooper/GBR	David Sera/AUS	佐々木大尭/JPN
	JUNIOR category	笹原右京/JPN	Joseph Mawson/AUS	James Singleton/GBR
2012 PORTUGAL	DD2	Ben Cooper/GBR	Konstantins Calko/LAT	Mathisa Detige/BEL
	DD2 Masters	Morgado Cristiano/RSA	Scott Campbell/CAN	David Griffiths/GBR
	MAX Senior	Charlie Eastwood/IRL	Edward Brand/GBR	Oliver Hodgson/GBR
	JUNIOR category	Harry Ewbb/GBR	Jonneau Esmeijer/NED	Parker Thompson/CAN
	Micro Max	Ayrton Simmons/ESP	Juan Calros Resoagli/ESP	Sanrinho Mendes/POR
2013 USA	DD2	Simas Juodvirsis/LTU	Joey Wimsett/USA	Oriol Daimau Caballer/ESP
	DD2 Masters	Cristiano Morgado/ZAF	Daniel Richert/AUS	Scott Campbell/CAN
	MAX Senior	Oliver Hodgson/GBR	Aavo Talvar/EST	Oliver Askew/USA
	JUNIOR	Juan Correa/USA	Brett Ward/GBR	Zhou Guan Yu/GBR
	Micro Max	Dylan Tavella/USA	Maxwell Waithman/USA	Patrick Woods-Toth/CAN
	Mini Max	David Malukas/USA	Samuel Lupien/CAN	Devin Boutot/USA
2014 SPAIN	DD2	Sean Babington/ARE	Ben Cooper/CAN	Jordan Boys/AUS
	DD2 Masters	Mikko Laine/FIN	Cristiano Morgado/ZAF	Antti Ollikainen/FIN
	MAX Senior	Carlos Gil/SPA	Bruno Borlido/POR	Zachary Claman-Demelo/CAN
	JUNIOR	Jueri Vips/EST	David Wooder/GBR	Max Timmermans/BEL
	Micro Max	Daniel Nogales/SPA	Jose Maria Navalon/SPA	Ruben Moya/SPA
	Nations Cup	South Afrika	Australia	Spain
2015 PORTUGAL	DD2	Ferenc Kancsar/HUN	Andreas Backman/SWE	Mads Thomsen/DNK
	DD2 Masters	Ryan Urban/NEZ	Jim Ringelberg/NLD	Gabriel Zughella/ARG
	MAX Senior	Alex Alex/ITA	Lucas Selliken/USA	Jordan Sherratt/ZAF
	Junior Max	Florian Venturi/FRA	Mathias Ramirez-Barrero/USA	Caio Collet/BRA
	Mini Max	Daniel Nogales/SPA	Quique Bordas/SPA	Lucas Martin/SPA
	Micro MAX	Juan Martinez/SPA	Santi Vallve/SPA	Nico Lavery/SPA
	Nations Cup	United States od America	South Africa	Netherlands
2016 ITALY	DD2	Ferenc Kancsar/HUN	Christian Sorensen/DEN	Josh Hart/NZL
	DD2 Masters	Lee Mitchener/AUS	Antti Ollikainen/FIN	Dennis Kroes/NED
	MAX Senior	Denis Mavlanov/RUS	Petr Bezel/CZE	Berkay Besler/TUR
	Junior Max	Mark Kimber/GBR	Zsombor Kovocs/HUN	Enzo Valente/FRA
	Mini Max	Joyden Els/RSA	Thomas Nepveu/CAN	Luka Nurmi/FIN
	Micro MAX	Diego Laroque/USA	Robert De Haan/NED	Kris Haanen/NED
	Nations Cup	CANADA	FINLAND	AUSTRALIA
2017 PORTUGAL	DD2	Cody Gillis/AUS	Mads Thomsen/DEN	Christian Sorensen/DEN
	DD2 Masters	Troy Woolston/AUS	Antti Ollikainen/FIN	Charly Hipp/FRA
	MAX Senior	Brett Ward/GBR	Felix Warfe/BEL	Jean Nomblot/FRA
	Junior Max	Tijmen Van Der Helm/NED	Sami Meguetounif/FRA	Luca Leistro/BEL
	Mini Max	Marcus Amand/FRA	Jamie Day/UAE	James Wharton/AUS
	Micro MAX	Louis Iglesios/FRA	Leon Zalenko/CRO	洞池遼大/JPN
2018 BRAZIL	DD2	Paolo Besancenez/FRA	Daniel Formal/CRL	Taylor Greenfield/USA
	DD2 Masters	Cristiano Morgado/ZAE	Antti Ollikainen/FIN	Fraser Hart/NZL
	MAX Senior	Senna Van Walstijn/NLD	Mark Kimber/GBR	Nmario Novak/AUT
	Junior Max	Robert De Haan/NLD	Jaiden Pope/AUS	Mike Van Vugt/NLD
	Mini Max	Farin Megger/DEU	Dani Van Ruiten/NLD	Augustin Bernier/FRA
	Micro MAX	Brent Crews/USA	Douwe Dedecker/BEL	Mitchell Van Dijk/NLD
2019 ITALY	DD2	Petr Bezel/CZE	Nicolas Picot/FRA	Xen De Ruwa/SVN
	DD2 Masters	Roberto Pesevski/AUT	Rudy Champion/FRA	Matias Rodriguez/ARG
	MAX Senior	Axel Saarniala_FIN	Guy Cunnington/GBR	Elia Galvanin/ITA
	Junior Max	Ocbome Clay/NZL	Sacha Maguet/FRA	Jason Leung/CAN
	Mini Max	Jplan Raccamier/FRA	Andy Ratel/FRA	Costa Toparis/AUS
	Micro MAX	Jay Urwin/NZL	Macauley Bishop/GBR	Salvador Trindade/PRT
	Nations Cup	FRANCE	FINLAND	AUSTRALIA
2020	コロナ禍により中止			
2021 BAHRAIN	DD2	Martijn Van Leeuwen/BEL	Kyleaditya Kumaran/ARE	Patriks Noels Locmelis/LVA
	DD2 Masters	Morgan Riche/FRA	Piel-Luc Ouellette/CAN	Joao Cunha/BRA
	MAX Senior	Mark Kimber/GBR	Kai Hunter/GBR	Sean Butcher/GBR
	Junior Max	Tomass Stolcermanis/LVA	Jayden Thien/NLD	Kai Rillaerts/NLD
	Mini Max	遠藤新太/JPN	Borys Lyzen/POL	Scott Marsh/GBR
	Micro MAX	Nikita Ljubimov/EST	Manuel Miguez Gayoso/ESP	Dragos Avaslicutei/AUT
2022 PORTUGAL	DD2	Mark Kimber/GBR	Glenn Van Parijs/BEL	Jakub Bezel/AUT
	DD2 Masters	Kristaps Gasparovics/LVA	Paul Louveau/FRA	Claudio Pagliarani/ITA
	MAX Senior	Callum Bradshaw /GBR	Lewis Gilbert/GBR	Brandon Carr/GBR
	Junior Max	Scott Marsh/GBR	Ethan Jeff-Hall/GBR	Kasper Schormans/NLD
	Mini Max	Christopher El Feghali/LBN	Jacob　Ashcroft/GBR	Harry Bartle/GBR
	Micro MAX	Martim Marques/PRT	Majus Mazinas/LTU	Albert Friend/GBR
	E20 SENIOR	Jesper Sjoeberg/SWE	Luca Koester/DEU	Chen Han Lin/POL
	E"0 Junior	Joel Bergstroem/SWE	Tijs Daems/BEL	Christopher Holst/CHE
2023 BAHRAIN	DD2	Ragnar Veerus/EST	Philipp Moitzi/AUT	Jakub Bezel/AUT
	DD2 Masters	Ben Cooper/CAN	Mathew Kinsman/NZL	Matias Rodriguez/ARG
	MAX Senior	Andrej Petrovic/SVN	Aron Krepcsik/HUN	Macauley Bishop/GBR
	Junior Max	Timo Jungling/GBR	Beau Lowette/BEL	Louin Comyn/FRA
	Mini Max	Rory Armstrong/GBR	Nikita Ljubimov/EST	Jacob Ashcroft/GBR
	Micro MAX	Jenson Chalk/GBR	Andreas Kjellerup/DNK	Edward Haynes/GBR

マックスフェスティバル MAX FESTIVAL

ロータックスMAXエンジンのワンメイクシリーズ、RMCシリーズの頂点となる大会。各地のシリーズを勝ち上がった選手が集まり、日本代表の座をかけて戦う。

Year						
2004	瑞浪	Senior 中嶋洋己	Junior 三浦 愛	Masters 垣江俊男		
2005	瑞浪	Senior 城本祥平	Junior 高木裕樹	Masters 垣江俊男		
2006	瑞浪	Senior 中村真志	Junior 高木裕樹	Masters 山本恵則	Mini 吾妻大地	
2007	瑞浪	Senior 塚本幸男	Junior 勝田貴元	Masters 高垣徹也	Mini 阪口晴南	
2008	瑞浪	Senior 長野大地	Junior 石川京侍	Masters 大木茂雄	Mini 牧野任祐	
2009	瑞浪	Senior 久保 誠	Junior 笹原右京	Masters 藤山隆信	Mini 阪口晴南	
2010	美浜	Senior 金石勝英	Junior 福住仁嶺	Masters 森 博之	Mini 上田竜大	
2011	もてぎ	Senior 笹原右京	Junior 福住仁嶺	Masters 友村慎太郎	Mini 小暮ひかる	Micro 滝田真之佑
2012	新東京	Senior 松本祥人	Junior 堤 洸太	Masters 小原正美		Micro 宮澤彪吾
2013	瑞浪	Senior 堤 優威	Junior 阪口晴南	Masters 弓削 恵		Micro 奥住慈英
2014	瑞浪	Senior 佐藤万璃音	Junior 毛利龍也	Masters 塚本幸男	Mini 本間 春	Micro 日野星夜
2015	瑞浪	Senior 佐々木大堯	Junior 松澤亮佑	Masters 杉山健吾	Mini 岡崎直人	Micro 足立桜梅
2016	鈴鹿	Senior 水野皓稀	Junior 平良 響	Masters 松浦孝亮	Mini 藤原優汰	Micro 洞地遼大
2017	瑞浪	Senior 水野皓稀	Junior 森山冬星	Masters 久保 誠	Mini 山下大輔	Micro 洞地遼大
2018	鈴鹿	Senior 遠藤照剛	Junior 大宮賢人	Masters 川瀬友和	Mini 洞地遼大	Micro 酒井 涼
2019	APG	Senior 遠藤照剛	Junior 堂園 鷲	Masters 久保 誠	Mini Enzo Yeh	Micro Griffin Peebles
2020	瑞浪	Senior 小島風太	Junior 加藤大翔	Masters 加藤雅規	Mini 中井悠斗	Micro 遠藤新太
2021	瑞浪	Senior 小島風太	Junior 落合蓮音	Masters 加藤雅規	Mini 遠藤新太	Micro 鈴木春風
2022	APG	Senior 熊谷憲太	Junior 酒井龍太郎	Masters 久保 誠	Mini 浅沼宏太朗	Micro 坂野太絃
2023	瑞浪	Senior 玉橋悠月	Junior 遠藤新太	Masters 木村一眞	Mini 坂野太絃	Micro 新橋 武

全日本選手権 All Japan Championship

1973年にスタートした国内最高峰のシリーズ戦。1999年からは15際以下を対象としたジュニア選手権も始まった。フォーミュラレースでも活躍するおなじみの名前が並ぶ。2019年からはピストンポートエンジンを使用するFP-3クラスが新設された。2022年度からは「EV部門」も新設され、2023年はFS-125部門がCIK部門とJAF部門へと分割され開催された。

全日本選手権(*1973～*)

Year								
1973			A	本橋 敏生(BM／KOMET／GY)				
1974				金杉 直幸(REON／KOMET／GY)	SS	杉山 茂雄(YAMAHA／YAMAHA／DL)		
1975				鈴木 利男(CARREL／KOMET／DL)		平野 晴夫(YAMAHA／YAMAHA／GY)		
1976				鈴木 利男(CARREL／KOMET／GY,DL)		野田 克(YAMAHA／YAMAHA／GY,DL)		
1977				菅家 安智(コルセア／コブラ／BS)	S	望月 新一(YAMAHA／YAMAHA／DL)		
1978				鈴木亜久里(STAG／PARILLA／BS)		菅家 安智(STAG／YAMAHA／BS)		
1979				菅家 安智(STAG／PARILLA／BS)		菅家 安智(STAG／YAMAHA／BS)		
1980				望月 新一(YAMAHA／YAMAHA／DL)		李 好彦(YAMAHA／YAMAHA／BS)		
1981			AII	鈴木亜久里(YAMAHA／YAMAHA／BS)		李 好彦(YAMAHA／YAMAHA／BS)		
1982				杉山 茂雄(YAMAHA／YAMAHA／DL)	AI	吉田 正人(YAMAHA／YAMAHA／DL)		
1983				佐野 和志(BIREL／PARILLA／DL)		李 好広(YAMAHA／YAMAHA／BS)		
1984				佐野 和志(BIREL／PARILLA／DL)		園田 行洋(YAMAHA／YAMAHA／BS)		
1985	FK	金石 勝智(BIREL／KOMET／DL)		佐野 和志(DAP／MUGEN／BS)		毛利 裕之(YAMAHA／YAMAHA／BS)		
1986		佐野 和志(BIREL／KOMET／BS)		野田 英樹(HUTLESS／PARILLA／DL)		本山 哲(KALI／PARILLA／BS)		
1987		杉山 茂雄(YAMAHA／KOMET／DL)		本山 哲(BIREL／PARILLA／BS)		松谷 隆郎(KALI／PARILLA／BS)		
1988		佐野 和志(BIREL／KOMET／BS)		津田 浩次(BIREL／SIRIO／BS)		菊田 潔(TECNO／PARILLA／DL)		
1989				本山 哲(BIREL／PARILLA／BS)		酒井 浩(KALI／ROTAX／DL)		
1990	FA	佐野 和志(BIREL／IAME／BS)		高木虎之介(YAMAHA／ROTAX／DL)		鈴木 慶祐(TECNO／ROTAX／BS)		
1991		松谷 隆郎(HAASE／MUGEN／BS)		宇田川英明(TECNO／PCR／BS)		荻原 正好(TECNO／IAME／BS)		
1992	FK	樋口 信之(YAMAHA／YAMAHA／DL)	FA	佐藤 雅洋(ALLKART／ROTAX／DL)		佐々木義弘(TECNO／IAME／BS)		
1993	FSA	樋口 信之(YAMAHA／YAMAHA／DL)		大脇 照男(CRG／ITALSISTEM／DL)		小森 弦(TECNO／IAME／BS)		
1994		松谷 隆郎(HAASE／ROTAX／BS)		金石 年弘(HAASE／ROTAX／DL)	FR	落合 智一(TECNO／ATOMIK／BS)		
1995		松谷 隆郎(HAASE／TITAN／BS)		須崎 善文(ALPHA／ROTAX／BS)		松浦 孝亮(BIESSE／ROTAX／BS)		
1996		津田 浩次(HAASE／TITAN／BS)		保坂 光俊(HAASE／ROTAX／BS)		丹羽 巨史(TECNO／ITALSISTEM／DL)		
1997		金石 年弘(YAMAHA／ROTAX／BS)		塩渕 誠二(BRM／ITALSISTEM／DL)	ICA	平塚 正直(ALPHA／ROTAX／BS)		
1998		須崎 善文(ALPHA／ROTAX／BS)		石崎 英之(YAMAHA／ITALSISTEM／BS)		井上 寛之(BIREL／ITALSISTEM／BS)		
1999		片岡 龍也(YAMAHA／ROTAX／BS)		山本 左近(TONYKART／ITALSISTEM／DL)		柴田 裕紀(ALPHA／IAME／BS)		
2000		片岡 龍也(YAMAHA／ROTAX／BS)		安田 春鏞(BIREL／VOLRTEX／BS)		桑田 墨(YAMAHA／ITALSISTEM／DL)		
2001		安田 裕鏞(KOSMIC／VORTEX／BS)		大嶋 和也(TOPKART／COMER／DL)		小林可夢偉(YAMAHA／ITALSISTEM／BS)		
2002		梅垣 博至(BIREL／TM／DL)		山本 尚貴(TONYKART／IAME／BS)		関口 雄飛(KOSMIC／VORTEX／DL)		
2003		塚越 広大(YAMAHA／VORTEX／BS)		高井 美豪(YAMAHA／TM／DL)		山内 英輝(YAMAHA／TM／BS)		
2004				国本 京佑(TOPKART／TM／BS)		佐野 夏澄(YAMAHA／TM／DL)		
2005				井口 卓人(VANSPEED／IAME／DL)		石井 一也(YAMAHA／TM／DL)		
2006				野尻 智紀(TONYKART／VORTEX／DL・BS)		玉川 勇多(BIREL／TM／BS)		
2007				佐々木大樹(BIREL／TM／BS)		中小路良輔(KOSMIC／VORTEX／DL)		
2008	KF1	佐々木大樹(KOSMIC／VORTEX／BS)	KF2	大津 弘樹(BIREL／IAME／BS)				
2009		清原 章太(TONYKART／VORTEX／BS)		小瀬 翔也(MARANELLO／IAME／DL)				
2010	SKF	石川 京侍(TONYKART／VORTEX／BS)		篠谷 大幹(TONYKART／IAME／YH)				
2011		鈴木 侑也(SODI／TM／BS)		佐伯 新(FA-KART／VORTEX／BS)		牧野 任祐(TONYKART/IAME/DL)		
2012	KF1	平木 湧也(TONYKART/VORTEX/BS)		倉田 拓明(RK/IAME/BS)		田中 海輝(TONYKART/IAME/DL)		
2013		福住 仁嶺(KOSMIC/VORTEX/DL)		阪口 晴南(ARTGP/TM/BS)		石田 ジョー(KOSMIC/IAME/DL)		
2014		宮田 莉朋(EXPRIT/TM/DL)				山内 飛侑(CRG/IAME/BS)		
2015	KF	阪口 晴南(CROCPROMOTION/TM/DL)				環 優光(TONYKART/IAME/BS)		
2016		宮田 莉朋(EXPRIT/TM/DL)				佐藤 蓮(TONYKART/IAME/BS)		
2017		佐藤 蓮(DragoCorse/TM/DL)				澤龍之介(DragoCorse/IAME/DL)		
2018		佐藤 蓮(DragoCorse/TM/YH)			FS125	高口大将(DragoCorse/IAME/DL)		
2019		佐々木大樹(TONYKART/VORTEX/BS)		山本祐輝(KOSMIC/YAMAHA/BS)		野村勇斗(EXPRIT/IAME/DL)		
2020		渡会太一(DragoCorse/TM/BD)		中村 仁(KOSMIC/YAMAHA/BS)		津野熊凌人(CRG/IAME/BS)		
2021	OK	佐々木大樹(TONYKART/VORTEX/BS)		村田悠磨(XENON/YAMAHA/BS)		堂園 鷲(ENERGY/IAME/BS)		
2022		小田 優(DragoCorse/TM/BS)	FP3	春日龍之介(XENON/YAMAHA/BS)		百瀬 翔(LN/IAME/BS)		梅垣 清(TOM'S EV)
2023		藤井翔大(DragoCorse/TM/BS)		酒井龍太郎(EXPRIT/YAMAHA/DL)		CIK：鈴木恵武(Praga/IAME/DL) JAF：佐藤佑月樹(EXPRIT/IAME/DL)	EV	翁長実希(TOM'S EV)

※名前の後のかっこ内は（フレーム／エンジン／タイヤ）のメーカー名。タイヤ略称はBS= ブリヂストン、DL= ダンロップ、YH ＝ヨコハマ、GY= グッドイヤー、VG= ヴェガを表す。

JAF ジュニア選手権（*1999*～）

Year				
1999	FP-Jr	大嶋　和也(BIREL/CARREL/DL)		
		平手　晃平(YAMAHA/YAMAHA/DL)		
2000		小林可夢偉(YAMAHA/YAMAHA/BS)		
2001		田中　誠也(BIREL/YAMAHA/DL)		
2002		大石　裕基(TONYKART/YAMAHA/DL)		
2003		中村　真志(YAMAHA/YAMAHA/BS)		
2004		佐々木大樹(CORSE/YAMAHA/YH)		
2005		中山　雄一(YAMAHA/YAMAHA/YH)		
2006		大谷　　涼(BIREL/YAMAHA/DL)		
2007		川端伸太朗(BIREL/YAMAHA/YH)		
2008		平川　　亮(BIREL/YAMAHA/YH)		
2009		笹原　右京(KOSMIC／YAMAHA／BS)	FP-Jr Cadets	小高　一斗(KOSMIC/YAMAHA/YH)
2010		大湯都史樹(TONYKART/YAMAHA/BS)		上田　竜大(BIREL/YAMAHA/YH)
2011		阪口　晴南(TONYKART/YAMAHA/BS)		古関　風眞(FA-KART/YAMAHA/YH)
2012		石田ジョー (KOSMIC/YAMAHA/BS)		佐藤　蓮(TONYKART/YAMAHA/YH)
2013		佐藤　蓮(TONYKART/YAMAHA/BS)		塚田　海斗(FA-KART/YAMAHA/YH)
2014		三澤　拓真(EXPRIT/YAMAHA/YH)		滝田真之佑(BIREL/YAMAHA/DL)
2015		上原　拓和(TONYKART/YAMAHA/YH)		松山　幸生(EXPRIT/YAMAHA/DL)
2016		清水英志郎(TOYNKART/YAMAHA/YH)		野村　勇斗(BIREL/YAMAHA/DL)
2017		野村　勇斗(EXPRIT/YAMAHA/BS)		小林利徠斗(BirelART/YAMAHA/YH)
2018		田中　風輝(EXPRIT/YAMAHA/BS)		五十嵐文太郎(BirelART/YAMAHA/YH)
2019		堂園　鷲(KOSMIC/YAMAHA/BS)		松本琉輝斗(ENERGY/YAMAHA/YH)
2020		落合　蓮音(TONYKART/YAMAHA/DL)		金子　准也(Crocpromotion/YAMAHA/YH)
2021		鈴木恵武(KOSMIC/YAMAHA/DL)		酒井龍太郎(Parolin/YAMAHA/YH)
2022		酒井龍太郎(EXPEIT/YAMAHA/DL)		澤田龍征(Parolin/YAMAHA/YH)
2023	全日本併催	ジュニア(FP-Jr)	中西凜音(Energy/YAMAHA/DL)	
		ジュニアカデット(FP-Jr Cadets)	元田心絆(FALCON/YAMAHA/DL)	
	もてぎ	ジュニア(X30Jr)	松尾柊磨(CRG/IAME/DL)	
	鈴鹿	ジュニア(Jr MAX)	遠藤新太(EXPRIT/ROTAX/MOJO)	
	琵琶湖・石野・神戸	ジュニア(FP-Jr)	梶尾義朝(TONYKART/YAMAHA/DL)	
		ジュニアカデット(FP-Jr Cadets)	島津舞央(FALCON/YAMAHA/DL)	

スーパーカート全国大会

1995年から2004年まで行われたミッションカート(YZ80/85、YZ125)による日本一決定戦。

		YZ ストック 80/85	YZ ストック 125	耐久	オールスター
第1回	1995 年	若井祥吾	中村圭吾	阪直純／白桃逸雄	李　好彦
第2回	1996 年	安田春鏞	白桃逸雄	小川直哉／石川創	本山　哲
第3回	1997 年	若井祥吾	安田春鏞	田崎紀彦／山口智昭	
第4回	1998 年	宮本貴行	若井祥吾	佐藤和也／越前清和	金石年弘／片岡龍也
第5回	1999 年	安田裕信	若井祥吾	西野武志／岡田敏	脇阪寿一／松本達哉
第6回	2000 年	田中誠也	加藤　真		
第7回	2001 年	東　健太	柴田知寿	YZ125 オープン	
第8回	2002 年		加藤　真	保立　翔	
第9回	2003 年	蕨　雅樹			
第10回	2004 年		笹野翔大	半田聡史	

GPR KARTING

2023年に新設された転戦型シリーズ。2023年はオートバックスをタイトルスポンサーへ迎え、初年度ながら多くの参加者を集めた。2024年は一部クラスで全日本・ジュニア選手権とジョイントし、選手権レースとしても開催される。

		Driver 部門	Team 部門
2023 年	OK	鈴木斗輝哉 [EKS/TM/DL]	K.SPEED WIN
	Junior	酒井龍太郎 [TONYKART/IAME/DL]	ミツサダ PWG RACING
	Cadets	森谷永翔 [Parolin/YAMAHA/DL]	ERS with SACCESS
	Shifter	安堂　祐 [RosaDragoCorse/VORTEX/Rok]	TONYKART R.T.J.

L.I.K. 全国学生カート選手権

1996年にスタートした学生の学生による学生のための選手権。全国の大学生、短大生、専門学校生またはそのOBを出場対象とし、各クラスに与えられたポイントにより学校ナンバー1を決する大会となっている。連続開催される大会としてはSL全国大会に続く長い歴史を誇る。

		会場	出場校数	総合優勝校
第1回	1996 年	SUGO	14	東北学院大学
第2回	1997 年	瑞浪	25	千葉工業大学
第3回	1998 年	新東京	22	三重大学
第4回	1999 年	SUGO	21	千葉工業大学
第5回	2000 年	鈴鹿	34	中日本自動車短大
第6回	2001 年	新東京	20	清和大学 東京科学芸術専門学校 武蔵工業大学
第7回	2002 年	SUGO	20	愛知工業大学
第8回	2003 年	瑞浪	16	名古屋工業大学
第9回	2004 年	鈴鹿	18	大同工業大学
第10回	2005 年	SUGO	12	東北大学 鈴鹿国際大学
第11回	2006 年	瑞浪	10	東北大学
第12回	2007 年	猪名川	11	大阪経済大学
第13回	2008 年	SUGO	9	中日本自動車短大
第14回	2009 年	瑞浪	9	大同大学
第15回	2010 年	猪名川	10	愛知工業大学
第16回	2011 年	SUGO	9	愛知工業大学
第17回	2012 年	石野	10	東北大学
第18回	2013 年	猪名川	12	東北大学
第19回	2014 年	榛名	7	大同大学
第20回	2015 年	瑞浪	20	大同大学
第21回	2016 年	新潟	11	大同大学
第22回	2017 年	石野	16	愛知工業大学
第23回	2018 年	レインボー	14	大同大学
第24回	2019 年	SUGO	6	大同大学
	2020 年	コロナ禍により開催中止		
	2021 年			
	2022 年			
	2023 年			

SL カートミーティング全国大会

日本で一番長い歴史を誇るビッグイベント。毎年秋に行われ、全国各地の SL シリーズからトップドライバーが集結する。

			レディス	J		J カデット	SC	S ストック／TIA		SS (S/AS)		FP/SP/A		
第1回	1977	SUGO		横川　忠		SL 七田　一徳				大島　光		渡辺　達男		
第2回	1978	SUGO	ローズ・カン							羽田　一夫		畠山　和憲		
第3回	1979	SUGO	キャシー・ミューラー			ジュニア 山中　淳				伊能　徹		阿部　光		
第4回	1980	SUGO	中島　幸子					早川　衛		SII 渋谷　次男		米島　博幸		
第5回	1981	SUGO	藤森　由香	東日本 上杉　健市	西日本 岩谷　修至			東日本 岡本吉弘	西日本 露口 浩	SI 佐藤　博	石橋　伸哉	丸山　勲		
第6回	1982	SUGO	張　美恵	東日本 坂井佐代子	西日本 藤原　康治	ジュニア 橋本　元志		東日本 堀切二三夫	西日本 田中達男	SI 阿部　浩二	園田　行洋	丸山　勲		
第7回	1983	SUGO	藤森　由香	東日本 沼尻　聖男	西日本 中橋　靖男	JF 河原　隆生		東日本 川村雄二	西日本 木下秀一	松谷　昭男	鈴木　健	小林　充典		
第8回	1984	SUGO	新井久美子					古山　寿美		SI 夏堀　素行	坂井佐代子	本山　哲		
第9回	1985	SUGO	高橋恵美子					会田　輝幸		SS 中島　弘	AS 佐藤　勝敏	A1 毛利裕之	A2 園田行洋	
第10回	1986	SUGO	山本　純子					大島　利光		SS 加藤　徹	AS 安藤　政美			
第11回	1987	SUGO	久納　順子					梶原　一夫		SS 猪口　直幸		ICA 中野信治	ヤマハカップ 李 好彦	
第12回	1988	SUGO	藤田　緑					高橋佐和子		SS 真壁　耕毅				
第13回	1989	つま恋	荒川　敬子				田辺　竜太	S ストック D 松浦　英明		SS 内山　徹				
第14回	1990	SUGO	小野　敬子				藤倉賢一郎	S ストック D 大島　利光		SS 小野尾　司				
第15回	1991	つま恋	上田　弘美				吉本　竜也	S ストック D 鈴木　慎也		SS 高木　弘一	シニア 菅家　安智	ICA 松阪　唯法		
第16回	1992	SUGO	楠　みどり				福田　良	S ストック D 佐藤　健太		SS 井出　有二	シニア 菅家　安智	A ストック 下山　征人		
第17回	1993	つま恋	安達美代子				杉谷　晃洋	S ストック D 伊藤　悦史		SS 杉本　行男	シニア 浅井　延美	A ストック 松永　章嗣		
第18回	1994	SUGO	寺内真理子				濱田　友幸	S ストック D 鎌田　正明		SS 渡辺　徹	シニア 兵藤　勝	A ストック 草野　和彦		
第19回	1995	つま恋	西川　有美				小川　直哉	S ストック D 鈴木　宏和		SS 福島　永	シニア 藤原　進	FP 小松賢二	A ストック 石崎英之	
第20回	1996	SUGO	丹治奈保美				岩本　敏資	S ストック D 佐藤　桂一		SS 久保　誠	シニア 徳江　信泰	FP 山口智昭	A ストック 大森 睦	
第21回	1997	つま恋	杉野　知佐			カデット 小林可夢偉	石橋　和也	S ストック D 鈴木　靖人		SS 小川　直哉	シニア 村松　純治	FP 高崎　昇		
第22回	1998	SUGO	岩井あかり			カデット 島野　勇人	高井　美豪	S ストック D 小澤　玄		SS 大森　弥	シニア 浜津　弘	FP 星　光		
第23回	1999	つま恋	杉原　裕美			カデット 山内　英輝	胡崎　翔太	S ストック D 小林可夢偉		SS 大野　正和	シニア 松下　恭久	FP 杉原裕美	SP 岩井あかり	
第24回	2000	SUGO				カデット 山本　龍司		S ストック D 斉藤　祐一		SS 村杉　潤		FP 佐藤晃一	SP 野田邦明	
第25回	2001	つま恋				カデット 塚下　智矢		S ストック D 栗原　宗之		SS 新堂　雅彦		FP 芹澤誠也	SP 渡辺裕文	
第26回	2002	SUGO				カデット 中村　真志		S ストック D 栗原　正之		SS 栗原　宗之	SS オープン 寺松　剛	スーパー KT 松谷隆郎	SP 斉藤祐一	
第27回	2003	つま恋				カデット 高星　明誠		TIA 米谷　暢晃		SS 新藤　雅彦	SS オープン 宮崎　省治	スーパー KT 山本龍司	SP 藤森 翔	
第28回	2004	SUGO				カデット 金丸　悠		TIA 高星　明誠		SS 中村　真志	SS オープン 佐々木大樹	スーパー KT 山内英輝	SP 遠藤拓弥	
第29回	2005	つま恋				J カデット 藤波　清斗	TIA ジュニア 朝日ターボ	TIA エキスパート 山森　博樹		SS 箭内　優樹	SS オープン デビット・セーラ	スーパー KT 服部　晃輔		
第30回	2006	茂原					TIA ジュニア 山田　海輝	TIA エキスパート 杉山　健吾		SS140 藤田　施那	SS150 マシュー・ウォール	スーパー KT 小林　弘直		
第31回	2007	つま恋			スーパーカデット 小林　快斗	カデット 西林　陸夫	YAMAHA ジュニア 藤波　清斗	YAMAHA エキスパート 林　祐一		YAMAHA　SS 大津　弘樹	YAMAHA スーパー SS 長内　正人	スーパー KT 飯島宗一郎		
第32回	2008	琵琶湖	レディース 岩井あかり		YAMAHA カデット 加藤　立誠		YAMAHA ジュニア 牧野　任祐	YAMAHA エキスパート 天野　翼		YAMAHA　SS 湯川　成美	YAMAHA スーパー SS 長内　正人	スーパー KT 石井一也	オールスター 高木虎之介	
第33回	2009	SUGO	レディース 和田亜里沙		YAMAHA カデット 帆高　嶺於		YAMAHA ジュニア 三宅　淳詞	YAMAHA エキスパート 河上　隼大		YAMAHA　SS 野中　祥	YAMAHA スーパー SS 長内　正人	スーパー KT 川端伸太朗		
第34回	2010	つま恋	レディース 和田亜里沙		YAMAHA カデット 平岩　快都	YAMAHA カデットオープン 帆高　嶺於	YAMAHA ジュニア 澤田　真治	YAMAHA エキスパート 藤井亮輔		YAMAHA SS マシュー・ハミルトン	YAMAHA スーパー SS 高田　亮	スーパー KT 大津　弘樹		
第35回	2011	琵琶湖	レディース 岩井あかり		YAMAHA カデット 居附　明利	YAMAHA カデットオープン 角田　裕毅	YAMAHA ジュニア 上田　竜大	YAMAHA TIA 大房　直人		YAMAHA SS 長野　大地	YAMAHA スーパー SS 藤山　隆信			
第36回	2012	SUGO	レディース 北平絵奈美			YAMAHA カデットオープン 武井　遥斗	YAMAHA ジュニア 小暮ひかる	YAMAHA TIA 小泉　椋晴		YAMAHA SS 松浦　輝一	YAMAHA スーパー SS 高田　亮			
第37回	2013	もてぎ				YAMAHA カデットオープン 滝田真之佑	YAMAHA ジュニア 鶴岡秀磨	YAMAHA TIA 長島大和		YAMAHA SS 加来　匠	YAMAHA スーパー SS 高田　亮			
第38回	2014	鈴鹿	レディース 大場衣里可		YAMAHA TRY カデット 佐藤凌音	YAMAHA カデットオープン 伊藤琢磨	YAMAHA ジュニア 居附明利	YAMAHA TIA 親川謙心		YAMAHA SS 大島良介	YAMAHA スーパー SS 高田　亮	SS レジェンド 橋本恭一		
第39回	2015	SUGO	レディース 大場衣里可		YAMAHA TRY カデット 遠藤直人	YAMAHA カデットオープン 荒尾創大	YAMAHA TIA ジュニア 吉澤　蓮	YAMAHA TIA 居附明利		YAMAHA SS 田中元康	YAMAHA スーパー SS 斉藤祐一	SS レジェンド 長内正人		
第40回	2016	琵琶湖	レディース 金本きれい			YAMAHA カデットオープン 鈴木斗輝哉	YAMAHA TIA ジュニア 小山涼介	YAMAHA TIA 親川謙心		YAMAHA SS 木下藍斗	YAMAHA スーパー SS 長内正人	SS レジェンド 奥野安眞		
第41回	2017	瑞浪	レディース 斎藤愛未			YAMAHA カデットオープン 鈴木斗輝哉	YAMAHA TIA ジュニア 城取聖南	YAMAHA TIA 藤井亮輔		YAMAHA SS 野村勇斗	YAMAHA スーパー SS 高田　亮	SS レジェンド 奥野安眞		
第42回	2018	SUGO				YAMAHA カデットオープン 五十嵐文太郎	YAMAHA TIA ジュニア 加納康雅	YAMAHA TIA 藤井亮輔		YAMAHA SS 山本祐輝	YAMAHA スーパー SS 斉藤祐一	SS レジェンド 伊勢屋貴史		
第 43 回	2019	鈴鹿	レディース 森岡泉美			YAMAHA カデットオープン 塩田惣一朗	YAMAHA TIA ジュニア 桑山真樹	YAMAHA TIA 関　優成		YAMAHA SS 山越ヒユウ	YAMAHA スーパー SS 大見幸正	SS レジェンド 坂　裕之		
第 44 回	2020	もてぎ				YAMAHA カデットオープン 酒井龍太郎	YAMAHA TIA ジュニア 鈴木恵武			YAMAHA SS 山中秀馬	YAMAHA スーパー SS 銘苅　翼	SS レジェンド 長内正人		YAMAHA SS ジュニア 鈴木恵武
第 45 回	2021	SUGO				YAMAHA カデットオープン 酒井龍太郎	YAMAHA TIA ジュニア 森　赴人	YAMAHA TIA 細越一颯		YAMAHA SS 山中秀馬	YAMAHA スーパー SS 斉藤祐一	SS レジェンド 高田　亮		YAMAHA SS ジュニア 酒井龍太郎
第 46 回	2022	鈴鹿				YAMAHA カデットオープン 澤田龍征	YAMAHA TIA ジュニア 村田鉄磨			YAMAHA SS 伊藤聖七	YAMAHA スーパー SS 植田春樹	SS レジェンド 長内正人		YAMAHA SS ジュニア 酒井龍太郎
第 47 回	2023	SUGO				YAMAHA カデットオープン 松尾柊磨	YAMAHA TIA ジュニア 酒井龍太郎			YAMAHA SS 大越　武	YAMAHA スーパー SS 坂　裕之	SS レジェンド 坂　裕之		YAMAHA SS ジュニア 木幡直生

■全国大会特別賞

			高木虎之介賞	最優秀クラブ	最優秀ジュニア	最優秀レディス	最優秀ちょいわる／ジェントルマン	ベストコーディネート賞
第 30 回	2006	茂原	山田海輝	ウェルストン（東京）	藤田施那	柏木真菜	長内正人	
第 31 回	2007	つま恋	藤波清斗	パドローネ（神奈川）	田口優樹	岩井あかり	徳江信泰	
第 32 回	2008	琵琶湖	大森光晟	TIGRE（兵庫）	阿部拓馬	野乃原　澪	中瀬良介	
第 33 回	2009	SUGO	帆高嶺於	KART KOZO R（愛知）	上田和希	島田なぎさ	長内正人	
第 34 回	2010	つま恋	澤田真治	HIGUCHI RT（愛知）	渡部世李香	和田亜里沙	長内正人	
第 35 回	2011	琵琶湖	角田裕毅	ガレージ C（埼玉）	三澤拓真	安田実紅	澤部朝男	
第 36 回	2012	SUGO		チーム KBF（埼玉）	松本学音	安田実紅	坂　裕之	
第 37 回	2013	もてぎ		チーム KBF（埼玉）	木下藍斗	渡部世李香	阿部徳三	
第 38 回	2014	鈴鹿		チーム KBF（埼玉）	塚田海斗	金本きれい	橋本恭一	青木美樹
第 39 回	2015	SUGO		名阪レーシング& OKC（大阪）	小倉祥太	栗澤静香	長内正人	
第 40 回	2016	琵琶湖		ウェルストン（東京）	堂園　鷲	岡田藍莉	小田宗孝	
第 41 回	2017	瑞浪		SuperRacingJunkie!（宮城）	上岡世直	向田雅姫	長内正人	
第 42 回	2018	SUGO		チームぶるーと（愛知）	迫　隆眞	中村茉桜	渡辺達男	
第 43 回	2019	鈴鹿		チームぶるーと（愛知）	山越ヒユウ	森岡泉美	橋本協一	
第 44 回	2020	もてぎ		ウェルストン（東京）	鈴木恵武	佐藤こころ	神川貴光	
第 45 回	2021	SUGO		チームぶるーと（愛知）	酒井龍太郎	松井沙麗 / 富下李央菜	高田　亮	
第 46 回	2022	鈴鹿		Ash（愛知県）	澤田龍征	松井沙麗	野嵜　茂	
第 47 回	2023	SUGO		チームぶるーと（愛知）	松尾柊磨	松井沙麗	小田宗孝	

まるごとわかる カートガイド 2025

レーシングカート百科 ―第33巻―

レーシングカート百科 Vol.33
まるごとわかる カートガイド2025
2024年7月15日発行
発行人：海老原秀行
発行所：株式会社イーステージ
〒114-0013　東京都北区東田端1-10-8
販売・編集／TEL.03-3810-9330
印刷所：株式会社イーステージ

Staff

Editor in Chief ············ 藤原　浩
Editor ······················ 小出　直人
Designers ·················· 米山　峰夫
冨塚　靖
本間　幸正
AD Promotor ·············· 足立　哲朗

広告目次 (50音順)